무장한 의병(1890년대).

의병이 사용하던 무기류.

제천의병이 최후로 해산한 桓仁縣 沙尖子의 波豬江[渾江]. 유인석의 만년 거주지인 芳翠溝도 이 부근에 있다.

유인석의 양서지역 활동 근거지 山斗齋(황해도 延白郡 掛弓面 桃城里 소재). 유인석은 1900년대 중반 이곳을 비롯해 興道書社(은율), 崇華齋(개천), 玉山齋(용천)를 근거지로 삼아 양서지역 도처를 전전하며 항일의식 고취에 주력함으로써 많은 항일지사들을 양성할 수 있었다.

강릉의병장 閔龍鎬.
그는 의병항전 과정을
일기식으로 기록한
『關東倡義錄』을
남겼다.

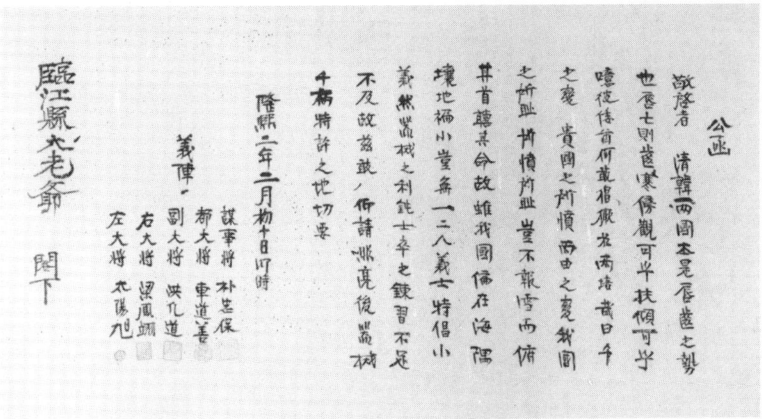

公函

敬啓者 淸韓兩國本是唇齒之勢
也唇亡則齒寒傍觀可乎扶傾可乎
噫彼倭酋何氣揚揚於兩境哉日本
之寃 貴國之所憤西由之寃我國
之所憤 所憤所由 豈不報讐而復
并首聽其命故雖我國偏在海隅
壤地褊小豈無一二人義士特倡小
義然器械之利鈍士卒之鍊習不足
不及故茲敢々仰請將尾後器械
千柄特許之地切要

隆熙二年二月初十日ㅇ時

義陣ㅡ
謀事將 朴者保
都大將 車道善
副大將 洪凡道
右大將 梁鳳翊
左大將 太陽旭

臨江縣大老爺 閣下

관북 산포수 '의진'에서 서간도 臨江縣에 무기 원조를 요청하는 「公函」. 산포수 의병이 간도 한인사회와 긴밀한 연계하에 항일전을 수행하였음을 입증하는 자료이다.

洪範圖.
관북 산포수의병장
출신으로 독립군의
탁월한 지도자가
되었다.

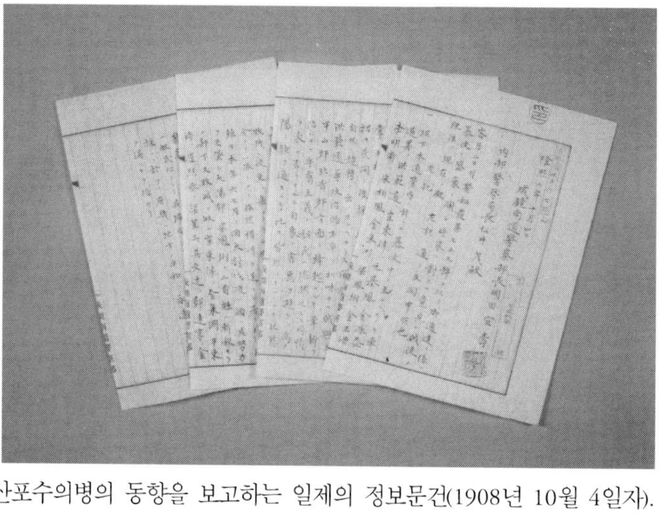

관북 산포수의병의 동향을 보고하는 일제의 정보문건(1908년 10월 4일자).

金鼎奎(1907년)와 그의 日記[野史](아래). 함북 鏡城의 유생이던 김정규는 1907년 의병에 투신한 이래로 1921년까지 관북지방을 비롯해 북간도·연해주지역에서 전개된 항일독립운동의 새로운 면모를 보여 주는 일기체의 귀중한 야사를 남겼다.

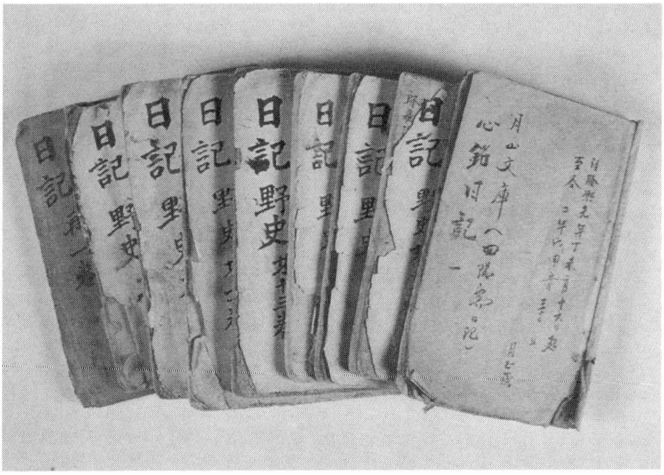

煙秋(현 크라스키노) 원경. 이주 한인이 집단 거주하던 연추는 연해주의병의 총본산이었다. 전면의 광활한 평원은 황무지이다.

琿春市 防川의 두만강변에 소재한 한·중·러 3국경 기념관. 기념관 너머에 러시아 국경도시 핫산이 있다.

경흥군 洪儀洞으로 추정되는 북한 마을. 1908년 여름 대규모 국내진공작전을 결행한 연해주의병은 7월 7일 두만강변의 홍의동을 공격함으로써 전단을 열었다.

十三道義軍의 편성 장소인 연해주 재피거우[梓溝]. 유인석과 이범윤을 주축으로 1910년 6월에 편성된 십삼도의군은 국내외 의병세력의 통합 단일군단을 표방하였다.

연해주의병의 지도자
최재형.
연해주 한인사회의
최고 지도자인 동시에
이범윤과 함께 연해주의병을
이끌었던 핵심인물이다.

안중근의 '大韓獨立' 斷指血書.
연해주의병의 중요인물이었던 안중근은 1908년 10월 연추 부근의 카리에서 동지 11명과 함께 斷指同盟을 결성, 의병 특공작전 결행을 맹세하였다. 안중근이 대한의군 참모중장의 자격으로 결행한 하얼빈의거도 의병 특공작전을 수행하는 과정에서 거둔 탁월한 전과였다.

한울역사학강좌

大韓帝國期 義兵硏究

●

朴敏泳 著

한울
아카데미

머리말

의병의 항일전은 대한제국의 선포를 전후하여 시작되었다. 대한제국이 일제 침략에 휘말리어 근대 독립국가로의 큰 전환은 고사하고 국가 존립마저 위협을 받았기 때문이다. 그 후 의병은 대한제국을 보위하는 무장세력으로 발전하며 치열한 항일전을 전개하였다. 특히 1907년 고종의 강제퇴위·정미칠조약·군대해산 등의 사건으로 국가 존립이 위협받는 상황에서 민족의 역량이 총집결된 전국적인 의병전쟁으로 확대·발전되어 갔다. 한국의 식민지화를 획책하던 일제는 의병의 강력한 저항에 직면하게 되자, 대규모의 군사력을 동원하여 의병을 탄압하였다.

의병은 일제의 탄압에 굴하지 않고 처절하게 맞섰으나 화력의 열세로 끝내 그 활동이 위축되고 말았다. 수많은 의병이 전사하거나 체포되고, 남은 의병은 새로운 항전방향을 모색하지 않을 수 없었다. 그 가운데 일부는 산간벽지로 잠복하여 항전을 계속하기도 하였지만, 상당수의 의병이 일제의 탄압을 피해 압록강과 두만강 대안의 간도 및 연해주로 국외 망명[北上渡江]을 단행하게 되었다. 결국 장기지속적인 항일전을 구상하고 북상도강한 의병은 국외 독립운동의 한 근간을 이루는 세력으로 성장·발전하였다. 1920년대 독립군은 바로 북상도강한 의병세력이 모태가 되어 발전한 것이다.

저자는 근래 10여 년 동안 이와 같은 시각에서 의병을 이해하려고 노력해 왔다. 본서는 어설프나마 저자의 이러한 연구시각을 반영한 결과물이다. 본서의 제목 또한 대한제국기 의병의 역사적 성격과 의미를 발전적으로 파악한다는 입장에서 다소 포괄적으로 붙이게 된 것이다.

본서는 그 동안 학계에서 비교적 소홀하게 다루어 온 서북 변경지역 의병의 활동과 그 의의를 집중적으로 조명한 것이다. 이러한 작업은 의병이 독립군으로 계승·발전되었다는 학계의 일반적인 설명을 구체적인 사례연구를 통해 입증하려는 노력이기도 하다. 저자가 수년 동안 의병과 독립군의 활동무대였던 압록강·두만강 변경지역을 수차에 걸쳐 답사하였던 것도 그러한 노력의 일환이었다.

그럼에도 불구하고 본서는 미처 해결하지 못한 여러 과제를 안고 있다. 우선 兩西지역에서 활동한 의병에 대해 언급하지 못하였다. 양서지역 의병의 경우, 서북지역 전체에서 차지하는 항일전의 정도면에서나 그 중심인물들이 후일 국외 독립운동에 투신하는 경향면에서 볼 때 상당한 비중과 의미를 가질 수 있다고 생각된다. 또한 간도 일대로 도강한 의병세력의 동향에 대해서도 간과하고 말아 아쉬움이 남는다. 이 점에 대한 명료한 해명이 수반된다면 국외 독립운동의 한 축을 형성하는 의병의 계기적 발전 정도를 더욱 확실하게 설명할 수 있을 것으로 기대되기 때문이다. 그 밖에 자료활용면에서 러시아나 중국측 관련자료를 충분히 이용하지 못하고, 경우에 따라서는 산발적이고 단편적인 일제측 자료에 너무 얽매이지 않았나 하는 危懼心도 갖게 된다.

저자는 학문의 길로 들어선 이래 지금까지 여러 은사님들로부터 두터운 學恩을 입었다. 마음속 깊이 감사드린다. 아울러 선배·동료와 자료 제공에 협조해 준 많은 분들께도 사의를 표한다.

본서는 저자가 학문을 시작한 이래 처음으로 출간하는 책이다. 저자로서는 기쁨만큼이나 두려움 또한 크다. 모쪼록 본서가 이 분야 연구 개척에 조금이나마 일조가 된다면, 이는 저자의 보람이며 앞으로의 연구에 큰 힘이 될 것이다. 독자 제현의 질정을 바라마지 않는다.

1998년 7월 9일

可樂書舍에서 朴 敏 泳

= 차례 =

제2부 關北地域의 後期義兵

제3부 러시아 沿海州地域의 義兵

서론

1876년 조선의 문호를 강제로 개방시킨 일제는 1910년 한국병탄 때까지 34년 동안 對韓 침략정책을 시종일관 집요하게 펼쳐 갔다. 특히 일제는 조선 침략을 위해 1894년 동학농민전쟁을 계기로 도발한 청일전쟁 직후부터는 그들의 침략 야욕을 노골적으로 드러내면서 식민지 지배의 발판을 구축해 나갔다. 義兵의 항일전은 이러한 일제 침략세력을 축출하고 국가와 민족을 수호하기 위해 일으킨 한민족의 對日武力戰이었다. 1894~1895년 최초로 의병이 봉기한 이래 국망 이후까지 전후 20여 년 동안 일제 침략의 여러 단계와 그 양상에 상응해 항전의 강도를 더해 갔던 의병은 곧 한국 근대사의 전개 과정에서 한민족이 보여 준 민족 주체성의 精華였다.

한말의 의병은 1894~1895년의 甲午·乙未義兵(前期義兵) 봉기 이후, 1905년 을사오조약 勒結을 계기로 한 乙巳義兵(中期義兵), 나아가 1907년 군대 강제해산 직후 對日全面戰의 양상으로 확대 발전된 丁未義兵(後期義兵) 단계에 이르기까지 중·남부지역을 중심무대로 활동하였다. 의병이 시종일관 북부지역에 비해 중·남부지역에 상대적으로 집중되었던 양상은 당시 사회적 여건에 비추어 자연스러운 현상으로 이해할 수 있다. 곧 19세기 후반의 시대상황에서 정치·경제·사회·문화의 제반 영역에 걸친 활동의 중심이 중·남부지역이었을 뿐만 아니라, 인구 역시 이 지역에 집중되어 있었다는 사실에 기인하는 현상인 것이다.

한편 을사오조약 늑결 이후 항일전을 재개한 의병은, 1907년 6월 헤이그밀사의거를 빌미로 고종이 강제 퇴위되고 한국군이 강제 해산당하는 등 국망이 가시화되는 절박한 상황에 직면하게 되자, 전국 규모의 강력한 대일 전면전을 전개하기에 이르렀다. 일제는 1907년 이후 의병의 항일전이 전국적으로 격화 확대되는 양상을 보이게 되자, 대한식민지화를 단행하기 위한 整地 작업의 일환으로 대대적인 의병 탄압작전을 펼치게 되었다. 결국 의병항전은 1909년 전후의 일제 군경의 대대적인 탄압으로 말미암아 새로운 국면으로 접어들어 그 세력이 급격히 위축되고 말았던 것이다.

국망을 눈앞에 두고 격렬한 항일전을 펼쳤던 의병은 막대한 인적 희생을 치루었다. 전국 각처에서 항일전을 선도하던 여러 의병장 역시 절대다수가 순국 혹은 투옥되고 말았다. 이 시기 전국 의병 가운데서도 가장 치열한 항일전을 벌였던 호남지방의 의병이 일제의 소위 '南韓暴徒大討伐作戰'으로 말미암아 沈南一·安圭洪·全海山·李錫庸 등 두드러진 의병장 이하 엄청난 인원이 희생됨으로써 그 예봉이 꺾이지 않을 수 없었다. 또한 경상·충청·강원도 일대에서 항일전을 선도하던 李康秊과 閔肯鎬, 경기도 일대 의병의 출중한 지도자였던 許蔿 등도 일제 군경의 마수에 희생됨으로써 이 지역 의병의 항일전에 일대 타격을 가져오고 말았다. 한편 이보다 다소 앞선 시기인 1906년 가을에 崔益鉉 義兵의 영향을 받아 秋風嶺·黃澗 일대에서 재기 항전을 벌였던 盧應奎 역시 일제에게 잡혀 순국하였다. 이들 의병은 끝까지 국내에서 항일전을 수행하다 순국함으로써 유인석 등 北上 계열의 의병과는 대비되는 성격을 노정하고 있다. 이들의 순국과 더불어 중부 이남 지역의 의병은 상대적으로 일제의 강력한 탄압으로 항일전의 기세가 점차 약화되지 않을 수 없었던 것이다.

한편 1907년 이후 전국적으로 의병항전이 확대 격화되던 상황에서 西北地域[1] 의병도 활발한 활동을 벌이게 되었다. 1908년 후반기 이후 일제

---

1) 西北地域은 행정구역상 황해도·평안남북도·함경남북도를 포괄하는, 즉 오늘날의 北韓에 상당하는 지역개념이다. 곧 전국 지역구분의 경우에 海西(황해도)와

의 탄압이 가중되자 전국 각지의 근거지를 중심으로 활동하던 의병들은 점차 그 탄압을 피해 서북 변경지역을 향하여 북상하는 경향을 보였다. 곧 서북지역이 국망을 전후한 시기에는 의병 세력의 집결지로 변모되어 이 일대에서 활발한 항일전이 전개되었던 것이다. 서북지역은 압록강·두만강 一衣帶水 대안을 따라 대규모 한인사회가 형성되어 있던 間島 및 沿海州와 連接해 있어 국외 항일세력과 연계할 수 있었기 때문에 항일전의 근거지로 적합한 지리적 조건을 구비하고 있었다.

결국 1908년 하반기를 고비로 일제 군경의 강력한 탄압에 직면한 의병은 점차 그 세력이 위축되지 않을 수 없었고, 장기지속적인 항일전을 수행하기 위해서는 근거지 이동 혹은 세력연합 등의 새로운 항전방향을 모색하게 되었다. 이와 같이 의병이 일제 군경의 탄압을 피해 북상하게 되는 후기의병 시기에는 서북 변경지역이 점차 의병항전의 중요한 무대로서 그 의의를 지니게 되는 것이다.

서북지역의 의병은 그 연원이 을미사변이 일어나기 이전, 곧 甲午義兵의 단계에서부터 시작되고 있다. 경북 安東(음 1894년 7월)과 평남 詳原(음 1895년 7월) 일대에서 의병이 편성되어 활동을 개시한 것이 그 효시이다.[2] 또한 평북 江界 대안의 서간도 三道溝에 근거를 두고 있던 金利彦 의병 역시 이 무렵부터 활동을 시작하였다. 白凡 金九가 서간도로 들어가 일시 투신하였던 의진이 바로 이 부대이다. 乙未事變 직후인 1895년 11월(음)에 김이언 의병은 인근 압록강 양안의 포수 300여 명을 모아 강계읍 공략을 시도한 적도 있었다.[3]

하지만 서북지역에서 의병항전이 본격적으로 전개되는 시점은 1896년 을미의병 단계에 이르러서이다. 1895~1896년 중부지역에 근거지를 두고 활동하던 의병이 官·日軍의 압박을 받아 근거지 이동을 단행하면서 북

關西(평안도)를 합칭하는 兩西와 함경도의 별칭인 關北을 통칭할 때 西北이라 한다. 이 경우의 서북은 8방위 가운데 한 방위를 가리키는 것이 아니라 (양)서와 (관)북을 아우르는 의미로 사용되는 것이다.

2) 金祥起, 『韓末義兵研究』, 一潮閣, 1997, 96-137쪽 참조.

3) 김구 저, 윤병석 직해, 『백범일지』, 집문당, 1995, 55-60쪽; 趙東杰, 『韓國民族主義의 成立과 獨立運動史 研究』, 지식산업사, 1989, 47쪽 참조.

상한 것이 그 계기가 되었다. 을미의병 가운데 늦게까지 항전을 지속하던 堤川義兵과 江陵義兵은 장기 항전으로 인해 전력이 소모되고 관·일군의 집요한 압박을 받게 되면서 근거지를 상실한 채 1896년 8~9월에 전후를 相望하며 북상길에 올랐다. 그 가운데 제천의병은 8월에 먼저 兩西地域(황해·평안도)으로 북상을 단행하였고, 그 직후인 9월에는 강릉의병 역시 嶺東에서 關北地域으로 북상하였다. 이들 의진은 중부지역에서 항전을 수행하는 과정에서도 인적으로 서북지역과 상당한 연계를 가지고 있었으며, 이와 같은 배경이 북상의 한 동기로 작용하였던 것으로 보인다. 그러나 이들 의진은 서북지역에서도 항전 근거지 확보에 실패한 채 결국 압록강을 건너 서간도로 '亡命'하게 되지만, 이들 의진의 북상 활동은 이후 서북지역의 擧義에 적지 않은 영향을 주었다. 전기의병 당시 함남 咸興 일대에서 활약하였던 崔文煥 의병은 강릉의병과 밀접히 연계되어 있었으며, 후기의병 시기 海西지역의 대표적인 의병으로 1907년 平山 桃坪里에서 擧義한 平山義兵은 제천의병과 매우 깊은 관계를 맺고 있었다. 대체적인 견지에서 볼 때, 제천의병과 강릉의병의 서북지역으로의 근거지 이동은 결국 이 지역 의병의 前導가 되었을 뿐만 아니라 후일 항일의병의 北上渡江[4]을 선도하였다는 점에서 그 의의가 크다고 할 것이다.

후기의병 시기의 서북지역 의병 가운데는 關北地域에서 활동한 의병이

---

4) 본서에서는 다음과 같은 인식하에서 '北上渡江'('北上'·'渡江')이라는 용어를 사용하였다. 의병항전 전 시기를 통하여 관군과 일제 군경의 압박을 받게 되는 상황에서 의병(진)은 그 탄압을 피하고 장기 항전을 구상하기 위해 부단히 간도·연해주지역을 향하여 근거지 이동을 모색하고 있었다. 이와 같은 상황에서 의병이 서북 변경지역을 향하여 이동하는 과정을 '北上'으로, 나아가 압록강·두만강을 건너 간도와 연해주 등지의 국외로 '망명'하는 과정을 '渡江'으로 정의하고, 북상과 도강이 계기적으로 연속되는 과정을 '北上渡江'이라는 용어로 규정한 것이다. 물론 북상과 도강이 동일한 시대배경하에서 이동 동기와 목적을 같이 하기 때문에 성격상 구분하기 모호한 경우가 많으며, 북상 자체가 도강의 의미를 포함한다고도 볼 수 있다. 그러나 국경의 개념을 염두에 두어야 하는 현재의 관점에서는 이 양자를 나누어 이해할 필요가 있다고 판단하였기 때문에 이와 같은 용어를 사용하게 되었다. 한편 현재와는 달리 이 시기의 의병(진)에게는 압록강·두만강 국경의 개념이 크게 작용하지 않았기 때문에 이들의 도강을 오늘날의 '亡命'으로 이해하는 데는 일정한 제약이 따르게 된다. 이 점도 '북상도강'이라는 용어를 사용케 하는 배경이 되고 있다.

특히 주목된다. 관북지역의 의병은 백두산을 중심으로 압록강·두만강 연안을 따라 남북 방향에서 활동하고 있었다. 그러므로 관북지역의 의병은 활동과정에서도 압록강과 두만강 대안의 국외 한인사회와 긴밀한 관계를 가지고 있었을 뿐만 아니라, 일제 군경의 극심한 압박을 받게 되면서부터는 활동 근거지를 국외로 이동시키며 장기 항전을 구상하였다. 바로 이와 같은 점에서 관북지역 의병의 또 다른 의의를 발견할 수가 있는 것이다.

관북지역의 의병에 비해 1907년 이후 兩西地域에서 일어난 의병은 지역산발적인 소규모 형태가 대부분이었던 까닭에 단위 부대별로 그 계통을 구분해 파악하기가 어려운 실정이다. 양서지역에서는 1906년 12월에 全德元·金斗燮 등이 평북 龍川에서 의진을 편성하여 항일전을 시도하고 황해도 서부지역인 長淵·載寧·信川·松禾 등지에서 禹東鮮이 항일전을 전개한 이후 1907년 후반기에 들어 특히 황해도를 중심으로 활발한 항일전이 펼쳐졌다. 그 가운데서도 1907년 9월 邊錫玄·蔡洪斗 이하 朴箕燮(朴正彬)·禹炳烈·朴陽燮·李鎭龍·沈魯述·趙孟善 등의 유생들이 주축이 된 平山義兵의 활동이 특히 두드러졌다.[5] 이 의병은 의진 해체 이후에도 각기 분산되어 李鎭龍·蔡應彦·沈魯述·朴箕燮·韓貞滿 등의 의병장을 중심으로 황해도 각처에서 국망을 전후한 시기까지 활동을 지속하였으며, 그 가운데 채응언은 1915년까지 집요한 항일전을 수행하고 있었다.[6] 이상의 양서지역 의병은 국망을 전후한 시기에 일제의 압박을 받게 되자 李鎭龍·趙孟善·金起漢·朴長浩·全德元 등을 비롯한 다수의 중심인물들이 압록강을 건너 서간도로 북상하면서 국외 독립운동에 중요한 역할을 수행하게 된다.

여기서 주목되는 점은 양서지역의 의병이 대체로 華西(李恒老)學派 계열의 인물들을 주축으로 하고 있었다는 사실이다. 양평·춘천 등 중부지역 일대에서 큰 세력을 형성하고 있던 화서학파의 一門이 19세기 후반 양서지역에도 이식되어 이 지역의 학풍에 큰 영향을 미쳤다. 서북지역의 華門

5) 朴成壽·孫承喆 편, 『韓國獨立運動史資料集－義兵編』, 「彰義錄丁未義邀 黃海道」, 한국정신문화연구원, 1993, 551-630쪽 참조.
6) 鄭濟愚, 「韓末 黃海道地域 義兵의 抗戰」, ≪한국독립운동사연구≫ 7, 독립기념관 한국독립운동사연구소, 1993, 1-34쪽 참조.

은 주로 雲菴 朴文一과 誠菴 朴文五 형제를 연원으로 하는 泰川 일대와, 省齋 柳重教와 毅菴 柳麟錫을 연원으로 한 平山 일대에 널리 형성되어 있었다. 태천의 경우, 일찍이 화서의 문하에서 수학한 朴文一이 經義齋를 열고 문인들을 양성하기 시작하였다. 1894년 박문일이 작고한 뒤로는 그 學脈을 계승한 아우 朴文五가 藏修齋를 열어 문인들을 계속 배출해 냄으로써 이 일대에 널리 華門이 퍼지게 되었다. 義州에서 의병을 일으킨 뒤 국망 직후 도강하여 뒷날 서간도의 대표적인 독립군단인 大韓獨立團을 조직한 趙秉準을 비롯하여 閔龍鎬·朴殷植 등이 그 문하에서 배출된 대표적 항일지사들이다. 한편 평산에는 화서의 高弟인 유중교를 연원으로 하는 화서학파의 一門이 형성됨으로써 이 지역 항일세력의 근원을 이루고 있었다. 해서지방의 華門은 결국 1907년 평산의진의 결성으로 항일의지가 표출되었다. 또 이와 같은 화문의 인맥을 토대로 하여 유인석은 1895년 擧義 이후 1900년대 중반 수년간을 양서지역 도처를 전전하며 많은 문인을 양성해 냄으로써 이 지역 항일세력의 구심점이 될 수 있었던 것이다.

다음으로 압록강·두만강 대안의 中領 間島와 러시아 沿海州에서도 대규모 한인사회를 기반으로 항일의병이 편성되어 활동하고 있었다. 먼저 압록강 대안의 서간도 의병은 1895년부터 시작되고 있다. 위에서 언급한 金利彦 의병을 필두로 국내 항전에 실패한 뒤 북상도강한 제천의병과 강릉의병이 그 두드러진 사례이다. 이 무렵 국내 항전에 실패한 뒤 서간도로 도강하는 의병 계열의 인물들은 상당수에 달하였던 것으로 보인다. 경기도 驪州 일대에서 활동하던 沈相禧 의진의 선봉장 李謙成 역시 이 무렵 서간도에 들어가 있었으며, 咸興義兵將 崔文煥 또한 민용호를 따라 이곳까지 들어갔다. 민용호가 袁世凱에게 원병을 청하기 위해서 天津에 당도하였을 때 현지인이 '조선의 의병 수백 명이 (袁世凱를 만나기 위해) 이곳에 왔다'7)고 한 내용도 이러한 맥락에서 이해할 수 있다. 서간도지역의 의병은 특히 양서지역의 의병 동향과 밀접한 연관을 가지고 있었을 뿐만 아니라, 국망을 전후한 시기에는 양서지역에서 활동하던 의병들이 대거

---

7) 閔龍鎬, 『關東倡義錄』, 국사편찬위원회, 1984, 77-78, 102쪽.

도강하면서 서간도지역의 항일투쟁을 주도하는 역할을 수행하였던 것이다. 하지만 국망 전후 압록강 대안지역에서 펼쳐진 의병의 동향은 현재 자료부족으로 그 내용을 세세히 해명하기 어려운 실정이다.

두만강 대안 북간도와 연해주지역의 의병은 을사오조약 늑결 이후 활동에 들어갔다. 間島管理使를 지낸 李範允과 연해주 한인사회의 출중한 지도자였던 崔在亨 두 인물을 정점으로 全濟益·安重根·嚴仁燮 등이 중심이 되어 편성된 연해주의병은 특히 1908년 전후 활발한 항일전을 수행하게 된다. 이 의병은 활동 과정에서 관북지역 의병과 밀접한 관계를 맺고 있었으며, 특히 국내진공작전을 통해 관북지역 의병과 연합항전을 부단히 모색하고 있었다. 뿐만 아니라 연해주의병은 인접한 琿春을 중심으로 활동하던 趙尙甲·李京化·黃炳吉 등의 북간도 의병과도 유기적인 관계를 맺고 있었다. 연해주의병은 1908년 하반기 이후 洪範圖·李南基 등을 비롯하여 국내에서 활동하던 많은 의병들이 대거 북상도강하여 합류하게 되면서부터는 새로운 항전 방향을 모색하게 되었다. 유인석을 필두로 홍범도·이남기·이진룡 등 연해주로 북상도강한 의병의 중심인물들은 李相卨·李甲 등 계몽운동 노선의 망명지사들과 연합전선을 구축하면서 연해주와 북간도를 중심으로 다양한 계통으로 편성되어 있던 의병세력의 통합을 시도하였던 것이다. 그 결과 국망 직전인 1910년 6월에는 단일 의병군단인 十三道義軍이 편성되기에 이르렀다. 결국 십삼도의군은 전기의병 이후 줄기차게 항일전을 펼쳐 왔던 의병이 국망이 가시화되는 절박한 상황에서 그때까지 노선을 달리해 오던 계몽운동 세력까지 포용하면서 전력을 극대화시킨 뒤 대규모 항일전을 전개함으로써 국권회복을 도모하려 하였던 것이다.

한편 그 동안 학계에서는 서북지역과 압록강·두만강 변경지역에서 활동한 의병에 대해서는 중·남부지역의 의병에 비해 상대적으로 소략하게 연구를 진행해 온 것으로 생각된다. 의병이 중·남부지역에 집중되어 있었기 때문에 연구경향 역시 자연히 이와 같은 추세를 보였다고 하겠다. 대개의 경우, 전국 의병의 전개·발전 과정을 고찰하는 가운데 서북 변경지역 의병의 활동개황을 간략하게 기술하는 정도에 지나지 않았던 것이다.

이러한 점을 염두에 두고 그 동안 이 분야에 대한 先學의 연구성과 가운데 중요한 내용을 정리하면 다음과 같다.

서북 변경지역에서 활동한 의병의 실체와 활동내용을 단편적이나마 최초로 언급한 論考는 근대 의병 연구의 단서를 열었던 桂奉瑀('뒤바보')의 「義兵傳」이다. 계봉우는 '제3기 軍隊解散한 때' 전국 의병의 槪況을 기술하는 가운데서 崔在亨과 李範允을 중심으로 한 연해주의병의 국내진공작전 등을 비교적 자세히 소개하였고, 홍범도·차도선·우동선·이진룡 등 서북지역 의병의 항전사실도 간략히 밝히고 있다.[8] 「義兵傳」은 대체로 의병의 항전사실을 밝히는 데 의의를 두고 있었기 때문에 각지 의병의 활동내용을 소개하는 정도에 그치고 있다.

해방 후 학계에서 의병 연구가 시작되던 초기단계인 1968년에 국사편찬위원회에서 발간한 『韓國獨立運動史』 제1권에서 國外抗日運動의 시작으로 특히 간도와 연해주지역의 의병 실체와 그 항전 내용을 비교적 소상하게 언급하고 있어 주목된다. 여기서는 연해주의병을 주도한 핵심인물을 처음으로 李範允으로 파악하였으며 煙秋(노우키에프스크, 現 크라스키노)에 의병 本營이 있었음을 밝히고 나아가 연해주의병의 무기가 러시아군대로부터 다량 유입되었다는 사실을 해명하였다. 그리고 연해주의병의 국내진공 경로와 항일전 수행과정에 대해서도 비교적 소상하게 언급하고 있다.[9]

이어 1970년 독립운동사편찬위원회에서 발간한 『독립운동사』 제1권(의병항쟁사)은 전국 의병의 활동내용을 전 시기에 걸쳐 소상하게 기술한 최초의 단행본이다. 그 속에서 각 단계마다 道別로 의병개황을 언급하면서 서북지역의 의병에 대해서도 의병의 편성 및 활동과정을 중심으로 상세히 기술하였다. 여기서 특기할 점은 의병의 마지막 단계인 '국치 전후의 의병'을 다룬 장에서 유인석을 필두로 洪範圖·李鎭龍·趙孟善·朴長浩 등을 例示하면서 국내 의병의 국외 이동에 주목함으로써 독립운동사의

---

8) 뒤바보(桂奉瑀), 「義兵傳」, ≪獨立新聞≫ 제70-79호(1920. 4. 27~5. 27); 尹炳奭, 『韓國近代史料論』, 一潮閣, 1979, 18-55쪽 所收.

9) 國史編纂委員會 편, 『韓國獨立運動史 1』, 1968, 516-531쪽; 朴成壽, 『獨立運動史』, 創作과批評社, 1980, 191-205쪽.

발전적 측면에서 의병을 이해하였다는 사실이다. 그리하여 '홍범도 의병'과 鏡城義兵 등의 관북지역 의병을 연해주의병과 함께 국내 의병의 국외 이동이라는 시각에서 인식, 동일선상에서 파악함으로써 후기의병의 북상도강 과정에 대한 해명의 단서를 제공하였다.[10]

한편 尹炳奭은 1910년대 '獨立戰爭論'에 입각해 의병과 독립군의 연계성을 염두에 두고 양자의 상관성을 밝혀 놓음으로써 위의 『독립운동사』 제1권의 기술내용과 함께 학계에 무장독립운동사의 계기적, 발전적 연구시각 정립에 기여하였다.[11]

이와 같은 토대 위에 각 부의 연구과제에 대한 학계의 연구성과를 살펴보면 다음과 같다.

먼저 을미의병을 선도한 柳麟錫의 堤川義兵에 대해서는 대체로 두 계통으로 연구가 진행되어 왔다. 의병의 편성과정과 활동내용을 밝히는, 곧 항전과정에 대한 연구[12]가 한편에서 진행되었으며, 다른 한편에서는 유인석의 사상적 측면을 조명하기 위한 노력이 경주되었다.[13] 경우에 따라서 양자간의 상관성을 해명하기 위한 연구도 시도되어 왔다.[14] 그리고 최근에는 을미의병 시기 유인석의 '西行'과 서간도 守義 활동에 대한 논고가 발표되어 을미의병 직후 유인석의 행적을 논급하였다.[15]

---

10) 독립운동사편찬위원회 편, 『독립운동사 1』, 1970, 657-701쪽.

11) 윤병석, 『의병과 독립군』, 세종대왕기념사업회, 1977.

12) 李東宇, 「義兵將 柳麟錫의 義兵運動考」, ≪史林≫ 2, 成均館大 史學會, 1977; 李鍾春, 「韓末 初期義兵運動에 關한 硏究」, ≪論文集≫ 18, 淸州敎大, 1982.

13) 金度亨, 「毅菴 柳麟錫의 政治思想 硏究」, ≪韓國史硏究≫ 25, 1979; 金厚卿, 「毅菴 柳麟錫의 學問과 思想」, ≪史學硏究≫ 34, 1982; 金世圭, 「毅菴 柳麟錫의 反開論」, ≪慶州史學≫ 1, 1972; 劉明鍾, 「義軍都總宰 柳麟錫의 思想」, ≪東洋文化≫ 17, 嶺南大, 1976; 金祥起, 「堤川義兵의 思想的 特性」, 『韓國近代史論叢』, 尹炳奭敎授華甲紀念論叢, 지식산업사, 1990; 柳漢喆, 「中期義兵時期(1904~1907) 柳麟錫의 時局對策論」, ≪한국독립운동사연구≫ 7, 독립기념관 한국독립운동사연구소, 1993.

14) 金祥起, 「1895~1896년 堤川義兵의 思想的 淵源과 展開」, 『韓國獨立運動史의 認識』, 白山朴成壽敎授華甲紀念論叢, 1991.

15) 柳漢喆, 「1896~1900년간 柳麟錫의 西行, 渡滿과 그 性格」, 『韓國史學論叢』, 許善道先生停年紀念, 一潮閣, 1992.

閔龍鎬가 이끌던 江陵義兵에 대한 연구는 항전과정을 중심으로 그 동안 단편적으로 언급되었다. 위에서 언급한 『독립운동사』 제1권에서 을미의병 시기 각지 의병의 궐기·활동 개황을 설명하는 가운데 강릉의병의 활동내용이 부분적으로 기술되었으며,[16] 1987년 강원대학교 출판부에서 간행한 『江原義兵運動史』에서도 역시 강릉의병의 개략적인 활동내용을 언급하였다.[17]

다음으로 관북지역 山砲手義兵에 대해서는 비교적 최근에 수편의 논문이 발표되었다. 일찍이 『독립운동사』 제1권에서는 이 의병의 항전사실을 간략하게 기술하면서 그 중심역할을 수행한 인물을 車道善으로 본 것이 특기할 만하다.[18] 홍범도 연구에서 최초로 의병항전 내용에 중점을 두고 논급한 이는 姜德相이다. 그는 '홍범도 의병'의 봉기과정과 산포수가 중심이 된 부대의 특성, 그리고 국외 '망명' 단계에 이르기까지 의병의 전 과정에 대해 비교적 상세한 내용을 기술함으로써 '홍범도 의병'에 대한 선구적 연구업적을 남겼다.[19] 그 뒤를 이어 愼鏞廈는 의병과 독립군에 걸친 홍범도의 항일무장투쟁 전모를 구명하는 작업의 일환으로 의병 시기의 활동을 집중적으로 조명하였다. 그는 홍범도 의병의 항일전을 1908년 3월 대규모의 의병 '귀순'을 기준으로 그 이전을 제1차, 이후를 제2차 항일전으로 구분하면서, 제1차 항일전의 단계를 '홍범도·차도선 의병'으로, 제2차 항일전의 주체를 '홍범도 의병'으로 파악하였다. 이어 1907~1908년에 걸쳐 함남 거의 전역에서 수행된 의병의 항일전을 20여 개의 細目으로 나누어 자세히 밝혔으며, 일제의 압박을 받아 북상 '망명'하게 되는 과정에 대해서도 비교적 상세히 언급하였다.[20] 한편 張世胤은 차도선과 홍범도가 주축이 된 함남 일대의 의병을 '산포수 의병부대'로 파악하였으나,

---

16) 독립운동사편찬위원회 편, 앞의 책, 168-170, 224-234쪽.

17) 李求鎔, 「江原道地方의 義兵抗爭」, 『江原義兵運動史』, 강원대 출판부, 1987, 112-119쪽.

18) 독립운동사편찬위원회 편, 앞의 책, 628쪽.

19) 姜德相, 「義兵大將, 洪範圖の生涯」, 『朝鮮獨立運動の群像』, 青木書店, 1984.

20) 愼鏞廈, 「洪範圖 義兵部隊의 抗日武裝鬪爭」, ≪한국민족운동사연구≫ 1, 한국민족운동사연구회, 1986.

구체적인 항전과정에서는 홍범도의 개인적 활동에 초점을 맞추었던 관계로 의병 주도인물을 중심으로 기술하였다.[21] 그리고 북한 학계에서도 홍범도 연구는 일찍이 오길보에 의해 심도 있게 진행되었다. 오길보는 ≪력사과학≫에 발표한 논고에서 '홍범도 의병대'의 봉기와 조직, 항전내용, 의병신분, 그리고 그 특성에 이르기까지 입체적인 전모 파악을 시도하였다.[22] 북한학계에서 드물게 보는 세밀한 논고로 생각된다. 특히 이 논문에서는 당시 생존해 있던 의병 목격자들의 증언을 풍부하게 인용함으로써 내용기술에서 생생한 느낌을 주고 있다. 그러나 1907~1908년간 함남 각지에서 펼쳐진 수많은 항일전을 거의 모두 홍범도가 수행한 전투로 보는 등 의병의 주체를 시종일관 홍범도 중심으로만 파악함으로써 산포수 의병 전체를 홍범도 한 사람에 대비시키는 결과를 초래하였다는 한계를 지적할 수 있다.

한편 함북 鏡城을 중심으로 明川·茂山 일대의 두만강 변경지역에서 펼쳐진 의병에 대해서는 연구성과가 거의 없는 실정이다. 앞서 언급한 『독립운동사』 제1권에서 경성의병의 실체와 단편적인 항전사실을 언급한 것이 거의 유일하다. 하지만 여기서 경성의병과 大韓協會 및 咸一·普成學校와의 관련성을 처음으로 밝혔다는 점은 주목할 만하다.[23] 북한 학계에서도 1988년에 간행된 『조선근대반일의병운동사』에서 경성의병의 실체를 언급하고 있으나,[24] 사료적인 뒷받침이 없어 그 내용을 신뢰하기 어렵다. 다만 경성의병 자체를 李範允과 安重根을 중심으로 하는 연해주의병의 활동과 연계시켜 기술한 대목은 주목을 요한다.

다음으로 두만강 대안의 러시아 연해주지역에서 활동한 의병에 대해서는 일찍이 계봉우가 「義兵傳」에서 처음으로 그 실체를 언급하였다. 여기서 그는 연해주의병의 중심인물을 崔在亨으로 파악하였으며, 국내진공 등의 항전 과정에 대해서도 간략히 기술해 놓았다.[25] 또한 朴殷植의 『安重

---

21) 장세윤, 『홍범도의 생애와 항일의병투쟁』, 독립기념관 한국독립운동사연구소, 1992.
22) 오길보, 「홍범도 의병대에 대한 연구」, ≪력사과학≫ 6, 평양, 1962.
23) 독립운동사편찬위원회 편, 앞의 책, 672-676쪽.
24) 『조선근대반일의병운동사』, 과학백과사전종합출판사, 1988, 275-281쪽.

根傳』 가운데서도 안중근이 휘하 의병을 이끌고 국내진공작전을 수행한 사실을 기록하였다.[26] 그 뒤 안중근의 의병활동을 구명하는 가운데 연해주의병의 실체 혹은 전모를 밝히려는 작업이 愼鏞廈에 의해 시도되었다.[27] 여기서는 연해주의병의 실질적인 중심인물을 안중근으로 인정하고, 그를 중심으로 국내진공작전 및 하얼빈 義擧에 대해 자세히 논급하였다. 그리고 張錫興도 연해주의병의 활동 가운데서 안중근이 수행한 역할을 밝혀 놓았다. 하지만 안중근의 개인 전기를 기술하는 과정에서 연해주의병을 언급하였기 때문에 안중근의 개인적인 활동에 비중을 두고 있다고 생각된다.[28] 한편 최근에는 러시아측 자료에 의거하여 연해주 한인사회의 민족운동 전모를 개관한 논고 가운데 연해주의병의 동정을 밝혀 주는 내용이 소개됨으로써 이 분야 연구에 상당한 기여를 하였다.[29]

끝으로 국내외 의병의 통합을 시도하였던 十三道義軍의 편성과 그 내용에 대해서는 일찍이 「義兵傳」에서 그 실체를 언급하였으며,[30] 그 뒤 尹炳奭이 십삼도의군이 독립운동사에서 가지는 의의에 착안, 의군의 편성과정과 그 내용을 구명하였다.[31] 여기서는 특히 십삼도의군을 북상도강한 의병계열과 계몽운동 노선이 합일되는 단계로 보았으며, 나아가 이 의군은 국내외 의병세력을 통합, 단일 군단을 지향하고 대규모 항일전을 구상하였음을 밝혔다.

본서는 이상과 같은 선학의 연구성과를 토대로 1895년부터 1910년 국망 때까지 서북 변경지역과 압록강·두만강 대안의 간도 및 연해주 일대에서 펼쳐진 의병항전의 내용과 그 성격에 대해 체계적인 연구를 시도한

---

25) 뒤바보(桂奉瑀), 앞의 글, 43-44쪽.

26) 朴殷植, 『安重根傳』, ≪한국학연구≫ 4(별집), 영인 所收, 인하대 한국학연구소, 1992, 133-134쪽.

27) 愼鏞廈, 「安重根의 思想과 義兵運動」, ≪韓國史學≫ 2, 한국정신문화연구원 사학연구실, 1980.

28) 장석흥, 『안중근의 생애와 구국운동』, 독립기념관 한국독립운동사연구소, 1992.

29) 박보리스, 「國權被奪 前後時期 在蘇韓人의 抗日鬪爭」, 『韓民族獨立運動史論叢』, 朴永錫教授華甲紀念論叢, 1992.

30) 뒤바보(桂奉瑀), 앞의 글, 27쪽.

31) 尹炳奭, 「13道義軍의 編成」, ≪史學研究≫ 36, 한국사학회, 1983.

것이다. 이와 같은 작업은 또한 한국독립운동사에서 의병이 독립군으로 전환·발전되는 과정을 해명하는 단서를 제시하는 것이기도 하다. 이러한 전제하에 본서에서는 다음과 같은 내용을 주요한 연구대상으로 설정하였다.

제1부에서는 1895~1896년의 을미의병 시기에 중부지역에서 활동한 제천의병과 강릉의병 두 의진의 항일이념·항전과정 및 서북지역 북상과정에 대해서 밝히고자 하였다. 기본적으로 두 의진은 擧義 초기부터 항전과정에서나 서북지역으로 북상한 뒤 서간도로 건너가 解陣할 때까지 시종 脣齒의 관계에 있으면서 활동의 궤를 함께 하였다. 그러므로 두 의진의 활동과 그 성격에 대한 구명작업은 결국 이들 두 의진이 서북지역 의병의 前導가 되었을 뿐만 아니라, 나아가 항일의병의 북상도강의 효시가 되었음을 해명하는 과정이 되는 것이다. 특히 제천의병을 이끌었던 유인석의 경우에는 1895년 擧義 이후 20여 년 동안 압록강·두만강 양안지역, 곧 서북지역과 간도·연해주 일대의 의병을 주도한 핵심인물인 까닭에 그의 항일투쟁 과정을 구명하는 작업은 곧 한말 의병사의 전체적인 흐름을 파악하는 데 중요한 단서를 제공하게 된다.

제2부에서는 후기의병 시기에 백두산을 중심으로 남북에서 펼쳐진 관북 변경지역 의병의 실체를 밝히고자 하였다. 한반도 최북단에서 활동한 이들 의병은 항전과정에서 압록강, 두만강 대안의 간도 및 연해주지역 한인사회와 긴밀한 관계를 가지고 있었다. 뿐만 아니라 일제 군경의 탄압이 가중되는 1908년 후반기 이후에는 이들 의병이 대거 북상도강하게 됨으로써 의병이 독립군으로 전환·발전되는 단계에서 그 전형을 보여 주게 된다. 그러므로 관북지역 의병은 항일무장투쟁사의 측면에서 그 역사적 의의가 뚜렷히 부각되고 있다.

압록강 상류지역, 즉 北青·三水·甲山·長津 일대에서 활동한, 車道善과 洪範圖를 중심으로 하는 山砲手義兵의 경우, 먼저 거의 과정과 편제를 살펴봄으로써 이 의병의 투쟁 방향과 여기에 따른 전반적인 성격을 구명하였다. 그리고 실제적인 전력의 측면에서 武備와 군수품 조달 문제 등을 살펴본 뒤, 구체적인 항일전 수행 과정을 추적해 보았다. 마지막으로, 이들 의병이 일제 군경의 압박을 받아 북상도강을 단행하게 되는 시대상황과 그 과정을 해명함으로써 독립군으로 전환되는 과도기 단계의 의병의 성격을 이해하고자 하였다.

한편 鏡城을 중심으로 관북 6진 등지에서 활동한 鏡城義兵은 두만강 대안의 연해주 및 간도 의병과 깊은 연계를 가지고 활동하고 있었던 사실을 염두에 두고 그 실체 분석을 시도하였다. 먼저, 함남 의병의 성원이 대개 산포수였던 데 비하여 이 의병의 경우에는 그 중심인물들 가운데 다수가 유생이었음을 밝히고, 나아가 그에 따른 의병의 성격을 분석해 보았다. 이어서 이 의병이 계몽운동 노선을 표방하던 정치단체인 大韓協會의 鏡城支會로부터 후원을 받고 있었음을 구명하였다. '무장항일전'을 수행하던 의병과 '개화' 노선의 대한협회 양자가 상호 표리의 관계에 놓여 있던 경성지역의 항일투쟁 양상은 이 시기 다른 지역에서는 찾아보기 힘든 사례가 되고 있다. 다음으로, 1908년 하반기 이후 이 의병의 중요인물들이 북간도와 연해주 등지로 대거 북상도강하는 내용을 밝히고자 하였다. 국내의병의 이러한 경향은 국망 직전 일제 군경의 대의병 탄압이 가중되던 시대상황에서 일반적인 추세로 이해되는 현상이지만, 이 의병의 경우에는 집단적 형태로 북상도강이 단행됨으로써 그 전형을 보여 주고 있는 것이다.

제3부에서는 두만강 대안 러시아 연해주지역에서 펼쳐진 의병 활동의 내용을 살펴보았다. 연해주의병은 1910년 국망을 전후한 시기부터 1945년 민족해방 때까지 부단히 전개되어 온 국외 민족운동의 효시 또는 연원이 되었다는 데 그 의의가 크다고 할 것이다. 여기서는 이와 같은 의의를 밝히기 위해 우선 이범윤과 최재형을 정점으로 하는 연해주의병의 중심인물들의 의병과 관련된 활동 내용을 고찰한 뒤, 의병의 근거지가 이주한인의 분포 정도와 밀접한 관계가 있음을 살폈다. 또한 이와 관련해 의병의 무기와 군자금 조달문제 등에 대해서도 언급하였다. 끝으로, 연해주의병이 가장 왕성하게 활동하던 1908년 夏期의 국내진공작전의 내용을 관북지역 의병과의 유기적인 관계하에서 해명해 보았다.

한편 十三道義軍에서는 의군이 편성되는 시대상황을 연해주의병의 동향을 통해 살펴본 다음, 의군 편성을 위한 준비 단계의 결사인 유인석의 「貫一約」과 통합 의병군단의 규칙으로 제정된 「義兵規則」의 내용을 분석하였다. 그리고 십삼도의군의 편성 내용과 그 범위, 참여 인물 등을 고찰해 보았다. 이러한 작업은 결국 십삼도의군이 의병의 최후 단계로서 의병의 항일전 이념이 그 이전과는 내용을 달리하면서 계몽운동 노선까지 포용함으로써 강력한 전력을 구축하는 방향으로 발전해 갔음을 밝히는 것이다.

다음으로 자료문제를 보면, 서북지역 의병의 실체와 항전내용을 알려주는 관련자료는 중·남부지역에서 활동하던 의병의 경우와 비교할 때 상당히 소략한 실정이다. 중·남부지역에 비해 상대적으로 의병활동이 미약하였다는 사실은 인정하더라도, 남북분단의 현실에서 서북지역의 관련자료 수집에는 그 자체에 이미 한계가 노정되고 있다고 할 것이다. 남북분단으로 인한 시대의 고통을 여기서도 절감한다. 이러한 사실을 염두에 두고, 본서에서 이용한 자료 가운데 중요한 것들을 소개하면 다음과 같다.

우선 화서학파 擧義 인물들의 활동과 사상을 집결해 놓은 『昭義新編』과 유인석의 문집 『毅菴集』은 제천의병 연구의 핵심자료로 본서에서는 이를 특히 비중 있게 다루었다. 그 가운데서도 『소의신편』은 유인석을 정점으로 한 화서학파 거의인물들의 항일투쟁의 핵심이념인 春秋大義的 義理와 名分에 입각한 尊華攘夷論의 전모를 담고 있을 뿐만 아니라, 유인석의 항일투쟁과 관련된 일체의 동정을 기술하고 있기 때문에 그 사료적 가치가 매우 크다고 할 것이다. 한편 강릉의병의 경우에는 국사편찬위원회에서 1984년에 간행한 『關東倡義錄』과 민용호의 문집인 『復齋集』(1947年刊)을 주자료로 삼고, 화서학파 거의인물들의 관련기록 등을 활용하였다. 국편에서 간행한 『관동창의록』은 민용호의 3대 자필기술인 「關東倡義錄」·「西征日記」·「江北日記」 등을 수록한 외에도 『복재집』의 詩文類와 疏·書信을 비롯해 檄文類·行狀 등을 포함하고 있기 때문에, 이 역시 민용호의 문집에 해당되는 것이다. 그러나 『관동창의록』(국편 간행본)과 『복재집』 양자간에는 윤문·첨삭된 부분이 많아 세밀한 비교 검토가 요구된다.

다음으로 후기의병 시기 관북과 연해주지역 의병에 관한 자료에는 크게 한국측 기록과 일본측 기록 두 계통으로 나눌 수 있다. 한국측 자료로는 우선 홍범도의 경우, 그가 만년에 口述 기록하였다는 「홍범도의 일지」가 있으며, 경성의병에 관한 기록으로는 이 의병의 핵심일원이었던 김정규가 남긴 『日記』(‘野史’)가 있다.

「홍범도의 일지」[32]는 관북지역 산포수의병의 주역이었던 홍범도 자신이 직접 구술하였기 때문에 그 사료적 가치는 매우 크다. 하지만 실제 항일전을 기술한 내용에서는 과장된 부분이 많으며, 당시 기록이 아니고 만년에 구술로 남긴 기록인 까닭에 연월일 기록에 더러 착오가 있다. 더욱이 함경도 방언을 그대로 구술한 까닭에 문맥 이해가 까다로운 대목이 많다. 「일지」를 이용하는 경우 이러한 점들에 특히 유념해야 할 것이다.[33]

한편 최근에 독립기념관 한국독립운동사연구소에서 수집해 영인 간행한 김정규의 『日記』(‘野史’)[34]는 鏡城을 중심으로 한 관북 변경지역의 의병동향을 알려 주는 귀중한 자료이다. 김정규는 경성의병의 중심인물 가운데 한 사람으로 항일전의 전면에 투신한 志士이다. 의병에 직접 동참한 인물이 동시대의 史實을 생생하게 기록한 자료라는 점에서 그 사료적 가치는 매우 크다고 할 것이다. 특히 이 자료는 1908년 말 이후의 의병 동정을 세세히 기록한 까닭에 解陣 뒤 중심인물들의 북상도강 과정과 국외

32) 「홍범도의 일지」는 1995년에 한국정신문화연구원에서 韓國學資料叢書 제5권으로 발간한 『韓國獨立運動史資料集－洪範圖篇』에 그 전문이 飜刻되어 실려 있다. 본서에서는 이를 대본으로 삼았다.

33) 「홍범도의 일지」의 작성 경위와 사료적 가치 등에 대해서는 張世胤의 「‘洪範圖 日誌’를 통해 본 홍범도의 생애와 항일무장투쟁」(≪한국독립운동사연구≫ 5, 독립기념관 한국독립운동사연구소, 1991, 18-22쪽)에 자세히 소개되어 있다.

34) 金鼎奎, 『龍淵金鼎奎日記』(上·中·下), 독립기념관 한국독립운동사연구소, 영인본, 1994. 원래 김정규는 이 일기체의 기록을 ‘野史’로 명명함으로써 스스로 역사성을 부여하고 있을 만큼 확고한 역사의식을 가지고 집필하였다. 이 자료는 김정규가 1907년 2월 16일(음)부터 1921년 10월 17일(음)까지 전후 14년 동안 거의 매일 日記式으로 기록해 놓았다. 그 속에는 경성의병의 활동과, 북간도와 연해주 일대에서 펼쳐지는 항일독립운동의 내용이 소상히 기술되어 있기 때문에 이 분야 연구에 중요한 사료로 평가되고 있다(尹炳奭, 「龍淵 金鼎奎의 生涯와 ‘野史’」, ≪한국독립운동사연구≫ 5, 독립기념관 한국독립운동사연구소, 1991, 113-141쪽 참조).

활동상을 그대로 실증해 주고 있다. 본서의 경성의병 기술 부분에서는 특히 이 자료에 큰 비중을 두었다. 그러나 이 자료는 시종일관 연대기순에 따른 일기체의 기록인 만큼 그 속성상 의병의 입체적인 전모와 구체적인 활동내용에 대해 명료하게 해명하기 어려운 한계를 지니고 있다. 이 점이 본 자료의 한계로 지적될 수 있을 것이다.

다음으로 일제 군경의 의병 '토벌' 내용을 기록한 일제측 기록들을 들 수 있다. 『暴徒에 關한 編冊』을 비롯해 『朝鮮暴徒討伐誌』, 『暴徒史編輯資料』, 그리고 『駐韓日本公使館記錄』 등이 그것이다. 일제가 군경을 동원해 의병을 탄압한 내용을 보고·정리한 것이기 때문에 일반 정보, 의병 동향, '토벌대'의 출동과 작전과정 등이 광범위하게 포함되어 있다. 그러므로 이 자료들을 통해서 의병의 활동상황을 비교적 세밀하게 파악할 수가 있다. 하지만 의병 '토벌'에만 초점을 둔 자료들인 만큼 정보내용에 오류가 많고 산만하게 기술되어 있다는 점이 역시 한계로 지적될 수 있다. 그럼에도 불구하고, 상대적으로 한국측 기록이 영성한 서북지역과 변경지역 의병의 실체 접근과 동향 파악에는 귀중한 자료라 하지 않을 수 없다.

본서는 서북 변경지역의 의병을 대상으로 삼아 연구를 진행하면서 그 실체와 성격이 분명하게 파악되고 이 지역 의병의 대표적인 사례가 될 수 있는 의병을 중심으로 그 내용을 분석하였다. 그 결과 본서에서는 양서지역에서 활동한 의병의 동향에 대해서는 언급하지 못하였다. 관북지역에 비해 이 지역의 의병은 소규모 편제하에 분산되어 활동하고 있었기 때문에 그 실체를 해명하기가 어려운 실정이다. 더욱이 이들의 활동을 밝혀주는 자료가 극히 제한되어 있다는 점도 이 지역 의병의 연구에 큰 제약이 되지 않지 않을 수 없다. 이와 같은 사실을 인정하더라도, 양서지역 의병 가운데 전기의병 시기의 祥原義兵과 金利彦 義兵, 그리고 후기의병 시기의 平山義兵은 의병항전사상 간과할 수 없는 중요한 의병들이다. 전자는 이 지역에서 일어난 최초의 의병으로 평가되고 있으며, 후자는 양서지역의 대표적인 의병인 동시에 중심인물들의 상당수가 북상도강을 단행하여 국외독립운동에 참여하고 있다는 점에서 그러하다. 그 가운데서도 특히 평산의병의 경우에는 제천의병과 밀접한 관계를 맺고 있던 사실에 비추어 보거나 국망 이후 국외독립운동과의 연결문제에서 볼 때, 명확히 구명해야 될 과제임에는 틀림이 없다. 앞으로 해결해야 할 연구과제로 남겨둔다.

제1부
前期義兵의 西北地域 북상

제1장
堤川義兵의 북상과 柳麟錫의 항일투쟁

柳麟錫(호 毅菴, 자 汝聖; 1842~1915)이 이끈 堤川義兵은 乙未義兵 가운데 가장 규모가 컸을 뿐만 아니라 폭넓은 지역을 활동무대로 삼았던 의진이다. 제천·충주를 비롯한 중부지역 일대를 석권하고 官·日軍과 장기 항전을 벌였던 이 의진은 규모·활동면에서나 이념면에서 모두 을미의병의 상징이 되고 있다. 특히 국망 이후까지 20여 년간에 걸쳐 치열하게 전개된 항일의병을 선도한 의진이라는 점에서 그 의의가 크다고 할 것이다. 또한 제천의병장 유인석은 1895년 말 항일전선의 전면에 부각된 이후 1915년 1월 서간도 芳翠溝에서 작고할 때까지 국내에서뿐만 아니라 간도 및 러시아 연해주 등지를 무대로 집요하게 항일투쟁을 전개하면서 독립운동을 선도한 '抗日의 化身'이었다.

1896년 초 충주·제천 일대를 석권하였던 제천의병은 관·일군의 집요한 압박을 받게 되자 1896년 7월 양서지역(황해·평안도)으로 이진하여 '强勇之兵'을 召募한 뒤 항전을 계속하려 하였다. 제천의병의 양서지역 북상은 결국 이 지역 항일의병의 前導가 되었으며, 1907년 이후 활발하게 펼쳐지는 양서지역 의병의 항일전에 큰 영향을 미쳤다는 점에 주목할 만하다.

하지만 양서지역에서의 활동이 난관에 봉착하게 되자, 제천의병은 1896년 8월 평북 楚山에서 압록강을 건너 서간도로 들어갔으며, 이곳에서 의진이 해산되었다.

한편 의진 해산 이후 유인석은 서간도에 장기지속적인 항일독립운동의 근거지를 구상하였다. 그는 이후 중부지역과 양서지역 일대를 비롯하여 연해주·간도 등지를 부단히 오가며 항일투쟁을 선도하였다.

여기서는 먼저 제천의병의 항일이념인, 春秋大義的 義理와 名分에 입각한 華西學派의 尊華攘夷論을 고찰하였다. 이어 제천의병의 擧義 과정과 그 시대적 배경에 대해서 논급하였다. 다음으로 제천의병이 양서지역을 경유하여 서간도로 북상도강하게 되는 과정과 의진 해산 이후 유인석이 양서지역 및 국외에서 전개한 항일투쟁의 내용을 살펴보았다. 이는 곧 제천의병을 항일독립운동사의 발전적 측면에서 이해함으로써 서북지역 의병, 나아가 국외 독립운동을 선도하였던 이 의진의 역사적 의의를 조명하는 작업이기도 하다.

1. 堤川義兵의 이념적 기반

1) 尊華攘夷論

(1) 小中華論

을미의병은 재야의 儒生이 주축이 되어 봉기하였다. 조선조 500년 통치 이데올로기였던 性理學의 義理와 名分論으로 무장한 재야의 유생은 1894년 청일전쟁 이후 일제가 노골적으로 조선을 침략하게 되자, 민족과 국가의 수호를 人類 보편의 가치와 질서 수호라는 차원, 곧 尊華攘夷의 차원에서 인식하였다. 항일의병의 이념적 기반이 된 衛正斥邪論은 바로 이러한 존화양이 사상에 입각해 있었다. 그러므로 위정척사론과 존화양이 사상은 표리를 이룰 만큼 상호 불가분의 관계를 설정하고 있었던 것이다.

조선 말기의 여러 학파 가운데서도 李恒老(1892~1868)를 정점으로 하는 華西學派는 일제가 조선을 침략하는 시대상황에서 항일투쟁의 이념적 연원이 된 '衛斥尊攘論'의 전형을 제시하고 있기 때문에 특히 주목된다. 화서학파의 여러 인물들 가운데서도 항일의병의 表象으로 부각되는 유인석은 다음과 같은 존화양이론에 입각해 抗日擧義 논리를 점층적으로 전개시키고 있다.

유인석의 위정척사·존화양이론에서 가장 핵심된 내용은 尤菴 宋時烈(1607~1689)에 의해 주창된 小中華論이다. 그는 이러한 소중화론을 기반으로 자신의 독특한 이론인 '華脈不可斷論'과 '準保華脈論'을 점층적으로 전개시켜 갔다. 화서학파 학문의 중요한 사상적 내용 가운데 하나인 소중화론의 大綱을 살펴보면 다음과 같다.

원래 中原을 차지한 중국이 堯舜 이하 夏·殷·周 삼대의 帝王과 孔·孟·程·朱子 등의 聖賢이 嫡傳을 계승하고 예악·문물과 도덕·학문이 탁월하여 천하의 華脈을 이어 온 것으로 인정하였다. 한편 조선은 시조 檀君과 '殷師'인 箕子의 옛 강토로 일찍이 華의 기틀을 열었지만 신라·고려 시대에는 문헌이 이 사실을 입증하지 못하였다고 보았다. 그 뒤를 계승한 조선에는 聖王과 先正이 서로 이어 위로는 治教가 밝게 되고 아래로는 풍속이 아름답게 바뀌어 갔다는 것이다. 이에 華夏의 明이 夷狄의 清에게 멸망된, 곧 '神州陸沈'한 이후로는 조선이 중국으로부터 직접 華脈을 傳受하게 됨으로써 천하에서 유일하고도 당당한 小中華가 되었다고 본 것이다.

이와 같은 소중화론이 도출되는 과정에서는 崇明伐清의 의리와 명분을 주창하였던 송시열의 위치가 다음과 같이 선명하게 부각되고 있다.

> 孝宗과 송시열이 君臣으로 際遇하던 날에 이르러 (조선에) 周禮가 구현되었다. 이에 道學과 政事는 三代에 버금가서 漢唐의 治世보다도 더욱 純全해졌으며, 程朱의 統緖를 이어 斯道가 온전히 여기(조선—필자)에 존재하게 되니, 천지간에 여기에 華가 있고 여기에 人이 있을 뿐이다.[1)]

---

1) 『昭義新編』 권3, 「書贈平山五友」, 92쪽. "至於孝宗大王宋文正先生 君臣際遇之日 則周禮在焉 蓋道學政事 庶幾三代 而有純乎漢唐之治 有續夫程朱之統 斯道之專全者 存乎斯 而一天地之間 華於斯 人於斯而已"

『昭義新編』은 원래 1899년 유인석의 문인인 復菴 金華植이 편집한 8권 4책의 書名이지만, 그 뒤 1902년에 역시 같은 문인인 白三圭·金瀅杰 등이 동일한 취지·내용·체제로 편집하여 동시에 간행한 『昭義續編』 2권 1책까지 포함해서

즉 송시열은 존화양이의 의리정신을 철저히 구현하였을 뿐만 아니라 정자·주자로부터 道統을 직접 이어받아 조선이 중국으로부터 화맥을 傳受할 수 있도록 그 계기를 마련해 준 인물이라는 논리이다. 유인석이 이와 같이 송시열에 대해 절대적인 가치를 부여하고 있는 것은 역시 그의 先師 이항로의 존화양이 사상을 철저히 계승한 결과였다. 이러한 점에서 화서학파의 소중화론은 송시열의 강렬한 존화양이 정신에 그 근거를 두고 있다고 할 수 있다.

송시열이 宋의 정자·주자로부터 직접 도통을 계승한 것으로 본 유인석은 이와 같은 도통의 전수를 일정한 準據, 즉 엄격한 존화양이 정신에 입각해 파악하였다.

> 천하 만고에 이러한 道의 屈伸과 始終에 매번 (이를 대처할 만한) 그 사람이 있어 그 때를 바르게 하였다. 그러므로 夏禹는 짐승을 다스렸고, 周公은 戎賊을 응징하였고, 孔子는 春秋를 지었고, 孟子는 楊墨을 물리쳤고, 朱子는 (송의) 南渡之世에 大議를 세웠으며, 尤菴은 明이 망하던 때에 大義를 잡았다.[2]

유인석은 그의 선사인 화서와 마찬가지로 그 가운데서도 특히 孔子·朱子·宋子(송시열)의 3인에 대해서는 "孔子는 生民 이래로 유일한 大聖이며, 朱子는 공자를 이었고, 宋子는 주자를 이었다"[3]고 하여 지극히 존숭하였다.

붙인 이름이다. 이 책의 체제는 『昭義新編』의 1~4권과 『昭義續編』의 前卷이 內篇으로, 5~8권과 後卷이 外篇으로 각기 分篇되어 있다. 그 가운데 내편은 모두 유인석의 글이며 외편은 華西 李恒老를 연원으로 하는 문인사우들의 글로서 대체로 저술시기 순으로 편집되어 있다. 그러나 외편의 글도 전부 유인석을 주체로 하면서 擧義에 관련된 문자들인 만큼 내편의 내용과 거의 동일하다. 1975년에 국사편찬위원회에서 『昭義新編』이라는 제목으로 飜刻 발행하였다. 본서에 인용한 『昭義新編』과 『昭義續編』의 면수는 여기에 의거한 것임을 미리 밝힌다.

2) 『昭義新編』 권1, 「書贈李紀中肇承洪元玉選杓歸故國」, 22쪽. "天下萬古 此道之屈伸始終 每有其人 以擬其時 故夏禹消獸 周公膺戎 孔作春秋 孟距楊墨 有晦菴於南渡之世而建大議 有尤翁於北沈之日而秉大義"

3) 『昭義續編』 권1, 「書贈關西九友」, 264쪽. "孔子 自生民未有者也 朱子 後孔子也 宋子 後朱子也"

도통의 전수에 대한 이와 같은 해석은 존화양이·위정척사의 견지에서 조선 말기의 시대상황을 충분히 반영한 결과였다. 유인석은 일본을 위시한 제국주의가 조선을 침략하고 있던 역사적 상황을 공자의 春秋時代, 주자의 南宋時代, 송시열의 明淸交替期와 흡사한 상태로 보고 동일선상에서 이해하였던 것이다. 특히 유인석이 退溪와 栗谷을 차치하고 程朱에서 尤菴으로 도통을 직결시킨('程朱之世嫡') 이유는 단순한 철학적 이론체계의 성리학을 넘어서 존화양이의 의리를 천명하고 역사의 정통성을 회복하려는 義理學에 더욱 큰 비중을 두고 있기 때문이다.[4]

한편 유인석의 소중화론에서는 단군과 기자의 역할도 강조되고 있다.

> 저 단군께서는 우리 동방의 시초에 乘運하여 啓化하신 神聖이 되시어 만세에 소중화의 根基를 세우셨다. 이를 기반으로 해서 殷師(箕子－필자)와 같은 성인이 나와 九疇의 法을 밝히고 八條의 가르침을 세우게 되었다.[5]

즉 단군은 '立小中華根基'한 데 그 의의가 있고, 이러한 바탕 위에서 기자는 '闢夷陋而創小中華'의 역할을 수행하였다는 점에 그 의의가 있다고 보았다. 하지만 유인석은 이 양자 가운데서도 역시 화이론적 관점에서 볼 때 당연한 귀결이겠으나, 自生의 단군보다는 '은사'라는 서두어를 붙인 기자 쪽에다 더욱 큰 의미를 부여하고 있다.[6]

마지막으로 유인석은 선사인 화서를 앞에서 본 공자·주자·송자와 동일선상에 파악하고 있다. '夷狄禽獸'의 제국주의가 천하에서 유일하고도 당당한, 인류 문명의 최후 보루인 소중화의 조선을 침범해 오던 시대상황에서 춘추대의적 의리와 명분에 입각한 존화양이를 주창하였던 화서의 역사적 위상은 앞의 3인과 동등한 수준으로 평가할 수 있다는 논리였다. 유인석이 화서에 대하여 단적으로 "功에서나 德에서나 (공·주·송자) 三夫子와 一揆"[7]라고 지적한 예는 그의 이러한 의식의 한 단면을 표출한 것이다.

---

4) 琴章泰, 『東西交涉과 近代韓國思想』, 성균관대 출판부, 1984, 169쪽.

5) 『昭義續編』 권1, 「告檀君文」, 274쪽. "惟君爲東方初頭 乘運啓化之神聖 立萬世小中華之根基 由是有若殷師之聖 而明九疇之法 設八條之敎"

6) 『昭義續編』 권1, 「奉安箕子眞像告由文」·「謁箕陵講洪範日告同會士友文」, 281, 283쪽.

이로써 볼 때, 유인석은 존화양이에 입각한 소중화론의 견지에서 중국의 공자와 주자, 그리고 조선의 기자·우암·화서 등 5인을 가장 존숭하여 최상위에 둔 것이다.[8] 5인에 대한 유인석의 이와 같은 경도는 화서가 공자·주자·송자에 대해 절대적인 의미를 부여했던 사실과 동일한 궤도에서 시대적인 상황의 변천에 따라 그 논리를 더욱 확대·발전시킨 결과라 하겠다.

(2) 小洋·小倭論

소중화나 존화양이에서 언급되고 있는 '華'와 '夷'는 상호 대립된 추상적 개념이다. 그 실체를 파악하는 작업은 곧 의병의 항일이념인 존화양이론의 원론을 이해하는 제일보가 된다. 유인석은 華와 夷의 실체에 대해 다음과 같이 논파하였다.

> 華라고 하는 것은 伏義·神農·皇帝·堯·舜·禹·湯·文·武 이하 帝王承統의 중대함과 孔·顔·曾·思·孟·周·程·張·朱子 이하 聖賢淵源의 정대함이니 天叙天秩이고 天命天討라 五常三綱·三百禮儀·三千威儀의 실체와 禮樂刑政·衣冠文物의 盛함과 三墳五典·四子六經의 풍부함이 있는 바를 이름이다. (중략) 夷라는 것은 사람의 형상을 하고서 금수의 행동을 하며 대저 이것이 華夏를 어지럽힌다.[9]

곧 華가 제왕의 承統과 성현의 淵源을 비롯하여 예악·문물의 실체를

7) 『昭義續編』 권1, 「書贈關西九友」, 265쪽. "我華西先生 (中略) 之德之功 其於三夫子一揆焉"

8) 『昭義續編』 권1, 「示金源永金錫熙韓克濟康鎭」, 275쪽. "孔子 生民以來第一大聖而作春秋 尊華攘夷 其第一大義也 箕子 九疇八條 闢小華變夷陋於東邦而啓我朝之盛也 朱子 尊華攘夷於南渡之世 宋子 尊華攘夷於北沈之日 華翁尊華攘夷於今日天地 皆做一治之大人也 上下萬世 有事於華者 五夫子其最也"

9) 『昭義新編』 권3, 「答王原初性淳書」, 90-91쪽. "華也者 伏羲神農黃帝堯舜禹湯文武以下 帝王承統之大 孔子顔曾思孟周程張朱以下 聖賢淵源之正 天叙天秩 天命天討 五常三綱三百禮儀三千威儀之實 禮樂刑政 衣冠文物之盛 三墳五典 四子六經之富之所存之謂也 (中略) 夷也者 形人而行禽獸者 夫是猾夏也"

통칭하는 것인 데 반하여, 夷는 華와 대립되는 개념으로 이처럼 至善極美한 영역의 華를 항상 파괴하려는 속성을 가지고 있다는 것이다. 이러한 논리의 이면에는 華와 夷가 영원히 화합할 수 없는 氷炭不相容의 투쟁관계로 설정되어 있음을 알 수 있다. 유인석이 존화양이의 역사적 당위성과 필연성을 역설하게 되는 근본 입지는 바로 이와 같은 논리에 있었다.

한편 유인석은 조선을 침범해 오던 제국주의 '洋倭'를 과거 역사에서 설정되어 온 夷狄과는 비교할 수 없을 정도로 인류 문명 수호에 심대한 타격을 주는 夷로 인식하였다. 그러므로 이처럼 교활한 '양왜'가 소중화의 조선을 침범하는 시대상황은 '萬古所無之大變', 곧 미증유의 대변란이었다. 인류 문명의 실체인 華의 존폐 문제와 직결되어 있다고 보았기 때문이다. 결국 유인석은 제국주의 침략으로 인한 시대적 고통을 다음과 같이 國亡과 親喪으로도 비길 수 없을 만큼 절실하다고 느끼고 있다.

> 진실로 지금 우리나라에서 聖道·華脈이 단절되는 그 痛迫함은 國亡이 비길 바가 아니요, 비록 親喪이라 할지라도 또한 비길 수가 없다. 국망과 친상도 그 통박함이 지극하나 예로부터 면하지 못해 사람마다 모두 겪는 것이고, 오직 聖道·華脈의 단절이란 가히 있을 수 없는 것인데 지금은 있게 되었다.[10]

이와 같이 유인석이 華脈의 단절을 국망·친상보다도 더 큰 고통으로 인식하였다는 사실은 그가 華의 가치를 국가와 민족의 가치수준을 넘어선 절대적인 상위 개념으로 규정하였음을 의미한다. 환언하면 진정한 의미에서의 국가와 민족은 오직 華를 보전한 상태에서만 가능하게 되고, 華가 단절된 상태의 국가와 민족은 차원을 달리하여 그 의미가 변질되고 만다는 결론에 도달하게 된다. 이런 까닭에 국가와 민족보다도 華를 더욱 강조하였던 유인석의 논리가 결코 맹목적인 慕華思想의 발로라고 단정할 수 없는 것이다.

한편 유인석은 그 변란의 책임이 국내 개화파와 일제 침략세력에게 있다고 주장하였다. 이에 그는

---

10) 『昭義新編』 권3, 「與李敬器宜愼書」, 60-61쪽. "誠以聖道華脈之絶於今日我國 其爲痛迫 蓋非國亡之比 雖親喪亦不可比也 國亡親喪 痛迫當何極 而自古不免 人皆有之 惟此聖道華脈之絶 誠不可有 而今乃有之"

> 대저 亂賊의 變이 어느 代에 없었을까마는 누가 오늘날의 흉역배와 같으리요. 夷狄의 禍가 어느 나라에 없었을까마는 누가 오늘날의 倭酋와 같겠는가.11)

라고 하여 그 두 세력의 죄악은 역사상 유례를 찾을 수가 없다고 탄식하였다. 나아가 그는 국내의 개화파를 일제 침략세력과 동일시하였을 뿐만 아니라 개화파로 인하여 야기되는 폐해는 오히려 일제보다도 더 심각한 것으로까지 인식하고 있었다.12)

유인석이 그렇게도 개화파를 증오한 이유는 바로 이들이 당당한 '小中華'의 조선을 '小洋' 혹은 '小倭'로 전락시켰던 것으로 인식하고 있었기 때문이다. 즉 소중화가 소양·소왜로 전락한 이유는 국내의 개화파가 일제 침략세력과 결탁한 데 있다고 보았던 것이다.

> 슬프도다. 저 洋倭는 또 이적의 아래인 금수인데 오늘날 큰 화를 양성해 놓았으니, 마침내 우리의 小中華는 절멸되어 小洋·小倭가 되고 말았다.13)

이와 같이 소양·소왜로 전락한 조선은 이제 강상과 예악이 멸절되어 이적이 되었을 뿐만 아니라 조선의 '人類'도 '禽獸'로 전락해 버렸다고 인식하였다.

그러나 유인석은 이와 같은 극한상황을 절대로 허락하지 않고 있다.

> 나라가 夷國이 된 채로 유지된다면 차라리 華國의 상태에서 망하는 게 낫고, 사람이 禽獸가 된 채 살아간다면 차라리 人類로 죽는 것이 낫다.14)

이로써 본다면, 그는 적어도 華夷의 문제에 관한 한 한치의 양보도 결코 허락지 않았음을 알 수 있다.

---

11) 『昭義新編』 권3, 「再檄百官文」, 10쪽. "夫亂賊之變 何代無之 而孰如今日之凶逆 夷狄之禍 何國無之 而孰如今日之倭酋"

12) 『昭義新編』 권7, 「八王洞語錄」(李弼熙 錄), 214쪽. "倭與亂賊 其罪一也 世皆言亂賊土倭也 罪反甚於眞倭也"

13) 『昭義新編』 권1, 「書贈李紀中肇承洪元玉選杓歸故國」, 20쪽. "噫彼洋倭 又夷狄之降而爲禽獸者也 賣國之徒 締結多年 釀成今日之大禍 竟滅我小中華而作小洋小倭"

14) 『昭義新編』 권1, 「答閔士人龍鎬書」, 82쪽. "國與爲夷而存 寧爲華而亡 人與爲獸而生 寧爲人而死"

(3) 華脈不可斷論

小中華의 조선이 위에서 본 대로 小洋·小倭로 전락하였다는 말은 이제 이 세상에서는 영원히 華脈을 찾을 수 없다는 것을 의미한다. 그러나 유인석은 화맥－인류문명－의 완전한 단절이란 대자연의 섭리로 보아 불가능하다고 인식하였다. 그는 이러한 근거를 다음과 같이 程子의 '陽無可盡之理'설에서 구하고 있다.

> 하늘에는 쉬지 않는 도가 있고 陽은 다해질 수 있는 이치가 없으니 華夏의 제도가 중국에서 수천 년 동안 전해진 다음 氣數가 절박해져 廢해지지 않을 수 없게 되자, 우리나라가 이를 계승하였으니, 이것은 天道가 쉴 수 없어 陽脈이 가히 다해질 수 없음을 보여 준다.15)

위 인용문에서 陽의 의미는 華의 개념까지 내포하고 있겠지만, 이 양자는 거의 유사한 내용으로 사용되고 있다. 즉 양이 다하지 못하는 이치가 있기 때문에 역사가 증명하듯이 화맥도 결코 단절될 수 없다는 논리이다.

그리고 '斯道'의 속성도 위와 같은 맥락에서 결코 단절되는 일이 없다고 보았다. 斯道 혹은 吾道란 조선조 儒者들이 그들의 敎學인 儒敎의 道理에 대해 배타성과 정당성을 동시에 부여하는 입장에서 일컫는 말이다. 이러한 사도도 화맥과 같은 처지에서 단절될 지경에 처해 있다는 것이다. 그렇지만 유인석은 단절될 수 없는 사도의 속성을 다음과 같이 파악하였다.

> 斯道가 天·地를 貫一함에 하늘이 어기지 않고, 人·物을 관일함에 사물이 이탈되지 않고, 古·今을 관일함에 항구해서 변함이 없으니, 浩然히 크고 滾然히 길도다.16)

이러한 속성을 가진 사도도 궁극적으로는 華에 내포되는 개념이다. 왜냐하면 사도의 온전한 상태가 곧 華의 일부이기 때문이다. 이와 같이 그

---

15) 『昭義新編』 권1, 「答邊德一錫玄」, 22쪽. "天有不息之道 陽無可盡之理 華夏之制 傳之中國屢千年 而氣數所迫 不能無廢 則承之以我國 是見天下不可息陽不可盡也"

16) 『昭義新編』 권3, 「書贈平山五友」, 92쪽. "斯道也 貫乎天地而天不違 貫乎人物而物不離 貫乎古今而恒不易 浩浩而大 滾滾而長"

속성으로 보아 華가 단절될 수 없다는 점을 확신한 유인석은 華의 수호를 필생의 과제로 설정하게 되었던 것이다.

(4) 準保華脈論

소중화의 조선이 이미 소양·소왜로 전락해 있던 시대상황하에서도 화맥이 결코 단절될 수 없다면 그 화맥은 과연 어디에 어떻게 존재해 있겠는가? 이 문제에 대해 유인석의 동문이며 族叔인 恒窩 柳重岳은 의병항전 실패 후 서간도로 망명해 있던 유인석에게 보낸 1897년 3월의 편지에서 다음과 같이 언급하고 있다.

> 오늘날 천지간에 陽脈은 분명히 재야에서 擧義한 諸公이다. 한 가닥 미약한 陽脈으로 천지간에 만연해 있는 陰을 대적하고자 하니 어찌 용이한 일이리요.[17]

전술하였듯이 여기에서 양맥은 곧 화맥을 의미한다. 그러므로 양맥이 '擧義諸公'에게 존재하고 있다는 말은 환언할 때, 이들에게 화맥이 存續하고 있다는 결론이다. 또한 위의 '거의제공'을 구체적으로 한정시킨다면 바로 유인석을 정점으로 하여 의병항전에 동참하였던 그의 문인사우들이다.

한편 유인석과 동문인 希堂 尹錫鳳은 그에게 보내는 편지에서 그를 일러 다음과 같이 평가하였다.

> 하늘의 氣數를 따라 부득이 一治一亂이 있게 되는데, 그 난세에는 반드시 (이에 대처할) 그 사람을 내어 大綱大法이 땅에 떨어지지 않게 한다. 吾兄(유인석-필자)이 난 것이 마침 이때를 만난 것은 만세의 강상을 부지함이며 천하의 대의를 밝힘이니, 이것이 어찌 우연히 그러하겠는가.[18]

즉 尹錫鳳은 위정척사·존화양이의 견지에서 볼 때 하늘이 공자·주자·우암·화서 등의 성현을 낸 것이 우연이 아닌 것과 같이 당시와 같은 난세

---

17)『昭義新編』권5,「柳恒窩書」, 173쪽. "今日天地間陽脈 分明是岩下擧義諸公也 以一線微弱之陽 欲敵彼充塞宇內之陰沴穢氛 其可容易乎"

18)『昭義新編』권5,「尹希堂書」, 170쪽. "蓋天迫於氣數 不得不一治一亂 而其亂也 必生其人 使大綱大法 不墜於地 吾兄之生 適丁此時 以扶萬世之綱常 以明天下之大義 是豈偶然而然哉"

에 유인석이 난 것도 또한 우연이 아니라 필연인 천명으로 본 것이다. 이러한 주장은 비단 윤석봉 한 사람뿐만이 아니라 그의 문인사우들의 공통된 인식이다.

이상과 같은 유인석의 문인사우들의 논리는 '準保華脈論'과 밀접한 관계가 있다. 준보화맥론이란 조선이 소양·소왜로 전락한 이후 유인석을 정점으로 하는 擧義同志들에게 화맥이 '準保'해 있다는 논리이다. 을미거의 이후 1898년 윤3월 通化縣 五道溝로 두번째 도강한 유인석은 함께 간 동문사우들과 더불어 그 해 여름 항일의지와 내부결속을 다지기 위해 다음과 같은 '義諦'를 약정하였다.

> 만고의 화하 일맥이 墜盡된 나머지에 천신만고로 그 전형을 準保하여 화하의 회복을 기다림이 진실로 (우리) 마음이기에, 비록 하루 화하를 더하더라도 마는 것보다는 낫다. 이로써 心法을 지키는 법을 삼아 옛날 尤門(尤菴門下－필자)에서 전수한 '忍痛含寃 迫不得已' 여덟 자의 의미에 竊附하노라.19)

을미거의 후 그때까지 '천신만고'를 겪어 오면서도 유인석이 위정척사·존화양이 사상에 얼마나 철저히 경도되어 있었는지는 위 義諦를 통해 충분히 짐작할 수 있다. 여기에는 단 하루를 살더라도(雖加一日) 華와 함께, 즉 일제와 투쟁하면서 산다(愈於已)는 강렬한 항일신념이 투영되어 있다. 위 의체의 서두 '萬古華夏一脈 墜盡之餘 千辛萬苦 準保其典型'이라 한 대목이 곧 준보화맥론의 요체이다. 즉 소중화의 조선은 이미 소양·소왜로 전락하였고 또 서간도로 이거하게 되자 비록 화맥을 '完保'하지는 못하고 '準保'해 있는 상황이지만, 유인석은 스스로가 천하에 유일한 화맥이며 또 이러한 '準保華脈'을 통하여 언젠가는 완전한 화맥을 회복할 수 있으리라는 확신을 갖고 있었다.

유인석을 정점으로 하는 화서학파 擧義 인물들의 이상과 같은 존화양이론은 시간의 경과에 따라 역사적인 상황이 변천하게 되자 여기에 능동적으로 대응해 가는 과정에서 이루어진, 실천을 전제로 한 이론 체계이다.

---

19) 『昭義新編』 권3, 「再入遼東約定義諦」, 76쪽. "萬古華夏一脈 墜盡之餘 千辛萬苦 準保其典型 以待來復 固其心也 雖加一日 愈於已 以此爲固守心法之計 竊附昔日尤門傳授 忍痛含寃 迫不得已 八字之意也"

다시 말해 1895년 擧義 이전에 전개되었던 이항로의 존화양이론이 어디까지나 이론적인 단계에 머물러 있었던 데 비하여, 유인석을 비롯한 擧義 인물들의 존화양이론은 소중화론 등과 같은 화서의 이론을 철저히 계승하였을 뿐만 아니라 의병항전, 서간도 망명을 거치는 동안 그 이론이 또 다른 차원으로 발전되면서 강렬한 실천논리를 표방하게 되었던 것이다. 이러한 점이 바로 화서학파 존화양이론의 특징이다.

이상과 같은 존화양이론에 입각한 화서학파의 항일이념은 일반 유생을 주축으로 한 전기의병에서 보편적으로 나타나는 사상적 특성이었으며, 이후 집요하게 펼쳐지는 항일투쟁의 이론적 근거가 되었다는 점에서 그 의의가 크다고 할 것이다.

2) 義兵蜂起의 원인

조선 말기 두 차례의 양요와 그를 이은 강화도조약 전후로부터 국론을 주도하던 위정척사론은 教學的 역할을 넘어서 전통사회와 민족국가를 수호하려는 反帝斥和를 주창하게 되었다. 위정척사운동에는 전국 유림이 참여하였으나 그 가운데서도 특히 춘추대의적 의리와 명분에 입각한 존화양이 정신에 더욱 철저하였던 화서학파가 그 선봉에 섰다. 1866년 병인양요 때 이항로가 올렸던 主戰斥和 상소를 필두로 개항에 적극적으로 반대하였던 勉菴 崔益鉉(1833～1906)의 「持斧上疏」와, 重菴 金平默(1819～1888)과 省齋 柳重教(1832～1893)의 경기·강원도 문인 50여 명이 연명하였던 「絶和疏」, 『朝鮮策略』이 계기가 된 洪在鶴(1848～1881)의 「關東儒疏」[20] 등이 그 가운데 특히 두드러지는 사례이다.

---

20) 宋炳基, 「辛巳斥邪運動 研究」, ≪史學研究≫ 37, 한국사학회, 1983, 172-174쪽 참조.

1881년 윤7월에 捧入된 洪在鶴의 상소는 辛巳斥邪運動期의 여러 상소 가운데서도 그 내용이 가장 격렬하였다. 이 무렵의 다른 상소와 마찬가지로 홍재학의 상소 역시 斥邪 혹은 斥倭로 일관하였으나, 邪說이 廟堂에 횡행하고 있음을 들어 정부를 공격하고, 萬機를 親覽한 이후 단 하루도 衛正斥邪의 政令을 편 일이 없음을 들어 국왕의 '無前의 過擧'를 痛駁하였다. 그리고 '交隣', 즉 일본과의 강화는 朝宗의 땅을 베어 주고 生靈의 피를 말리는 것이라 하고 '斥邪'는 그 가운데 면암의 「持斧上疏」와 '重省' 문인들의 「絶和疏」는 동일한 시대상황에서 학문적 연원을 같이 하면서도 전자는 仕宦의 입장에서, 후자는 在野의 입장에서 각각 발표되었기 때문에 더욱 중요한 의미가 있다고 생각된다. 비슷한 내용과 체제로 작성된 兩疏의 논지를 요약해 보면 다음과 같다.[21]

첫째, 지금의 일본은 과거의 왜와 다르다. 일본은 서양의 '倀鬼' 내지 '前導'로 변했기 때문에, 곧 倭와 洋이 一體이기 때문에 조선의 仇賊이다. 둘째, 서양은 이적보다도 아래인, 인간의 형상을 한 금수이다. 셋째, 지금의 개항 여부 논의는 人獸의 문제이므로 華夷의 문제였던 병자·정묘의 두 호란과는 본질이 다르다. 넷째, 일본과 일단 통교하고 난 뒤에는 절대로 그 세력을 물리칠 수 없다. 뿐만 아니라 '사교'(기독교)가 전국에 만연하게 되어 조선의 미풍양속이 파괴될 것이다. 다섯째, 일본의 통상요구에 대처할 수 있는 현실적인 방안으로는 서양과 결탁한 데 대한 일본의 죄상을 성토하고 그 각성을 촉구하여야 한다.

이와 같은 논지의 저변을 관류하는 정신은 화서학파의 철저한 춘추대의적 존화양이론이며, 이를 바탕으로 정치·경제·사회·문화 등 여러 방면에서 일제의 침략 야욕을 미리 간파하고 있었다. 뿐만 아니라 「絶和疏」에서는 앞으로 계속될 일본 및 서양 제국주의의 침략에 대비하기 위한 '內修之方'에 대해서도 언급하여 군사를 철저히 훈련시킬 것(鍊士卒), 國庫를 튼튼히 할 것(克府庫), 民業을 태평케 할 것(安民業), 변방 수비를 견고히 할 것(固邊備) 등 네 가지 대책을 제시하고 만전을 기할 것을 주장하고 있다. 하지만 그 무엇보다 더욱 우선해야 할 일은 양물 엄단으로 보았다.[22]

여러 사람의 입을 막고 눈을 가리는 문구에 지나지 않는다고 하여 국왕의 敎旨와 綸音을 비난하였다. 결국 홍재학은 '至凶絶悖'한 상소를 올린 결과 '犯上不道罪'로 윤7월 19일 처형되고 말았다(宋炳基, 위의 논문 참조).

21) 崔益鉉, 『勉菴集 1』(민족문화추진회, 1982), 「持斧伏闕斥和議疏」, 124쪽; 李昭應, 『習齋集』 권5, 「伏閤儒生斥洋疏」, 1쪽; 金平默, 『重菴集』 권5, 「代京畿江原兩道儒生論洋倭情迹仍請絶和疏」, 100쪽.

22) 李昭應, 『習齋集』 권5, 「伏閤儒生斥洋疏」, 4쪽. "至於內修之方 則鍊士卒·克府庫·安民業·固邊備 四者是倉猝禦侮之急務 而申嚴洋物之禁 又其最急而至切者也"

위정척사론자들의 이와 같은 반대에도 불구하고 1876년 1월 개항이 현실로 닥쳤다. 일제 침략세력은 이때부터 한국근대사의 전개과정에서 항상 매개변수로 작용하게 되었다.

개항과 더불어 시작된 일제의 대조선침략 과정에서 최대의 장애요소로 작용한 것은 바로 그때까지 조선에서 우월한 지위를 유지해 오던 淸의 세력이었다. 일제가 1894년에 동학농민전쟁을 계기로 도발한 청일전쟁은 청의 세력을 조선 밖으로 구축하기 위한 침략전쟁이었다. 1876년 강화도조약이 일제 침략세력 상륙의 발판이 되었다면, 청일전쟁은 일제 침략세력이 조선에서 확실한 지위를 구축하는 계기로 작용하였다고 볼 수 있다.

일제는 청일전쟁 개전과 함께 金弘集을 총재로 하는 軍國機務處를 설치하여 조선의 소위 내정개혁을 급진적으로 단행하였다. 유생들은 이러한 甲午更張을 '改正朔'(역법 변경)·'易服色'(의복제도 변경)·'變官制'(관제 변경)·'革州郡'(지방제도 변경) 등으로 총괄하고 이를 '대변고'로 단정하였다. 그 가운데 服制는 1894년 6월 '깃이 둥글고 소매가 좁은 옷'(盤領窄袖)을 입도록 일차 개정하였다가, 같은 해 12월 朝臣의 大禮服을 黑團領으로, 進宮時의 통상적 예복을 '黑色周衣'로 다시 변경하였다.[23] 의복제도 개정이 결국 이와 같이 '흑색'의 양복 채택으로 낙착되기에 이르자 유생들은 큰 충격을 받아 이를 '만고대변'으로 인식하였다. 정통 유생의 신분이었던 유인석도 이러한 '변고'를 그 누구보다 심각하게 인식하고 다음과 같이 통탄하였다.

> 아 애통하도다. 4천 년 화하정맥과 2천 년 공맹대도와 조선조 5백 년 예악전형과 家家 수십세 관상법도가 여기서 끊어졌도다. 이제 글 읽는 선비는 어떻게 처신해야 옳겠는가. 선비가 지키는 것은 先王의 道이니, 先王의 法服이 아니면 입지를 않고, 선왕의 法言이 아니면 말하지 않고, 선왕의 法行이 아니면 행하지를 않는다. 이제 선왕의 법복을 훼손하였으니 이는 그 지키는 바를 잃은 것이다. 그 지키는 것을 잃어버렸으니 어찌 선비가 될 수 있으리요. 이는 천지·성현·선왕·父祖에 죄를 짓는 것이니 살아서 장차 어찌 하겠는가. 이제 성토하다 죽고 거의하다 죽으리니, 선왕의 도를 수호하다 죽는 것은 선비의 의리이다.[24]

23) 李光麟, 『韓國史講座 5』(近代篇), 一潮閣, 1984, 327, 338쪽.
24) 『昭義新編』 권4, 「乙未毁服時立言」, 132-133쪽. "嗚呼慟矣 四千年華夏正

즉 전통의복을 서양식 복제로 개정한 것은 화맥·도맥을 비롯해 조선의 정맥과 전통의 고유 습속까지 모두 일시에 단절시키는 결과를 초래했다는 논리이다. 이러한 변고를 당한 이상 선비로서의 의미와 역할을 상실하였기 때문에 모두 죽음을 각오하고 거의해야 한다고 촉구하였던 것이다. 또 이와 같은 생각이 유인석으로 하여금 다음과 같이 절규하게 하였다.

> 땅을 치며 통곡하고 칼을 빼어 스스로 찔러 목의 피를 倭酋 井上馨과 泳孝, 光範 이하 개화파 역적들의 면상에다 뿌린 자가 몇이나 있었는가. 전국 士民 가운데 痛憤大號하며 擧義해서 오랑캐의 무리(일제－필자)를 무찌르고 逆黨(개화파－필자)을 섬멸시켜 君臣士民의 몸에서 洋服을 벗겨 내고 다시 선왕의 法服을 입히려는 자가 있었는가 없었는가.[25]

이로써 볼 때, 의병 봉기의 분위기는 의복제도 변경이 있던 1895년 초두에 벌써 성숙되어 갔다고 하겠다. 곧 變服令이 국민들의 항일적개심을 강하게 숙성시키는 계기로 작용하였던 것이다.

이와 같은 정세하에서 러시아를 비롯해 독일, 프랑스 세 나라는 일제가 청일전쟁의 결과로 획득한 遼東半島를 청에게 반환토록 간섭하였다. 이러한 삼국간섭으로 인해 일제의 약점이 노출되자 조선 정부는 일제의 영향력을 배제해 가면서 친러정책을 실시하기에 이르렀다. 이에 일제는 1895년 8월 20일(양 10월 8일) 을미사변을 일으켜 민비를 弑害하는 야만적인 국제범죄를 자행하였다. 사변 직후 일제는 그 동안 민비가 "자기의 친당을 끌어들여 국왕의 총명을 옹폐하고 정치를 문란케 해서 그 죄악이 크기 때문에 부득이 폐위시켜 庶人으로 삼는다"는 王后廢位詔勅까지 발표하여 전

脈 二千年孔孟大道 本朝五百年 禮樂典型 家家數十世 冠裳法度 今焉絶矣 讀書爲士者 如何處之爲可也 士之所守 守先王之道也 非先王之法服 不之服 非先王之法言 不之言 非先王之法行 不之行也 今變先王之法服 是失其守也 失其守 則烏足爲士乎 是得罪天地 得罪聖賢 得罪先王 得罪父祖 生將何爲乎 將死於鼓 御死於轡 守先王之道而死 士之義也 人無有不死 死猶榮於生者 今日之事 有死而已"

25) 『昭義新編』 권4, 「答朱汝中庸奎書」, 133쪽. "或有幾個擲地痛哭 拔劍自刎 以頸血濺於倭酋井上馨及泳孝光範以下開化黨群逆賊面上者乎 不知八路衆士民中 有能憤疾大號 擧起義旅 掃除夷類 殲滅逆黨 脫其服於君臣士民身上 而更服先王之法服者乎"

국민을 기만하기에 이르렀다. 그리고 1895년 11월 17일을 기해 建陽 원년 1월 1일로 음력에서 양력으로 역법을 바꿈과 동시에 斷髮令을 내렸다.

유인석은 이와 같이 어수선한 정국 분위기에서 변복령이 내려진 다음에는 이미 단발령을 예상하고 있었다. 그가 단발령이 내려지기 전인 1895년 윤5월 동문인 錦溪 李根元에게 보내는 편지에서

> 朝宗制度가 일제히 혁파되고 마침내 선왕의 法服을 무너뜨렸다. 法服이 훼손되었은즉 毁形은 또 그 다음 일일 것이리라.[26]

고 한 대목은 이러한 맥락에서 이해할 수 있다. 이와 같은 사실은 그가 '毁服'과 '毁形', 곧 변복령과 단발령을 동일한 맥락에서 인식하였음을 의미한다. 이 점은 또 유인석의 다음과 같은 절규에서도 더욱 명백해진다.

> 상투와 圓袂의 存·不存에 따라 華夷人獸의 判·不判과 綱常大道의 保·不保가 달려 있으니 (중략) 머리는 만번이라도 갈라질지언정 상투는 한번도 잘릴 수 없고 몸은 만번이라도 찢길지언정 圓袂는 한번도 찢길 수 없다.[27]

여기서 '髻髮'(상투)과 '圓袂'(법복)의 보존 여부에 따라 華夷와 人獸의 결판이 난다고 하였으니, 환언하면 이것은 開化와 守舊의 문제로 귀착된다고 하겠다.[28] 즉 髻髮과 圓袂가 문명과 사람을 상징하고 수구와 자주를 의미한 데 비해, 削髮과 變服은 오랑캐와 짐승을 상징하고 개화와 예속을 의미한다고 볼 수 있는 것이다.

그러므로 의병 봉기에 추진력을 제공한 사건은 역시 이적과 금수를 상징하던 변복령과 단발령이었다. 이 점은 의병에 대한 다음과 같은 이야기에서도 더욱 명백해진다.

---

26) 『昭義新編』 권4, 「答李文仲根元書」, 134쪽. "朝宗制度 一齊革罷 而終乃毁先王之法服 毁服則毁形亦其次第事也"

27) 『昭義新編』 권3, 「贈言金仲一還國」, 117쪽. "此一髻髮圓袂存不存之間 實華夷人獸之判不判 綱常大道之保不保有在焉 (中略) 頭可萬斫 此髻髮不可一削 身可萬戮 此圓袂不可一裂"

28) 朴成壽, 「舊韓末 義兵戰爭과 儒教的 愛國思想」, ≪大東文化硏究≫ 6·7합집, 성균관대 대동문화연구원, 1970, 172-173쪽.

오로지 의병으로 말하건대, 公的으로는 천하에 국가로 하여금 장차 이적 금수를 면하게 하고, 私的으로는 내 몸으로 하여금 장차 이적 금수를 면하게 함이었다.[29]

그리고 이와 같은 변복령·단발령과 함께 의병봉기의 명분을 더욱 강화시켜 준 사건은 을미사변이다.

이번에 거의한 이유는 격문과 통문에서 먼저 위로 國母의 원수 갚는 것을 언급하고 다음에 斷髮하는 일이 불가하다는 것을 말하였다.[30]

이처럼 의병 봉기의 이유를 말할 때마다 반드시 '報國母之讐'를 언급하고 있다는 사실은 을미사변이 그만큼 거의의 명분을 뚜렷이 하여 주기 때문이다.

이상에서 볼 때, 의병 봉기의 직접적인 기운은 변복령이 내려진 직후인 1895년 초두에서부터 비롯되고 있다고 하겠다. 그리고 을미사변과 단발령이 그 결정적인 계기가 되었던 것이다. 여기서 변복령과 단발령은 華夷人獸論的 명분의 문제에서 맥락을 함께 하며, 또 이 두 사건과 을미사변은 모두 이후 지속적으로 펼쳐진 항일투쟁의 정신적 진원지가 되었다는 점에서 그 맥을 같이 하고 있다.

3) 處變三事

중앙 조정에서 변복령을 내리고 제천군수 金益珍이 개화정책에 적극적으로 호응하자, 유인석은 이에 대처할 방안을 강구하기 위해 1895년 윤5월 2~3일(양 6월 24~25일) 이틀 동안 원근의 士友 수백 명을 모아 놓고 제천 長潭에서 대규모의 講習禮(제1일)와 鄕飮禮(제2일)를 개최하였다. 유인석은 이 모임에서 여러 문인사우들과 함께 儒者의 신분으로 변복령이

---

29) 『昭義新編』 권3, 「與李文仲別紙」, 94쪽. "專以義兵言之 公焉而天下國家 爲將免夷狄禽獸 私焉而吾身 爲將免夷狄禽獸"

30) 『昭義新編』 권5, 「金公梅思鼎贊策」, 159쪽. "今此義擧之由 檄文及通文 先言上報國母之讐 次言不可剃頭之事"

라는 '대변고'에 정당하게 처신할 수 있는 행동방안을 숙고한 끝에 다음과 같은 '處變三事'를 결의하였다.

擧義掃淸 거의하여 왜적을 소탕하는 안(擧義)
去之守舊 고국을 떠나 국외로 가서 大義를 지키는 안(去守, 守義)
自靖致命 의리를 간직한 채 致命하는 안(自靖, 殉義)

위의 세 가지 행동방안은 장차 유인석이 항일운동을 전개해 가는 데 그 準據 역할을 담당하였을 뿐만 아니라, 더 나아가서는 한말 수구파 지식인(선비)의 기본적인 행동강령이 되었다는 데 그 의의가 크다고 하겠다.

우선 유인석은 이러한 처변삼사가 모두 유교의 의리에 합치되는 이치를 다음과 같이 설명하고 있다.

> 이 세 가지가 비록 서로 다르지만 (모두가) 斯道를 위할 뿐이며 그 신체를 깨끗이 하는 데 귀일될 뿐이다. 대저 사도는 至大하고 신체는 至重하니, 사도가 장차 다하려 함에 신체가 사도와 더불어 함께 마치지 아니할 수 없는 고로 自靖遂志는 정당하다. 사도가 장차 상실되려는 것을 참을 수 없으니, 신체가 사도와 더불어 존속하게 하지 않을 수 없는 고로 去之守舊는 정당하다. 사도는 동포가 함께 하는 것이니, 신체가 사도와 더불어 함께 보호되지 않을 수 없는 고로 擧義掃淸도 정당하다.[31]

이와 같이 처변삼사는 모두 의리에 합치되는 만큼 각자의 처지와 입장에 따라 그 가운데 한 방안을 선택하도록 하였다. 유인석은 또 이것이 마치 殷의 微子·箕子·比干 등 '三仁'의 처신이 각각 상이하였으나 그 귀결점이 모두 '仁'이었던 것과 동일한 이치라고도 설명하였다.[32] 이러한 결의에 따라서 李弼熙와 安承禹는 擧義를 주장하였고, 朱庸奎·吳寅泳·朴貞

31) 『昭義新編』 권2, 「雜錄」, 36-37쪽. "三事雖異事 爲斯道而已矣 歸潔其身而已矣 夫斯道至大身至重 道之將終 不可以不身與之俱終 故日自靖遂志 是正當也 道之不忍將喪 不可以不身與之道存 故日去之守舊 是正當也 道之同胞共得 不可以不身與之偕保 故日擧義掃淸 是正當也"

32) 『昭義新編』 권2, 「雜錄」, 36쪽.
한편 이 故事의 출처는 『論語』 微子章이다. "微子去之 箕子爲之奴 比干 諫而死 孔子日 殷有三仁焉"

洙·李肇承·鄭華鎔·李正奎·洪選杓 등은 유인석을 따라 서간도로 들어가 守義하기로 결정하였다.[33]

이때 유인석은 擧義나 自靖을 택하지 않고 去守를 결심하게 된 이유를 다음과 같이 들었다.

自靖하는 일은 斯道를 위해 殉節하는 것이므로 마침이 善해 潔淨貞靜하여 마음에 지극히 편안하지만 모두가 이것을 따른다면 斯文의 餘脈이 천지간에 그림자조차 끊어지리니 원통함이 막심하다. 擧義하는 일은 위로 나라의 원수를 갚고 아래로 人類를 보호하며 중간에 吾道를 부지하는 것이라 마음에 최고로 통쾌하지만 큰 역량이 없으면 공을 기대하기가 어렵다.[34]

여기에서 볼 때, 유인석이 처음 去守를 선택하게 된 이유는 모두가 自靖할 필요는 없고, 또 일제에 대항해서 擧義하기에는 역량이 부족한 까닭에 원래의 목적을 달성하기가 어렵다고 판단하였기 때문이다. 하지만 당시 그가 養母인 德水李氏의 喪中에 있었다는 사실이 그로 하여금 이와 같은 결정을 내리도록 한 더 근본적인 이유에 해당한다고 생각된다. 후일 그가 이러한 처지에 있었음에도 불구하고 擧義('釋衰從戎')하였기 때문에 儒者들간에는 이에 대한 정당성 문제로 상당한 논란이 있었던 사실로 볼 때, 執喪 문제가 이들에게 얼마나 큰 비중을 차지하고 있었는가를 짐작할 수 있다.[35] 그러나 유인석은 얼마 후 "나라의 원수를 갚지 못하면 신하가 될 수 없고, 신체를 보존하지 못하면 사람이 될 수 없다"는 생각에서 去守 의사를 포기하고 擧義를 결심하게 되었다.[36]

한편 유인석은 처변삼사 가운데서도 특히 擧義와 自靖의 관계를 다음과 같이 설명하고 있다.

대저 擧義와 自靖은 진실로 經과 權의 차이가 있다. (중략) 우리 儒者의 이

33) 李正奎,『恒齋集』권7,「從義錄」, 1쪽.
34)『昭義新編』권1,「與同門士友書」, 24쪽. "自靖之事 殉道善終 潔淨貞靜 極安於心 而衆皆以爲如是 則斯文餘脈 絶無形影於天地之間 寃莫甚也 擧義之事 上報國讐 下保人類 中扶吾道 最快於心 而非有大力量 功難期也"
35)『昭義新編』권5,「崔勉菴書」, 184쪽.
36)『昭義新編』권1,「西行時在旌善上疏」, 6-7쪽.

른바 權이란 經과 더불어 相濟하는 것이니, 權은 곧 經이요 經은 곧 權이다. (중략) 그러나 經이 그 可常만 믿어 너무 굳게 지키면 때로 道를 해칠 수 있으며, 權은 不可常을 말함이니 그 變通을 금하게 되면 또한 반드시 道를 해치게 된다.[37)]

여기에서 擧義는 權道에, 自靖은 經道(常道)에 각각 해당된다. 의병에 투신하였던 유인석의 입장으로는 당연한 귀결이겠지만, 위 인용문의 내용은 후자보다는 전자에 그 초점이 맞춰져 있다. 즉 유인석은 보편타당성을 가진 경도로서는 대처해 나갈 수 없는 어떤 절박한 상황 아래서는 반드시 임시변통적인 權道를 행사해서 이를 구제해야 한다고 생각하였다. 그리하여 그는 소중화가 단절되려는 당시 시대상황이 곧 權道를 행사해야 할 유사 이래의 가장 절박한 시기에 해당된다고 파악하였다.

그러나 이러한 생각의 이면에는 은연중에 自靖에 대한 불신이 개재해 있다고도 볼 수 있을 것이다. 유인석은 당시 많은 유자들이 自靖하겠다는 주장을 한 데 대해 불만을 토로하면서 그것의 어려움을 다음과 같은 실례를 들어 설명하였다.

지금 온 세상의 선비가 모두 "自靖이 經이니 나는 자정하여 죽으리라"고 말하는데 사람이 모두 자정하여 죽는 것이 또한 善하지 않겠는가. (그러나) 사람이 모두 죽을 각오로 임했다면 大禍가 전에 이미 일어나지 않았을 것이며 후에도 영원히 일어나지 않으리라. 그러나 자정하여 죽는 일은 말은 쉬우나 실천하기는 어렵다. (중략) 申宅熙(申赫熙의 아우—필자)가 (중략) 당시 사우들에게 擧義할 것을 권하였는데 사람들이 自靖死를 많이 말하자 이 사람이 크게 분이 나서 가로되 "사람들이 모두 自靖死, 自靖死를 말하니 나는 삭발하여 두 눈으로 선비들이 모두 자정해서 죽는 것을 보고 내 손으로 매장한 연후에야 죽으리라" 하였다고 한다.[38)]

---

37) 『昭義新編』 권3, 「與李文仲根元別紙」, 95쪽. "夫擧義與自靖 固有經權之異 (中略) 惟吾儒所謂權 是與經相濟 權卽經 經卽權 (中略) 然經恃其可常 而守之膠固 則有時而害道 權謂不可常 而禁其變通 則亦必賊道"

38) 『昭義新編』 권3, 「與李文仲根元別紙」, 96쪽. "今擧世士類 人皆曰 自靖是經 吾爲自靖而死 人皆以死自靖 不亦善乎 人皆以死 則大禍前已無起 後永不起矣 然自靖而死 言易而行難 (中略) 申宅熙 (中略) 當時勸士友擧義 士友多言自靖死 此人大憤曰 人皆曰自靖死自靖死 我則受削 兩目見讀書人 皆自靖而

이로써 유인석은 당시에 많은 선비들이 주장하였던 自靖이 그 실천의 지를 결여한 채 擧義에 불참하려는 무사안일적인 자기합리화의 구호에 불과할 수도 있다고 생각한 것으로 보인다. 다시 말해 自靖이 그 당시 무력한 지식인의 자기합리화요 無抵抗, 無行動이었다는 것이다.[39] 결론적으로 볼 때, 이론적으로는 自靖과 擧義의 양자가 모두 "道義의 重함을 알아 死生으로써 夷獸가 되는 것을 바꾸지 않는 것"인 만큼 모두 타당성을 지니고 있으나, 실제적으로는 自靖이 至難한 일이기 때문에 擧義가 더 타당하다는 것이다.

다음으로 유인석의 守義觀에 대해 살펴보고자 한다. 그런데 이 문제는 그와 동시대의 巨儒였던 田愚의 처세관과 밀접하게 관련되어 있다고 생각되기 때문에 그 두 관점의 대비를 통해서 문제를 해결해 보고자 한다.

艮齋 田愚(1841~1922)는 鼓山 任憲晦를 스승으로 하여 畿湖學派의 정통을 이은 거유로서 그도 역시 철저하게 수구적 자세를 견지하고 있었으나 처신의 방법에서는 유인석과 현격한 대조를 보였던 인물이다. 원래 전우도 유인석의 스승인 省齋 柳重敎와 10여 년 동안이나 心性理氣說을 토론하는 등 화서학파 인물들과 자주 교유했었다.[40] 그러나 栗谷·尤菴을 정점으로 한 기호학파의 전통적인 主氣의 입장을 고수하려는 전우의 처지에서 볼 때, 화서학파의 主理的 경향은 자연히 배척의 대상이 될 수밖에 없었다. 그리하여 1876년 任憲晦가 죽은 뒤 전우가 화서학파의 重菴 金平默이 보낸 祭文을 돌려보내자 이를 계기로 두 학파는 서로 극단적인 대립 양상을 노정하게 되었다.

이와 같은 배경 아래에서 유인석을 위시한 화서학파 擧義 인물들은 전우의 처세관에 대하여 단적으로 "죽음이 두려워 擧義하지 못하였고, 禍가 무서워 斥和하지 못하였다"[41]라고 평하면서 맹렬히 비난하였다. 그러나

死 以吾手埋葬然後死"

39) 朴成壽, 「舊韓末 義兵戰爭과 儒教的 愛國思想」, ≪大東文化研究≫ 6·7합집, 성균관대 대동문화연구원, 1970, 169쪽 참조.

40) 柳重教, 『省齋集』, 「省齋先生年譜」, 993쪽.

41) 李正奎, 『恒齋集』 권9, 雜著, 「田說辨」, 8쪽. "柳汝聖(柳麟錫-註)一隊人謂愚 怕死而不擧義 忧禍而不斥和"

전우는 이와 같은 비난에도 불구하고 道學의 중흥을 지상최대의 과제로 삼아 守義的 자세를 철저히 견지하였다. 다음과 같은 이야기는 이 점을 잘 대변해 주고 있다.

> 王法이 행하여지지 못하고 역적이 버젓하게 목숨을 부지하고 있으니, 나는 통분을 이기지 못해 깊은 산속에 들어와 火食을 끊고 生米로 생활한 지 한 달이다. (중략) 국가가 전복되고 人類가 멸망한다 하여도 우리는 道理를 강론하고 私欲을 물리치는 공부와 도의를 가르치는 마음에 더욱더 힘써서 간절히 하고 게을리 해서는 안 된다.[42]

여기에서 전우가 道學至上主義를 표방하였던 이유는 국가의 근원에 해당되는 도학을 천명해서 국가의 강상을 바로잡고자 한 데 있는 것이고, 이를 위해서는 유자들이 守義를 철저히 해야만 한다고 본 것이다.

이렇게 볼 때, 전우의 守義策은 화서학파의 처변삼사 가운데 하나인 去守와 거의 동일한 내용을 지닌 것이라고도 하겠다. 그러나 유인석이 제시한 도학 수호방안을 고찰해 보면 그 차이점은 저절로 드러난다.

> 도를 위하여 도모함에는 緩急이 있다. 지금 난적(개화파－필자)과 이적(일제－필자)이 강상을 무너뜨리고 인류를 금수로 만들어 華脈·聖道가 끊어졌다. 그 급박함이 이와 같으니 道의 보존을 꾀한즉 안으로는 修身하여 立道에 힘쓸 것이며, 밖으로는 攘禍하여 衛道에 힘써야 할 것이다.[43]

즉 유인석은 도학을 보존하려면 당시와 같이 절박한 상황하에서는 '修身立道'(수의)와 '攘禍衛道'(거의)를 동시에 병행해야 한다고 보았다. 守義와 擧義는 서로 긴밀한 연관성을 가지고 있다는 것이다. 이런 까닭에 유인석의 입장에서는 攘禍衛道가 배제된, 즉 斥和나 擧義를 실천하지 않는 단순한 修身入道는 그 의의가 상실된 것으로 보여질 수밖에 없었다고 하

42) 田愚, 『秋潭別集』, 「答王司諫」; 吳鍾逸, 「艮齋學派의 學問的 性格」, 『韓國近代宗教思想史』, 崇山朴吉眞博士古稀紀念論叢, 1984, 615-616쪽에서 재인용.

43) 『昭義新編』 권3, 「書贈金汝中庸濟」, 110쪽. "爲道謀 謀有緩急 當今亂賊夷狄 壞滅綱常 禽獸人類 爲之絶華脈聖道 其急若此 爲謀道存 則內務修身以立道 外務攘禍以衛道"

겠다. 다음을 보면 이 사실은 더욱 명백해진다.

> 講學·自守는 진실로 힘쓰지 아니할 수 없으나 능히 外禍를 물리칠 수 있겠는가. 外禍를 물리치지 못한다면 비록 自守하고자 하나 가능하겠는가.[44]

다시 말해 당시의 시대상황으로 볼 때 '攘禍'가 뒷받침되지 않는 守義는 현실적으로 불가능하게 되어 아무런 의의가 없다는 것이다. 이러한 논리에서 유인석이 의병항전에 실패한 뒤 서간도로 건너가 守義했던 사실은 이미 '攘禍'(척화·거의)를 그 배경으로 하고 있기 때문에 전우의 단순한 守義와는 다른 차원에서 의의를 지닐 수가 있다고 주장하였다. 즉 유인석의 去守는 적극적인 존화양이의 한 형태라는 것이다.[45]

한편 아이로니컬하게도 유인석의 동문선배인 崔益鉉은 전우의 처세관에 대하여 그 당위성을 부여하고 있다. 1905년 전우에게 보내는 편지에서 최익현은 다음과 같이 말하였다.

> 나의 좁은 소견으로는 自守하는 常道와 시대를 구제하는 權道가 병행하여 서로 어그러지지 않는다고 이를 수 있어 모든 사람들이 눈을 씻고 바라는 기상을 알 수 있을 것이요, 그렇게 되면 이것이 어찌 환란을 다스려 常道로 돌아가는 하나의 큰 기본이 되지 않을 줄을 알겠는가.[46]

즉 최익현은 유인석의 權道(거의)의 입장과 田愚의 常道(수의)의 입장을 모두 인정함으로써 그 중도적 입장을 견지하였던 것이다.

이상에서 논의한 處變三事의 내용을 정리해 보면 다음과 같다.

원래 유인석은 擧義·去守·自靖 등 세 가지 행동원칙에 대하여 이론적으로는 동등한 가치를 부여하였으나 당시의 현실적인 여건이 변수로 등장하게 되어서는 그 논변을 달리하게 되었다. 우선 自靖의 문제는 사람에

---

44) 『昭義新編』 권7, 「八王洞語錄」(李弼熙 錄), 216쪽. "講學自守 固不可不勉 能攘外禍乎 外禍不攘 則雖欲自守得乎"

45) 위와 같음. "弼熙曰 吾 (柳麟錫一派一註) 先焉斥和 中焉擧義 今焉守義 可焉則以言尊攘 可力則以力尊攘 可守則以守尊攘 然人只知擧義之爲討賊伐夷 而不知守義之不爲不討賊伐夷也"

46) 崔益鉉, 『勉菴集 2』(民族文化推進會, 1982), 「答田子明愚」, 70쪽.

게 가장 어려운 일인 만큼 그 실천성에 의문이 제기될 수도 있었기 때문에 큰 의미를 부여하지 않았다. 그리고 擧義의 문제에 대해서는 이것이 비록 보편타당성을 지닌 常道를 벗어나 임기응변적인 權道에 해당되지만, '만고대변'이라는 특수한 시대상황을 고려할 때 儒者의 가장 적합한 행동원칙이라고 판단하였다. 또 守義의 문제에서는 田愚의 순수한 道學至上主義的인 守義를 철저히 배척하고 거의와 표리의 관계에 놓일 수 있는, 즉 거의를 배경으로 하여 '討賊復讐'의 강력한 의지가 가미된 守義를 주장하였던 것이다. 그리하여 유인석은 항일투쟁을 전개해 가는 과정에서 그때그때의 상황에 따라 擧義와 守義를 병행하였으며, 이러한 점이 동시에 그의 항일운동의 특징이 되고 있다.

2. 堤川義兵의 항전과 북상

變服令이 내려진 뒤 1895년 윤5월부터 堤川 長潭의 紫陽書社에서 시행된 講習禮와 鄕飮禮[47]는 규모의 크고작은 차이는 있으나 11월 거의 직전까지 대개 10일의 간격을 두고 정기적으로 행하여졌다. 여기에 참가한 인물들은 거의 모두가 화서학파 연원, 그 중에서도 유인석을 정점으로 하는 省齋 柳重教 문하의 인물들로서 이들을 중심으로 해서 후일 의병항전이 펼쳐졌던 것이다.[48] 그러므로 이때 수차에 걸쳐 반복되었던 강습례와 향음례는 곧 유인석을 중심으로 하는 제천의병의 준비단계에 해당된다.

---

47) 講習禮와 鄕飮禮는 모두 한 고을의 유생들이 經書를 중심으로 옛 글을 강론하고 이를 토론하며 상호 親睦을 도모할 목적으로 개최하는 부정기적인 집회를 말한다. 講習禮 때에는 대체로 講長·賓長·衆賓·諸生·司禮·讀笏·司講·司正의 순서로 講誦이 진행된다(『長潭講錄』, 한국정신문화연구원 도서관 M.F. No. 16-001396, 자료 No. 4261 참조).

48) 『長潭講錄』, 한국정신문화연구원 도서관, M.F. No. 16-001396, 자료 No. 4261. 이때의 長潭講會에 참석한 인물들 가운데 의병과 관련된 중요인물들로는 吳寅泳·李弼熙·安承禹·李正奎·李範稷·裵是綱·李肇承·朱鉉三·兪致慶·申芝秀·朱庸奎·洪思九·朴胄淳·元容錫·元容正·徐相烈·鄭華鎔·柳毅錫·朴齊逵·崔烈·李錫永 등을 들 수 있다.

제천의병은 먼저 유인석의 문인들을 중심으로 한 거의에서부터 유래한다. 유인석은 이 무렵 養母喪을 당해 직접 거의할 수가 없는 처지에서 去守를 결심하였기 때문이다. 이와 같은 상황에서 유인석의 문인이었던 李春永과 安承禹가 1896년 1월 12일(음 11월 28일) 砥平에서 金伯先[善]의 砲軍을 주축으로 거의한 후 제천으로 들어와 군수 金益珍을 몰아냈다. 이것이 바로 제천의병의 발단이다. 이들은 제천에서 徐相烈·李弼熙·申芝秀·李範稷 등과 합류한 뒤 이순신 장군의 후손인 이필희를 의병대장, 서상렬을 軍師로 각각 추대하여 전열을 정비하였다.[49] 이때의 편제는 다음과 같다.[50]

大將: 李弼熙	
軍師: 徐相烈	中軍: 李春永
先鋒: 金伯先	軍務都有司: 安承禹
書記: 元容正	參謀: 李弼根

擧義 초기에 이필희는 여러 의병 격문의 백미인 「檄告八道列邑」을 발표하여 일반인들에게 의병에 대한 지지와 후원을 호소하였다.[51] 이 격문은 뒷날 유인석이 의병대장에 登壇한 직후 전국적으로 布告됨으로써 많은 民人의 공감을 사게 되었다.

이춘영이 이 무렵 유인석에게 앞으로의 항전방향에 대해 자문을 구하였을 때 그는 다음과 같이 말하였다.

우리나라의 强炮한 용사는 전부 서북(양서－필자)[52]에 있고 전곡과 인재는

---

49) 『昭義新編』 권8, 「斥和擧義事實大略」(李昭應 作), 250쪽; 李正奎, 『恒齋集』 권7, 「從義錄」, 2쪽.

50) 金祥起, 『韓末義兵硏究』, 一潮閣, 1997, 193쪽.

51) 「檄告八道列邑」 격문의 발표 시기에 대해 종래에는 「毅菴年譜」에 의거, 유인석이 의병대장에 취임한 직후로 보아 왔다. 그러나 최근에 이필희 명의로 된 격문 원본이 발견되었을 뿐만 아니라 『駐韓日本公使館記錄』에 역시 이필희 명의의 동일한 격문이 수록되어 있는 점으로 보아 이필희가 의병장에 추대된 직후 이 격문을 발표한 것으로 인정된다.

52) 유인석이 위의 인용문에서 언급한 서북은 관북지역을 제외한 양서지역(황해, 평안도)만을 지칭하고 있다.

모두 동남(영남-필자)에 있으니 원주와 제천 일대에 근거지를 세워서 오른쪽으로는 서북의 군사를 모으고 왼쪽으로는 동남의 인재를 모아 굳게 지켜서 잃지 말고 전국의 인심을 고동시킨 연후에야 일을 가히 성취할 수 있으리라.[53]

이와 같이 중부지역 일대에 의병의 근거지를 구축한 다음 양서지역의 우수한 전투력과 영남지역의 풍부한 재력·인력을 집결시킨다는 방안은 유인석이 항일전을 전개해 가는 데 있어서 기본적인 전략이 되었다. 擧義 직후 유인석이 즉시 남북 각지로 召募使를 파견하였던 사실도 이러한 맥락에서 이해할 수가 있다. 그리고 원주·제천을 중심으로 하는 중부지역 일대가 이항로-유중교-유인석으로 이어지는 화서학파의 일대 본거지였기 때문에 이곳에 대한 집착이 다른 지역에 비해 더욱 강하였을 것이라는 점도 이와 같은 전략을 수립케 한 또 하나의 중요한 동기가 되었을 것이다.

이필희 의진은 1896년 1월 22일 단양에서 공주병참 소속의 官·日軍과 첫 전투를 벌여 승리를 거두었다. 그러나 이후 계속되는 공세를 피하여 우선 서상렬과 이춘영은 竹嶺을 넘어 풍기로 들어갔고, 안승우는 영동으로 향하게 되었다. 이때 유인석은 李正奎를 영남으로 보내 서상렬·이춘영을 부르게 하고, 또 朴貞洙를 영동으로 보내 안승우를 부르게 해서 모두 영월에서 회합케 하였다.[54] 이렇게 영월에서 모인 이필희·서상렬·안승우·이춘영 등은 유인석을 의병대장에 추대하였고, 결국 그는 抗日守舊의 '復讐保形' 기치를 높이 들게 되었다.[55]

---

53) 李正奎, 『恒齋集』 권7, 「從義錄」, 2쪽. "我國强炮 盡在西北 錢穀人材 盡在東南 立根基於原堤之間 右募西北之軍 左募東南之才 堅守勿失 鼓動八路人心然後 事可就緖矣"

54) 李正奎, 『恒齋集』 권15, 「毅菴先生行狀」, 5-6쪽.

55) 恒窩 柳重岳은 유인석의 의병장 등단 소식을 듣고 그 소감을 다음과 같은 詩로서 표현하였다(李九榮 편역, 『湖西義兵事蹟』, 修書院, 1993, 377쪽; 柳重岳, 『恒窩集』 권1, 「聞毅菴爲諸賢泣懇乃起復從軍」, 55쪽).

간곡한 눈물이 이 노인을 일으켜	諸賢痛泣起斯翁
팔도에 血書檄文 날려보냈네	血檄飛傳八域中
일찍이 없었던 大變을 맞이하여	大變未曾聞古史
丹衷을 보전코자 權道로 싸우네	活權要與保丹衷
이름난 대장 아래 군용도 씩씩하고	風聲已驗軍威壯

유인석은 2월 8일(음 1895년 12월 24일) 喪中임에도 불구하고 '釋衰從戎'하여 의병장에 취임함과 동시에 다음과 같이 제천의병의 편제를 일신함으로써 본격적인 활동을 개시하였다.[56]

義兵大將: 柳麟錫
中軍將: 李春永　　前軍將: 安承禹
後軍將: 申芝秀　　先鋒將: 金伯先
操鍊將: 安承海　　參謀: 朴胄淳
司客: 張忠植
從事: 李肇承 洪選杓 李起振 鄭華鎔

제천의병의 구성은 안승우·이필희·이춘영 등이 모집한 砥平 민병 400여 명과 지평감역 孟英在 휘하의 金伯先이 이끈 砲軍 수백 명이 주류를 이루었고, 그 밖에 李文欽이 이끈 단양포수 등 인근 각지의 민병들로 조직되어 있었다. 이와 같이 제천의병은 의병장 유인석을 정점으로 하여 주로 화서학파 연원의 인물들을 중심으로 각 지역 단위의 소규모 의병이 서로 유기적으로 결합되어 있었기 때문에 조직면에서는 연합적인 성격을 띠고 있었다.[57]

의병대장 취임 후 유인석은 즉시 제천으로 회군하여 충주를 공략할 준비를 갖추었다. 이와 함께 그는 단양군수 權潚과 청풍군수 徐相耆 등 소위 '土倭'들을 참수하여 단죄함으로써 개화정책을 지지하던 관리들에게 경종을 울려 그 각성을 촉구하였다. 호서의 중앙부인 충주에는 관군 400명을 비롯해 일본군이 다수 집결해 있던 군사적 요충지였다. 그러므로 이곳을 점령하게 된다면 호서를 장악함은 물론 영남과 호남을 배경으로 서울로 북상할 기틀을 확보할 수가 있었던 것이다.[58]

하늘이 보우하사 사기도 충천하네　　天運應隨士氣通
부끄럽다 못난 나 시골에 묻혀서　　多愧拙謀尋邃壑
큰 공훈 힘입어 본심을 지키네　　坐期守正賴洪功

56) 李正奎,『恒齋集』권7,「從義錄」, 3쪽.
57) 李東宇,「義兵將 柳麟錫의 義兵運動考」,≪史林≫ 2, 성균관대 사학회, 1977, 10-11쪽.
58) 李正奎,『恒齋集』권7,「從義錄」, 6쪽.

한편 이 무렵에 승지 禹冀鼎과 李鎬承이 각각 민병 3,000명과 500명을 원조해 와 제천의병의 외형적인 기세는 실로 대단하였다. 하지만 전체 의병 가운데 총을 가진 자는 400여 명에 불과해 실질적인 전력면에서는 충주성 안의 관·일군에 비해 크게 열세에 놓여 있었다. 그럼에도 불구하고 죽음을 각오한 의병들이 일시에 함성을 지르며 진격하자, 그 기세에 눌린 관·일군이 성을 버리고 달아났기 때문에 의외로 쉽게 성을 점령할 수 있었다.

2월 16일(음 1월 4일) 충주 점령에 성공한 제천의병은 먼저 충주관찰사 金奎植을 처단하였다. 그리고 徐相烈·元容正·洪選杓 등을 영남지방, 李範稷을 호서지방으로 각각 召募使로 파견하여 각지의 민병을 모아 그 활동영역을 확대시키고자 하였다. 이때 영남지방에는 안동의 金道和, 예안의 李重麟, 예천의 朴周庠, 순흥의 姜鈗, 풍기의 金敎明, 영천의 丁奎燮, 奉化의 琴錫祚 등 7인의 의병장이 독자적으로 활동하고 있었다. 이곳으로 내려간 서상렬은 그들의 맹주가 되어 연합전을 펼쳐 상주 台峰에 있던 일본군 병참을 공격하였다.[59] 또 호서로 파견된 이범직도, 삭발을 특히 심하게 강요하여 주민들로부터 원성을 크게 사고 있던 천안군수 金炳肅을 처단하는 등 그 기세를 떨쳤다.

한편 1896년 1월 20일(음 12월 6일) 거의한 春川義兵은 춘천관찰사 曺寅承을 처단하면서 인근 지역을 장악하는 등 한때 대단한 기세를 올렸다. 유중교의 문인이었던 춘천의병장 李昭應은 원래 守義를 결심하고 柳重岳·柳鳳錫 등과 함께 지평의 龍門寺로 들어가려 하였으나, 의병에 동참해 달라는 유인석의 서신을 받고 擧義한 인물이다. 이즈음 춘천의병은 조정에서 파견된 관군의 공격을 받고 점차 수세에 몰리고 있었다. 이에 의병장 이소응은 제천의병이 충주성을 점령하였다는 소식을 듣고 춘천의병을 從兄인 李晉應에게 맡긴 뒤 충주로 내려와 제천의병에 합류하였다. 그 후 이진응은 춘천 守城戰에서 전사하였으며, 그의 아우 李景應이 그 뒤를 이어 춘천의병을 인솔하였다. 이경응은 잔여 의병들을 규합한 뒤 태백산맥을 넘어가 민용호가 거느린 강릉의병에 합류하여 楊口·江陵 등지에서 활동

59) 『昭義新編』 권8, 「卜隱」(元容正 作), 241쪽.

을 계속하였고, 마지막에는 제천의병이 북상할 때 여기에 합류하였다.[60] 이소응은 이런 까닭에 제천의병과 춘천의병의 성격을 비교해서 '제천은 먼저 거의해 뒤에 떨쳤고 춘천은 뒤에 호응해 앞에 떨쳤다'고 단적으로 기술하였던 것이다.

충주성을 점령한 뒤 제천의병은 점차 곤경에 처하게 되었다. 그 동안 관군과 일본군의 집요한 공격을 받아 전력이 크게 소모되었을 뿐만 아니라 성이 포위되어 보급로가 차단당한 상태에 있었던 것이다. 더 이상 지탱할 수 없게 된 제천의병은 3월 4일(음 1월 20일) 야음을 틈타 충주성을 버리고 하는 수 없이 제천으로 회군하고 말았다. 그 사이 제천의병은 수안보전투에서 중군장 이춘영을, 충주 방어전투에서는 주용규를 잃어 전력에 큰 손실을 입었다.

제천으로 돌아온 유인석은 元道常을 제천 守城將으로 임명해 본진을 수비토록 하는 한편 제천으로 통하는 각처 요지에 부대를 분산 배치하여 접근로를 봉쇄시킴으로써 최후의 거점인 제천 방어에 만전을 기하였다.[61]

이 무렵 제천의병의 활약소식을 듣고 각처 의병들이 제천으로 모여들었다. 李康秊(문경)·權灝善(永春)·韓東直(원주)·李明魯(횡성) 등의 의병장들이 각기 휘하 의병을 거느리고 제천의병에 합류해 온 것이다. 제천의병은 이후 제천 함락 때까지 3개월 동안 제천을 중심으로 水安堡·加興·陰城·丹陽 등지에서 관·일군과 활발한 전투를 벌여 상당한 전과를 거두었다. 그 가운데서도 遊擊將에 임명된 이강년의 활약은 특히 두드러졌다.

한편 전국 각처에서 의병이 일어나 활동하고 있는 동안 중앙에서는 중대한 정국의 변화가 일어났다. 을미사변 이래로 친일내각에 포위되어 불안과 공포 속에서 전전긍긍하던 고종이 의병을 진압하기 위해서 중앙군이 지방으로 출동한 틈을 타 1896년 2월 11일 러시아 공사관으로 播遷하였던 것이다. 그 결과 金弘集의 친일내각은 무너지고 李範晉·李完用·尹致昊 등을 중심으로 친러내각이 조직되었다. 새 내각은 어수선해진 민심을

60) 『昭義新編』 권8, 「斥和擧義事實大略」(李昭應 作), 256-257쪽; 閔龍鎬, 『關東倡義錄』, 국사편찬위원회, 1984, 50쪽; 『昭義新編』 권3, 「與族叔恒窩別紙」, 101-107쪽.

61) 李正奎, 『恒齋集』 권7, 「從義錄」, 9쪽.

수습코자 단발령을 철회하는 한편 각 지방으로 宣諭委員을 파견해 의병을 해산시켰다. 최익현도 이때 李道宰·申箕善 등과 함께 선유위원으로 임명되었으나 이를 단호히 거절하였다.[62]

한편 제천의병은 아관파천을 고비로 여러 가지 측면에서 활동에 제약을 받아 점차 그 기세가 누그러졌다. 그 가운데서도 민심이 점차 의병을 외면하게 되었다는 점은 제천의병의 활동을 위축시키는 심각한 요인이 아닐 수 없었다.

> 삭발의 禍가 급박할 적에는 인심이 의병을 바라기를 배고프고 목마를 때 음식 구하듯 한 고로 慕悅하기 한이 없었을 뿐만 아니라 비록 가산이 기울어도 애석한 마음을 가질 겨를이 없었다. (중략) 삭발의 화가 중지되자 인심이 누그러져 마치 태평한 시절로 알고 도리어 의병을 싫어하고 괴롭게 여겼다.[63]

거의 초기에 의병을 慕悅하던 마음은 단발령의 철회와 함께 사라지고 이제는 민심이 의병을 厭惡하는 입장으로 돌아섰다는 것이다. 원래 의병은 민심의 절대적인 호응을 기반으로 하여 일어났던 만큼 인력과 군수물자 대부분이 일반 민간에서 염출되던 실정이었다. 그러므로 의병에 대한 민심 이반은 항일의병의 기세를 약화시키는 중대 요인으로 작용하게 되었던 것이다.

의병에 대한 민심 이반 현상과 함께 시간이 경과함에 따라 의진 내부의 규율도 점차 해이해져 갔다. 다음과 같은 기록을 통해서 그러한 정황을 충분히 짐작할 수 있을 것이다.

> 속된 선비와 어리석은 사람들은 의진의 직책을 권좌로 알고 참모·종사를 조정의 관작처럼 구하여 혹은 서로 朋黨하고 혹은 서로 반목하여 군중의 분위기가 얼음판처럼 싸늘해졌다.[64]

---

62) 崔益鉉, 『勉菴集 3』, 106-109쪽.

63) 李正奎, 『恒齋集 』 권7, 「從義錄」, 10쪽. “當削禍急迫 人心之望義兵 不翅若飢渴之求飮食 故慕悅無極 雖傾家破産 不暇有愛惜之心 (中略) 削禍中止 人心緩閒 知若無事之時 反厭苦義兵”

64) 李正奎, 『恒齋集 』 권7, 「從義錄」, 9쪽. “俗士愚人 看作權勢之場 求得參謀從事 如朝廷官爵 或相朋比 或相傾軋 軍中爻像 凜如氷板”

이러한 사실은 擧義 직후 의기충천하던 의진의 분위기와 비교해 너무나도 현격한 차이를 드러내고 있다.

이와 같이 민심이 이반되고 규율이 해이해져 의병의 사기가 침체되어 있을 즈음, 중앙에서 파견된 宣諭使 張基濂이 수차에 걸쳐 의병해산을 종용해 왔다.[65] 단발령이 철회되고 을미사변의 원흉격인 김홍집 이하 친일파들이 축출된 지금에는 활동명분이 없어졌으므로 즉시 의병을 해산시켜야 한다는 것이었다. 이에 대해 유인석은 "십적의 黨與(개화파－필자)가 布列해 있는 것이 전과 같고, 왜적의 병참이 배치되어 있는 것이 전과 같고, 服色을 바꾼 것이 전과 같고, 관제의 변혁과 州郡의 혁파가 전과 같다"[66]고 하여 의병해산을 완강히 거부하였다. 개화정책이 수행되고 있는 상황하에서는, 특히 일본의 세력이 완전히 구축되지 않는 한 결코 의병을 해산할 수 없다는 논리였다.

장기렴이 이끄는 관군은 5월 26일, 마침내 제천성 공략에 나서 대규모 공세를 취하였다. 의병들은 이들을 맞아 용전분투하였으나 전력의 열세로 결국 제천성이 함락되고 말았다. 이 날 전투에서 중군장 안승우와 그의 문인 洪思九가 전사해 의진의 사기는 더욱 저하되었다. 그리고 呂國安이 이끄는 소수의 淸兵도 의진에 가담하여 대일전선에 동참하기도 하였다.[67] 이 부대는 청일전쟁 때 패퇴한 뒤 본국으로 돌아가지 않고 국내에 잔류한 세력으로 추측된다.

제천의병은 제천 수성전에서의 패배로 말미암아 실로 결정적인 타격을 입고 말았다. 그 동안 취해 오던 공세의 입장이 이 전투를 고비로 이후 수세로 몰리지 않을 수 없게 되었다.[68]

---

65) 李正奎 集, 『倡義見聞錄』(『독립운동사자료집 1』, 독립운동사편찬위원회 편, 1971), 117-130쪽. 여기에는 의진과 선유진 간의 왕복서한이 수록되어 있어 이를 통해 양쪽에서 상반되게 주장하는 명분의 실상을 명확히 알 수 있다.

66) 『昭義新編』 권1, 「西行時在旌善上疏」, 9쪽. "十賊黨與之布列 猶夫前也 倭酋兵站之連亘 猶夫前也 正朔之改 猶夫前也 服色之易 猶夫前也 官制之變 州郡之革 猶夫前也"

67) 元容正及從事諸人, 『毅菴柳先生西行大略』(『독립운동사자료집 1』, 독립운동사편찬위원회 편, 1971), 481쪽.

68) 제천전투의 처절했던 참상은 이소응의 다음과 같은 술회 시에도 잘 드러나 있

이와 같이 최후의 거점마저 상실한 제천의병은 일단 단양으로 퇴각한 뒤 전열을 수습하였다. 장기지속적인 항전을 펼치기 위해서 이제 제천의병은 새로운 전기를 마련하지 않을 수 없었다. 이러한 때에 서상렬은 유인석에게 다음과 같은 北上策을 건의하고 있다.

> 이제 絃을 바꾸고 바퀴를 교체하지 않을 수가 없게 되었으니(전열을 재정비해야만 하니－필자) 양서지역으로 가서 强勇한 사졸을 다시 모아 보고, 만약 이것도 실패하면 또한 出疆하여 훗날을 도모해 보자.[69]

먼저 양서지역으로 들어가 1차 재기항전을 시도해 보고, 이것이 실패할 경우에는 서간도로 북상도강한 뒤 2차 재기의 기회를 기다리자는 주장이다. 이러한 주장이 전적으로 서상렬 한 사람의 의견이라 할 수는 없겠지만, 유인석도 여기에 적극 공감하였다. 유인석은 거의 초기에 이미 양서지역의 '强勇之兵'에 착안하였다.[70] 이에 따라 兪致慶·李弼熙·鄭華鎔 등이

다(李昭應, 「追憶堤上相別」; 李九榮 편역, 『湖西義兵事蹟』, 修書院, 1993, 272쪽).

當日風雨惡　軍無戰鬪志　縱我忠義奮　奈敵兵技利
未免避凶鋒　在道馬行亟　山重路又歧　騎步不相暨
彷徨一二日　莫聞駕挽地　奚入白楊山　爲說近日事
轉向壽春山　朋親暫相議　始聞人傳說　丹邱復駐幟
非無往赴心　自有商量意　世事多魔障　迄今成分異
願言謹始終　大義幸無墜　心正德盛日　弘道反乎易

폭풍이 사납게 몰아치던 그날　　군사들은 싸울 마음 사라졌도다
충의로 떨쳐서 일어선 우리　　예리한 적의 병기 어찌 막으리
흉악한 칼날은 피하기도 어려워　　쫓기는 말발굽 급하기만 하구나
산은 첩첩 길은 갈래갈래　　기병도 보병도 뿔뿔이 흩어졌도다
하루이틀 이리저리 방황하여도　　대진이 간 곳은 알 길이 없네
이윽고 들어간 곳 산은 白楊山　　근일의 일들을 아뢰인 다음
발길을 돌렸네 壽春山으로　　동지들이 잠시 동안 의논한 후에
비로소 들었네 전하는 말을　　대진의 주둔지는 丹陽이라네
찾아갈 마음이 없었으랴만　　스스로 생각한 뜻이 있었네
세상일은 원래 魔도 많은 법　　아직도 헤어진 채 만날 길 없네
부디 이르노니 시종 힘써서　　다행히 大義가 무너지지 않아
마음이 바르고 덕이 성한 날　　弘道는 오히려 쉬이 지키리

69) 『昭義新編』 권8, 「卜隱」(元容正 作), 243쪽. "(徐相烈告于先生曰－註) 是不可不改絃易轍 欲往兩西 更募强勇 若不得則亦出疆 以爲後圖"

모병을 위해 벌써 그곳에 파견되어 있었다. 유치경은 원래 황해도 평산 사람으로 그곳의 여러 동문사우들, 즉 申錫元·邊錫玄·蔡洪斗·申赫熙 등과 함께 거의하려 하던 중 유인석의 거의 소식을 듣고 제천으로 내려왔다가 이때 다시 황해도로 들어갔던 것이다.[71]

단양에서 일시 전열을 가다듬은 제천의병은 풍기·영춘·충주·음성·괴산·원주 등지를 전전하면서 간간이 관군 및 일본군과 소규모 전투를 벌인 다음 6월 10일 원주 康川(현 여주군 康川)에서 드디어 서북행의 장도에 올랐다. 이때 유인석이 밝힌 앞으로의 여정 또한 위 인용문에서 본 내용과 일치하고 있다.

> 이곳으로부터는 청주·공주와 통하는 길이 없으니, 듣는 바에 의하면 여주는 강산이 비록 험준하지 않으나 산을 등지고 강을 임해서 가히 적을 막아낼 수 있을 것 같다. 만일 그렇지 못하다면 바로 영월·평창·정선·강릉 등지로 나아가 장마와 더위를 피할 것이요, 또 거기서도 그렇지 못하면 서북쪽으로 가서 굳세고 용맹스러운 군사를 모집하여 다시 일어나도 될 것이다. 또 이도 여의치 않으면 중국에 건너가서 袁世凱에게 원병을 청하여 적을 토벌하여도 또한 크게 잘못될 것은 없다. 또 듣건대 遼東에는 우리나라 사람이 1만 명이나 건너가 산다고 하며 산이 깊고 땅이 비옥하다 하니, 그곳에서 군사를 양성하면 크게는 세상을 바로 잡을 것이요 작게는 華脈을 보전할 수 있을 것이다.[72]

결국 중부지역－서북지역－서간도로 이어지는 제천의병의 행로는 그대로 항일의병의 국외 이동 혹은 확대의 효시가 되었을 뿐만 아니라 국외독립운동기지 건설의 기점이 되는 것이기도 하다.

그 후 제천의병이 다시 제천 茅山으로 돌아 鶴橋에 이르렀을 무렵, 그

---

70) 李正奎, 『恒齋集』 권7, 「從義錄」, 2쪽. 결국 제천의병의 북상은 '강병'에 착안한 서북지역과 '守義'에 비중을 둔 서간도 두 곳을 동시에 목적지로 설정한 것이라 할 수 있다.

71) 『昭義新編』 권8, 「卜隱」·「斥和擧義事實大略」, 243·254쪽.

72) 元容正及從事諸人, 『毅菴柳先生西行大略』, 815쪽. "先生(柳麟錫－註)曰 自此莫以通淸公之路 聞驪州江山 雖不深險阻 背山臨水 則可以防守 若不則直向寧平旌江等地 可以避潦炎 於此不得 則向西北 募剛勇而復振之可也 又不得 則入中國 見袁將 請援討復 亦未爲大不可也 又聞遼東 我人之越居者以萬數 又其山深土厚云 若就此屯兵 大可以廓淸乾坤 小可以保守華脈"

동안 강릉의병에 합류해 있던 李景應 휘하 의병이 합류해 와 전력이 다소 보충되었다. 이어 영월·평창을 지나 6월 26일 정선에 당도하였다. 제천의병은 이곳 정선에서 비를 만나 10여 일을 머물면서 휴식을 취하는 한편 군사를 재정돈하였다. 유인석은 7월 3일 정선에서 상소를 올려 거의 이후의 활동내용과 의진을 해산할 수 없는 이유, 나아가 장차의 계획에 대하여 소상히 밝혔다.[73] 선유위원 鄭彦朝가 이에 앞서 제천 茅山에서부터 정선까지 제천의병을 집요하게 뒤쫓아와 의진 해산을 종용하고 있었기 때문이었다.

제천의병은 이어 강릉의 芝陜을 지나 7월 11일 大和에 도착하였다. 이곳에서 유인석은 대진의 북상을 여러 고을과 주민들에게 포고하고, 각처 향교에도 통고함으로써 의병에 협력해 줄 것을 호소하였다.

제천의병은 양서지역을 향하여 행군을 계속해 이후 蓬坪·麟蹄·平康·小金剛·陽德 등지를 지나 8월 16일에는 함남 영흥까지 진출할 수 있었다. 이어 평남의 양덕 舊倉, 그리고 孟山·德川을 지나 북상을 계속하였다. 양서지역에 당도하기까지 제천의병은 華川(狼川)戰鬪에서는 召討將 서상렬이 전사하는 등 갖은 고초를 겪었다.[74]

그러나 당초 예상과는 달리 양서지역도 이미 개화파 관찰사·군수로 포진되어 있었다. 이들은 의진을 도처에서 핍박하였기 때문에 군사를 더 이상 주둔시킬 수가 없어 재기항쟁을 도모하기가 불가능하였다. 다음과 같은 기록은 이러한 형편을 잘 대변해 준다.

> 십적의 앞잡이들이 布列해 있는 것이 이미 지나온 길보다도 더욱 심하여 의병이 들어온다는 소문을 듣고서는 이치에 부당한 말로 관속과 주민을 꾀어 시장을 철폐하고 상점을 파괴하였으며 배를 침몰시키고 나루를 끊었다. 슬프도다, 저 적당의 죄악은 진실로 용서할 수가 없거니와 민심마저 淪溺됨이 어찌 이런 지경에 이르렀는가.[75]

73) 위의 책, 506-523쪽.
74) 위의 책, 494-544쪽.
75) 위의 책, 833쪽. "十賊爪牙之布列 尤甚於已經 聞義兵之將入 以其非理誘吏民 撤市破廛 沈船絶津 噫 彼賊黨之罪 固不容 民心之淪溺 寧至此極耶"

이제 유인석은 清의 군사적 원조를 기대하고, 또 이것도 여의치 못하면 일제 침략세력이 미치지 않는 곳에서 守義하며 재기항전을 준비할 생각으로 서간도를 향해 계속 북상길에 올랐다. 그리하여 그는 잔여 의병을 거느리고 북상을 계속한 끝에 寧邊·雲山을 지나 8월 23일(음 7월 20일)에는 천신만고로 압록강변의 楚山에 도착하였다. 이곳에서 유인석은 다시 한번 친일개화파 관리들의 각성을 촉구하는 「再檄百官文」을 남기고 압록강을 건너 서간도 懷仁縣으로 들어갔다.

> 강토를 떠나려 고국을 돌아보매 비통을 이기지 못하겠고 또 차마 百官에게 끝내 희망을 포기할 수 없어 다시 피를 뿌려 글을 올리노라. 바라건대 백관은 지난일을 거울삼아 마음을 고쳐 몸보다 군왕을 우선하고 집보다 나라를 우선하여 讐賊을 토벌하고 오랑캐를 응징함으로써 마침내 천지의 經常을 부지하고 마침내 종사의 典型을 부지하여 공자의 춘추대의에 영원한 죄를 짓지 마시라.[76]

한편 본진의 前導였던 이범직은 휘하 의병을 인솔하고 대진에 앞서 서간도로 건너갔으나, 清人 王茂林으로부터 핍박을 받고 무기를 빼앗긴 채 江界로 돌아오게 되었다. 하지만 그는 강계에서 警務官 金東根에게 체포되어 부하 20여 명과 함께 죽음을 당하고 말았다.

얼마 후 유인석이 인솔한 본진도 압록강을 건너 서간도로 들어가 寬甸縣을 지나 懷仁縣에 당도하였다. 하지만 懷仁縣宰 徐本愚가 무장대원이 입국하는 것은 위법이라 하여 의병의 무장해제를 강요해 왔다. 이에 유인석은 눈물을 머금고 9월 28일(음 7월 28일) 波瀦江(渾江)邊에서 그때까지 천신만고를 겪으면서 이곳까지 따라온 219명의 의병을 해산시키고 말았다.[77] 이로써 제천의병의 활동은 종료되었으며, 유인석은 이후 장기지속적인 형태의 항일투쟁으로 그 방향을 전환하게 된다.[78]

---

76) 『昭義新編』 권1, 「再檄百官文」, 18쪽. "當出疆 回望故國 不勝悲痛 且不忍終缺望於諸執事 又此瀝血奉布 伏願僉執事 戒轍改圖 先身以君 先家以國 讐賊是討 戎狄是膺 終扶天地之經常 終扶宗社之典型 毋永得罪於孔子春秋之大義"

77) 李正奎, 「六義士列傳」(『독립운동사자료집 1』, 독립운동사편찬위원회 편, 1971), 202-204쪽; 『毅菴集』 권55, 「年譜」, 668쪽.

78) 유인석의 을미의병 활동기간은 의병장에 등단 취임한 2월 8일부터 의진을 해

3. 서북 邊境地域에서의 柳麟錫의 항일투쟁

1) 西間島 抗日守義

의진을 해산한 뒤 유인석은 淸에 군사원조를 요청하기 위해 瀋陽으로 들어갔다.[79] 그곳에서 그는 문인 원용정·박정수·鄭雲慶 등에게 글을 주어 袁世凱에게 보냈으나 만족할 만한 반응을 얻지 못하였다. 이에 유인석은 '乞援淸國' 계획을 단념하고 유치경의 건의를 받아들여 1896년 9월 韓人 이주민이 집단 거주하던 通化縣 五道溝[80]로 들어가 재기항전을 위한 근거지를 구축하려 하였다. 그리하여 그는 이곳에다 望國壇과 望墓壇을 만들고 정기적으로 行拜하면서 정신적인 무장을 한층 강화하였다.[81]

그러나 이듬해인 1897년 3월에 李容泰 사건[82]으로 인해 유인석은 五道溝를 떠나 회인현 胡蘆頭로 갔다. 이즈음 그도 귀국할 의사를 갖고 있었는데,[83] 마침 徐相懋·金璉植 양인이 고종의 招諭文을 갖고 오자 드디어 귀국을 결심하였다. 1897년 8월 귀국길에 오른 유인석은 초산에서 상소를 올려 거의 이후 지금까지의 행적을 소상히 밝혔다.[84]

산하는 9월 28일까지 총 233일(7개월 20일)에 달한다.

79) 이때를 전후해 유인석을 隨從한 인물들로는 柳弘錫·尹鼎燮·尹陽燮·金永祿·吳寅泳·元容正·朴貞洙·鄭雲慶·安愼模·金華植·具然庠·宋煥國·金演敎·趙鳳烈·車甲東 등이 있다. 元容正이 지은 「卜隱」에 이들의 간단한 약력이 소개되어 있다.

80) 五道溝는 과거 通化縣 관내였으나 현재는 柳河縣에 들어 있다. 오도구 부근에는 초기 이주한인 정착지이며 독립운동 근거지 가운데 하나였던 三源浦가 자리잡고 있어 그 관련성 여부가 주목된다.

81) 『毅菴集』 권55, 「年譜」, 669쪽. 望國壇은 '列聖祖宗'을, 望墓壇은 '遠近祖上'을 각각 行拜의 대상으로 하였다.

82) 토착민 李容泰가 江陵義兵의 參佐였던 崔文煥과 더불어 유인석을 개화파로 몰아 起兵한 사건을 말한다. 그러나 곧 이용태가 패하자 최문환이 먼저 그를 살해해 이 사건은 종결되었다(「年譜」, 670쪽). 한편 毅菴 行狀에는 李治容이라는 인물이 기병한 기록이 보이는데 아마 이 사건을 두고 말한 것 같다(『恒齋集』 권15, 「毅菴先生行狀」, 14쪽).

83) 『恒齋集』 권15, 「毅菴先生行狀」, 14쪽. "居歲餘自思曰 吾之此(西間島－註)來 期欲有爲 今無爲而終於此 則只外人逃死之誚 不如遵大路歸國入華陽洞以言以書 其爲逆黨釖頭肉 乃已定計"

유인석은 춘천으로 돌아와 養母 德水李氏의 大祥에 참례하였다. 그러나 이 무렵 제천의병에 의해 처단되었던 전 단양군수 權潚의 아들이 부친의 원수를 갚고자 유인석 암살을 기도한 사건이 발생하였다.[85] 유인석은 다행히 危害를 면하였으나 이 사건을 계기로 다시 서간도 망명을 결심하게 되었다.[86]

1898년 윤3월 통화현 오도구로 2차 망명한 유인석은 그 해 10월 오도구를 떠나 통화현 八王洞으로 이주하였다.[87] 鄭華鎔의 문상차 그곳에 갔다가 그대로 유거하게 된 것이다. 이곳에서 그는 1900년 義和團 사건으로 인해 강계로 내려올 때까지 약 2년 동안 주로 저술에 전념하면서 지냈다.[88] 그리고 가정에서의 '孝悌'와 국가에의 '忠順'을 덕목으로 하는 향약

---

84) 『昭義新編』 권2, 「因召命入疆至楚山陳情待罪疏略」, 46쪽.

85) 『昭義新編』 권6, 「同義同門書」·「同志完議」·「讐辨」, 196, 198, 220쪽 참조. 權潚의 아들뿐만 아니라 전 충주관찰사 金奎植의 아들도 유인석 암살을 꾀하였다. 이들의 복수기도에 대해 李弼熙·金華植·朴貞洙·李正奎 등 유인석의 문인들은 명분 없는 행위라고 강력히 비난하였다.

86) 『昭義新編』 권7, 「八王洞語錄」(李弼熙 錄), 220쪽. "潚子事在十二月二十八日 其後士友多會 議吾行止 李爲國不復舊 終入遼東 一事也 留止國中 耐得亂賊私讐許多危險 務同同義同志 辨死自立 以抗世邪 以艱其進 亦一事也 吾(柳麟錫－註)初擬後一事 後更商量 乃爲前事"

87) 이를 전후해 유인석을 따라 서간도로 들어간 인물들은 다음과 같다. 이들 가운데 밑줄 그은 인물은 유인석의 1차 서간도 수의 때에도 수종했었다(『毅菴集』 권55, 「年譜」, 667쪽; 李昭應, 「斥和擧義事實大略」, 252-255쪽).
尹鼎燮(梅澗), 高錫魯(後凋), 兪致慶(景善), 蔡淳默, 邊錫玄(節谷), 李昭應(習齋), 李弼熙(實谷), 金華植(復菴), 金永祿(充齋), 吳寅泳(忠齋), 朴在陽, 申明均(景裕), 白三圭(溫堂), 元世炳, 李鍾夏(古浦), 申芝秀(慕陽), 宋尙奎, 朴貞洙(悔堂), 安愼模, 林理燮, 洪鍾薰, 金尙台, 權海鎭, 南永洙, 鄭樂三, 吳世晩, 崔洛九, 禹鍾夏(冶山), 具然庠, 崔能浛, 朴齊逵, 李正奎(恒齋,玉山), 車載貞(久窩, 東山), 韓世燮, 金泰元, 許植, 李元燦, 張基正, 申赫熙(彦明), 洪選杓(元玉), 鄭賢瑞, 韓弘模, 徐相默, 邊承洙, 李肇承, 林昌鎬, 李善校, 許命, 李濟奎, 張麟煥, 朴禮善, 柳濟昇, 韓道燮, 康璡國, 禹濟洪, 洪德杓, 洪直杓, 鄭華鎔(建中), 金鼎業, 文錫瓛, 金庸濟(汝中), 金相鶴, 劉道植, 李致壽, 崔根昌, 朴泰鎭, 鄭壽鳳, 李萬成, 宋煥國, 金有成, 崔春興

88) 이 시기에 이루어진 저술을 보면 『東國風化錄』·「國病說」·「出處說」·「手次三先師文」 등이 있다. 그 가운데 『東國風化錄』은 李昭應과 함께 기존의 『國朝羹墻錄』에다 箕子의 史實을 첨부해 편집하였으나 의화단사건으로 미완에 그치고 말았다.

을 실시하는 등 이주 한인들의 교화에 힘쓰기도 하였다. 뿐만 아니라 공자·주자·우암·화서·중암·성재의 영정을 봉안하는 聖廟를 세워 전술한 望國壇·望墓壇과 함께 이역에서의 정신적인 귀의처로 삼았다.[89)]

2) 兩西地域 抗日守義

유인석은 1900년 7월 의화단의 난을 피해 압록강을 건너와 평북 강계로 이거하였다. 그러나 개화파 관료들은 도리어 그가 의화단과 공모하여 변경을 소란케 할 뿐만 아니라 '來侵' 준비까지 하고 있다고 참소하였다.[90)] 조정에서는 경무관 文鳳梧를 파견하여 그 진상을 파악토록 조처하였다. 유인석은 이에 경기도 파주까지 내려와 고종에게 「還到畿甸情辭」·「情辭附告」 등의 글을 올려 서간도에 이거한 그간의 경위와 전말을 해명하였다.[91)]

이제 만주 일대는 의화단사건으로 인해 점차 열강의 각축장으로 변하였기 때문에 더 이상 이곳을 망명처로 삼기가 불가능하게 되고 말았다. 유인석은 이때부터 황해도와 평안도 각지를 부단히 전전하면서 많은 문인들을 양성하는 한편 주민들에게 위정척사·존화양이론에 입각한 항일민족의식을 고취하는 데 주력하였다. 즉 그는 平山(山斗齋)·龍川(玉山齋)·价川(崇華齋)·殷栗(興道書社)을 활동 근거지로 삼고 그 주변의 철산·안주·선천·평양·용강·서흥·해주 등지를 부단히 왕래하면서 문인들을 양성하였을 뿐만 아니라 강습례와 향음례를 통해 각지 주민들에게 華夷論에 입각한

---

89) 『毅菴集』 권55, 「年譜」, 682-683쪽; 『昭義續編』 권1, 「還到畿甸情事」, 267쪽.

聖廟 건립에는 雲菴 朴文一(1822~1894) 문인들의 조력이 컸기 때문에 雲菴도 추가로 배향하였다(『昭義新編』 권1, 「書贈關西九友」, 264쪽). 또 그 뒤에는 화서학파의 '死節十賢'(洪在鶴·朱庸奎·徐相烈·安承禹·李春永·洪思九·李範稷·李晉應·崔中奉·李鳳煥)과 서간도에서 순절한 李弼熙·鄭華鎔까지 배향하게 된다. 이로써 성묘는 유인석과 그 동문사우들의 수의생활에서 가장 큰 정신적 지주가 되었던 것이다(李正奎, 『恒齋集』 권12, 「北征日記」, 14쪽).

90) 『毅菴集』 권55, 「年譜」, 683쪽; 閔龍鎬, 『關東倡義錄』, 國史編纂委員會, 1985, 183-184쪽.

91) 『昭義續編』 권1, 「還到畿甸情辭」·「情辭附告」, 266, 270쪽.

항일투쟁의식을 고취시켰던 것이다.

유인석이 이와 같이 양서지역을 활동무대로 삼은 것은 다음 두 가지 이유에서이다. 첫째, 이 지역은 華西의 문인인 朴文一·朴文五 형제가 일찍부터 講學을 통해 많은 제자를 양성해 놓았기 때문에 同門의 유인석을 맞이할 인맥적 토대가 공고히 구축되어 있었다는 점을 들 수 있다.[92] 이 지역의 화서 연원 가운데 두드러지는 인물로는 兪致慶·申錫元·邊錫玄·蔡洪翼·蔡洪斗·申赫熙·趙鍾益·車載貞·韓升泰·李鍾夏·禹鍾夏·李元燦·禹濟洪·蔡相說·文錫瓛 등이 있다. 둘째, 소중화의 견지에서 볼 때, 이 지역은 단군과 기자의 '舊鄕'에 해당되어 유거 명분이 뚜렷하였다는 점을 들 수 있다. 유인석은 조선이 '단군에 의해 처음으로 소중화의 기틀이 마련되었고 기자에 의해 소중화가 열리게 된' 것으로 인식하고 있었기 때문이다.[93]

그러나 유인석이 처음 양서지역으로 갔을 때 그곳 주민들은 그와 접촉하기조차 꺼리는 분위기였다. 죄를 짓고 숨어 들어왔다는 소문이 퍼졌기 때문이다. 이러한 오해를 씻기 위해 유인석과 그의 문인들은 『昭義新編』의 간행을 추진하는 한편 평양 箕子墓에서 대규모 강회를 개최할 계획을 세웠다.[94] 그러나 평양 大講會 계획은 관리들의 방해로 인해 유산되고 말았다. 1903년 8월 유인석은 家廟를 돌보기 위해 일시 제천으로 내려갔다가 10월에 다시 개천 石溪로 돌아왔다.

1904년 중반기에 들어 유인석은 한때 중국 망명을 결심하고 서해에서 배를 타기 위해 1904년 6월 은율로 갔다. 그러나 그는 얼마 뒤 다음과 같은 이유에서 중국 망명을 포기하고 국내에 머물기로 계획을 변경하였다.

---

92) 『昭義續編』 권1, 「答崔勉菴書」, 277쪽. "雲菴門下 士友甚盛 衣冠禮俗 一國之所無 謂我(柳麟錫-註)同淵源 待之厚而許共守義"

한편 白凡 金九도 유년기에는 해주에서 화서연원인 後凋 高錫奎[錫魯]로부터 존화양이의 의리학을 배웠으며, 이때 수학한 화서학파 학문과 정신이 뒷날 그의 행적에 적지 않은 영향을 주었다고 自述하고 있다(金九, 『白凡逸誌』, 백범김구선생기념사업협회, 1969, 45-52쪽).

93) 『毅菴集』 권55, 「年譜」, 686쪽. "先生(柳麟錫-註) 旣以關西爲托身守義之地 而謂小華創闢在箕子 而若其立小華根基 實檀君有之"

94) 李正奎, 『恒齋集』 권7, 「從義錄」, 17-18쪽.

宗國과 선비는 서로 依附해서 선비 없이 종국만 獨存할 수는 없다. 만약 去守하여 온 나라 선비가 한 사람도 없게 된다면 종국은 어떻게 되겠는가. 또 우리의 여러 聖王先正께서 만고의 帝王聖賢의 統緒를 이으시고 천지의 마음을 받드시어 禮義之邦을 만드시며 우리들 선비를 길러 陽類가 되게 하셨으니 그 은택이 하늘처럼 망극하다. 마땅히 은택의 만에 하나라도 보답코자 생각한다면 在國守義함이 가하리라.[95]

한편 1904년 러일전쟁의 발발로 정국에 변화가 일어나고 매국단체 一進會가 조직되어 일제침략을 선도하자, 유인석은 그 해 겨울 일진회에 대항하기 위하여 제천을 중심으로 한 호서 일대에서 향약을 조직하였다. 당시 그는 황해도에 있으면서 먼저 문인 元容正·元容錫·李正奎 등에게 서신을 보내 향약을 조직할 것을 명한 뒤 자신도 곧 포천으로 내려와 동문 선배인 최익현을 직접 만나 이 문제를 논의하였다. 그러나 최익현은 여기에 대해서 깊이 공감하지 못하였고 또 국왕에게 상소하는 문제에 전심해 있었기 때문에 그의 협조를 얻을 수가 없었다.[96] 이에 이소응·이정규 등이 제천에서 향약을 실시하게 되는데, 1905년 7월 일제의 간섭으로 조직이 해체될 때까지 인근 여러 郡에서 모두 이를 본받았을 정도로 상당한 성과를 거두었다. 이때 실시된 향약의 조직과 임원은 다음과 같다.[97]

都約長: 兪鎭弼
副約長: 李容植 申鉉哲
都有司: 李昭應
掌 議: 柳毅錫 李正奎
面約長: 禹冀鼎 李敏政 金履鎬 李炳善 李建洙 朴星陽 鄭述源 李仁榮

유인석은 1904년 겨울에는 華川의 谷雲山(현 華岳山)[98] 泉石에 은거할

95) 『毅菴集』 권55, 「年譜」, 691쪽. "宗國士類 相爲依附 未有無士類而宗國獨存者 若爲去守 而擧邦士類 無一存焉 其無如宗國何 且我列聖王群先正 承萬古帝王聖賢之緖 奉天地之心 而作禮義之邦 繫我人士培養爲陽類 其恩與天罔極 宜思報答恩萬一 則坐而守義可也"
96) 위와 같음.
97) 李正奎, 『恒齋集』 권12, 「堤川鄕約日記」, 26-27쪽 참조. 면약장 아래에는 直月·司正·司禮·司書·相禮·笏讀 등의 임원이 있었다.

생각으로 가족을 모두 이곳으로 모이게 하였다. 그러나 이곳에도 오래 머물지 못하고 1905년 7월 다시 북상하여 양서지역으로 들어갔다. 그 동안 그는 제천에서 강회를 열었고 강원도 홍천에 있던 화서 祠板(神主)과 雲潭(현 포천군 二東)의 중암 祠板을 배알하기도 하였다.

1905년 3월 운담에서 곧바로 북상한 유인석은 평산(山斗齋)·은율(興道書社)을 경유한 뒤 5월에는 개천(崇華齋)에 도착하였다. 7월 들어 그는 다시 朴治翼(泰菴)·朴叡鎭·朴琡采(鳳棲) 등의 초청을 받아 宣川 鳳洞의 觀海齋[99]에 가서 머물렀다. 그가 지병으로 만년까지 고생을 하게 되는 다리 結石病이 발병한 것이 바로 이 무렵이다.

유인석은 罹病에도 불구하고 萬東廟에서 강회를 열기 위해 9월에는 다시 谷雲으로 내려왔다. 그러나 일제가 이즈음 을사오조약 늑결을 눈앞에 두고 주민들에 대한 掣肘를 더욱 강화했기 때문에 만동묘 강회 계획은 실행되지 못하였다. 이때 문인 徐相默이 중국 曲阜에서 孔子·顔子 이하 여러 성현의 遺像을 갖고 귀국하자 유인석은 이를 봉안하기 위해 拱華洞(雲潭)에다 七聖廟를 건립하려 했으나 완공하지 못하였다. 이 문제는 그 뒤 1907년 5월 谷雲의 萬世祠에다 十聖賢像을 봉안함으로써 일단락되었다.[100]

1905년 11월 을사오조약 늑결 후 유인석은 또 다시 서간도 망명을 결

---

98) 谷雲은 金壽增(金尙憲의 손자, 1624-1701)의 號이다. 谷雲 외에도 金時習·金昌翕 등이 이곳에 은거하였던 인물들이다. 유인석이 이곳을 守義處로 선택한 이유가 여기에 있다고 한다. 谷雲山은 현재 화천군 화북면 영당동 華岳山 일대에 해당된다.

99) 觀海齋가 있었다는 宣川郡 鳳洞은 현재 확인되지 않는다. 선천 외에도 화서학파와 관계가 있는 觀海齋는 강원도 高城郡 杆城邑에 소재한 鑑湖변의 江亭에도 건립되어 있었다. 高城 사람으로 錦溪 李根元의 문인인 沈相橫과 沈東鎭 등이 건립한 것으로, 이근원이 명명하였으며 유인석이 額을 쓰고 유중악이 記를 지었다. 그리고 1920년에는 이곳에 이근원의 遺像을 봉안하고 춘추로 제향을 올렸다. 鑑湖는 현재 통일전망대가 자리잡은 휴전선 북방으로 1~2km 정도 올라간 북한 영지이다.

100) '七聖'은 孔子·顔子·曾子·子思·孟子·程子·朱子를 가리킨다. 十聖賢은 중국의 경우 七聖에다 周濂溪·程伊川·張横渠를, 그리고 조선의 경우에는 鄭夢周·趙光祖·李滉·李珥·成渾·金長生·宋時烈·宋浚吉·權尙夏·李恒老를 지칭한다.

심하고 북상하였다. 1906년 1월 서간도를 향해 發程한 유인석은 도중에 평산을 거쳐 서흥 五雲山(현 서흥군 서흥면 모운리 소재)의 續命寺에 들어가 그 동안 악화된 脚病을 치료하였다. 이 무렵에도 서간도의 정세는 여전히 불안한 상태였다. 그는 이에 서간도 망명을 포기하고 대신 해로로 曲阜의 衍聖公을 찾아가기로 하고 2월에는 서해안의 은율로 갔다. 이 결정은 衍聖公이 연전에 유인석에게 보내온 답서에서 곡부로 망명하게 된다면 적극적으로 원조하겠다고 밝힌 데 힘입은 것이다.[101] 그러나 脚病이 점차 악화되어 거동조차 어렵게 되자 유인석은 다시 한번 '在國守義'로 계획을 바꾸지 않을 수 없었다.[102] 이때 최익현이 전북 태인에서 거의할 생각으로 유인석에게 협조를 요청해 왔다. 유인석은 문인 이정규를 태인으로 보내 최익현 의병의 軍務를 돕게 하였다. 이때 스승의 명을 받고 태인으로 간 이정규는 林炳燦의 집에서 최익현과 만났다.[103] 그러나 유인석과 최익현 두 인물 사이에 의병을 비롯한 항일투쟁 과정에서 적극적이고도 구체적으로 협력이 이루어졌다는 기록은 보이지 않고 있다.

고종은 헤이그밀사의거가 빌미가 되어 1907년 7월 24일 강제 퇴위당하였다. 이와 동시에 일제는 정미칠조약을 늑결함으로써 대한제국의 내정권을 완전히 장악하였다. 이에 유인석은 더 이상 국내에서 항일투쟁을 지속하기가 불가능하다고 판단하고 드디어 러시아 연해주 망명을 구상하게 되었던 것이다.

3) 沿海州에서의 항일투쟁

유인석은 1907년 8월 먼저 朴治翼·車載貞·羅希泰 등을 海蔘威(블라디보스토크)로 파견해 그곳의 정세를 탐문케 하였다. 이제 서간도 대신에 연해주를 수의처로 선택하게 된 이유에 대해 그는 다음과 같이 언급하고 있다.

101) 『毅菴集』 권55, 「年譜」, 695쪽.
102) 『毅菴集』 권25, 「與同志士友書」, 582쪽.
103) 李正奎, 『恒齋集』 권7, 「從義錄」, 19쪽.

> 우리나라와 陸接해 있는 청과 러시아는 모두 가히 우거할 만한 곳이다. 그러나 청은 약하고 러시아는 강하기 때문에 장차 일을 도모하고자 한다면 청보다는 러시아가 나을 것이다.[104)]

이로써 볼 때 유인석이 연해주로 망명한 것은 단순한 守義의 방편에서가 아니라 재기 항일전를 도모하기 위해서였음을 알 수 있다.

유인석의 연해주 망명시기는, 연보에는 1908년 7월(음)로 기록되어 있으나, 전후의 사정을 고려한다면 1908년 전반기, 적어도 5월(양) 이전으로 추측되고 있다.[105)] 이 旅程이 2차에 걸친 서간도 망명 이후 세번째 국외 망명이었으며,[106)] 이후 그는 다시는 고국 땅을 밟지 못하였다. 그도 이 점을 미리 의식하였던지 블라디보스토크로 가는 배 안에서 자신의 비장

---

104) 『毅菴集』 권55, 「年譜」, 699쪽. "本國連壤 惟淸俄兩界爲可寓 而淸弱而俄强 欲圖當爲俄勝於淸也"

105) 유인석은, 그의 연보에 의하면, 1907년 7월(음)에 이미 연해주 망명을 결심하였으나 罹病으로 지연되어 1908년 7월(음)에 이르러 블라디보스토크로 망명한 것으로 되어 있다(柳麟錫, 『毅菴集』 권55, 「年譜」, 699-700쪽). 그러나 이 기록은 錯記가 아닌가 의심이 간다. 1908년 1월부터 같은해 5월까지 해삼위에 체류하였다는 趙昌容이 주로 연해주에서의 활동을 일기식으로 자필 기술한 「海港日記」 속에 이미 유인석이 등장하고 있는 것(≪한국학논총≫ 15, 국민대학교 한국학연구소, 1992, 51쪽)과 이범윤과 최재형이 연합, 국내진공을 단행할 때(1908.7) 문인 朴治翼을 보내 원조하였다는 연보 기록(「年譜」, 701쪽)으로 보아 유인석은 적어도 1908년 5월(양) 이전에 망명한 것으로 추측된다. 또한 1908년 7월(양) 이전 연해주 망명을 인정하게 되면, 유인석으로 추측되는 의병총대장 '金斗星'의 실체가 더욱 명확해질 수 있다. 뿐만 아니라 유인석을 뒤따라 연해주로 들어가 함께 독립운동을 벌였던 그의 아들 柳海東(당시 17세)의 증언에서도 "(유인석은) 이듬해(1908년—필자) 연초 2월에 연해주로 망명하고 자기는 그 해 8월에 갔다"고 하여 이를 유력하게 뒷받침하였다(趙東杰, 「安重根義士 裁判記錄上의 人物 金斗星考」, ≪春川敎大論文集≫ 7, 1969, 39쪽).

106) 이 시기를 전후하여 유인석을 따라 연해주로 망명한 인물들은 다음과 같다. 밑줄 그은 인물은 유인석의 2차 서간도 망명 때에도 隨從했었다.

朴陽燮 禹炳烈 金載銖 金秉僩 李南基 朴貞彬 鄭寅卨 金商輿 金秉振
車載貞 朴文瑢 朴奎承 邊承洙 李鎭龍 沈魯述 白鎭海 崔于翼 許承炫
姜璡國 朴彝采 朴炳疆 金榮燮 安在熙 金晩松 安鍾奭 朴龍根 禹文善
朴承衍 金起漢 李炳台 李錫驥 許承烈 洪錫禹 白崇濟 金斗運 韓鳳燮
成時源 金鳳徠 石鎭哉 姜哲默 金永禧 李 涵 金性龍 李東燮 邊完奎
金東勵 李重熙 池熙銓 朴載訥 丁承奎 丁弘奎 康基復 玄敬均 韓相說
文昇道 朴永實 李哲洙 安壽萬 方瑞鳳 姜圭復

한 심정을 다음과 같은 시로서 읊었다.107)

병든 한 몸 작기도 한데
휘달리는 범선 만리도 가볍구나
國命은 지금 어떠한가
天心이 이 길을 재촉하도다
풍운은 수시로 변하고
日月만이 홀로 밝도다
주위의 한가로운 소리에
나의 심정 아득해진다

블라디보스토크에 도착한 유인석은 먼저 이곳에 와 있던 영남의 名儒인 韓溪 李承熙와 만나 心說에 대해 깊이 토론하였으나 합일점을 찾지는 못하였다. 이승희가 唯理論的 입장에서 心卽理說을 주장한 반면, 유인석은 理氣二元的 主理論의 입장에서 心合理氣說을 주장하였기 때문이다.108)

유인석은 처음 당도한 해삼위에서는 일관된 擧義 노선과 華夷論에 입각한 항일이념의 구현 노력이 한계에 봉착하였던 것으로 보인다. 그곳 한인사회를 주도해 오던 金學萬·車錫甫·梁成春 등의 세력과 지도력으로 인해 유인석으로서는 운신의 폭이 극히 제한될 수밖에 없었기 때문이다. 이에 그는 얼마뒤 그곳을 떠나 煙秋(노우키에프스크, 현 크라스키노)로 건너갔다.

유인석이 연추로 간 이유는 그곳이 항일의병의 기세가 왕성하던 연해주의병의 근거지였기 때문이다. 즉 연해주 한인사회의 대표적인 지도자이자 대부호이던 崔在亨(?～1920)과 間島管理使를 지낸 李範允(1863～?)이 모두 연추를 중심으로 활동하면서 의병을 편성하여 항일전을 도모하고 있었기 때문에 이들과 연계하여 항일전선을 공동으로 구축하기 위해서였던 것이다. 연추에 근거지를 둔 연해주의병은 1908년 7월 대규모 국내진공작전을 펼쳐 내륙 깊숙이 위치한 회령의 靈山까지 진격하는 등 두만강

107)『毅菴集』권2, 詩,「北海舟中作」, 27쪽.
"裝病一身小 揚帆萬里輕　國命今何境 天心付此行
風雲時變化 日月獨生明　傍人空笑語 茫昧我中情"
108)『毅菴集』권35,「海港講錄」, 106쪽.

변경의 관북 일대에서 항일전을 활발히 수행하고 있었다. 그러나 유인석이 연추에 도착하던 무렵에는 국내진공작전이 실패로 돌아가고 최재형과 이범윤 두 사람간에 항일투쟁 노선을 둘러싸고 갈등이 노정되고 있었기 때문에 항일전이 일시 소강상태로 접어들고 있었다. 이에 유인석은 그 중재에 적극적으로 나서기도 하였으나 성과가 없었던 것으로 보인다. 이후 그는 연추를 떠나 인근의 西溪洞을 거쳐 1909년 3월에는 시지미[時芝味]로 이거해 별도의 항일전 계획을 구상하였다.

유인석은 연해주 망명 이래 분산된 의병 세력을 하나로 통합하여 대규모 항일전 수행을 계획하고 있었다. 한인 지도자들 사이에서도 특히 신망이 두텁던 李相卨을 비롯하여 적극적인 항일전을 주창하던 이범윤 등과 함께 그 동안 간도·연해주 등지의 국경 일대에 분산되어 있던 항일의병 세력을 하나의 편제로 통합코자 노력해 왔던 것이다. 그 결과로 탄생한 것이 十三道義軍이다. 십삼도의군은 두만강 대안의 연해주 및 간도 각지에 흩어져 있던 항일의병 세력의 통합체로 1910년 6월 21일(음 5월 15일) 편성되었다. 이때 유인석은 이상설·이범윤·李南基 등의 추대로 都總裁에 올라 '復國存社 扶道保民'의 기치를 높이 들었다. '십삼도의군 도총재'란 직위는 유인석이 1895년 거의 이래로 그때까지 일관되게 항일투쟁을 표방해 온 결과 주어진 것으로, 그의 항일투쟁 歷程의 대단원에 해당되는 것이다.

유인석은 도총재 登壇 직후 「通告十三道大小同胞」를 발표하여 전 국민이 일치 단결해 일제 구축에 매진할 것을 촉구하였다.[109] 또한 1910년 6월에는 이상설과 연명으로 고종에게 십삼도의군의 장차 계획을 알리고 연해주로 파천하여 국권회복을 도모해 주기를 간청하는 내용의 상소를 올리기도 하였다.[110]

한편 유인석은 1910년 국망 직후부터는 그 동안 완강히 부정해 오던 '대한제국'과 '황제' 칭호를 인정하고 있다. 뿐만 아니라 이와 동일한 의

---

109) 『毅菴集』 권37, 「通告十三道大小同胞」, 168쪽.
110) 십삼도의군의 편성과 활동에 관한 구체적인 내용에 대해서는 본서 제3부 제2장 '十三道義軍의 編成'(342-347쪽)을 참조하기 바란다.

식·논리하에서 명의 '永曆' 대신에 대한제국의 연호인 '隆熙'도 사용하였다. 이러한 사실에 대해 그는 다음과 같이 지적하고 있다.

> 우리가 전일 감히 황제를 칭하지 못하고 (대한제국의) 연호를 쓰지 못한 이유는 홀로 世人과는 달리 우리의 임금을 존숭한 까닭이었다. 이제 왜적이 강제로 합방하고 황제와 연호를 폐지해 신하로 삼았으니, 온 세상이 다시는 황제라 부르지 않고 연호를 쓰지 않는 것은 우리 임금을 倭臣으로 삼는 소이인 것이다. 우리가 이제 황제를 칭하지 않고 연호를 쓰지 않는다면 왜와 君臣 관계를 맺는 것과 유사하게 된다.[111]

이로써 볼 때 유인석이 국망 이후 대한제국의 실체를 인정하고 황제 칭호와 융희 연호를 사용하게 된 것은 의식 혹은 사상적인 변화보다도 지극히 강렬하였던 그의 항일의식의 발로에 기인하였던 것으로 이해할 수 있다.

십삼도의군은 원래 대규모 국내진공작전을 펼쳐 일제와 전면전을 벌인다는 구상하에 편성된 것이다. 그러나 십삼도의군이 미처 항일 무력전을 개시하기도 전에 조국이 일제에게 병탄되고 말았다.

1910년 8월 23일 하오 '한일합병'의 비보가 전해지자 해삼위 거주 한인들은 韓民學校에 모여 한인대회를 개최하고 聲明會를 조직하였다. 회명은 '적의 죄를 성토하고 우리의 억울함을 밝힌다'(聲彼之罪 明我之寃)는 의미에서 취하였다. 그 總代에는 유인석이 추대되었고 당일로 「聲明會 趣旨書」를 발표하여 조국 광복의 그날까지 일제와 투쟁할 것을 결의하였다. 그리하여 유인석은 즉시 '합병' 무효 서명운동을 전개하여 중국·러시아 원근에 산재하던 거의 모든 독립운동자가 망라된 8,600여 명에 달하는 엄청난 인원의 서명을 받았다.[112] 유인석이 서두에 오른 이 서명록은 열

111) 『毅菴集』 권55, 「年譜」, 703쪽. "吾前日不敢稱皇用年號 而獨於異世 所以尊吾君也 今倭勒合邦 貶皇位廢年號而臣之也 擧世不復稱皇用年號 以吾君臣於倭也 今吾不稱皇用年號 有似臣君於倭"

112) 이 서명록에는 유인석의 아들 柳濟咸을 비롯하여 車載貞·李南基·朴陽燮·禹炳烈·崔于翼·禹文善·朴永實·金晩松·金斗運·朴承衍·白慶煥·金起洙·玄敬均·姜璡國·朴龍根·安在熙·李重熙·韓鳳燮·白崇濟·李東燮·丁弘奎 등 유인석 계열의 인물들도 대거 포함되어 있다.

강에게 한민족의 독립 결의를 천명하고 그 지지와 후원을 요청하는 「성명회 선언서」의 부본으로 첨부되어 각국 정부 및 신문사에 발송되었다.[113) 중국 順天時報社에 성명회 선언서 전문 게재를 요청하기 위해 보낸 다음과 같은 자료가 현재 독립기념관에 소장되어 있어 그 내용을 확인시켜 주고 있다.

> 삼가 아뢰오니, 본 民團은 일본이 합방을 강행한 데 대하여 큰 決議가 있었으며, 그 내용을 이미 列邦에 밝게 알리고 또 세계의 각 신문사에 통고하였습니다. 언론을 맡은 여러분께서 우리의 지극히 원통한 實情을 밝혀 주실 줄 믿습니다. 貴社에서도 틀림없이 滿腔의 同感을 표시할 줄 믿으며, 全文을 신문지상에 실어 주시기 바랍니다. 밝게 살피시기 바라며 송구함을 금치 못하겠습니다.
>
> 융희 4년 9월 25일
> 大淸國 順天時報 主筆 閣下
> 韓國民團 代表 柳麟錫 等[114)]

그러나 성명회는 이와 같이 활발한 '합병' 무효 투쟁을 벌였음에도 불구하고 얼마 뒤 십삼도의군과 함께 해체되고 말았다. 일제가 러시아 당국에게 연해주 한인의 항일투쟁에 대해 강력히 항의하였을 뿐만 아니라 그 주요 인물, 곧 유인석을 비롯하여 이상설·이범윤·李奎豊 등의 체포 인도를 요구하였기 때문이다. 이에 하는 수 없이 러시아 당국도 1910년 8월 30일 유인석·이상설을 포함한 성명회와 십삼도의군의 주요인물 42명의 체포를 명하였다. 이때 이상설·이범윤을 비롯해 金佐斗·李南基·權有相·安漢周·李致權·李奎豊 등 8명은 '항일운동의 괴수'라 하여 그 해 9월 바이칼湖가 있는 시베리아 북단의 이르쿠츠크市로 유형당하고 말았다. 이때 유인석을 비롯하여 홍범도·李鍾浩 등은 다행히 몸을 피해 화를 면하였다.

---

113) 尹炳奭, 『李相卨傳』, 一潮閣, 1984, 132-147쪽.

114) 李九榮 편역, 『湖西義兵事蹟』, 307쪽. "敬啓者 本民團 對日本之强行合邦 有所大決議 業將諸晏 照知于列邦 亦通告于環宇新報社 秉筆諸君子 用昭我至寃至痛 諒貴社必應 滿表同感 一將此全文揭載報紙矣 統希 不勝悚仄 隆熙四年庚戌九月二十五日 大淸國順天時報 主筆閣下 韓國民團代表 柳麟錫等" 위의 자료는 현재 독립기념관에 소장되어 있으며, 위 책에 수록되어 있는 점으로 미루어 李九榮이 기증한 것으로 추측된다.

이로써 십삼도의군과 성명회의 활동은 종료되고 말았다.115)

한편 이와는 방향을 달리해 전통적인 유학자의 신분에서 유인석은 망국이라는 '변란'을 맞아 선비들이 의리에 맞게 정당하게 처신할 수 있는 세 가지 행동방안을 다음과 같이 제시하고 있어 주목된다.

> 義에 處하는 데는 세 가지가 있으니, '保華於國', '守華於身', '以身殉於華'가 그것이다. 원래 나라를 되찾은 연후에 가히 保華할 수 있으나, 비록 나라를 되찾더라도 保華하지 않는 데 이른다면(개화파에 의한 復國이라면—필자) 守華와 殉華가 있을 따름이다. 保華는 국민이 마땅히 함께 해야 할 것이요, 守華는 지원자만 함께 할 것이며, 殉華는 사람들을 책할 수 없는 것이라 뜻있는 자만 따를 것이다.116)

위 인용문에서 유인석이 취한 논조 역시 결국은 華의 보존문제로 귀착되고 있다. 위의 이야기는 '保華'(在國守義), '守華'(去國守義), '殉華'(自靖)의 세 가지가 모두 정당하지만 현재로서는 '保華'와 '殉華'는 실천하기가 어렵기 때문에 '守華'의 길이 결국 가장 바람직하다는 논리이다. 다시 말하면 일제가 통치하는 본국에서는 이제 '在國守義'가 불가능해졌기 때문에 志士들은 국외로 탈출 망명하여 '守義'— 항일투쟁에 진력해야 한다고 주장한 것이다.

1911년 2월 유인석은 다시 해삼위를 떠나 '류정커우'[柳亭口]를 거쳐 雲峴山(소재 불명)에 은거하였다. 그로서는 번잡한 해삼위에 더 이상 머물러 있을 수 없었던 것이다. 국내로부터 친척사우 약 40~50호가 장기적인 망명처를 찾아 집단적으로 서간도로 건너간 때가 바로 이 무렵이다.117)

---

115) 尹炳奭 외 5인,『러시아지역의 韓人社會와 民族運動史』, 教文社, 1994, 91쪽; 박보리스,「國權被奪 前後時期 在蘇韓人의 抗日鬪爭」,『韓民族獨立運動史論叢』, 朴永錫教授華甲紀念論叢刊行委員會, 1992, 1079-1081쪽.

116)『毅菴集』권36,「處義有三」, 157쪽. "處義有三 一日保華於國 二曰守華於身 三曰以身殉於華 蓋復國然後 可以保華 雖復國 至不保華 有守與殉耳 保華 當與一國人共之 守華 願與同志人共之 殉華 不得責之於人 有意者從之"

117) 이때 가족을 이끌고 서간도로 망명한 인물들로는 대략 柳弘錫·柳毅錫·鄭應奎·朴長浩·李昭應·朴陽燮·白三圭·朴治翼·宋尙奎·李致壽·申赫熙·宋憲昌·閔正植·魚聚善·金華鎭·金敬銓 등을 들 수 있다.

그 해 가을, 즉 1911년 10월 10일 중국에 辛亥革命이 일어나 군주제의 청이 망하고 공화정이 들어섰다. 이 소식을 들은 유인석은 "공화정을 따르는 것은 그 추악함이 청의 존재보다도 더 심하다"고 하여 중국의 공화정 채택을 신랄하게 비난하였다.118) 또 그는 中華를 회복해 富國自立할 것을 권고하는 내용의 서신을 白三圭·張基正·金起漢 등에게 주어 1912년 3월 각각 袁世凱를 비롯하여 중앙정부와 各省의 유력자에게 파견하였다.119)

유인석은 이 무렵 연해주 일대를 떠나 최후의 귀착지가 된 서간도로 이거할 결심을 굳히게 되었다. 연해주의 형세가 일제의 집요한 압력으로 점차 항일독립운동에 불리하게 변해 갔기 때문에 그곳을 떠나지 않을 수 없었다. 또한 서간도에는 집단 망명한 그의 일족과 문인사우들이 다수 거주하고 있었기 때문에 그를 맞이할 여건을 갖추고 있기도 하였다.

1913년 2월 서간도로 향하던 도중 유인석은 木花村(목허우, 현 포시에트)에 잠시 유거하면서 화이관에 입각해 동서양의 문물·제도 등을 문답체의 형식으로 논술한 『宇宙問答』을 저술하였다. 이 저술은 유인석이 畢生 일관되게 처신하였던 大業인 '華'의 보존 문제, 곧 일제구축-조선독립과 민족문화의 수호-이 완전히 실현되지 못한 현실에서 '華'(민족)의 앞날을 啓導할 목적에서 이루어졌다. 동시에 공화국이 성립된 중국의 위정자들에게 그 그릇됨을 경고하기 위한 것이기도 하다. 유인석은 중국이 놓인 객관적 정세를 살펴볼 때 경술국치의 역사적 사례는 귀감이 되며 서양의 정치·사회·문화를 받아들이는 것은 경솔한 일이라 경고하였던 것이다. 따라서 문제의 대상은 중국이지만 유인석이 진정 거론하고 싶었던 것은 조국의 앞날이었다.120) 이렇게 볼 때 『우주문답』의 저술 목적은 '암울한' 현실의 시대상황을 인정한 상태에서 華의 보존 방법을 모색하는 데 있었다고 할 것이다.

이어 서간도로 향한 유인석은 1914년 3월 드디어 奉天省 西豊縣에 도

---

118) 『毅菴集』 권55, 「年譜」, 707쪽.

119) 위와 같음.

120) 朴成壽, 「義兵戰爭의 身分·意識構造」, ≪韓國史學≫ 2, 韓國精神文化研究院 史學研究室, 1990, 38쪽.

착하였다. 이것이 그의 세번째 서간도 망명이다. 같은해 5월에는 마지막 여행을 떠나 興京縣(현 新賓縣) 暖泉子를 거쳐 최후의 귀착지가 된 寬甸縣 芳翠溝[121]에 도착하였다. 그 해를 넘긴 유인석은 이곳에서 1915년 1월 29일 74세를 일기로 長逝하였다.

121) 유인석이 최후의 守義處로 終身한 芳翠溝는 현재 寬甸縣 步達遠鄉 高嶺地村 高麗溝에 있다. 이곳은 沙尖子 부근으로 1896년 유인석이 의진을 해산하였던 渾江邊이 前面에 펼쳐져 있는 깊은 협곡이다. 현재 고려구 골짜기에는 1994년 寬甸縣 民族事務委員會에서 세운 '毅菴記碑'가 서 있다. 그 전문을 소개하면 다음과 같다.

"李朝末期 朝鮮儒林宗匠 著名義兵將領柳麟錫 號毅菴 晚年隱居此地 公元1915年3月14日病逝 享年73歲 遺著≪毅菴先生文集≫在寬甸刊刻公諸于世 實踐了 '守華終身' 夙願

寬甸滿族自治縣 民族事務委員會
史窓辦公室 一九九四年五月 立"

제2장
江陵義兵의 항전과 북상

전기의병인 乙未義兵의 일반적 특성은 地域性과 血緣性·學統性에 있다. 이러한 사실은 을미의병이 춘천·강릉·제천·홍성·진주·안동 등 전국의 행정·지리·군사적 요지를 근거지로 삼고 각기 그 지역의 재야 유생들을 주축으로 인근 지역을 아우르며 활동하는 양상을 보이는 데 기인한다.

그 가운데 강릉을 중심으로 태백산맥을 따라 동해안 일대에서 활동한 강릉의병은 다음 몇 가지 점에서 주목을 끈다. 첫째, 지역성과 학통, 혈연성이 여타 의병에 비해 미약하다는 점이다. 이러한 현상은 강릉의병을 이끈 閔龍鎬가 원주에서 擧義한 뒤 아무런 세력기반이 없는 강릉으로 진출하였다는 점에서 자연히 드러난다. 이 점은 또한 영서와는 상이한 영동지역의 특수한 문화적 양상과 관련되는 문제이기도 하다. 둘째, 제천·충주 등지를 활동무대로 삼았던 제천의병과 밀접한 연관을 맺고 있었다는 점이다. 즉 강릉의병은 제천의병의 발상지인 원주에서 전후 相望하여 함께 거의한 뒤 활동의 양상면에서도 동일한 軌迹를 밟았던 것이다. 중부지역에서의 활동→ 서북지역 북상→ 서간도 도강이라는 활동양상을 두 의진이 함께 하고 있는 것이 그것이다. 하지만 여기서 주목되는 점은 외형상 활동의 궤를 같이 하고 있는 두 의진이지만, 실제 항전을 벌이는 과정에서는 상호 반목과 대립의 양상을 노정하였다는 사실이다. 셋째, 이러한 사실과 결부되어 강릉의병의 활동이념이 여타 의병의 경우와는 구별될 수 있는 독특한 내용을 가졌다는 점이다. 개화파 처단 반대와 對淸認識의 긍정적인 태도 등이 그것이다. 이 점은 강릉의병을 이끈 민용호의 개인적 성향에 기인하고 있다고 생각된다.

본 장에서는 이러한 강릉의병의 실체에 대한 해명을 시도하였다. 이를 위하여 우선 강릉의병을 이끌었던 閔龍鎬의 역사적 성향을 그 생애와 擧義 논리를 중심으로 분석해 보고자 한다. 여기서는 먼저 민용호의 생애를 살펴본 뒤, 재야 유생의 신분에 있던 그의 학통을 고찰할 것이다. 다음으로 이러한 바탕 위에 민용호가 거의하게 되는 동기와 시대적 배경을 언급하고, 끝으로 실제 의병항전을 진행하는 과정에서 나타나는 몇 가지 論辨을 살피고자 한다. 여기서 제천의병과의 관계를 살펴보는 것은 이 문제가 민용호의 擧義 논리와 밀접한 연관을 가지고 있다고 생각되기 때문이다. 그리고 이와 같은 토대 위에서 강릉의병의 구체적인 항전내용을 살펴볼 것이다. 강릉의병은 항전과정상 강릉 진출(거의), 원산 진격, 영동지역 항전, 북상(해진) 등 4 단계로 구분할 수 있다고 생각된다. 그러므로 본 장에서는 여기에 의거하여 각 단계마다 이루어진 항전의 내용과 그 성격을 분석하였다.

1. 閔龍鎬의 生涯와 擧義論辨

1) 生涯

閔龍鎬(자 文賢, 호 復齋; 1869～1922)는 고종 6년 10월 25일 세거지인 경남 山淸의 梧谷(현 梧釜)[1]에서 寒士인 弦窩 閔致謙의 5남 가운데 장남으로 태어났다.[2] 그의 집안은 신분상 士族이었으나 경제적으로는 넉넉

1) 산청의 梧釜·今西·生草 일대에는 고려 말기에 節義를 지켜 出世를 거부하고 은거한 '杜門洞七十二賢' 가운데 한 사람인 閔安富의 후손들이 世居하며 유력한 가문을 형성하였다.

2) 『關東倡義錄』(國史編纂委員會, 1984), 「行狀」, 294쪽; 『復齋集』 권5, 「先府君行錄」.

치 못하였던 것 같다. 이 점은 그가 기술한 生父의 行錄 가운데,

> (府君이) 어렸을 때 집이 매우 가난하였다. 서당에 나감에 미쳐서는 집에 점심밥이 없는 줄을 알면서도 학동들을 따라 집으로 돌아갔고, 부모가 걱정할까 두려워 태연히 배고픈 기색 없이 기둥을 안고 섰다가 점심시간이 지나면 학동들과 함께 서당으로 갔으니, 사람들은 그가 굶은 줄을 알지 못하였다.[3)]

라고 한 대목을 통해서도 짐작할 수가 있다. 또 그의 부친은 "과거 공부에도 종사한 적이 있었지만 달갑지가 않아 중년에는 爲己之學에 專心한" 선비였다.[4)] 민용호는, 집안은 비록 넉넉지 못하였으나 학자였던 부친의 뜻에 따라 어려서부터 학문의 길에 나아갈 수 있었다.

1886년, 민용호의 나이 17세 되던 해에 부친이 전염병으로 급사하고 난 뒤 가세가 더욱 기울어 극심한 생활고에 시달리게 되었다. 이에 그는 아우 閔成鎬에게 고향집을 맡겨 둔 채 처자를 거느리고 부근의 五峰山(산청군 금서면 소재)으로 들어가 한동안 火田生活을 하였다. 이때의 생활은 '감자를 심어 糊口를 면하였다'고 그의 「行狀」에서 기술하고 있을 정도로 대단히 궁핍하였다.[5)]

민용호가 일생의 전기를 마련하게 되는 시기는 산청을 떠나 상경한 직후이다. 화전생활을 청산하고 서울로 이거한 시기와 그 동기에 대해서는 명확히 알 수 없지만, 擧義 전년인 25세 때의 일로 보여지며[6)] 同姓의 민

1947년 申師良(민용호와 동향이며 『復齋集』을 편찬한 인물)이 지은 「行狀」 이외에는 민용호의 행적을 기록한 문헌이 드물다. 또 이 「行狀」도 민용호의 3대 자필기술인 『關東倡義錄』·「西征日記」·「江北日記」 등에 의거, 작성한 까닭에 擧義 이전의 초기 행적과 관직에서 은퇴한 1903년 이후의 만년의 행적에 대해서는 극히 零星하게 기술되어 있다.

이하 자료 인용에서 특별한 書冊 표시 없이 단순하게 文件(「行狀」, 「西征日記」, 「江北日記」 등)만을 인용하는 경우에는 국사편찬위원회에서 간행한 『關東倡義錄』에 所收된 자료의 면수를 가르킨다.

3) 『復齋集』 권5, 「先府君行錄」. "幼時家貧甚 及就學 念知家無午炊 而隨衆亦還 恐傷親意 晏然無飢色 抱柱而立 食頃與隣兒就塾 人不知其不食也"

4) 위와 같음.

5) 「行狀」, 295쪽.

6) 민용호가 서울로 移居한 시기는 명확치는 않으나 25세 되던 1894년 무렵으로 추정할 수 있다. 그의 「行狀」에 "乃以一扶老孿不借 北遊漢師 踰年不得意 退

씨정권하에서 새로운 삶의 돌파구를 찾고자 한 때문으로 추측된다. 그가 여흥민씨 가운데 최고의 가문을 자랑하는 三房派에 속하는 閔致禹의 양자로 입양되는 것도 이즈음으로 생각된다.[7]

이후 민용호는 그 활동 근거지를 산청에서부터 여흥민씨의 본거지인 여주와 서울로 옮기게 된다. 이와 같은 이거 과정은 그의 입양과 밀접한 연관을 가지고 있다. 그의 養家는 肅宗朝에 좌의정을 지낸 閔維重을 필두로 養祖父 閔景爀이 좌의정에 추증되는 등 대대로 顯職을 역임한 문벌집안이었으며, 그는 이러한 養家의 문벌을 배경으로 출세할 수 있었다. 특히 민용호는 민유중의 후손인 明成皇后 閔妃와는 14촌간으로 혈통 중심의 사회통념상 한 집안으로 간주될 만큼 가까운 관계에 있었다.[8] 이후 그의 활동과 출세가 이러한 양가의 문벌을 배경으로 펼쳐지고 있다고 볼 때, 그의 입양은 실로 일생을 통해서 가장 큰 전기가 되었다고 할 수 있다. 의병항전을 펼치는 가운데서도 養家 가문의 배경을 종종 강조하였던 점도 역시 이러한 맥락에서 이해할 수가 있는 것이다.

민용호는 서울로 이거한 이듬해에 여주로 내려가 再從孫인 注書 閔丙星의 서재 東林書屋에서 기거하였다.[9] 을미사변이 일어나고 단발령이 내려져 항일기운이 극도로 고조되어 가던 시기가 바로 이 무렵이다. 이에 그는 거의를 결심하고 1896년 1월 15일 원주로 내려가 의병을 편성한 뒤 의병장에 올랐다. 그의 나이 27세 때의 일이다.

민용호가 거느리는 의병은 대관령을 넘어 1월 31일(음 12월 17일) 동해안의 요지인 강릉을 점령하였다. 민용호의 강릉의병은 이후 근거지 강

而留於驪州閔注書丙星書塾"(295쪽)이라고 하여 서울에 이거해서 해를 넘긴 뒤 여주로 내려갔다고 한 것으로 보아 그러하다. 왜냐하면 여주 退居 시기가 1895년 늦여름(乙未季夏)으로, 그해 말 擧義하기 때문이다.

7) 三房派는 조선 숙종조 때의 名臣들인 閔蓍重·鼎重·維重 3형제의 후손을 일컫는 문파를 말한다. 민용호가 언제 어떠한 연유로 閔致禹에게 입양되었는지 그 과정에 대해서는 밝혀져 있지 않다. 長子의 신분으로, 系派도 달리하는, 한미한 가문 출신인 그가 당대의 문벌 민치우에게 입양되는 것은 실로 아이러니컬한 일이다. 「行狀」을 비롯한 관련 기록 어디에서도 이 점에 대해서는 언급하고 있지 않아 그 내력을 파악하기가 어렵다.

8) 趙東杰, 「閔龍鎬와 關東九郡倡義軍」 ≪京鄕新聞≫ 제13397호, 1989. 4. 11.

9) 『關東倡義錄』, 1쪽; 「行狀」, 295쪽.

릉을 중심으로 북으로는 고성, 남으로는 울진에 이르기까지 태백산맥을 주축으로 한 동해안 일대에서 일본군 및 관군을 상대로 활발한 항전을 벌였다. 1896년 7월 북상의 장도에 오를 때까지 이 의진은 실로 9개월여 동안 지속적인 항전을 전개하였던 것이다.

1896년 3월 이후 고종의 의병 해산칙유와 京軍의 파견으로 인해 전국 각지의 의진이 해산하게 되고 또 의병항전이 계속될수록 義氣가 식어 가는 등 여러가지 악조건이 겹치게 되자, 민용호는 일제와 지속적인 항전을 벌이기 위해 청의 원병을 기대하고 북상길에 올랐다. 이에 그는 10월 3일 압록강을 건너 서간도 通化縣으로 들어갔고, 이로써 그의 의병항전은 종막을 고하고 말았다.

한편 의진이 북상중 함흥을 지날 때 많은 주민들이 의병을 위무해 주자 민용호는 이에 감읍하여 장편의 가사 「回心歌」를 지었다. 이 가사는 李太祖의 창업을 칭송한 다음, 列朝君賢이 이룩한 문물제도의 창성함을 읊고, 끝으로 일제침략으로 인한 국가의 변란을 탄식하면서 온 국민이 일치단결하여 국권을 회복할 것을 호소하는 내용으로 이루어졌다.[10)]

의진을 해산한 민용호는 청에 원병을 요청할 생각으로 厚昌을 지나 서행을 계속하여 冒兒山·通化를 거쳐 瀋陽에 당도하였다.[11)] 그러나 이곳에서의 활동이 순조롭지 못하자, 그는 곧 그곳을 떠나 七道溝를 거쳐[12)] 12월 24일 압록강을 건너 慈城 上障洞에 도착하였다.[13)] 관서의 유명한 학자

---

10) 『關東倡義錄』, 67-75쪽. 국한문 혼용체로 이루어진 이 가사 가운데 중요한 대목을 소개하면 다음과 같다.
"어와 八域同胞들아/ 내 말 잠깐 들으시오/ 三角山 높아 있고/ 漢江水 흐르는데/ 瑞雲이 玲瓏하니/ 萬千年 王都로다/ (중략) 개같은 十賊놈아/ 八月變(을미사변-필자)도 不足하여/ 至月禍(단발령-필자)를 이를쏘냐/ (중략) 萬古의 저 倭놈/ 우리 머리 깎일쏘냐/ 外貌는 변할망정/ 中心조차 변할쏘냐/ (중략) 어와 八路蒼生들아/ 倡義를 그리 마소/ 和黨에 罪人이요/ 萬古에 烈士로다/ 丹靑에 끼칠 이름/ 回復 復字 한 字로다/ 이전 사람 하는 말이/ 委人亡於魚羊이지/ 이내 回心忠義說을/ 부디부디 명심하소"(맞춤법-필자)

11) 『關東倡義錄』, 77-79쪽.

12) 『關東倡義錄』, 80쪽. 『關東倡義錄』은 擧義 이후 이때까지의 행적을 기술해 놓았고, 이후 중국에서의 활동은 「西征日記」로 連記해 놓았다.

13) 「西征日記」, 82쪽.

인 誠菴 朴文五가 강학하고 있던 泰川으로 가기 위해서였다.

민용호는 서행길에 올라 강계·위원·초산을 지나 1897년 1월 태천에 당도하였다. 그는 한동안 이곳에 머물면서 藏修齋(誠菴 書塾)를 중심으로 雲菴·誠菴 형제의 문인들과 교유하며 지냈다.14) 朴東欽(誠菴의 아들)과 함께 『關東倡義錄』을 정리 편찬한 것도 이즈음의 일이다.15)

1897년 3월 민용호는 평북 宣川郡 來臨浦에서 淸人 苗長慶의 배를 타고 망명길에 올랐다.16) 그로서는 두번째 중국 망명이었다. 국내의 사정이 여의치 못할 뿐만 아니라 집권 개화파와 일제가 현상금(銀 30斗)을 걸고 그를 체포하려 하였기 때문이다.17) 이때 황해를 건너는 배 안에서 그는 자신의 비통한 심정을 다음과 같은 시로 읊기도 하였다.

> 고국 산천이 이로부터 멀어지니
> 외로운 뱃길에 눈물이 적삼을 적시네
> 사람들이 내 소식 물어 오면
> 만리 뱃길 登州로 떠났다 하라18)

---

14) 「西征日記」, 84-88쪽. 태천에 머무르던 한 달 남짓 되는 기간 동안 민용호는 그곳의 운암·성암 문도들과 교분을 두터이 하고 있다. 이 기간이 그에게 학문 수양에 큰 도움을 주었으리라 추측된다. 이때 그가 교분을 맺은 인물들을 살펴보면 운암 문인으로는 朴龍欽·朴鳳欽(이상 운암 아들)·李泰性·盧德圭·李鍾奭·白一濟 등이 있고, 성암 문인으로는 朴東欽·朴元欽(이상 성암 아들)·徐廷鎬·禹進汝·白鏞珍·盧德皇·金昌連·徐丙健·徐丙燦·白時降·全斗衡·李允實·金宅西·金在鶴·吉仲甫·洪淳璟·全壽根 등을 들 수 있다(「西征日記」, 84-85쪽).

15) 「西征日記」, 87-88쪽. 이에 따르면 민용호는 1895년 12월 擧義 이후 의병항전 전 기간에 걸쳐 그때그때의 일들을 단편적으로 기록해 놓았으나, 이 기록은 원산 진격전인 新坪戰鬪 때 진중에서 분실하고 말았다고 한다. 하지만 그는 이후에도 계속 기록을 남겨 삼척 杻川에 있던 어느 宗人의 집과 양구 必禮洞에 보관해 두었다고 한다. 민용호는 태천에 머물던 이즈음 이러한 기록들을 바탕으로 『關東倡義錄』 上, 下 2책을 편찬한 것으로 추측된다. 편찬 작업을 같이 했던 朴東欽은 그 書名을 '尊周錄'으로 할 것을 주장하여 '卷首'에다 이를 기입토록 하였다. 현재 독립기념관 소장 필사 원본의 標題는 '尊周錄 上·下'로 되어 있고, 그 가운데 上篇은 '關東倡義錄'이 倂記되어 있다.

16) 「西征日記」, 94쪽.

17) 「西征日記」, 86, 105쪽.

18) 「黃海舟中」, 193쪽.

"故國山川從此遠 孤舟泛泛淚盈衫

민용호는 6일간의 항해 끝에 3월 27일 山東省 威海에 도착한 뒤 곧 煙臺를 거쳐 天津으로 향하였다. 袁世凱를 만나 일제 침략세력 구축에 협력해 줄 것을 요청하기 위해서였다. 민용호는 천진에서 약 40여 리 떨어진 陸軍督辦營으로 찾아가 袁世凱를 만날 수 있었다.[19] 이 무렵 袁世凱에게 보낸 다음과 같은 서신을 통해서 민용호가 은밀히 援兵의 가능성을 타진하고 있음을 짐작할 수 있다.

> (청일전쟁에서 청이 패해 천진조약을 맺은 사실은) 단지 上國(淸－필자)의 百世의 수치일 뿐만 아니라 실로 小邦(朝鮮－필자)의 만년 痛恨이다. 또 대저 가까운 이웃(조선－필자)을 잃고 敵國(일제－필자)의 세력을 강화시켜 주는 일은 지혜가 아니며, 과거의 원수를 잊고 명분 있는 토벌을 늦추는 것은 의리가 아니다. (중략) 원컨대 大國(淸－필자)은 갑오년의 치욕(청일전쟁 패전－필자)을 잊지 않고, 小邦은 을미년의 원수(민비시해－필자)를 잊지 않는다면, 상국의 치욕을 설복할 날이 있을 것이며 소방의 원수를 갚을 날이 있을 것이다. 大人(袁世凱－필자)의 생각은 어떠한지 알지 못하겠다.[20]

즉 민용호는 한중연합 항일전선 구축의 필요성을 역설함으로써 청의 군사적 원조를 기대하였던 것이다. 하지만 그 실현 가능성은 희박하였다. 1894년 청일전쟁에서 패한 뒤 청은 일제와의 세력각축전에서 물러나 있었기 때문이다. 袁世凱도 情誼로 볼 때는 조선의 입장을 동정하였지만 군사적인 원조를 할 수 있는 처지는 아니었다.

원병이 현실적으로 불가능하게 되자, 민용호는 이제 홍콩으로 향할 결심을 하게 되었다.[21] 홍콩 發程에 앞서 민용호는 旅順으로 가 잠시 北洋大臣 宋慶을 찾았다. 그러자 송경은 민용호에게

> 홍콩으로 가는 것은 袁世凱의 營門으로 다시 가서 때를 기다리는 것만 같지

時人若問吾消息 載送登州萬里帆"

19) 「西征日記」, 106쪽.

20) 『復齋集』 권1, 「再上袁督判」. "(甲午敗戰) 非但上國百世之恥也 實是小邦萬年之痛也 且夫失宇下 而强敵國之勢 非智也 忘前讐 而緩有名之討 非義也 (中略) 願大國無忘甲午之恥 小邦不忘乙未之讐 則上國之恥 有可雪之日矣 小邦之讐 有可報之時矣 未審大人以爲如何"

21) 『復齋集』 권1, 「再上袁督辦請退香港」.

> 못하다. 지금은 청일간의 講和(천진조약—필자)가 여전하고 國勢가 이미 피폐해졌으므로 자국을 돌보는 데 여념이 없다.[22)]

라고 하여 袁世凱가 있는 天津으로 되돌아가기를 권하였다. 이 권고를 받아들인 민용호는 홍콩행을 포기하고 다시 煙臺를 거쳐 7월 20일 天津으로 되돌아가 이후 몇 달 동안 그곳에 머물렀다.

그 뒤 민용호는 1897년 8월 고종의 소환조칙을 받았다. 고종이 徐相懋와 金璉植 두 사람을 특사로 파견하여 유인석과 민용호를 소환하게 되자 유인석은 서간도로부터, 민용호는 天津으로부터 1897년 겨울 동시에 귀국하였던 것이다.[23)] 거의로 인한 '죄'는 이때에 와서야 비로소 사면될 수 있었다. 민용호는 소환조칙을 받고 그 동안의 행적을 밝히고 스스로 죄를 청하는 「請罪疏」를 올린 뒤 귀국하였다.[24)]

귀국 후 민용호는 서울에서 지내면서 한동안 독립협회 활동을 저지하는 데 주력하였다.[25)] 1896년 7월 창립된 독립협회는 1898년 봄에 접어들면서 회장에 尹致昊, 부회장에 李商在가 인선됨에 따라 만민공동회를 개최하고 입헌군주제를 주장하는 등 서구의 통치체제와 그 이념을 수용하면서 활발한 정치활동을 벌이게 되었다. 이에 수구사상을 견지하고 있던 민용호는 許蔿·李相天·黃輔淵 등과 함께 황국협회를 조직, 褓負商을 동원해 만민공동회를 탄압하는 등 독립협회 활동을 저지하고 나섰다.[26)] 1898년 11월 21일 2,000명의 보부상을 동원하여 仁化門 앞에서 개최된 萬民

---

22) 「西征日記」, 117쪽. "與其往香港 不若再赴袁營 以待時可也 今淸日講和如昨 國勢已疲 自謀不暇"

23) 「行狀」, 307쪽; 「西征日記」, 121쪽; 「諭勅諭使從事等」, 277쪽; 「諭倡義士柳麟錫閔龍鎬等」, 278쪽; 『毅菴集』 권55, 「行狀」, 670-676쪽; 『昭義新編』(國史編纂委員會, 1975), 「答徐參奉金參奉書」, 62-65쪽 참조.

24) 「請罪疏」, 202쪽. 이 상소는, 민용호와 함께 소환 조칙을 받고 귀국하게 되는 유인석이 초산에서 올린 「因召命入疆至楚山陳情待罪疏」(『昭義新編』, 46쪽)와 동일한 배경·취지에서 발표된 것이다

25) 「江北日記」, 120-121쪽.
 민용호는 「西征日記」의 기록을 여기서 그치고, 이때부터 商務社에서 平北都公事員으로 활동하는 기간에는 「江北日記」로 연이어 기록해 놓았다.

26) 「江北日記」, 120쪽.

共同會를 습격하던 상황[27]에 대해 민용호는 다음과 같이 기술하였다.

> 내가 沈相熙[禧]·洪鍾宇·李基東·金燦奎·金弘濟·宋振玉·李在華·羅裕錫·許蔿·李相天·黃輔淵 등 수백 인과 함께 左右(의 보부상들)를 몰고 가 大安門(이제는 大漢門으로 고쳤음) 밖에서 독립협회를 격파하니, 나머지 회원들이 용산·마포 등지로 퇴각 회집하였기에 또 追亡逐北하여 몇 명을 쳐죽이니 부상자는 이루 헤아릴 수가 없었고 (독립협회) 수령들은 모두 진고개[泥峴] 일본 租界地로 은신하였다.[28]

이어 1898년 하반기에 보부상의 행상조합인 商務社가 설치되자,[29] 민용호는 여기에 들어가 활동하게 된다. 특히 상무사가 南社와 北社의 대립으로 분열되는 곤경에 처했을 때, 公事員으로 入社한 그는 북사의 掌財(회계)를 맡아 그 중재에 성공함으로써 능력을 인정받았다.[30] 그리하여 그는 1899년 초 평안남도 내 각 군의 상무사 조직과 재정을 관장하는 임무를 맡았다.[31]

민용호의 상무사 활동이 특히 두드러지는 시기는 平安北道 都公事員에 被任되어 寧邊으로 부임한 1899년 말 이후이다. 이 시기 그의 활동은 을미의병 이후 가장 두드러지고 주목되는 점이라고 생각된다. 민용호의 이러한 출세 배경에는 일족인 閔丙奭·閔泳綺 등 척신의 적극적인 후원에 힘

---

27) 李光麟, 『韓國史講座 5』(近代篇), 一潮閣, 1984, 451쪽.

28) 「江北日記」, 121쪽. "余與沈相熙洪鍾宇李基東金燦奎金弘濟宋振玉李在華羅裕錫許蔿李相天黃輔淵等數百人 驅策左右 破獨立協會於大安門外 餘黨退會於龍山麻浦等地 又追亡逐北 格殺數人 傷者不可勝計 首領皆匿竄于泥峴日租界"

29) 褓商(봇짐장수)와 負商(등짐장수)의 행상조직은 원래 별개로 분리되어 있었으나, 1883년 중앙에 惠商公局을 설치함으로써 양자를 통합, 軍國衙門에 부속시켰다. 이어 1885년에는 혜상공국을 商理局으로 개편하면서 負商을 左團, 褓商을 右團으로 개칭하였고, 1894년에는 보상과 부상을 모두 農商衙門의 관할하에 소속시키고 다시 1897년에는 皇國中央總商會, 이어 皇國協會에 이속시켰다. 그 뒤 1898년 하반기(음)에 들어와 商務社로 개편하면서 부상을 左社로, 보상을 右社로 개칭하였던 것이다(劉元東, 「商業」, 『한국사 10』, 국사편찬위원회, 1984, 301쪽). 민용호가 상무사에서 활약하게 되는 시기는 바로 이 무렵이다.

30) 「江北日記」, 122-123쪽.

31) 「江北日記」, 124쪽.

입었으리라 추측된다. 우선 농상공부대신 민영기는 상무사의 副社長으로서 그의 입사 및 이후의 활동을 적극적으로 후원해 주었다.[32] 또한 민병석은 내부대신으로 있으면서 민용호를 평안북도 도공사원에 임명하는 데 커다란 역할을 하였다. 이 점은 민용호가 평안남도 공사원에 임명되고 나서 민병석에게

> 선비로서 벼슬길에 나아가면서 한갓 문벌에 아부하거나 허다한 수단에 힘입는다는 것은 깊고 절실하게 부끄러워해야 한다. (중략) 내가 (강북지역의 한인을) 교화하고 호적에 수록한 연후에 벼슬에 나아가고자 하니 요행히 기회가 되면 폐하께 아뢰어 주기 바란다.[33]

라고 하여 韓淸 접경지, 특히 압록강 대안에 살고 있던 한인들을 收籍, 교화하고 싶다는 의사를 피력하고 그 구체적인 방안을 의뢰한 대목에서나, '江北'(서간도)지역으로 떠난 다음 그곳에서 민병석에게 보낸 서한 속에서

> 지난 4월 영변에서 강북으로 들어가 밤낮으로 게으르지 아니한 것은 國體를 손상할까봐 두려웠고, 閣下(민병석-필자)가 힘써 추천해 준 본의에 부합하고자 한 때문이다.[34]

라고 한, 그를 추천해 준 데 대한 謝辭를 통해서도 쉽게 짐작할 수 있다.

민용호는 1899년 말 휘하의 掌務員인 李重英·閔泳夏 등을 대동하고 청천강을 건너 부임지 영변으로 들어갔다.[35] 부임 후 그가 제일 먼저 착수한 사업은 관서지역의 비루한 풍속을 교정하는 일이었다. 그리하여 면마다 덕망 있는 인물을 뽑아 正倫明査員에 임명, 활동하게 하고, 『正倫篇』을 간행 배포하는 등 풍속 교정에 힘씀으로써 관서지역의 '夷俗'을 순화할

32) 「江北日記」, 122쪽.
33) 「江北日記」, 124쪽. "(余謂之曰) 士之出仕者 徒資門閥阿附及許多手段 深切恥之 (中略) 吾欲宣化收籍然後 爲出仕之道 則幸隨機奏陛焉"
34) 『復齋集』 권1, 「與閔參政」. "去四月 自寧府轉入江北 夙夜靡懈 恐傷國體 有負閣下力薦之意也"
35) 「江北日記」, 128쪽.

수 있었다.36)

이어 민용호는 압록강 국경지역까지 상무사 조직을 확대하였다. 즉 그는 이듬해(1900) 2월에 선전관 金貞燮을 파견하여 압록강 국경지대인 창성·초산·벽동·위원 등지에다, 3월에는 민영하로 하여금 江界·慈城·厚昌 등지에다 각각 社를 설치토록 하여 세력 확대를 꾀하였다.37) 그리고 그 자신도 같은해 4월에는 초산으로 가 압록강을 사이에 두고 서간도 이주 한인들과 초산군수 李匡夏 간의 알력으로 인해 발생한 분쟁을 조정함으로써 자신의 입지를 한층 강화할 수 있었다.38) 이즈음 그는 또 서간도 한인들을 '효유'할 목적으로 국한혼용의 長歌인 「江北曉喩歌」를 지었다. 민용호는 그 가사 속에 이주민의 제반 고통을 서술하여, 이를 위무한 뒤 한인으로서의 긍지와 애국심을 가져 주길 당부하고 있다.39)

---

36) 「江北日記」, 129-130쪽.
37) 「江北日記」, 136-137쪽.
38) 「江北日記」, 140-142쪽. 민용호는 이 분쟁이 초산군수로 부임한 이광하가 압록강 대안에 살고 있던 서간도 韓人 이주민들에 대해 부당한 행정권을 행사함으로써 야기되었다고 파악하고 있다. 때문에 그는 이광하로부터 서간도지역에 대한 이후의 강북관리사의 사무 일체를 박탈하고, 자신이 직접 업무를 전담하기로 이주민들에게 약속함으로써 사태를 진정할 수가 있었다.
39) 「江北日記」, 145-150쪽.

「江北曉喩歌」는 1896년 북상 때 함흥에서 지은 「回心歌」와 함께 국한문혼용으로 이루어진 민용호의 2대 長歌에 해당된다. 이러한 장가 역시 그의 사상과 활동의 일단을 담고 있는 중요한 자료이다. 「江北曉喩歌」 가운데 중요한 대목들을 소개하면 다음과 같다.

"저기 오는 都公事는/ 이내 寃情 들어보소/ 性正도 一般이요/ 人情도 한가지라/ 父母國에 살아 있고/ 仁天雨露 젖어 있어/ 出入에도 相愛하며/ 患難에도 救濟하며/ 親戚새에 多情하고/ 鄕曲間에 優遊하며/ 人生의 樂이거늘/ 어찌하여 우리 衆生/ 越他道 移他官도/ 人情에 서럽거든/ 어린 처자 이끌어서/ 불쌍코 可憐하다/ (중략) 他國에 기른 子息/ 가르치기 힘써 보세/ 故國風俗 講習하고/ 先王古法 지키어서/ 이내 子孫 懷土하면/ 落葉歸根이 아닌가/ (중략) 슬프다 우리 百姓/ 사는 데는 他國이나/ 우리 同胞 그 아닌가/ 商務社를 힘써 보세/ 冠婚喪祭 問賻하고/ 寃抑詞訟 決處하여/ 强暴한 놈 壓制하고/ 疾病死葬 慰勞하며/ 村村學校 設始하고/ 一張同名 記錄하여/ 文明組織 하는 날에/ 우리 皇恩 그 아닌가/ 어화 江北百姓들아/ 부디부디 驚心마소/ 日久月深 하는 날에/ 玉石을 分辨하세/ 내 百姓保護法은/ 萬國이 一般이라/ 淸韓公法 自在하니/ 淸國君子 말할손가/ 一部章程 森嚴하니/ 章程대로 하여 보세"

나아가 민용호는 압록강 대안의 서간도 일대에까지도 일종의 자치행정 단위로서 16社[40]를 설치한 뒤 각 사에 책임자로서 公掌을 두고 한인자치를 시행토록 조처하였다. 즉 상무사 조직을 확대함으로써 서간도 이주 한인들의 자치를 도모하였던 것이다. 그는 이어 1900년 5월, 압록강을 건너 서간도로 들어가 懷仁·通化 일대를 돌며 蓮下社·皇城社 등지를 방문하고 한인사회 규합에 진력하였다.[41]

민용호는 이즈음 通化縣 八王洞에 이거해 있던 柳麟錫과 조우하게 된다. 을미의병의 두 영수가 먼 이역에서 상면하였던 것이다. 그러나 이들 사이에는 을미의병 때부터 누적되어 온 알력이 여전히 해소되지 않았던 것으로 생각된다. 이 무렵 유인석은 '孝弟'와 '忠順'을 덕목으로 삼고 향약을 실시해 주변 한인들을 교화하고 있었다.[42] 민용호의 상무사를 통한 한인교화 활동이 유인석에게는 일종의 도전적인 행위로 간주되었다. 민용호에 대한 유인석의 다음과 같은 비난은 이러한 배경하에서 나온 것이다.

> 바야흐로 향약을 세웠은즉 무릇 상무사에 든 자로서 향약에 드는 것은 가하겠지만, 향약으로 인해 상무사에 드는 것은 만만 불가하다. 또 金枝秀(지방유력자-필자)는 내가 이미 約長으로 뽑았는데 어찌하여 공사원으로 뽑는 무례를 범했는가.[43]

민용호는 또 서간도 이주 한인들의 경제력 향상에도 기여하였다. 청나

---

40) 종래의 중국식 지명인 '溝' 대신에 三水 맞은편 압록강변에서부터 한인의 집단 거주지를 중심으로 설치한 16개의 '社', 곧 拜韓社(삼수 對岸), 延化社(후창 대안), 帽山社(자성, 중강진 대안), 皇城社·蓮上社·蓮下社(이상 강계 대안), 水上社·水下社(이상 위원 대안), 新上社·新下社(이상 초산·벽동 대안), 新興社·昌龍社·長化社·慕華社·小華社(이상 老嶺 및 渾江 좌우), 湯河社(吉林 경계) 등을 말한다(「江北日記」, 152쪽).

41) 「江北日記」, 153-155쪽.

42) 『毅菴集』 권55, 「年譜」, 682쪽.

43) 「江北日記」, 163쪽. "毅菴曰 (中略) 方設鄕約 則凡入商者 入約可也 由約入商 萬萬不可 且金枝秀吾已差約長 何差出公事員而無禮"

이 밖에 「江北日記」의 다른 기록에서도 "余(閔龍鎬-註)嘗在江北時 柳麟錫以商帖之布鄕約員 累詰於余曰 公欲行義淵之事乎 余以公私之務不同反駁矣"(186쪽)라 하여 양인 사이에 알력이 있었음을 보여 주고 있다.

라 관리들은 행정력을 동원해 이주 한인들에게 부당한 명목으로 세금을 부과하는 등 경제적 압박을 가하고 있었다. 이러한 실정을 목격한 민용호는 懷仁·通化 일대의 청나라 관리들과 담판을 벌여 부당한 세금, 특히 門戶錢을 폐지시켰던 것이다.[44)]

이와 같이 민용호는 평북 도공사원으로 활약하는 동안 압록강 양안에 거주하는 한인들의 풍속 교정과 자치 및 경제력 향상 등 여러 면에서 상당한 공적을 남겼다. 하지만 그는 義和團 사건을 계기로 1900년 8월(음) 歸京하고 말았다. 1900년 7월에 들어와 만주에서 의화단의 난이 치열해지자, 그곳 한인들을 보호하기 위하여 조직한 自衛團이 화근이 되었다. 즉 그가 유인석과 함께 의화단과 공모하여 장차 서울을 침공하기 위해 자위단을 조직하였다는 소문이 퍼졌던 것이다.[45)] 이러한 상황에서 그는 급거 귀국을 서두를 수밖에 없었다. 민용호의 상무사 활동은 이로써 종료되었다.

서울에 돌아온 민용호는 한때 초산군수의 물망에도 오른 적도 있었지만,[46)] 1901년 3월 인천에서 배를 타고 上海로 건너가 한동안 중국을 여행하였다. 이 여행의 동기나 목적은 명확히 알 수 없지만, 그 동안 피로해진 심신을 휴양코자 한 것이 아니었나 생각된다. 그는 이때 중국 동남부에 위치한 江蘇·浙江·福建·廣東省 일대를 비롯해 홍콩 및 越南·東京·海陽·幀定·雲南·貴州 등의 여러 省을 여행한 뒤 이듬해(1902) 여름 귀국하였다.[47)]

귀국 후 민용호는 한동안 서울에 머물면서 두루 관직을 역임하게 된다.[48)] 귀국 직후인 1902년 10월(음) 明成皇后遷陵都監을 맡아 遷陵 업무를 수행한 것을 시작으로 1903년에 들어서는 中樞院議官과 渭原郡守에 연임되었다. 하지만 그는 그 해 12월 秘書院丞을 끝으로 관직에서도 은퇴

---

44) 「江北日記」, 160-162쪽; 『復齋集』 권1, 「上沈判書相薰」·「與閔判書泳綺」 참조.
45) 「江北日記」, 183-184쪽; 「行狀」, 309쪽; 『毅菴集』 권55, 「年譜」, 683쪽 참조.
46) 「江北日記」, 186쪽 참조.
47) 「江北日記」, 187-188쪽; 「行狀」, 309쪽.
48) 민용호가 피임된 최초의 관직은 이보다 앞서 서간도에 머물러 있던 1900년 여름에 제수받은 禧陵參奉으로 보인다(「江北日記」, 171쪽; 「行狀」, 309쪽).

하게 된다.[49] 이때 그의 나이 35세였다. 한창 관인으로 출세할 시기에 갑자기 관직을 은퇴하게 되는 이유는, 자료 부족으로 확실히 밝힐 수 없지만, 官人이라는 제한된 범위 안에서는 자신의 이상과 포부를 실현할 수가 없었고, 더욱이 국가의 운명이 점차 악화일로를 걷는 암담한 현실에 직면했기 때문이 아닌가 생각된다. 이 점은 관직에서 은퇴한 이후 낙향하여 산중으로 잠적해 버리는 묘연한 그의 행방을 두고도 짐작이 된다.

민용호의 만년의 행적을 알려 주는 자료는 찾기가 어렵다. 단지 1921년 그의 스승이며 族叔인 閔致亮이 기술한 「書江北日記後」에서

> 드디어 수년간 외국에 유람하고는 會稽山(소재 불명－필자) 속에 들어가 세상을 등지고 自靖하니, 애석하도다, 그가 세상에 크게 쓰이지 못함이여! [50]

라고 한 대목과, 민용호가 艮齋 田愚에게 보내는 편지 속에서

> 遜志(洪在龜－필자)·誠菴 두 선생이 서로 이어 타계하시니 小子(민용호－필자)의 그 고통은, 돌아보건대 하늘을 우르러고 땅을 굽어봐도 호소할 데가 없었도다. 그러므로 해외를 방랑하며 또한 해를 지냈으며, 이제는 가솔들을 이끌고 入山하여 감자를 심고 뿌리를 씹는 것으로서 여생을 보낼 계책으로 삼았도다. 나의 일생의 곤궁함이여! 어찌 이다지도 참혹한가.[51]

라고 한 것으로 보아, 이후 산속에서 은둔생활을 하며 불우하게 만년을 보낸 것으로 생각된다. 그 뒤 민용호는 1922년 향년 54세를 일기로 타계하였다.[52]

---

49) 「行狀」, 309쪽.

50) 「江北日記」, 188쪽. "遂遊覽於外國數年 而入會稽山中婆娑磵阿 杜門自靖 惜乎 其未得大用於世也"

51) 「江北日記」, 219쪽. "遜志誠菴兩先師 相繼而逝 顧此小子之痛 俯仰穹壤 無處可訴 故放浪海外者 亦有年 今携眷入山 種庶咬根 以保餘景之計也 我生不辰 若是之酷耶"

52) 후손들(손자 민종식, 증손 민병우)의 증언에 의하면 그는 이후 향리인 산청 特里로 내려가 만년을 보냈다고 한다. 하지만 이를 확인할 수 있는 문헌은 없는 것 같다. 다만 그의 묘소가 특리 부근인 산청면 弁亭에 자리잡고 있는 점으로 보아 만년을 향리에서 보낸 것으로 믿어진다.

2) 學統

(1) 蘆沙學派

민용호의 師承관계는 우선 蘆沙學派와의 접맥을 통해서 확인할 수가 있다. 그는 학자였던 부친의 뜻에 따라 유년시절부터 학문에 전념하였다.[53] 즉 민용호는 부친의 주선으로 蘆沙 奇正鎭의 문인[54]이며 부친과 '친형제처럼' 가깝게 지내던 稽樵 閔致亮의 문하에 나아가 수학하게 된다.[55] 이것이 그의 사승관계를 알려 주는 첫 단서이다. 민치량은 노사 문하에서 수학한 명망 있는 학자로 산청에 거주하고 있었으며 민용호에게는 族叔이 되는 인물이다. 그러므로 민용호는 어려서부터 그 문하를 출입할 수가 있었던 것이다. 그리하여 그는 산청에서 서울·여주로 활동 근거지를 옮길 때까지, 곧 20세 전후의 장년이 될 때까지 그 문하에서 수학했으리라 믿어진다. 이즈음 그가 민치량으로부터 수학한 학문의 내용은 확인되지 않고 있다. 하지만 그 내용 가운데는 개항을 전후한 시기에 華西 李恒老와 더불어 위정척사운동을 선도한 기정진의 위정척사사상이 포함되어 있었으리라는 점은 짐작이 된다.

민용호의 노사학파와의 또 다른 접맥은 艾山(혹은 老柏軒) 鄭載圭와의 관계에서 이루어지고 있다. 유년시절에 민용호는 역시 노사 문인으로 합

---

53) 민용호의 生父 閔致謙은 문집을 남기고 있을 만큼 학문적인 소양을 갖춘 학자였다. 이러한 그의 부친은 장남 민용호에게 학문에 매진, 집안을 일으켜 줄 것을 기대하였다고 한다(『復齋集』 권5, 「先府君行狀」·「謹書先府君遺稿後」; 「敬書先府君詩稿」, 268쪽).

54) 『蘆沙先生淵源錄 卷三』(『蘆沙先生全集』, 영인본, 1982), 「先生門人編」, 897쪽.

55) 『復齋集』 권5, 「先府君行狀」. "稽樵族兄 與我情同骨肉 而於蘆門亦高弟也 汝輩事之如父 則雖今日瞑目 可無恨矣"

민용호는 『關東倡義錄』 서두에서 "노사선생의 문인인 족숙 稽樵 閔致亮에게 사숙하였다"(1쪽)라고 언급, 자신이 노사학파와 접맥되어 있음을 분명히 밝히고 있다. 또 의병항전에 실패한 뒤 후술할 朴文五에게 보내는 편지 속에서도 "私淑好生甚於惡死之義於蘆沙之門人"(「上誠菴朴先生」, 1896. 12)이라고 하여 노사학파에 접맥된 사실을 밝히고 있는데, 이때의 '蘆沙之門人' 역시 민치량을 지칭하는 말이다.

천 雙栢에서 강학하던 정재규를 종종 찾아 가르침을 받았던 것이다.[56] 산청과 합천은 지리적으로 가까운 거리에 있었기 때문에, 또 정재규가 민치량과 동문이었기 때문에 자주 찾을 수 있었다고 보인다. 이 결과 그는 主理論에 입각한 위정척사사상을 견지할 수가 있었다. 이 점은 그가 의병항전에 실패한 뒤인 1899년 여름에 정재규에게 보내는 글에서

> 時事의 변천을 가만히 살피건대, 陽線을 회복하는 것은 아득하여 그 조짐이 없으니 지난날 중국에서 한바탕 천하의 대세를 논의한 것은 진실로 우물 속에 앉아서 하늘을 본 것이었다. 대개 우리의 학문은 理를 主로 하여 떳떳한 인륜의 밖을 벗어나지 않고, 저들(倭洋－필자)의 학문은 氣에 전심하여 하늘의 신묘함을 빼앗음이 있어 오직 떳떳한 인륜을 외면하고 技巧에만 전념하고 있으니, 중국과 같이 큰 나라도 지탱할 수 없는데 하물며 區區한 鰈域(한반도의 별칭－필자)임에랴. 10년이 지나지 않아 그 속에 함닉되지 않는 이가 없을 것이다.[57]

라고 하여 주리론에 입각한 위정척사의식의 한 단면을 보여 주는 대목을 통해서도 확인된다. 즉 그는 理氣二元論的 主理論에 입각하여 理를 중시하는 동양－조선 전래의 정신문화와 氣를 중시하는 개화－서양 물질문화의 차등을 전제한 뒤, 물질문화를 상징하는 개화세력이 조만간 조선을 지배할 것으로 전망하였던 것이다. 이러한 생각은 전통문화가 단절되려는 절박한 위기상황에서 표출된 것이다. 하지만 그는 이러한 상황에서도 理의 우월성, 곧 '이의 떳떳함'(理之常)을 믿어 천하의 이치가 바로잡힐 때를 기다린다고 함으로써 전통문화의 우월성을 확신하고 있다.[58] 여기서의 개화세력은 곧 일제를 비롯하여 이에 호응하는 국내의 개화파를 통칭하는, 수구론자들과 대립되는 포괄적인 개념이다.

이렇게 볼 때, 정도의 차이는 있지만 민용호 역시 여타 대부분의 을미

56) 『復齋集』 권1, 「上鄭老柏軒載圭」; 「與鄭艾山載圭」, 220쪽.

57) 『復齋集』 권1, 「上鄭老柏軒」; 「與鄭艾山載圭」(己亥夏), 220쪽. "竊觀時變 則陽線之復 杳無其睽 以向日中國一幅論天下之大勢者 誠坐井觀天也 蓋吾之學 主於理 而不出於彜倫之外 彼之學 專於氣 而有奪天之巧 惟其外彜倫而專技巧 中州之大也 而猶不能支焉 則況區區之鰈域乎 不出十年 無人不浸浸然入於其中矣"

58) 위와 같음.

의병장과 마찬가지로 수구적 자세를 견지하였던 유생으로 파악할 수가 있는 것이다.

(2) 華西學派

조선 말기의 여러 학파 가운데 화서학파와 노사학파는 학문적인 측면에서나 현실대응의 측면에서나 모두 유사성과 상관성을 가지고 있어 주목된다. 학문경향의 측면에서 볼 때, 두 학파는 理氣論에서 모두 철저한 主理論을 견지하였다. 이와 같은 주리론적 경향은 다분히 서세동점의 '절박한' 시대상황하에서 민족의 전통문화를 우수한 理의 관점에서 파악하면서 이를 보전하기 위한 문화차등 의식에서 자연히 발로된 '시대의 소산'이었던 면이 있다. 이런 까닭에 학문의 실천방안, 즉 처신의 방편에서 볼 때에도 두 학파는 모두 개항을 전후한 시기에 국론을 주도하던 위정척사론의 선봉장 역할을 담당할 수 있었다고 보인다. 나아가 '斥邪'의 대상이 일제 침략세력으로 구체적으로 한정되는 시기, 곧 일제의 대조선 침략이 가시화되는 청일전쟁 직후의 일련의 정변기에 가서는 이들을 구축하기 위한 의병항전에 두 학파의 인물들이 대거 투신하게 되는 것이다.

화서학파와 노사학파는 기호와 호남이라는 지역적 차이에도 불구하고 이와 같이 여러 측면에서 그 역사성을 함께 하고 있다. 이것이 민용호가 노사·화서 두 학파를 전전할 수 있었던 이유인 동시에 역사적인 배경이 된다고 보인다. 어떤 측면에서는 민용호가 학문적인 면에서나 처신의 면에서 두 학파를 접맥시켜 주는 역할을 담당하였다고도 보인다.[59]

---

59) 화서학파 안에서도 특히 화서의 嫡傳을 이은 重菴 金平默(1819~1888) 및 勉菴 崔益鉉(1833~1906) 계열이 노사학파와 긴밀한 상관성을 보여 주고 있다고 여겨진다. 즉 중암과 면암은 민용호에 앞서 노사학파와의 학문적 접맥을 시도하였던 것이다. 김평묵은 1881년 關東儒疏 사건으로 인해 전라남도 무안의 智島로 유배를 당하자, 노사학파의 활동범위 안에 있던 이곳에서 화서학파의 학문을 강학함으로써 두 학파간의 학문 접맥을 이루었다. 현재 智島의 頭流山 정상부에는 이와 같이 김평묵의 지도 유배를 계기로 화서·노사 양학파가 접맥된 證左로서 1914년에 건립된 '頭流山參先生壇碑'와 1918년에 건립한 '頭流四賢壇碑'가 남아 있어 특히 주목된다. 그 가운데 노사의 손자 奇宇萬이 지은 參先生壇 碑文을 소개하면 다음과 같다.

"智島海上有頭流 世稱西頭流 盖與東頭流對稱也 東頭流有岳陽亭 享宋夫

하지만 민용호가 화서학파에 입문하는 시기는 엄밀히 고찰할 때, 1895년 擧義 이후로 나타난다. 그러므로 민용호의 거의 과정에서 화서학파의 학문적 영향은 일정한 거리를 두고 이해해야만 할 것이다. 그러나 의병에 투신한 직후부터 화서학파의 인물들과 유기적 관계를 설정하는 민용호의 처신은 화서학파의 학문적 분위기를 고려할 때 시사하는 바가 크다. 이러한 사실을 염두에 두고 민용호의 화서학파와의 관계를 살펴보자.

민용호가 화서학파에 접맥되어 있음은 그가 화서학파의 주요 인물들인 誠菴 朴文五(1834～1899)[60]와 洪在龜(1845～1898)를 스승으로 섬기고 있다는 사실에서 확인된다. 우선 박문오와의 관계에 대해 살펴보자. 민용호는 1895년 擧義 이전 서울에 잠시 유거하던 때에 운암·성암 형제의 명성을 처음으로 들었지만, 이때에는 그의 문하에 나아가지 못한 듯하다.[61]

子鄭一蠹金寒暄三先生 匪今斯今 而智海人士 築壇於西頭流 以享李華西奇蘆沙金重菴三先生 盖重菴[先生] 爲華西嫡傳 迬年以斥和 忤時論 直黜於玆地 以所傳[於]華西者 敎授生徒 智儒得聞華西之學 而蘆沙與華西同德 爲重菴之慕之如華西 又所居同省 居邇而得聞其風 故并壇而舍菜 使東頭流不得專美 嶺外古稱鄒魯 海外鄒魯 此其爲消息歟 壇不可無 識石旣具 以宇萬爲蘆沙之孫 俾記其事 金正斗朴畿緖 實與倡和而將命者 羅君有英 盖師事重菴 而時從於余 綿山朴君琳 相申其請"([ ] 속의 글자는 『松沙集』 권20, 「頭流壇碑記」에는 빠져 있음).

60) 박문오는 西道 제일의 학자로 칭송받던 화서 문인 雲菴 朴文一(1822～1894)의 아우이고, 이들 형제는 평북 태천에서 강학을 하며 일생을 보냈다. 그 결과 황해도, 평안도 일대에는 이들의 문하에서 배출된 인물들을 중심으로 화서학파의 일대 본거지가 형성될 수 있었다. 李光麟 교수는 계몽운동이 고조되는 시대상황에서 "관서지역에는 위정척사사상의 바탕이 되는 성리학의 영향이 아주 미미"하였기 때문에 이 문파의 인물들 다수가 위정척사에서 개화로 사상적 전회를 보였다고 주장하였다(李光麟, 「舊韓末 關西地方 儒學者의 思想的 轉回－雲菴·誠菴의 弟子를 중심으로」, 『斗溪李丙燾博士九旬記念 韓國史學論叢』, 知識產業社, 1987).

여러 가지 측면에서 볼 때, 이 양인을 정점으로 하는 양서지역 화서학파의 분위기는 강원·충청도 일대의 화서학파와는 다소 그 성격과 내용을 달리하는 면이 있는 것 같다. 이 점은 또한 민용호의 처신과도 관련되어 있지 않나 생각된다. 그러나 양인의 학문과 사상에 대한 구체적인 연구가 이루어지지 않고 있는 까닭에 현재로서는 이 문파의 역사적 위상을 정확히 설정하기는 어렵다고 하겠다. 이에 대한 연구가 요청된다.

61) 「上誠菴朴先生」, 207쪽.

기록상으로 볼 때, 민용호가 성암 문하에 나아가게 된 것은 그가 의병항전에 실패하고 중국에 망명한 다음 일시 귀국한 1897년 1월부터 두번째 중국 망명을 떠나는 2월까지 약 한 달간 성암의 강학처인 태천의 藏修齋에 머물러 있던 때이다. 그는 후일 성암을 추모하는 祭文에서 성암 밑에서 지낸 내력을 다음과 같이 기술하였다.

> 아, 小子(민용호－필자)는 우매한 자질로 을미년 국가와 신민의 원통함이 일찍이 없었던 변란을 당하여 三道士와 함께 滄海郡에서 죽기로 맹세하였지만, 힘은 약하고 일은 많아 낭패를 보고 압록강 이북으로 들어간 때에 병신년 12월 (誠菴先生의) 문하에 나아간즉 선생은 나의 곤궁함을 위로하고 뜻을 민망히 여겨 주셨으며, (나를) 子侄처럼 타이르고 家人처럼 사랑해 주셨다. (문하를) 떠남에 미쳐서는 (선생이) 몸소 月下橋 밖에까지 전송하면서 謹愼으로 경계하시고 遊學으로 면려해 주시었고, 차마 서로 떨어지지 못해 몇 번이고 말씀하였다. 오호라! 스스로 돌아보건대, 어느 누가 그 사랑이 이처럼 지극함에 이를 수 있으리요.[62]

그리고 민용호는 이때 태천을 떠나기 직전에 '誠菴先生門徒契'에 가입함으로써 자신이 박문오의 문인임을 확실히 밝혔다.[63] 이 기간을 제외하고 나면 민용호가 특별히 성암 문하에서 사숙하였다는 기록은 보이지 않는다.

다음은 洪在龜와의 관계를 살펴보자. 홍재구는 화서의 嫡傳을 이은 金平默의 사위이며 關東儒疏를 올리고 순국한 節士 洪在鶴의 형으로 화서학파의 중요한 인물 가운데 한 사람이다. 그는 화서학파 안의 또 다른 일파인 柳重教 문하의 유인석을 정점으로 한 擧義 인물들과는 소원한 관계에 있던 인물이기도 하다. 특히 횡성에 있던 홍재구가 북상중이던 유인석에게 의진을 해산하고 待罪할 것을 종용한 사실[64]은 양인간의 불화의 정

---

62) 『誠菴集』 附錄, 「門人閔龍鎬」. "噫小子以愚昧之質 當乙未國家臣民之痛古無之變 與三道士誓死於滄海郡 力蚊事海 狼狽鴨北時 丙申臘月 歸謁門下 則先生恤其窮而悶其志 撫之若子侄 愛之如家人 及其拜辭也 親送於月下橋外 戒之以謹愼 勉之以遊學 不忍相捨 而語之申申 嗚呼 自顧何人 其愛也至於此極"

63) 「西征日記」, 88쪽.

64) 元容正及從從事諸人, 『毅菴柳先生西行大略』(『독립운동사자료집 1』, 독립운

도를 여실히 보여 주는 사례라 할 것이다. 민용호가 남긴 기록을 통해서 볼 때, 그가 홍재구와 최초로 관계를 맺게 되는 시기는 여주에서 거의한 뒤 강릉으로 동진하는 과정에서이다. 이에 관한 기록을 보면 다음과 같다.

> 횡성에 사는 遜志 洪在龜가 斯門의 宗匠이요 유림의 영수인데 나이가 들어 집에 있다는 소문을 듣고 金元燮으로 하여금 (그를) 맞아 오게 하면서 글을 올리기를 "(중략) (용호는) 매번 문하에 나아가 제자가 되고자 하였으나 얕은 학문에 만족하여 한번도 뵙지를 못하였으니 죄송천만이다 (하략)"라고 하였다.[65]

여기서 그는 자신이 그때까지 한번도 홍재구와 상면한 적이 없다는 사실과, 또 그의 제자가 되기를 이전부터 원하였다는 사실을 밝히고 있다. 이러한 양인의 관계가 이후 의병항전을 펼쳐가는 과정에서 상당히 긴밀해지는 듯이 보인다. 우선 원산 진격전에 실패하고 강릉으로 돌아온 직후 민용호는 홍재구의 문인인 崔中奉[66]을 영입, 의진의 中軍으로 삼아 중용하였다. 또한 홍재구가 1896년 3월 초순경 고종의 환궁을 요구하는 공한을 각국 공사관에 보낼 때, 閔龍鎬와 權仁夏를 각각 閔哲鎬와 權仁洙로 改名하여 이들의 명의로 보냈다고 한다.[67] 이러한 점들은 양인의 관계가 긴밀하였음을 보여 주는 실례라 하겠다.

이러한 양인이 사제 관계로 발전되어 가는 시기는 자료상으로 볼 때, 명확하지는 않지만, 민용호가 2차 중국 망명에서 귀국한 직후부터로 추측된다. 귀국 직후인 1897년 11월(음) 그는 홍재구를 찾아가 문안인사를 올리고 나눈 대화에서 스스로를 '門生'으로 불렀으며,[68] 또 이후부터는 계속 '小子', '門生' 등의 용어로 자신을 표기한 점으로 미루어 이를 짐작할

동사편찬위원회, 1971), 526쪽.

65)『關東倡義錄』, 6쪽. "聞橫城居洪先生在龜號遜志 斯文之宗匠 儒林之領袖 年老在家 乃使金元燮往迎 備禮齎書曰 (中略) 每擬供灑掃之役 而甘於下流 一未晉候 伏悚伏悚"

66) 崔中奉(?~1896, 자 大執)은 원래 重菴 金平默의 문인이었으나 중암 사후 洪在龜의 문하에서 수학한 인물이다. 화서학파의 인물로 擧義殉節한 '死節十賢' 가운데 한 사람이다(柳麟錫, 「祭死節十賢文」, 『昭義新編』 권4, 119-120쪽).

67)『關東倡義錄』, 38, 44쪽.

68)「石田語錄」, 270쪽.

수 있다.[69]

한편 민용호는 화서학파의 일원으로 『華西集』 간행에 동참하였던 것으로 보인다. 1899년 여름 충주 屛山에서 간행된 『화서집』은 여러 문인사우들의 조력에 의한 것이었다. 민용호가 『화서집』 간행에 관여하였으리라는 점은 문집 간행건이 논의되던 1898년 3월(음) 박문오에게 올린 편지에서

> 先師 화서선생의 문집 간행 일을 洪門(洪在龜 문하-필자)의 諸友들이 不敏한 小子(민용호-필자)에게 모두 담당케 하니 소자가 어찌 이 일을 감당할 수가 있으리요.[70]

라고 한 뒤 성암에게 원조를 요청한 사실로 미루어 짐작할 수가 있는 것이다.

이상에서 보았듯이 민용호는 朴文五와 洪在龜를 師承으로 화서학파의 일원으로 등장하였다. 하지만 전술하였듯이 민용호가 화서학파와 접맥된 시기로 볼 때는 의병에 투신한 직후이기 때문에 거의 동기 혹은 과정에서부터 화서학파의 학문적 영향을 그대로 연계해 이해하기에는 일정한 제약이 따른다. 그러나 민용호의 화서학파의 관련성은 그의 역사인식에 대한 문제나 항일의병의 성격을 이해하는 한 단서가 된다는 점에 주목해야 할 것이다.

3) 擧義論辯

재야 유생이 중심이 된 을미의병은 變服令·乙未事變·斷髮令 등 세 사건을 계기로 봉기한 것이다. 을미의병 봉기의 직접적인 기운은 '黑色周衣'를 착용하게 한 1895년 3월의 을미변복령에서부터 비롯되고 있으며, 을미사변과 단발령은 봉기를 촉발시킨 결정적 계기가 되었다. 여기서 변복

---

69) 「上洪遜志」(丁酉十二月, 戊戌三月), 214-215쪽 참조.
70) 「上朴誠菴先生」, 210쪽. "華西先師文集刊行事 洪門諸友 幷擔於不敏小子 則小子何敢當此擧乎"

령과 단발령은 華夷人獸論的 명분의 문제에서 맥락을 함께 하며, 또 이 두 사건과 을미사변은 모두 이후 지속적으로 펼쳐진 항일투쟁의 진원지가 되었다는 점에서 그 맥을 같이하고 있다.

강릉의병을 이끈 민용호 역시 재야 유생의 신분이었다. 그러므로 그가 거의하게 되는 배경 역시 여타 을미의병과 마찬가지로 청일전쟁 이후 일제 침략이 본격화되고 이에 따라 민족의 생존과 민족문화의 보존이 위기에 처한 시대상황에서 이해할 수가 있는 것이다.

민용호에게 있어서도 을미의병 봉기의 3대 동인이 되는 변복령·을미사변 및 단발령이 역시 거의의 강렬한 계기로 작용하고 있다.[71] 즉 그도 역시 일제 침략세력과 그에 추종하는 개화파가 추진한 개화정책으로 말미암아 민족의 운명과 전통문화의 보전이 위태로워졌다고 파악하였으며, 개화정책 실시와 민비 시해의 결과 "삼천리 강산 5백 년 禮義의 조선이 하루아침에 倭土·倭俗으로 변하고 말았다"[72]고 인식하기에 이르렀던 것이다.

먼저 변복령에 대한 민용호의 의식과 그 반응을 살펴보자. 이 점에 대한 그의 논변은 아래에서 보듯이 단발령·을미사변·제도개정 등에 대한 논변과 언제나 그 맥을 같이 하고 있다. 즉 이러한 사건들은 여타 을미의병과 마찬가지로 민용호에게 있어서도 거의에 중요한 명분을 제공하고 있는 것이다. 아관파천 직후인 1896년 초 강릉에 있으면서 고종에게 올린 疏에서 그는 이 점에 대해 다음과 같이 말하고 있다.

---

71) 한편 민용호는 이러한 사건들에 앞서 1894년 6월 21일(음)에 일어난 '甲午變亂'－일본군의 경복궁 무력점거 사건－에 대해서도 "아, 천지의 떳떳함이 없어지고 首足이 자리를 바꾸었으니, 먼저 갑오 유월의 변이 있었으며, 다음 을미 팔월의 변이 있었고, 다음 을미 십이월의 변이 있었다(嗚呼天地蔑貞 首足易位 先而有甲午六月之變 次而有乙未八月之變 次而有乙未十二月之變)"(「請還宮長髮變革官制變革衣制疏」, 200쪽)라고 하여 을미사변·단발령 등과 연속선상에서 파악, 이를 일제의 조선침략 과정에서 드러난 중요한 사건으로 인식하였다.

72) 『關東倡義錄』, 2쪽. "三千里江山 五百年禮義 一朝變爲倭土倭俗"
이와 비슷한 내용의 탄식은 『關東倡義錄』의 곳곳에서 산견된다. "以我東邦四千年禮義 五百年文物 豈忍一朝變革爲倭哉"(3쪽)/ "剃髮之禍 急於目前 聽之則身爲倭身"(5쪽)

> 오늘날 절실하고 시급한 大義를 말한다면, 첫째 長髮加冠하는 일이요, 둘째 명분을 바로잡는 일('大君主陛下' 칭호 불가－필자)이며, 셋째 廣袖의 衣制를 복구하는 일이다.[73]

이처럼 '黑色周衣'[74]의 변복령 철회가 '절급한' 당면과제 가운데 하나로 제시된 까닭에 이는 자연히 거의의 명분이 되는 동시에 목적이 되고 있다. 민용호가 의병을 일으킨 목적에 대해서

> 첫째 폐하가 당한 단발의 치욕을 갚고자 함이요, 둘째 민비가 시해당한 치욕을 갚고자 함이며, 셋째 百神이 震驚한 치욕을 갚고자 함이며, 넷째 만민이 당한 胡服毁形의 치욕을 갚고자 함이며, 다섯째 先王先聖의 禮樂이 糞壤에 빠진 치욕을 갚고자 함이었다.[75]

라고 하여 다섯 가지 조목으로 열거한 가운데 전통 服制로의 환원을 단발령의 철회, 민비시해의 복수, 舊制度 복원 등과 함께 들고 있는 것은 바로 이러한 이유에서이다. 이처럼 민용호가 전통의 의복제도에 집착하는 것은 그것이 전통문화를 상징하기 때문이다.

> 뿔은 우리에게 소가 됨을 알게 하고, 갈기는 우리에게 말이 됨을 알게 하며, 華夏의 의복은 우리에게 화하가 됨을 알게 한다. (중략) 어찌 소매 좁은 胡服을 입고 화하가 될 수 있으리요. 화하는 예의를 숭상하니, 넓은 소매(傳統衣制－필자)는 威儀를 갖추게 하는 조건이 된다.[76]

---

73) 「請還宮長髮變革官制變革衣制疏」, 200쪽. "以今日切急之大義言之 一曰長髮加冠 二曰正名 三曰復行廣袖"

74) 유생들은 변복령 가운데서도 흑색의 옷을 입게 된 사실에 대해 크게 반발하였다. 북방을 표시하는 흑색은 陰을 상징하는 색깔이었던 까닭에 이를 거부하였던 것이다. 민용호도 『關東倡義錄』 서두에서 을미개혁을 총괄적으로 언급하는 가운데 "흑색의 복제를 숭상"한 결과 "삼천리 예의의 나라가 一朝에 犬羊의 땅이 되었다"(3쪽)고 이를 탄식하고 있다.

75) 「請罪疏」, 202쪽. "奔走東西 呼召義旅 一則欲雪陛下剃頭之辱 二則欲雪聖后纂弑之辱 三則欲雪百神震驚之辱 四則欲雪萬姓群民胡服毁形之辱 五則欲雪先王先聖禮樂糞壤之辱"

76) 「請還宮長髮變革官制變革衣制疏」, 201쪽. "角者吾知其爲牛 獵者吾知其爲馬 華夏之服者 吾知其爲華夏矣 (中略) 豈有狹袖胡服 而可以爲華夏哉 華夏尚禮義 廣袖者 所以整飾其威儀"

服制에 대한 민용호의 이러한 논변의 저변에는 화이론적 위정척사사상이 관류하고 있다고 보인다. 이렇게 볼 때 의복제도에 대한 민용호의 인식태도는 여타 유생들과 대체로 내용을 같이하고 있다고 할 수 있다.

다음으로 민용호의 을미사변에 대한 논변을 살펴보자. 앞에서 보았듯이 그가 민비와 혈족관계에 있었기 때문에, 더욱이 그의 출세는 민비를 정점으로 하는 養家의 문벌을 배경으로 이루어지고 있었기 때문에 을미사변에서 받은 그의 충격은 누구보다도 컸으리라 짐작된다. 이 점을 구체적으로 살펴보면, 을미사변으로 민비가 시해되자 그는 유림의 분발을 촉구하기 위해 「儒通」을 지어 9월 15일(음) 야밤에 여주 남한강변의 淸心樓에다 내걸었다. 그 가운데 민비시해에 대한 민용호의 격분을 보여주는 대목을 소개하면 다음과 같다.

> 夷狄이 中華를 핍박하는 것이 고금의 우환이지만, 오늘날 우리나라의 참변과 같은 예는 일찍이 없었다. 임진란의 수치를 설복하지 못해 온 국민이 절치부심하는 이때에 다시 이와 같은 국모의 참화를 당하고 (중략) 삼천리 강산과 5백 년 禮義가 하루아침에 '倭土', '倭俗'으로 변하였다. (중략) 禮記에 가로되 '부모의 원수는 不反刃'이라 하고 春秋에 가로되 '亂臣과 賊子는 사람마다 죽일 수 있다'고 하였으니, 우리들이 비록 下流의 미천한 신분이나 국가를 위해 '人人得誅'의 의리로 討賊의 기를 세워 국모의 원수를 갚고자 하니 대저 누가 감히 불가하다고 일컫겠는가. (중략) 이는 우리가 재주와 역량을 불문하고 굳게 결속하여 동지들과 더불어 복수를 도모할 수 있는 바이다.[77]

민용호는 위의 인용문에 나타나 있듯이 擧義 명분을 『春秋』와 『禮記』에서 구하고 있다. 그 가운데서도 『春秋』의 '亂臣賊子 人人得誅'는 을미의병 당시 유인석을 필두로 하는 화서학파의 거의 인물들을 비롯한 다수의 유생 의병장들이 공통적으로 내세우는 거의 명분이었던 동시에 지방

---

77) 『關東倡義錄』, 2쪽. "夷狄猾夏 古今通患 然未有若我東之甚且酷也 壬辰二陵之恥未雪 臣民蓄二百年切齒之恨 乙未國母之禍復起 (中略) 三千里江山五百年禮義 一朝變爲倭土倭俗 (中略) 禮曰 父母之讐不反刃 春秋曰 亂臣賊子 人人得以誅之 吾輩雖下焉 不信之地 爲國家而仗人人得誅之義 建旗討賊報我國母之讐 則夫孰敢曰不可乎 (中略) 此吾所以不度才力 不揆時勢 浩然結束 期與同志 誓心復讐乃已"

관을 처단할 수 있는 이론적 근거가 되었다. 민용호 역시 재야 유생의 신분이었던 까닭에 유인석 등과 동일한 논리에서 국모 민비가 시해당한 현실에서 거의의 명분을 이와 같이 '春秋之法'에서 구하였던 것이다. 또 『禮記』의 '父母之讐 不反刃'은 여타 의병에서는 잘 언급하고 있지 않는 대목으로 민용호가 특히 민비시해사건에 대해서 큰 비중을 둔 결과 거의의 명분으로 천명한 슬로건이라 하겠다. 이로써 볼 때, 민용호는 민비시해를 당한 직후 거의를 결심하고 그 준비에 착수했던 듯하다.

민용호는 이와 같이 민비시해 때 거의를 결심하고 있지만 역시 단발령의 반포를 계기로 봉기하게 된다. 그러므로 그는 의병항전을 전개하는 과정에서 단발령의 철회를 최우선의 항전목표로 설정하게 된다. 원주에서 거의한 뒤 민용호 의병이 강릉으로 향하게 되는 것도, 사실적인 면에서는 이유를 달리하겠지만, 명분적인 면에서는 이러한 맥락에서 이해할 수도 있다.[78] 다시 말해, '剃政' 폐지가 강릉의병의 실제적인 항전목표가 되고 있는 것이다. 『關東倡義錄』 도처에서 이러한 대목을 찾을 수 있다.[79]

이상의 사실을 통해서 볼 때, 변복령－을미변복령－은 민용호의 거의에 遠因으로 작용하였으며, 을미사변은 그에게 거의를 결심토록 한 계기가 되었다고 하겠다. 특히 그는 민비와 친족관계에 있었으므로 을미사변으로 인한 충격이 더욱 컸으리라 짐작된다. 반면에 단발령은 그가 거의케 되는 직접적, 현실적 동인으로 작용하였다. 즉 그에게 있어서 각지의 '和政'(개화행정)은 곧 '剃政'(단발행정)을 의미하는 것이었으며, 이러한 '剃政' 제거가 의병항전의 당면한 최고목적이 되었던 것이다.

다음으로 민용호의 對淸認識의 자세를 살펴보자. 이 점은 강릉의병의 성격 이해에 단서를 제공하는 중요한 문제로 생각된다.

민용호는 원주에서 거의하고 난 직후 의병을 소모하기 위한 격문을 발표하였다. 여기서 그는 거의하지 않을 수 없는 부득이한 형세를 다음과 같이 기술하고 있다.

---

78) 『關東倡義錄』, 5, 8쪽.
79) 『關東倡義錄』, 5, 14-15, 20, 51, 60쪽 등의 기록을 들 수 있다.

> 단발의 화가 목전에 닿았으니, 여기에 순종한다면 신체는 '倭身'으로 변할 것이고 장차 청의 聲討의 禍를 면치 못할 것이다. 또한 불응한다면, 땅에 선 채로 왜의 칼을 받게 될 것이다. 아, 애통하도다. 이것이 부득이 의병을 일으키지 않을 수 없는 이유로, 목전의 화를 면하고 또 후일의 안전을 도모하자는 것이다(밑줄-필자).[80]

위의 인용문에서 우리는 재야 유생들의 일반적인 의식과는 상당히 괴리되어 있는 민용호의 독특한 입장을 볼 수 있다. 즉 그는 을미의병에 동참했던 여타 재야 유생들과 華夷人獸論的 위정척사사상이라는 기본적인 의식에서는 맥을 같이 하지만 淸에 대해서는 그 실체를 인정하고 있다. 곧 논리의 모순이다. 이러한 점은 한말 재야 유생들이 공통적으로 견지하였던 排淸意識, 곧 문화적으로 볼 때 청은 문명의 정도가 낮은 오랑캐에 불과하다고 주장하던 문화차등의식과 일정한 거리를 가지게 되는 것이다. 이 점은 다음과 같은 두 가지 사실에서도 더욱 명백히 입증되고 있다.

첫째, 1895년 일제가 三田渡의 '淸太宗崇德碑'를 排日慕華意識을 조장하는 것이라 하여 매몰하게 되자, 민용호는 독립협회에서 迎恩門을 헐고 대신 독립문을 세운 일과 함께 이 사건을 다음과 같이 평하였다.

> 倭奴가 松坡에 있는 大淸高皇帝勝捷碑를 부수려고 하니 서북에서 大風이 일어나 모래와 돌이 날리기에 무서워 그치면서 말하기를 "아직도 청의 운세가 남았는가"라고 하였다 한다. 내가 여러 장수들에게 말하였다. "우리 燕朝門(迎恩門-필자)을 헐어 독립문이라 불러 대대로 내려오던 守述의 일(천자에 대한 제후의 직분-필자)을 훼방하더니 또 勝戰碑(삼전도비-필자)를 부수고자 함에 爀爀한 (淸의) 皇靈의 노여움이 어찌 없으리요."[81]

둘째, 항전과정에서 청의 光緖 연호를 공식적으로 사용하고 있다는 점이다.[82] 參謀士 李丙善이 연호문제를 언급하자 민용호는 광서 연호의 사

---

80) 『關東倡義錄』, 5쪽. "剃髮之禍 急於目前 聽之則身爲倭身 而將未免淸國聲討之禍 若不聽也 則立地爲倭劍上血肉矣 嗚呼痛矣 此義兵之所以不得不起 冀免目前之禍 而且圖後日之安"

81) 『關東倡義錄』, 43쪽. "倭奴欲破碎松坡大淸高皇帝勝捷碑 則會大風自西北起 揚沙走石 畏之而已曰 淸尙有運也 余謂諸將曰 毁我燕朝門 稱獨立門 間人世守述之職 又欲碎勝戰碑 爀爀皇靈 豈無譴怒乎"

용을 명확히 규정한 뒤, 푸른색 바탕에다 붉은색으로 '歲次光緒二十一年乙未十二月日關東復讐保形倡義儒生閔' 25자를 수놓아 큰 깃발에 내걸게 하였다.[83] 이 점 역시 을미의병에 동참한 재야 유생들이 일반적으로 明의 永曆·崇禎 연호를 사용하고 있었던 사실에 비추어 민용호의 독특한 면을 보여 주는 것이다. 존화양이 사상을 견지한 위정척사론자들은 중화의 명이 이적의 청에 의해 멸망된 이후로는 조선이 중화의 문물을 온전하게 구비한 지상유일의 나라, 곧 小中華가 되었다는 생각을 가지고 있었다. 이러한 소중화론의 저변에는 崇明排淸意識이 깔려 있었기 때문에, 한말 재야 유생들은 망한 지가 이미 오랜 명의 최후 연호인 숭정·영력 연호 사용을 여전히 일관되게 지켜 왔던 것이다. 민용호도 소중화를 언급하는[84] 재야 유생의 신분이었다는 점에서는 이들과 같은 범주에 있었지만, 아이러니컬하게도 이처럼 청의 광서 연호를 일관되게 사용하고 있었다. 이 사실은 또 다음과 같은 주장과도 그 맥을 같이한다.

민용호는 建陽 연호와 大君主 호칭에 대해 반대하였다. 김홍집 친일내각은 1895년 11월 17일을 기해 건양 원년 1월 1일로 음력에서 양력으로 역법을 바꾸고 단발령을 내림과 동시에 建陽으로 建元하고 국왕을 '大君主'로 부르도록 하였다. 중국의 羈絆에서 벗어나 자주독립 의지를 천명하기 위해서였다. 민용호는 이러한 조처에 대해 다음과 같이 비판적 시각으로 논평하고 있다.

> (단발령과 함께) 또 청을 배신하고 협박을 가해 大皇帝(大君主－필자)로 부르고 건양 연호를 사용케 하였다 하니, 이것은 겉으로는 자주를 추구한다고 하지만 안으로는 실로 (청의) 후원을 끊는 계책이다.[85]

---

82) 『關東倡義錄』, 3, 16, 25쪽. 한편 『復齋集』 속에 수록된 「關東倡義錄」에서는 이 대목이 變改 혹은 생략되어 있다. 이것은 『復齋集』의 편집을 맡았던 申師亮이 자신의 주관적 입장에서 이 부분을 의도적으로 삭제한 것이 아닌가 추측된다.
83) 『關東倡義錄』, 21쪽.
84) 『關東倡義錄』, 8쪽.
85) 『關東倡義錄』, 3쪽. "又使背淸而脅稱大皇帝 用建陽之號 此外推自主 內實絶援之計也"

일반적으로 재야 유생들도 민용호와 마찬가지로 '건양' 연호와 '대군주' 호칭 사용에 대해 반대하고 있다. 이러한 주장의 이면에는 존화양이사상에 입각한 崇明義理論이 깔려 있었다.[86] 여기에 비해 민용호는 위에서 보듯이 여타 유생들과는 그 論辯을 달리하고 있음이 주목된다. 즉 그는 조선의 '종주국'으로서 淸을 현실적으로 인정하는 입장을 견지한 까닭에 이러한 일련의 조처를 '絶援之計'로 인식하게 되었던 것이다. 그러므로 자주 독립노선을 표방하기 위해 단행된 건양 연호와 대군주 호칭 사용에 대해 반대하였다는 외형적인 면에서는 민용호가 여타 유생들과 호흡을 같이 하지만, 이러한 주장의 이면을 볼 때 화이론의 입장을 견지하였던 유생들과 달리 민용호는 親淸意識을 견지하고 있었던 것이다.

이처럼 재야 유생들에게는 생명과 다름없던 존화양이사상이 민용호에게서는 그 내용이 변화되어 나타나고 있다. 그가 '夷狄'의 청을 인정한 이유와 동기는 무엇일까? 그가 남긴 기록에서는 이 점을 구체적으로 언급한 대목은 없는 것 같다. 하지만 이 문제는 대체로 친청책을 전개하였던 민씨정권과 민용호의 사적인 관계에서 해명할 수 있을 것이다. 앞에서 언급하였듯이 그는 민비와 혈연관계에 있고 그의 출세에는 민씨 척족세력의 비호가 강하게 작용하였으리라 추측할 수 있다. 또 이러한 점은 의병해산 뒤 仕宦의 길로 나아가는 그의 후기 행적과도 긴밀히 관련되어 있다고 보인다.

한편 민용호는 官吏處斷에 대해서 상당히 비판적인 자세를 견지함으로써 을미의병기 전국 각지의 의병 가운데서도 특이한 성격을 노정하였다. 대체로 보아 변복령·을미사변·단발령 등 세 사건이 을미의병의 거의 동인으로 작용하였다고 할 때, 그 활동목표는 '復讐保形'에 있었다고 하겠다. 여기서 '復讐'는 을미사변으로 시해된 민비의 원수를 갚으려는 것이며,

86) 유생들은 이와 동일한 맥락에서 1897년 대한제국 선포와 황제칭호 사용에 대해서도 반대 입장을 표명하게 된다. 이러한 주장을 펼친 대표적 인물로는 제천의병장 柳麟錫을 들 수 있다(『昭義新編』 권2, 「答徐相懋金璉植書」, 63-65쪽). 그 반대이유에 대해 崔益鉉과 같은 인물은 조선이 여전히 내실을 기하지 못한, 즉 自主를 이룩하지 못한 형편에 있음을 내세우고 있으나, 이러한 의식의 저변에는 역시 華夷論이 관류하고 있는 것이다(『勉菴集 I』, 민족문화추진회, 1977, 144, 192쪽).

'保形'은 갑오·을미개혁으로 위기에 처한 전통문화를 수호·보존하려는 것이다. 이 양자는 서로 맞물려 있는 상관성을 갖지만, 비중으로 볼 때 전자는 抗日에, 후자는 守舊에 각각 더욱 강하게 접맥되어 있다고 할 수 있다. 그러므로 을미의병의 성격을 단적으로 말하자면 '抗日守舊'라 하겠다.

전국 각지에서 을미의병이 지방관을 처단하였던 것은 바로 이러한 을미의병의 성격과 밀접한 관계가 있고, 이것은 동시에 의병항전의 일환이었던 것으로 이해할 수 있다. 즉 을미의병은 친일정권하에서 재임중이던 지방관들을 중앙의 '매국개화' 정책을 지지하고 시행하던 친일파로 일괄적으로 지목함으로써 이를 단죄하였던 것이다. 환언한다면 일제 침략세력과 여기에 동조한 개화파 관리들은 구축해야만 할 대상으로 동일선상에 놓이게 되었다고 하겠다.

민용호는 이와 같은 을미의병의 일반적 성격과는 달리 지방관의 단죄 문제에 대해 자신의 독특한 입장을 표명하고 있어 주목된다. 비록 강릉의 警務官補 高俊植을 개화정책을 시행한 죄를 물어 처형하였다고 하지만, 그는 의병의 지방관 처단에 대해서는 비판적인 입장을 견지하고 있었다. 이 점을 그의 이야기에서 살펴보자. 제천의병이 충주를 점령한 직후 관찰사 金奎軾과 평창군수 嚴文煥을 처단하고 춘천의진에서도 관찰사 曺寅承을 각각 처단하였다는 소식을 듣자, 그는 다음과 같이 이를 은연중에 비난하고 있다.

> 이 일(관리 처단－필자)을 어찌해야 좋겠는가. 함부로 죽이는 것[濫殺]은 불가하며 죽이지 않는 것[不殺] 또한 불가하다. 남살하는 경우에는 죽은 자의 관속들이 왜를 부추기지 않는다면 개화파에 붙을 것이며, 不殺하는 경우에는 개화를 오로지 주장하여 근본이 썩어가는 화가 이르지 않는 데가 없으리니, 나는 생각건대, 형벌을 가볍게 해 이들을 회유하는 것만 못하다고 여긴다. 그러므로 고준식 처단은 나의 부득이함에서 나왔거니와 저들 각 의진에서의 남살하는 화는 그 累가 장차 나에게까지 이르리라.87)

---

87) 『關東倡義錄』, 23쪽. "此擧何如則爲好 濫殺不可也 不殺亦不可也 濫殺則所殺者之所屬 非嗾倭則黨和 以致蕭墻之變 不殺則專主和意 末梢之禍 無所不至 然愚意不如輕刑而收人和也 故俊植之斬 我出於不得已 而彼各陣濫殺之禍 其將累於我矣"

또 강릉 입성 직후에 우군장 李秉埰가 강릉관찰사 李暐를 처단하려 하자 민용호는 이를 제어하면서

> 이제 각 의진이 그 사람됨이 어떠한지 묻지도 않고 개화의 편에 선 관리라 하여 살해하는 것은 우리가 취할 바가 아니다.88)

라고 하여 관리처단에 부정적인 견해를 피력하였다. 그 뒤 민용호는 관찰사 이위를 끝까지 옹호해 강릉의병의 원산 공략에 앞서 그를 찾아가 "지금 의병들이 사방에서 다투어 관리를 살해하는데, 나는 사람들 마음이 내 마음과 같지 않을까 두렵다. 그대는 속히 짐을 꾸려 일찍 돌아가라"고 말한 뒤 각 진에 통고하여 관찰사 일행이 무사히 귀경토록 조처하였다.89) 또 항전중에 李昭應 휘하에 있던 成益賢이 춘천으로부터 동진하여 高城·襄陽의 두 군수를 처단하고90) 강릉의병과 연합을 제의해 왔을 때, 민용호는

> 고성·양양군수를 왜 죽였는가. 洪鍾憲(고성군수—필자)은 位望 있는 인물인데 개화파 관리라 해서 長短도 가리지 않고 해치는가. (중략) 너는 내가 長吏를 죽였다는 말을 들은 적이 있는가.91)

라고 하며 그를 심하게 질타한 것도 이러한 맥락에서 이해할 수 있다.

이와 같이 민용호가 '개화행정'을 실제 집행하던 지방관리들을 옹호하였다는 사실은 강릉의병의 성격을 이해하는 한 단서가 된다. 자료 부족으로 명확히 언급할 수는 없지만, 강릉의병은 여타 의병에 비해 '현실지향적' 성격이 강한 듯하다. 또 이와 같은 점은 出仕하여 관인의 길을 걷는 민용호의 후기 행적과도 관련성을 가지고 있는 것으로 추측된다.

한편 민용호는 국제법의 성격을 가지고 있던 萬國公法에 대해서도 언

---

88) 『關東倡義錄』, 25쪽. "今各陣之不問其人之如何 而謂曰和邊吏而殺之 吾所不取"

89) 『關東倡義錄』, 26쪽.

90) 『關東倡義錄』, 54쪽.

91) 『關東倡義錄』, 59쪽. "余輒責曰 高城襄陽兩邑倅 胡爲乎殺之 洪鍾憲位望之人 泛謂和邊之倅 不問長短而害乎 (中略) 汝聞吾殺長吏之說乎"

급하고 있다. 이러한 인식은 洪在龜로부터 출발한다. 홍재구는 민용호가 강릉을 중심으로 동해안 일대에서 의병항전을 벌이고 있던 1896년 3월 초순경 영국·독일·프랑스·미국·러시아 등 열국 공사관에 일제의 침략상과 의병의 정당성을 밝히고 고종의 환궁을 요구하는 공한을 파송하였다.[92] 민용호가 홍재구의 이러한 활동에 호응해 발표한 격문 가운데 나오는 다음과 같은 대목을 통해서 볼 때 이 공한은 만국공법에 의거하여 작성된 것임을 알 수 있다.

> 지금 천하 각국이 두려워하고 중하게 여기는 것은 곧 民權黨이다. 그러므로 민권이 있는 데에는 무력을 쓰지 못한다고 하는 것이 만국공법에 실려 있으니, 오늘날 우리의 거사, 이것은 바로 민권이니 천하의 공법을 받들어서 천하의 큰 의리를 행하는 것이라 대저 누가 감히 말하리요. 다음달(4월－필자) 20일을 기약해서 文人(재야선비－필자)과 武人(義兵－필자)이 서로 삼가하여 의관을 정제하고 대오를 엄히 해서 성문 밖에서 대기토록 하라. 각읍의 유생 가운데 (이치에) 통달하고 (義氣가) 慷慨한 자를 (열국) 공사관으로 보내 是非를 설파하고 공법에 따라 利害를 논변한다면 비록 예측할 수 없는 倭이지만 또한 어찌할 수 없을 것이며 각국도 담판을 따를 것이다.[93]

이에 따르면, 민용호는 만국공법에 의거, 民權(민심)의 향방에 따라 대대적인 시위운동을 벌이고 또 다수의 유능한 인물을 각국 공사관에 파견

---

92) 『關東倡義錄』, 38, 44쪽. 이때 열국 공사관에 보낸 격문은 閔龍鎬·權仁夏의 變名인 閔哲鎬·權仁洙 명의로 되어 있었다고 한다. 홍재구는 이즈음 또 이와는 별도로 인천항에 있던 러시아 海巡將에게도 서한를 보냈다고 하는데(『關東倡義錄』, 45쪽), 그 全文이 李肇承家 古文書에 현존하고 있어 주목된다(「與露國海巡將書」; 李九榮 編譯, 『湖西義兵事蹟』, 修書院, 1993, 153-156쪽에 전문 번역). 이 서한은 『關東倡義錄』에 의하면 "관동의 閔哲鎬·權仁洙와 호서의 申芝秀·洪大鼎" 등 4인의 명의로 되었다고 하였는데, 현존하는 원문에는 "湖西 申益秀 洪大錫 關東 閔哲鎬 權仁燮"으로 나와 전자의 기록과 거의 일치하고 있다. 이들은 申芝秀·洪大錫·閔龍鎬·權仁夏의 變名으로 추정된다.

93) 『關東倡義錄』, 44쪽. "今天下各國之所畏而重焉者 則民權黨也 故民權所在 兵不加焉 載在萬國公法 則我們今日之擧 便是民權也 奉天下之公法 而行天下之大義 夫孰敢語之 期以來月二十日 文武相戒 整衣束帶 嚴陣列隊 以備不虞於城門之外 使各邑儒生通達慷慨者 就公館而說是非 籍公法而論利害 則倭雖叵測 亦莫之敢嬰 而各國從以談辦矣"

하여 일제의 침략 죄상을 논파함으로써 국제여론을 통해 국권을 회복하려고 구상하였던 것이다. 물론 이 계획은 무산되고 말았지만, 이를 통해 볼 때 민용호가 홍재구와 동일한 의식에서 만국공법을 인정하고 있다는 사실을 확인할 수가 있다. 만국공법은 俛宇 郭鍾錫(1846~1919)과 같은 일부 유생의 국제질서에 대한 공통된 인식의 출발점이 되었지만, 을미의병에서 이것을 언급한 것은 민용호가 유일한 듯하다.[94] 을미의병의 속성인 反開化 혹은 反帝 자체가 개화를 상징하던 만국공법과는 상충되는 입장이었기 때문에 민용호의 만국공법 수용은 그만큼 독특한 성격을 갖는 것이다.

다음으로 東學과의 관계에 대해 살펴보자. 민용호의 강릉의병 역시 여타 을미의병과 동일한 맥락에서 동학에 대해 비판적 자세를 견지하고 있다. 이 점은 강릉의병의 참모 가운데 전년의 동학 농민군 토벌에 가담한 인물들이 상당수 포함되어 있다는 사실에서도 확인된다. 초기 강릉의병의 전략가로 민용호의 신임을 크게 산 珍富 출신의 軍師 朴東儀를 비롯하여 姜禹瑞·韓仲甫 등이 바로 그 대표적 인물이다. 유생 신분에 있던 이들은 전년에 동학 농민군이 봉기하자 향리에서 동학농민군 토벌에 앞장섰던 것이다.[95] 또한 민용호 역시 철저히 동학에 대해 비판적 자세를 견지하고 있었다. 이 점은 1896년 3월 중순경 춘천관찰사 李載崑에게 보내는 편지에서 민용호가

94) 한편 李肇承家 古文書 속에는 제천의병이 열국 공관에 보냈다고 하는 「各國公事員所送文」이 실려 있어 주목된다(李九榮 編譯, 『湖西義兵事蹟』, 修書院, 1993, 672쪽). 朱庸奎가 '忠淸道義兵將 柳麟錫'의 명의로 지었다고 하는 이 글은 주용규의 『立菴集』 등 관련 기록 그 어디에도 나타나지 않고 있으나, 『下沙安公乙未倡義事實』에 "영국 영사가 본진에 회답하는 글을 보내 왔다"(『독립운동사자료집 1』, 독립운동사편찬위원회 편, 1971, 432쪽)고 한 것으로 미루어 이러한 서한이 실제 각국 공관에 전달된 것으로 보인다. 그런데 그 서한은 의리와 명분론에 입각해 인륜을 강조하고 이로써 일제의 죄상을 통박하며 각국의 원조를 호소하는 내용을 담고 있어 만국공법에 입각한 위의 글과는 다소 차이가 있다. 아무튼 華夷人獸論을 강조하는 尊華攘夷 사상에 철저하였던 제천의진의 이러한 동향은 주목할 만하다.

95) 『關東倡義錄』, 9-10쪽.

열읍 의진을 이름하여 반드시 匪徒라 하는데 소위 비도 두 자는 갑오동학도로부터 나온 것이다. 지금 의병에 참가한 이들은 모두가 평일에 공자를 誦法하던 자들인데, 이들을 비도라 한다면 禹湯文武周公의 道와 孔孟程朱의 學이 장차 어디로 돌아갈 것인가.[96]

라고 하여 관군들이 의병을 '匪徒'라 부른 데 대해 크게 불만을 토로한 사실에서도 확인되고 있다. 왜냐하면 비도란 동학 농민군에게 주어지던 卑稱이었기 때문이다. 의병항전에 투신한 자신들은 곧 유생들로서 그들이 타도의 대상으로 삼았던 동학의 이름이 자신들에게 주어졌다고 보았으므로 이를 비난하지 않을 수가 없었던 것이다.

2. 堤川義兵과의 관계

민용호가 이끈 강릉의병은 유인석의 제천의병과 여러 가지 면에서 유사성을 가지지만 실제 항전과정에서는 '상극'의 관계에 놓여 있었다. 이러한 사실로 인해 두 의진간의 비교 검토가 요구되는 것이다. 우선 두 의진은 의병항전의 양상을 같이 하고 있음이 주목된다. 태백산맥을 사이에 두고 각기 영동, 영서지역을 근거지로 삼아 항전을 벌인 뒤 두 의진은 전후를 相望하며 북상하고 이어 서간도로 도강하는 등의 일련의 투쟁과정에서 그 궤를 함께 하는 것이다. 이러한 과정에서 강릉의병은 제천의병의 행적을 그때그때 뒤따르는, 그리하여 두 의진은 활동시기를 거의 같이하는 양상을 보인다. 다음으로 두 의진은 성립 초기에 동일하게 原州에서 거의하고 있다. 강릉의병이 여주—원주—강릉으로 행군한 데 비해, 제천의병은 지평—원주—제천으로 이동하고 있음이 주목된다. 이러한 과정에서 원주라는 거의 適地를 놓고 두 의진이 대립하는 양상을 보여 준다. 강릉의병이 강릉으로 농진하게 되는 遠因도 바로 여기에 있다고 생각된다.

96) 『關東倡義錄』, 41쪽. "列邑義陣 言必稱匪徒 所謂匪徒二字 出於甲午東徒者也 今參義員者 皆平日誦法孔子 而曰匪徒 則禹湯文武周公之道 孔孟程朱之學 將何所歸乎"

즉 춘천-원주-제천으로 이어지는 지역은 유인석을 필두로 하는 화서학파의 초기 거의인물들의 주요 활동무대가 되고 있었던 까닭에 민용호로서는 이곳에다 근거지를 구축하기에는 세력기반이 미약했던 것이다. 이제 두 의진간의 구체적인 상관성을 구명해 봄으로써 강릉의병의 성격을 이해하는 한 조건을 제시하고자 한다.

한말 의병항전에 대한 본격적인 저술이라 할 '뒤바보'(桂奉瑀)의 「義兵傳」에서는 강릉의병을 제천의병의 예하부대로 다음과 같이 기록해 놓았다.

> 나(계봉우-필자)는 그때 16세의 소년으로 그(유인석-필자) 부하인 關東召募大將 閔某(閔龍鎬-필자)가 咸南을 경과할 적에 그 휘하군도 구경하였고 兼하여 그 격문의 首句 곧 '嗟我八域蒼生任他一國黑死地'(제천의병의 최초격문인 「檄告八道列邑」의 첫 구절-필자) 그것도 금일까지 印象되어 오는 바이다.[97](맞춤법-필자)

이처럼 계봉우가 민용호를 유인석의 휘하의병으로 기술한 것은 위에서 언급한 두 의진의 유사성에 기인하는 것으로 생각된다. 더욱이 아래에서 언급하겠지만 민용호가 원주에서 의병을 소모하여 강릉으로 이동하는 과정에서, 제천의병과 반목하는 계기가 되기도 하였으나, 別陣의 성격도 나타나고 있다고 하겠다. 그리고 뒤바보가 인상 깊게 보았다는 격문 「檄告八道列邑」은 민용호가 북상하기 훨씬 이전, 곧 제천의병이 활동초기에 각지로 보낸 격문 가운데 하나를 보았던 것으로 생각된다.

그러나 민용호의 강릉의병은 제천의병과는 다른 독립된 부대이다. 비록 거의 초기에 제천의병의 연원에 해당되는 安承禹의 砥平義陣과 원주를 중심으로 의병을 소모하는 과정에서 일정한 관계에 있었다고 하더라도, 이후 민용호는 강릉을 향해 동진하면서부터 독자적인 의병항전을 수행하였던 것이다. 두 의진간의 최초 알력은 원주에서 군사를 소모하는 과정에서 드러났다.

97) 《獨立新聞》 제71호, 1920. 4. 29; 尹炳奭, 『韓國近代史料論』, 一潮閣, 1979, 26쪽.

안승우가 李春永과 함께 원주 安昌[倉](현 원주군 지정면 안창)에서 거의한 뒤 朴雲瑞(朴漢玉?)라는 인물로 하여금 그곳 군사를 소모토록 하였다. 하지만 얼마 뒤 원주에 들어온 민용호가 소모해 놓은 군사를 가로채 관동방면으로 향하였던 것이다.[98] 이 사건으로 인해 안승우는 민용호를 뒤쫓아 평창－방림－진부까지 진출하였으나, 민용호가 대관령을 넘어 강릉으로 입성하게 되자 하는 수 없이 영월 방면으로 철수하고 말았다.[99] 이 과정에서 민용호는 芳林에서 안승우로부터 합진 요청을 받고 이를 거절한 뒤 원주에서의 군사 소모과정에 대해 사죄하고 있다.

> 장군(안승우－필자)이 (중략) 이 몸(민용호－필자)을 비루하게 여기지 않고 친히 심방해서 요직을 맡기려 한다 하니, 제가 비록 어리석으나 감히 공손히 명령을 기다리지 아니하리오. 다만 기회를 놓쳐서는 안 될 일이 있으니 저 영동 9군에는 곰과 호랑이 잡는 포군이 집마다 즐비한데 이들을 빨리 모으지 않는다면 어떻게 적을 물리칠 수 있으리요. (중략) 혹시 하늘이 도와 살아 만나서 軍幕에 나아가 절을 드리게 된다면 가시를 지고 무릎을 꿇고 원주에서 당돌했던 처사를 사죄하리다.[100]

즉 민용호는 전투력이 탁월한 관동지방의 산포수에 착안함으로써 이러한 합진 요청을 거절하게 되었으며, 이와 동시에 원주에서 군사를 소모하는 과정에 무리가 있었음을 시인하고 그 양해를 구하였던 것이다.[101]

---

98) 朴貞洙, 『下沙安公乙未倡義事實』(『독립운동사자료집 1』, 독립운동사편찬위원회 편, 1971), 361쪽. 『關東倡義錄』에서 민용호는, "안승우로부터 군사소모의 명을 받은 포군 朴漢玉이 그 명을 거절하고 스스로 합류해 왔다"는 내용을 기술하고 있는데(5쪽), 전후의 사정으로 보아 주관적인 기술로 생각된다. 이 점은 특히 본문의 다음 인용문에서 확인이 가능하다. 한편 박한옥은 박운서와 동일인인 듯하나 확인하기가 곤란하다.

99) 위의 책, 361-365쪽.

100) 위의 책, 361-362쪽.

101) 『關東倡義錄』에서는 이 사건에 대해 그 경위를 달리 기술하고 있다. 이에 의하면, 방림에 도착한 안승우가 다시 박한옥을 소환하였으나, 민용호는 "저에게 구실이 되어 나에게 陋가 미친다"고 하면서 안승우에게 글을 보내 "그대는 英俊한 여러 인재들이 좌우에서 보좌하고 있으나, 저는 거의한 처음이라 인물들이 생소한 중 오직 漢玉만이 신뢰할 수 있는 자질을 갖추고 있으니 恕諒하시라"고 하여 이를 거부하고 있다(10쪽).

하지만 안승우는 이곳 방림에서 민용호 휘하의 平昌留陣將 李元廈 이하 6隊의 군사를 접수하여 '수백 명을 모으는 성세'를 이룰 수가 있었다. 이후 제천의병에서 활약하게 되는 이원하는 특히 평창군수 嚴文煥을 잡아들이는 공을 세웠던 인물이다.[102] 이처럼 이원하가 안승우에게 합세하게 되자 민용호는 그를 토적복수를 위해 거의한 자가 아니라고 맹렬히 비난하고 있다.[103]

다음으로 1896년 3월(음)에 강릉의병 휘하의 李丙善·鄭東秀·鄭基澧 등 평창 參謀士 3인이 제천의병의 중군장 안승우에게 잡혀 종군할 것을 종용받았으나, 이들은 끝내 민용호 휘하에 남아 있을 것을 고집하였다고 한다.[104] 이 사건을 보고받은 민용호는 안승우를 다음과 같이 심하게 비난하고 있다.

> 저 사람(안승우－필자)은 李元廈의 군사를 빼앗고도 부족해 하는가. 내 들으니 金伯先이 죽음을 당한 것도 안승우로 말미암았다고 하더니 과연 그러한 자로다.[105]

이 점 역시 두 의진간의 관계가 원활하지 못하였음을 암시하는 한 사건이 되는 것이다.

또한 제천의진에서 수안보의 일본군 병참 공격에 실패한 뒤 평민 출신의 맹장 金伯先을 처단하자 그 휘하에 從事로 있던 閔義植이 徐石華[106] 등과 함께 의진을 이탈해 강릉의병에 합류해 왔다.[107]

민용호는 안승우 외에 李弼熙와도 불화를 노정하였다. 원산 공략전에 실패한 뒤 강릉으로 회군할 때 민용호는 全錫永·李鍾國 두 사람에게 원주·제천·지평 등지의 의병소모 임무를 맡겨 그곳으로 파견하였다. 이때

---

102) 朴貞洙, 『下沙安公乙未倡義事實』, 401, 409쪽.
103) 앞의 책, 364쪽; 『關東倡義錄』, 18쪽.
104) 『關東倡義錄』, 38쪽.
105) 『關東倡義錄』, 38쪽. "彼奪元廈之兵而不足耶 吾聞伯善之見殺 由於承禹果然"
106) 徐石華는 『關東倡義錄』에 나오는 徐淳學과 동일인으로 추정된다.
107) 朴貞洙, 『下沙安公乙未倡義事實』, 408, 418쪽; 『關東倡義錄』, 45쪽.

李弼熙가 이들을 투옥시키고 모집한 의병은 대신 접수하였다는 사실을 통해서 그 점을 확인할 수가 있다.[108] 그 밖에도 두 의진간의 알력의 일단을 보여 주는 기록들은 도처에서 산견된다.

3. 江陵義兵의 항전과 북상

1) 강릉 진출

강릉의병의 발단은 민용호가 1895년 11월 하순(음) 단발령이 내려진 직후 宋炯淳[109]과 함께 여주를 떠나 원주로 향하면서부터 시작되고 있다. 이들은 文幕을 지나 1896년 1월 15일 원주에 도착하였다.[110] 원주는 춘천·강릉과 함께 鼎足의 형세를 이루는 강원도 3대 요지 가운데 한 곳이다. 그러므로 민용호는 처음 이곳을 거의의 適地로 판단했던 것으로 보인다. 그는 이곳에서 강릉의병의 핵심인물로 활약하게 되는 李秉埰[111]·宋炯淳·安聖鎬(횡성인) 등과 함께 민병을 모집하고 본격적으로 거의하게 된다.[112]

---

108) 『關東倡義錄』, 37-38쪽.

109) 이 인물의 신상은 자세하지 않다. 다만 민용호가 『關東倡義錄』(4쪽)에서 그의 출신지를 '湖西茂長'이라 하고, 이즈음 서울에 있던 閔泳采(민용호의 從侄)의 生母喪을 알리기 위해 상경하려다가 단발의 화를 피해 여주로 내려와 일시 머물렀다고 하였다. 이로 보아 송형순이 민영채와 同鄕으로 추측되지만, 무장은 전북에 있으므로 '호서 무장'에서 호서가 호남을 오기한 것인지 아니면 호서의 어느 다른 지명을 錯記한 것인지 명확하지 않다.

110) 『關東倡義錄』, 4쪽.

111) 『關東倡義錄』에 李秉埰에 대해서는 '木川人'(4쪽)으로 기록되어 있을 뿐, 더 이상의 사실을 알려 주는 단서는 찾을 수가 없다. 한편 박은식은 『韓國獨立運動之血史』에서 을미의병을 概說하는 가운데 李秉埰가 전남 興陽(高興)에서 擧義하고 이어 旺山 許蔿와 같이 金山義陣에 동참한 것으로 기록해 놓았다(『韓國獨立運動之血史』 上, 瑞文堂, 1975, 27, 53쪽). 이 인물이 뒷날 만주로 도강한 뒤 1920년 북간도에서 결성된 大韓北路督軍府의 參謀가 되어 洪範圖 휘하에서 독립군 간부로 활동한 것으로 생각된다. 현재 강릉의병에 참여하였던 이병채와 만주 독립군에서 활동한 이병채(1875~1940)가 동일인으로 간주되기도 하지만, 그 사실 여부를 확인시켜 줄 수 있는 구체적인 자료는 없는 것 같다.

112) 『關東倡義錄』, 4-5쪽.

한편 원주는 이보다 약간 앞서 제천의병의 모태가 된 砥平義兵이 거의한 곳이기도 하다. 즉 지평 출신으로 제천의병의 핵심인물이 되는 안승우와 이춘영이 김백선의 포군을 주축으로 1월 10일 원주 安昌에서 거의한 뒤 군수 李秉和를 축출하였던 것이다. 이어 그들은 進士 金思鼎을 總督召募將으로, 朴雲瑞를 都領將으로 각각 임명하여 이들로 하여금 원주의 민병을 소모하게 한 뒤 제천으로 내려갔다.113)

이처럼 원주는 을미의병이 봉기하는 초기단계에서 거의의 분위기가 가장 왕성하던 곳이다. 을미의병에 대한 최초의 '曉諭文'에 해당되는 1월 18일의 조칙 속에서도 '騷擾'의 핵심지로 원주를 특별히 지목하고 있는 것도 이러한 연유에서이다.114)

민용호가 원주에 도착한 것은 이처럼 안승우·이춘영이 이미 그곳에서 倡義의 깃발을 내건 직후였다. 원래 원주는 화서학파의 주요 본거지 가운데 한 곳이기도 하다. 춘천에서부터 원주·제천으로 이어지는 선이 곧 유중교 이하 유인석을 정점으로 하는 화서학파 擧義 인물들의 근거지 연결선이었다. 이춘영이 거의 직후 의병항전에 필요한 계책을 유인석에게 물어 왔을 때 그가 '원주와 제천 일대에 근거지를 세울 것'(立根基於原堤之間)을 권고하고 있는 점도 이러한 이유에서였다.115)

그러므로 세력기반이 미약한 민용호로서는 이곳에다 장기항전의 근거지를 마련하기에는 역부족이었다. 이즈음 또 춘천에서는 역시 유중교·유인석 계열의 화서학파 인물인 이소응이 춘천의병을 조직하여 관찰사 曺寅承을 처단하는 등 그 성세를 이미 크게 떨치고 있었다. 이에 민용호는 항전 근거지를 찾아 강릉을 향해 동진하지 않을 수 없었던 것이다.

그런데 민용호가 강릉을 향해 원주를 떠나는 과정에서 다음과 같은 두 가지 점이 주목을 끈다. 첫째, 실제 전투력을 갖춘 강원도의 砲手에 착안한 것이 동진의 한 동기로 작용하였다는 점이다. 이와 같은 사실은 그 자신이

113) 李正奎, 「從義錄」(『독립운동사자료집 1』, 독립운동사편찬위원회 편, 1971), 18-19쪽.

114) 『官報』 號外(1896. 1. 19), 「詔勅」.

115) 李正奎, 「從義錄」, 19쪽.

> 영동 9군에는 곰과 호랑이 잡는 포수가 집마다 즐비한데 이들을 빨리 모으지 않으면 어떻게 적을 물리칠 수 있으리요.[116]

라고 지적한 점을 통해서도 짐작할 수가 있다. 일찍이 병인, 신미양요 때에 강원도의 포수가 큰 역할을 하였을 만큼 영동지방에는 사격술이 출중한 산포수가 많았다. 이는 산악지대가 많은 지리적 여건에서 생계를 위한 산포수(농민포수)들이었고 때로는 우수한 총기를 마련한 산포수도 적지 않았다. 이때 의병들도 신예 병기로 무장한 관·일군과 대적하려면 무엇보다 포수 召募가 절실히 요구되었다.[117] 결국 포수 집단은 특히 군대해산 이전의 의병에서 주요 화력을 담당하였다고 할 수 있다.[118] 재야 유생이 중심이 된 을미의병에서는 더욱 그러하였다. 제천의병의 거의 초기에 김백선의 지평 포수가 주축이 된 것은 그 대표적인 사례이다. 민용호 역시 산간지대로 이루어진 영동지방의 포군에 착안하고 그 세력을 규합코자 하였던 것이다.

둘째, 원주 민병을 소모하는 과정에서 앞서 살폈듯이 제천의병과 불화의 事端이 일어나게 된다는 점이다. 즉 안승우·이춘영이 원주 擧義 뒤 포수 朴雲瑞로 하여금 군사를 소모토록 하였으나, 곧이어 들어온 민용호가 그 소모 군사를 가로챘던 것이다. 이 점은 민용호가 실제 전투력으로 포수에 착안하였던 점과도 관련되는 문제이기도 하다.

원주의 포수를 규합한 뒤 민용호는 즉시 그곳을 떠났다. 1월 17일 원주 남쪽 30여 리 떨어진 神林으로 이진한 그는 치악산 기슭에 위치한 이곳에서 擧義 동지들의 추대로 의병장에 올랐다.[119]

이후 민용호는 활동 근거지를 찾아 동진을 계속하였다. 평창에 당도하자 군수 嚴文煥[120]이 미리 관속들과 함께 도주하였으므로 민용호 의병은

---

116) 朴貞洙, 『下沙安公乙未倡義事實』, 362쪽; 李求鎔, 「江原道地方의 義兵抗爭」, 『江原義兵運動史』, 江原大學校出版部, 1987, 89, 113쪽.

117) 李求鎔, 「江原道地方의 義兵抗爭」, 『江原義兵運動史』, 江原大學校出版部, 1987, 89쪽.

118) 金度亨, 「韓末 義兵戰爭의 民衆的 性格」, 『義兵戰爭研究 上』, 知識產業社, 1990, 183쪽 참조.

119) 『關東倡義錄』, 5쪽.

그곳을 무혈 점령할 수 있었다. 그리하여 이곳에서 鄭東秀·鄭基灃·李元廈[121)]·李丙善 등의 有爲한 인물들을 의진에 영입하는 데 성공하였다. 그 가운데 이원하를 平昌留陣將으로 삼아 산포수들을 소모하여 본진을 후원토록 하고, 나머지 정동수·정기풍·이병선 등 3인을 參謀士로 임명하였다. 또 장차 강릉의병의 핵심인물이 되는 金元燮과 李鍾國이 합세해 온 것도 이즈음의 일이다.[122)]

한편 민용호는 이 무렵 횡성에 살고 있던 遯志 洪在龜를 영입하려 하였다. 하지만 그는 '病老'를 이유로 사양함으로써 끝내 의병의 전면에는 나서지 않고 있다.[123)]

강릉의병은 강릉을 향해 진군을 계속하여 1월 24일 원주와 강릉 간의 중간 요지인 芳林(현 평창군 방림)에 도착하였다. 이곳에서 그는 거의의 목적과 명분을 천명하고 주민의 지지와 협조를 구하기 위하여 檄文을 처음으로 발표하였다. 그 가운데 중요한 대목을 보면 다음과 같다.

> 국모가 島夷의 해를 입었으니 하늘과 땅이 뒤바뀌었고, 성상이 短髮의 욕을 받았으니 일월이 빛을 잃었도다. 삼천리 예의강산과 5백 년 小華文物이 과연 어디에 있으리요. (중략) 이 원수를 갚지 못한다면 人理가 없어질 것이며 (중략) 이 치욕을 씻지 못한다면 人道가 끊어지리라. (중략) 왜는 琉球와도 역시 땅을 맞대고 있어 개화로써 유혹하여 처음에는 머리를 깎았으며 머리를 깎고 나자 함부로 사람들을 屠戮하였고 자기 백성들을 이주시켜 살게 하였다. 아, 애처롭도다! 혹심하도다! 저들(일제－필자)이 이미 저기(琉球－필자)에서 이와 같았거늘 (일제가) 우리에게는 후히 대해 도륙하지 않기를 어찌 바랄 수 있으리요. 대저

---

120) 嚴文煥은 전년의 동학농민군 진압에 참가한 공로로 평창군수에 임명된 인물이다. 이때에는 화를 면하였으나 얼마 뒤인 3월 28일 제천의병의 中軍亞將 李元廈에게 피체되어 처형당하였다(朴貞洙, 『下沙安公乙未倡義事實』, 409쪽).

121) 이원하는 민용호에 의해 평창유진장에 임명되지만 곧이어 강릉의병을 뒤쫓아 오던 安承禹에게 趙駿敎와 함께 귀부함으로써 제천의병에 합세하게 된다. 그리하여 그는 평창군수 嚴文煥을 체포하였으며 제천의병의 북상 때에는 中軍亞將으로 활약하였다(朴貞洙, 『下沙安公乙未倡義事實』, 364쪽; 元容正及從事諸人, 「毅菴柳先生西行大略」, 『독립운동사자료집 1』, 독립운동사편찬위원회 편, 1971, 523쪽).

122) 『關東倡義錄』, 6쪽.

123) 『關東倡義錄』, 6-7쪽.

이러할진대 우리가 비록 산더미처럼 식량을 쌓아 놓는다 하더라도 어찌 우리의 식량이 될 수 있겠으며, 비록 玉같은 자식이 있으나 어찌 우리 집안을 보전할 수 있으리요. 이미 식량이 있어도 살 수가 없으며 자식이 있어도 보전할 수가 없다면, 마치 死地에서 목숨을 구하며 위태로움에서 편안함을 도모하는 것과 같다. 아버지가 자식을 부르고 형이 아우를 격려하여 기를 세워 의병을 모아 賊을 치고 원수를 갚아 한편으로는 5백 년 누대에 걸친 은택에 보답해 삼천리 소중화의 綱紀를 세우며, 한편으로는 부모가 물려준 신체의 至重함을 온전히 간직해 장차 있을 끝없는 화란을 면하고자 한다. 이것이 내가 전후를 돌보지 않으며 强弱을 두려워하지 않고 관동에다 義旗를 세운 이유이다. (중략) 엎드려 바라건대, 전국의 혈기 있고 의기를 품은 군자들이여, 즉일로 상응해 각지에서 起義하여 함께 적을 물리쳐 복수를 도모하고 머리털을 보전해 禍 면하기를 도모한다면 천만행심이라.[124]

방림에서 민용호는 金演常·孔競烈·金昌浩 등을 참모사로 임명하여 그곳 수비와 후원을 담당토록 한 뒤 珍富로 진군하였다. 진부에서도 이후 강릉의병의 중심 인물이 되는 姜禹瑞·韓仲甫 등이 일단의 군사를 이끌고 의진에 합세해 왔다.[125] 더욱이 민용호는 虎鳴洞(현 평창군 진부면 호명)에 살던 朴東儀(1869~1896)를 軍師로 영입하게 된다. '奇謀神算'한 박동의는 이때 27세의 청년 智士로서 3월 19일 新坪戰鬪에서 전사할 때까지 민용호로부터 극진한 예우를 받게 되는 인물이다.

박동의는 이때 민용호에게 강릉으로 진출할 것을 다음과 같이 역설하였다.

---

124)『關東倡義錄』, 7-8쪽. "國母被島夷之害 天壤易處 聖上受雉髮之辱 日月晦冥 三千里禮義江山 五百年小華文物 果安在哉 (中略) 蓋此讐未復 則人理滅矣 (中略) 此恥未雪 則人道絶矣 (中略) 此事勢所不免 而況復有鑑於琉球國者乎 倭於琉球 亦是接壤 誘以開化 而初焉則削髮之 旣削之矣 便屠戮之 而移置自己百姓而居之 嗚呼戚矣 酷之甚矣 彼其於彼焉如是也 則何可望其厚於我而不之屠乎 夫如是則吾輩雖積粟如山 其可以爲吾食 雖有子如玉 其可以傳吾家乎 旣不能食粟而生 有子而傳 則曷若求生於死 圖安於危 父詔其子 兄勖其弟 建旗招義 討賊復讐 一以報列聖朝五百年休養之澤 扶立三千里小中華之紀綱 一以全吾父母遺體之重 而得免異日無窮之禍乎 此吾所以不顧前後 不憚强弱 建義幟於關東 (中略) 伏望 八路有血氣抱大義之君子 卽日相應 各其地而起義 期與斬賊復讐 保髮免禍 千萬幸甚"

125)『關東倡義錄』, 10쪽.

대저 근원이 깊으면 흐름이 길고 뿌리가 견고하면 가지가 무성하다. 강릉은 관동의 근원이요 뿌리이다. 장군(민용호－필자)이 먼저 그곳을 점령하여 진취하기를 도모한다면 國恥를 설복하고 禮俗을 지탱할 수 있으리라.[126)]

물론 의진의 행로는 이미 강릉을 향하고 있었지만,[127)] 이후 민용호 의병이 강릉을 근거지로 삼아 항전을 펼치게 되는 것은 이러한 박동의의 생각에 힘입은 바 컸다고 보인다.

강릉의병은 1월 17일 원주를 떠나 방림·진부를 거쳐 1월 29일에는 대관령을 넘어 강릉을 목전에 둔 龜山까지 진출하였다. 원주에서 강릉으로 진군해 오는 13일 동안 도처에서 의병을 소모하고 여러 인사들을 영입한 결과 이때에 와서는 의진의 규모가 커지고 그만큼 성세가 두드러졌다. 즉 원주에서 강릉으로 진출하는 旅程은 의진의 정비과정인 동시에 군사소모 등 충원단계였던 것이다. 이에 민용호는 강릉 진입을 눈앞에 두고 아래와 같이 의진을 편제함으로써 그 면모를 일신하였다.[128)]

의병장: 閔龍鎬
좌군장: 金元燮　　전군장: 姜禹瑞
우군장: 李秉埰　　후군장: 朴漢玉

이러한 편제하에 민용호 의병은 강릉 진출을 시도하였으나 현지 토착세력의 완강한 저항에 부딪치게 된다. 민용호 의병은 인맥으로나 학맥으

---

126) 『關東倡義錄』, 9-10쪽. “夫源深則流長 根固則枝茂 江陵關東之源也根也 將軍先據其地 以圖進取 則國恥可雪 禮俗可扶矣”

127) 민용호가 강릉 진출을 결정하는 시기는, 확실치 않으나 원주에서 神林으로 이동한 직후로 보인다. 국도 개통 이전의 원주－강릉간 통행로가 원주－雲橋－芳林－대화－진부－횡계－龜山－강릉이었던 점으로 미루어 볼 때(『臨瀛誌』, 臨瀛誌增補發刊委員會, 강릉, 1975, 141쪽 참조), 원주를 떠난 이후 강릉에 도착할 때까지 신림－평창－방림－진부로 이어지는 민용호의 행로는 이미 신림에서부터 강릉행을 염두에 두었음을 알려 주고 있는 것이다. 특히 방림에서 민용호가 강릉지역의 ‘剃政’을 막기 위하여 移軍하고 있다고 밝힌 “今聞嶺東事機 則觀察李暐 參署朴承赫 警務官高俊植 主事及巡檢輩數百人 樹黨列邑 剃髮之政 急於星火 我當克日先討矣”(『關東倡義錄』, 8쪽) 대목을 통해 그의 강릉진출 의사를 확인할 수 있다.

128) 『關東倡義錄』, 12쪽.

로나 강릉지역에 특별한 세력기반이 없었다. 또한 전통시대의 강릉은 태백산맥이 동서를 가로막고 있는 까닭에 지리적으로 고립된 결과 환경·문화적으로 영서지역과 그 성격을 달리하던 지역이기도 하다. 그러므로 이 지역과 아무런 인적, 학적 연관을 가지지 못한 민용호가 일단의 군사를 이끌고 접근해 오자, 강릉 토착세력이 이에 강하게 반발하였던 것이다. 의진의 지도부가 현지에 세력기반을 가지고 있지 못하였다는 사실은 이후 의진의 활동을 제약하는 중대한 요인으로 작용하게 된다.

민용호 의병이 강릉에 근접하자, 그곳에는 이미 權益顯·沈鴻澤 등 토착 유생들이 주축이 되어 수천 명에 달하는 군사들로 또 다른 의진이 편성되어 있었다.[129] 이 의진이 민용호 의병의 입성을 차단하고 있었다. 이에 민용호는 1월 30일 강릉의 인후인 弘濟坪(현 강릉시 홍제동)까지 나아가 성안으로 글을 보내 다음과 같이 '府中義陣'을 인정하는 한편 그 동정을 살피고 있었다.

> 일찍이 들으니 貴府(강릉-필자)는 선현이 德化를 남긴 곳(栗谷 李珥의 產地)으로 忠憤한 인사가 많다고 하므로 함께 국사를 도모하기 위해 여기에 이르렀다. 이제 貴邑이 먼저 의병을 일으켰으니 실로 국가의 萬幸이며 진실로 한 道의 保髮의 다행이라.[130]

민용호는 강릉 진입을 단행할 수가 없었다. 이때 민용호 의병은 수백 명에 불과하여 수천에 달하던 '부중의진'보다 전력상 열세였을 뿐만 아니라,[131] 더욱이 진출 명분을 찾을 수가 없었던 것이다. 그리하여 민용호는 일시 난관에 봉착하였다.

이러한 상황에서 성안에 단발령이 선포되었다는 사실이 알려지자, 민용호는 곧바로 부중의병이 토적복수를 목표로 한 진실된 의병이 아니라

---

129) 『關東倡義錄』, 10쪽.

130) 『關東倡義錄』, 12쪽. "嘗聞貴府 先賢遺化之地 而多忠憤之士 又明武勇砲多焉 故共敦國事之意至此 今貴邑先倡 實國家之萬幸 誠一道不剃之幸也"

131) 『關東倡義錄』, 17쪽. 강릉 점령 후 민용호가 관하 열읍에 띄운 격문 중에 "今余以未滿數百之兵 不畏在府之千軍 到薄三日 不期會同者 以千數"(밑줄-필자)라고 한 대목을 통하여 강릉 도착 무렵의 의병 수가 수백 명 정도에 지나지 않았음을 알 수가 있다.

개화파의 사촉을 받는 '似而非 의병'이라 판단하기에 이르렀다.[132] 이에 그는 이를 성토하는 다음과 같은 격문을 즉시 발표하였다.

> 의병을 가탁해 개화를 행하는 자는 그 죄가 왜적보다 심하고, 명분을 속여 백성을 모집하는 자는 그 악이 역적보다 더하다. 공맹의 책을 읽고 오랑캐가 되고자 하는 자는 예로부터 듣지 못하였고, 예의의 나라에 살면서 夷狄을 행하는 무리는 여기서 처음 본다. 너희는 선왕의 賊子가 되고자 하는가. 나는 선왕의 臣下가 되고자 한다. 邪·正은 함께 설 수 없고 義·利는 같이 행할 수가 없다. 病者를 치료하기 위해서는 먼저 그 근원을 다스려야 客邪가 범하지 않고, 화란을 없애기 위해서는 먼저 그 날개를 끊어야 賊勢가 고립되는 것이다. 내가 군사를 내어 치고자 하지 않는 것이 아니나 玉(守舊義士－필자)과 石(개화파－필자)이 함께 타게 될까 봐 두렵도다.[133]

2월 1일에 이 격문을 접한 '부중의진'에서는 權益顯·沈鴻澤 등이 주민들과 함께 警務署 및 巡檢廳을 파괴하여 '和政'(개화정책)의 핵심인물로 지목되어 온 警務官補 高俊植을 잡아 민용호에게 인계하며 가세해 왔다.[134] 이에 민용호 의병은 즉일로 강릉에 무사히 들어갈 수가 있었다. 이제 민용호는 원주를 떠난 이후 줄곧 소망하던 강릉을 활동 근거지로 확보하는데 성공하였으며, 이로써 지속적인 항전의 발판을 마련하게 되었던 것이다.

강릉 진출 후 민용호는 제일 먼저 강릉의 토착세력을 흡수하기 위한 조처를 취하였다. 그는 먼저 都事 李承學, 幼學 金魯源·沈鴻澤·丁圭燮, 監察 李承燦, 營吏 崔燉翼·金養善·林翼相, 五衛將 鄭憲仲·金仁洙, 將吏 全致雲, 閒良 姜東五 등 강릉의 토착 관민들에게 軍務帖을 내려 이들을 의진에 편입시켰다.[135] 민용호가 강릉의 토착세력을 회유 포섭하였다는 사실은 앞으로 강릉을 근거지로 활동할 수 있는 중요한 토대를 구축하였음을 의미

---

132) 『關東倡義錄』, 14쪽.

133) 『關東倡義錄』, 15쪽. "假義而行和者 罪浮於倭 欺名而募民者 惡加於逆 讀孔孟之書 而欲左衽者 於古未聞 居禮義之邦 而行夷狄者 於今始見 爾欲爲先王之賊 我欲爲先王之臣 邪正不并立 義利不雙行 治病者 先治其源 客邪不犯 除禍者 先絶其翼 賊勢乃孤 余非不欲加兵 恐玉石俱焚"

134) 『關東倡義錄』, 14쪽; ≪독립신문≫ 제6호(1896. 4. 18), 「관보」.

135) 『關東倡義錄』, 15쪽.

하는 것이기도 하다. 이들의 협조 없이는 강릉지역에서의 활동은 기대할 수 없는 일이었기 때문이다.

다음으로 민용호는 '和政'의 주범으로 지목하여 강릉 진출에 최대 장애가 된 경무관보 고준식을 처단, 효수하였다.136) 그러나 관찰사 李暐와 참서관 朴承鏽 등은 '民望이 있었기' 때문에 그대로 둔 채 이들을 위안하였다고 한다. 또한 崔範植·李澐夏·崔仁燮 등의 관인들은 의진의 참모로 흡수하고 있다.137)

이때부터 민용호는 1896년 3월 초순 원산 공략에 나설 때까지 한 달 남짓 동안 주변의 세력을 규합하며 의병을 소모하는 등 전력증강에 진력하였다. 즉 이 시기는 원산 공략을 준비하는 기간이었다. 먼저 관·일군의 접근을 사전에 탐지하기 위하여 남북으로 12津에 걸쳐 육지와 해안으로 烽燧將과 望海將을 두었다. 또한 의진의 전력을 강화하기 위해 武士廳과 禮賓所도 설치하였다. 무사청에는 都領將 金魯源 이하 副摠將 崔漢寔, 左杜領將 姜東五 등의 직책과 담당인물을 두고 복잡한 使令으로 인해 주민을 번거롭게 하지 않도록 하고 斥候임무를 수행토록 하였다. 한편 예빈소는 李承學으로 하여금 담당케 하여 인재들을 영입토록 한 기구이다.138) 이러한 기구들을 갖추어 전력을 향상시키는 한편 민용호는 또한 군비조달에도 힘을 써 강릉의 부호였던 都事 崔熙球, 承旨 李海洙로부터 각각 거금을 기부받아 군자금에 충당하였다.139)

또 2월 7일에는 남북 각지로 의병을 모집하기 위한 召募使를 파견하여 '북으로는 함남, 남으로는 영남'에 이르기까지 많은 호응을 얻었다.140) 즉

136 『關東倡義錄』, 14쪽; ≪관보≫ 제301호(1896. 4. 16), 「彙報」; ≪독립신문≫ 제6호(1896. 4. 18), 「관보」.

137) 『關東倡義錄』, 15쪽.

138) 『關東倡義錄』, 16쪽.

139) 위와 같음.

140) 강릉의병은 이 무렵 또 안동지역까지 세력을 확대하였다고 한다. 1월 28일(음 12월 14일) 權世淵 의병 와해 이후 안동으로부터 金雲洛(1906년 10월 李容珪·郭漢一 등과 함께 홍주의병 재거 모의 참석자 명단에 들어 있으나 그 同異人 여부는 불명)·宋鳴玉 양인이 강릉으로 왔을 때, 이들을 통해 승지 李晩胤·正言 權玉淵 등 안동의 인사 22명에게 軍務帖을 내리는 한편 송명옥·김운락을 召募士로 삼아 '洛東一路'를 수비토록 하였다. 하지만 강릉의병은 실제 항전 과정에서

五營都摠督 權益顯을 北各邑召募使로 임명하여 원산항의 정세를 정탐하면서 양양·간성·고성·통천·흡곡·안변 등 6읍의 군사를, 權明洙를 嶺外北各邑召募使로 임명하여 인제·양구·화천·회양·평강·김화·금성 등 7읍의 군사를, 李景煥과 金允熙는 정선·삼척·울진·평해·홍해 등 5읍의 소모사가 되어 각각 의병을 모으도록 조치하였던 것이다.[141] 또 이튿날에는 진사 金亨倫을 慶尙道沿海召募使에 임명, 의병 소모와 일본군 방어의 임무를 부여하였다.

이즈음 강릉의병의 활동 가운데 두드러지는 점은 참봉 崔文煥(?~1897)이 2월 7일 함경도 소모장으로 임명되어 을미의병 때 특히 의병활동이 미약하던 관북지역의 義氣를 일깨웠다는 사실이다.[142] 최문환을 관북지역으로 파견할 때 민용호는 다음과 같은 격문을 보내 그곳 주민들의 의병 동참을 호소하였다.

> 十賊(개화당-필자)이 왜적을 받아들여 우리 국모를 시해하였으니 하늘과 땅이 뒤바뀌었고 임금이 삭발을 당하였으니 夷狄의 습속을 숭상함이라. 이것을 참을 수 있겠는가. (중략) 그윽이 생각건대, 貴道(함경도-필자)는 선왕이 중히 여기는 땅이라 (중략) 의병이 마땅히 다른 곳보다 먼저 일어나 뒤에 그쳐야 할 것이나 적막히 소문이 없으니 (중략) 이는 반드시 때를 기다려서 그러함이리라. 그러므로 이에 幕下의 鎭北將 최문환을 보내어 대의를 포고하는 것이다.[143]

최문환이 관북으로 들어가 활동한 구체적인 내용은 확인되지 않고 있

는 안동지역과 무관하다. 그러므로 이 군무첩은 문서상으로만 존재하는 형식적인 것으로 생각된다.

141) 『關東倡義錄』, 19쪽.

142) 최근의 한 연구에서는 최문환이 춘천의병장 이소응으로부터 '北路召募官'으로 임명되어 함흥으로 파견되었음을 관변측 자료를 통해 밝혀 놓았다(吳瑛燮, 「華西學派의 保守的 民族主義 硏究」, 翰林大大學院 博士學位論文, 1996, 228-230쪽). 최문환과 강릉, 춘천의병의 관계에 대해서는 앞으로 더욱 세밀한 고찰을 요한다. 아무튼 함흥의병이 춘천의병의 별진이었다는 견해도 역시 강릉·춘천의병간의 긴밀한 관계를 보여 주는 한 증좌로 이해할 수 있을 것이다.

143) 『關東倡義錄』, 20쪽. "十賊納倭 害我國母 而天壤易處 剃髮至尊 而尙夷狄之俗 是可忍也 (中略) 竊念貴道 先王重地 (中略) 義當先人發後人止 而寂無聞焉 (中略) 則必是待時而然也 故玆遣幕下鎭北將崔參奉文煥 布告大義"

지만, 그 대강을 보면 다음과 같다. 그는 2월 29일 관북의 중심지인 함흥으로 들어가 이튿날 그곳의 참서관 睦裕信과 주사 皮相國·洪丙贊 등의 친일개화관리들을 처단하며[144] 함흥을 장악하고 일체의 '和政'을 혁파한 뒤 인근 고을마다 義所를 설치하는 등 한때 그 성세를 드날렸다.[145] 하지만 그는 얼마 뒤 함흥부의 주사로 재직하다가 목유신의 뒤를 이어 참서관으로 승진한[146] 金宅洙와 선유위원 李濟馬(1838~1910)[147]에 의해 피체되어 투옥당하게 된다.[148] 그 뒤 김광연(장교)과 성기풍(官妓의 삼촌)이라는 두 인물의 도움으로 탈옥에 성공한[149] 뒤 5월 말경 강릉으로 내려와 본진에 합류하고 말았다.[150]

그 동안 강릉의병은 강릉을 중심으로 한 영동지방에서 '상인으로 가장한 일본인 정탐' 111명을 단죄하였다고 한다.[151] 이 수치는 과장되었거나 혹은 오류가 있는 것이겠지만,[152] 다수의 일본인을 처단하였음은 짐작할

---

144) ≪관보≫ 제301호(1896. 4. 16), 「彙報」; ≪독립신문≫ 제6·28호(1896. 4. 18., 6. 9); 金允植, 『續陰晴史』, 國史編纂委員會, 18쪽.

145) 『關東倡義錄』, 32쪽.

146) ≪관보≫ 제308호(1896. 4. 24), 「敍任及辭令」.

147) 四象醫學의 집대성자인 이제마는 원래가 함흥 출신으로 1892년 鎭海縣監을 지낸 뒤 서울에 머물러 있었다. 그러던 중 1896년 3월 24일 李鉉夏·朴承準 등과 함께 北路宣諭委員에 임명되어 의병해산의 임무를 띠고 함흥으로 올라가게 된다(≪관보≫ 제282·284호, 1896. 3. 25, 27). 이후 그는 최문환을 체포하고 의병을 해산시킨 '공로'로 高原郡守에 임명되었으나 부임하지 않고 한의학 연구에만 전심하였다.

148) 『關東倡義錄』, 55쪽.

149) ≪독립신문≫ 제35호(1896. 6. 25), 「잡보」

150) 『關東倡義錄』, 55쪽.

151) 『關東倡義錄』, 25쪽.

152) 예컨대 영국 외교문서 기록에 의하면(일본신문에 의거하고 있음), 이보다는 조금 앞서는 시기이지만, 을미사변 이후 2주 동안 여주(16명)·원산(10명)·가홍(9명)·서울(1명) 등 전국에서 총 36명이 피살된 것으로 파악해 놓고 있다("FURTHER CORRESPONDENCE relating to COREA", *CHINA, AND JAPAN Ⅷ*, CONFIDENTIAL; 6809, April to June 1896, p.24). 또한 5월 30일 일본공사 小村壽太郎이 외부대신 李完用 앞으로 보낸 일본인 보호 요청문에 첨부된 일본인 피살 일람표에 의하면 울진 죽변항에서 15명이 피살당한 것(3월 6일)을 비롯해 전국에서 43명이 처단된 것으로 파악해 놓고 있다(亞細亞問題硏究所 편, 『舊韓國外交文書』 제3권 日案3; 독립운동사편찬위원회 편, 『독립운동사 1』,

수가 있다. 그 결과 강릉의병은 일제에 의해 가장 '흉포한' 의병으로 지목되었던 것이다.153)

2) 원산 진격전

민용호는 강릉을 점령한 다음인 2월 중순경 앞으로의 활동계획을 다음과 같이 구상하였다. 먼저 조령·죽령의 두 요지를 점령하여 여주·충주의 의병과 합세하고, 나아가 안동·상주 일대의 의병을 모아 洛東沿路의 일본군을 방어하면서 호남의병을 고무하는, 즉 동남지역으로 진출할 것을 생각하였다. 이에 반해 軍師 朴東儀는 우선 원산을 점령하고 양서지역으로 진출하여 그곳의 강용한 군사를 모은 뒤 청과 연합하는 작전을 펼 것을, 즉 원산 공략을 주장하였다. 처음에 민용호는 협소한 원산에서 패배를 당할 경우 지속적으로 활동하기가 어렵다는 이유로 이러한 박동의의 주장에 반대하였다. 그러나 결국 박동의의 주장에 따라 원산 공략을 앞으로의 최고 활동목표로 설정하게 되었다.154)

강릉의병이 원산 공략을 위해 북정을 떠난 것은 1896년 3월 2일로 강

1971, 232쪽에서 재인용). 이러한 수치들을 놓고 볼 때, 강릉의병이 한 달 동안 111명의 일본인을 처단하였다는 기록은 신뢰하기 어렵다.

153) 독립운동사편찬위원회 편, 『독립운동사 1』, 1971, 304쪽.

한편 조선주재 영국영사 W. C. Hillier가 1896년 3월 3일 W. N. Beauclerk에게 보고한 내용 중에도 "(전략) 진주의 폭도(盧應奎 의병－필자)는 외국인에 대하여 전반적으로 적개심을 품고 있다고 일컬어지고, 영동[Chung-dong]지역의 폭도는 오직 일제만을 구축할 것임을 스스로 선언해 왔다"고 하여 강릉의병이 일제 구축만을 활동목표로 설정하였음을 밝히고 있다("FURTHER CORRESPONDENCE relating to COREA", *CHINA AND JAPAN Ⅷ* CONFIDENTIAL; 6809, April to June 1896, p.30).

154) 『關東倡義錄』, 25쪽. "於是與諸將議出兵之計 余曰 倭奴之病國 非一朝一夕 熟知山川道路險易强弱之勢 不可輕發 先據鳥嶺竹嶺兩掖口 與驪州忠州之勢 相爲脣齒 傍收尙州安東列邑之兵 以防洛東倭路然後 使辯士激動湖西義士 則彼勢不能通陸 但有海路而已 利則順流而下 剿都城之倭 害則退去固守 以觀其變若何 軍師東儀曰 不然 先破元港 招集西北兵 與上國合勢 事可濟矣 余曰 元港背山阻海 脫或不利 無全軍之策 相持累日 東儀力主入北 强勉從之"

릉 입성 두 달 뒤의 일이다. 이때 강릉에는 李秉埰가 留陣將으로, 閔東植이 守城將으로 각각 남아 근거지 수비에 만전을 기하였다.[155] 또한 민용호는 發程에 앞서 권익현을 北邑召募士로 삼아 안변에 파견하여 원산의 일제 동정을 정탐토록 조처하였다.

당시 원산은 동해안 유일의 개항장으로 일제침략의 본거지 가운데 한 곳이었다.[156] 또한 개항장이었던 만큼 이곳에는 일인 이외에 러시아 등 다른 외국인들도 거류하고 있었다. 이러한 형세하에 민용호는 3월 16일 의병이 일제구축을 위해 원산으로 북정중에 있음을 밝히고 그들의 양해를 구하는 공문을 러시아 공사관에 보내는 등 주도면밀한 준비를 갖추어 놓았다. 이때 민용호가 러시아 공사관에 密送한 글의 일단을 보면 다음과 같다.

> 조선 창의대장 閔은 삼가 절하고 러시아 大人에게 글을 올리니 밝게 굽어살피시라. (중략) 우리 조선은 원래부터 의관문물이 발전한 나라로 알려졌기 때문에 그 정치는 禮樂敎化요 그 글은 詩書春秋였도다. (중략) 저들 倭酋가 틈을 엿보고 때를 타서 개화라 하며 도성 안으로 들어와 소란을 피우고 날뛰니 이것을 어찌 차마 다 말할 수 있겠는가. 아, 애통하도다! 작년 8월의 변(을미사변-필자)과 11월 16일의 禍(단발령-필자)는 우리의 의관제도를 없이 하고 우리의 머리털을 자르니 고금천하에 이런 일이 어찌 있을 수 있겠는가. 이에 義士들이

---

155) 『關東倡義錄』, 26쪽. 이때 강릉 수성의 총책은 이병채였다. 그런데 留陣將과는 별도로 守城將의 이름으로 민동식을 함께 남겨 놓은 것은 아마도 이병채를 견제하기 위한 의도에서였던 것으로 보인다. 결국 본진 북정 뒤 이병채가 강릉을 장악하고 독자적인 노선을 취하려 했을 때, 민동식은 여기에 반발하고 민용호와 긴밀한 연계를 가지게 된다(『關東倡義錄』, 30쪽).

156) 1880년 원산 개항 첫해의 원산 거주 日인구가 235명이던 것이(元山市史編纂委員會 편, 『元山市史』, 三信文化社, 1968, 43쪽) 이때에 와서는 1896년 4월 30일 현재 1,298명(남자 802명, 여자 496명, 호구 277家)에 달하는 것으로 알려졌다(≪독립신문≫ 제42호, 1896. 7. 11, 「잡보」). 이 숫자는 서울의 일본인 총수 1,715명(남자 1,405명, 여자 670명)과 비교해 볼 때(≪독립신문≫ 제47호, 1896. 7. 23, 「잡보」) 큰 차이가 나지 않는다. 이처럼 원산에 일본인이 집중된 것은 원산이 일제의 대한침략의 중요한 한 전초기지였음을 입증하는 것이다. 특히 원산은 약탈무역을 통한 경제침탈기지로서, 또 러시아를 겨냥한 일제의 대북방 군사기지로서 등장하게 되어 일제의 대한침략의 입장에서 볼 때 경제·군사적인 비중이 특히 높았던 곳이다.

> 擧義討賊하게 되었도다. (중략) 여기서 눈물을 머금고 사실을 알리니, 다행히도 태산같은 은혜와 하해 같은 덕택을 드리워서 殘弊한 이 나라로 군부의 원수를 갚고 사직을 안정하게 하여 주기를 천만 복망한다.[157]

이로써 강릉의병은 일제구축에만 그 활동목표를 설정하고 있었음을 알 수가 있다.

강릉의병이 북정길에 오르던 전후 무렵이 전국적으로 의병이 가장 왕성하게 활동하던 시기였던 까닭에, 이때에는 의병의 세력이 미치지 않는 곳이 거의 없었다. 의병봉기로 전국이 들끓었음에도 불구하고, 부산·원산 등지의 개항장은 의병의 직접적인 활동구역에서 벗어나 있었기 때문에 비교적 안정된 상태에 있었다. 다음과 같은 기록이 이러한 점을 잘 대변해 주고 있다.

> 도성 밖의 소식에 의하면 모든 사정이 점차 악화되고 있다. 폭도(의병－필자)는 도성의 10마일 거리까지 근접해 왔으나, 관군은 여기에 대처할 수 없을 만큼 무기력하다. 다수의 사졸들 외에도 관찰사 3명, 군수 5명이 살해되었으며 폭도는 전국의 상당한 지역을 절대 통치하고 있는 듯이 보인다. 일본군과 외국 군함이 호위하고 있는 여러 개항장에는 행정질서가 상당히 잘 유지되고 있다. (중략) 현재로서는 국왕이 통치권을 외국의 도움 없이 행사하기는 어려울 것으로 보인다.[158]

이러한 개항장을 직접 위협하고 나온 의병이 강릉의병과 진주의병이다. 민용호와 盧應奎가 이끄는 이 두 의병이 각각 원산과 부산의 목전까지 진격하게 되자, 일제는 이에 예민하게 대응해 왔다. 그리하여 일제는 원산 방어에 이미 만전을 기하고 있었다.

북정의 장도에 오를 당시 강릉의병의 총수는 2,380명이었다고 한다.[159] 그리하여 대진은 그날로 주문진에 닿았다. 강릉의병은 이후 해안

---

157) 『駐韓日本公使館記錄』, 國史編纂委員會, 영인본, 1988, 55쪽; 『독립운동사 1』, 227-228쪽에서 재인용.

158) "FURTHER CORRESPONDENCE relating to COREA", *CHINA, AND JAPAN Ⅷ*, p.29.

159) 『關東倡義錄』, 26쪽.

선을 따라 북상을 계속하여 양양·간성을 지나 3월 9일에는 고성에 도착, 유진하며 행군의 피로를 달래는 한편 전열을 가다듬었다. 그 동안 지나온 여러 고을은 이미 의병의 활동영역이었기 때문에 별다른 저항이 없었다. 고성에서는 군수 洪鍾憲이 나와 의병을 영접하는 형편이었다.[160] 11일 고성을 출발한 의진은 石崖를 지나며 금강산의 절경을 구경하고 당일 저녁 무렵 통천에 닿았다. 이 무렵 회양의 李正宰·申懋燮 등 2인이 130명의 의병을 거느리고 합세해 와 전력이 한층 강화되었다. 민용호는 이 두 사람을 摠督將으로 삼았다.[161]

북진을 계속한 강릉의병은 그 뒤 3월 17일(음 2월 4일) 원산으로부터 70~80여 리 떨어진 길목에 위치한 안변의 新坪[162]에 도착하였다. 이곳에서 군사를 삼분시켜 공격하기로 하고 金養善이 이끄는 한 부대는 花川(소재 불명) 扼口에, 또 전석영·전치운에게도 각기 한 부대를 주어 飛雲嶺(소재 불명)에 둔진토록 하였다.[163] 그리고 그날로 안변읍을 공략할 계획이었다. 원산을 점령하기 위해서는 그 인후가 되는 안변을 반드시 점령해야만 하였다.[164]

---

160) 『關東倡義錄』, 27쪽.

161) 위와 같음.

162) 『關東倡義錄』에서는 원산항으로부터 '80여 리 떨어진 仙坪市'로 밝혀 놓았고, 일제측 기록에는 항구로부터 '70리 떨어진 新坪場'으로 기록해 놓았다(『駐韓日本公使館記錄 5』, 국사편찬위원회, 영인본, 1988, 18쪽). 남북분단 이전의 행정구역으로 본다면, 원산의 남동부에 위치한 함남 안변군 新茅面 新坪里 일대로 추정된다. 원산에서 신평리까지 직전 거리로 추산하면 약 50여 리(20여 km) 정도에 불과하지만 일반 路程은 이보다 거리가 늘어나는 까닭에 신평리 일대로 추정할 수 있는 것이다.

163) 『關東倡義錄』, 28쪽.

164) 한편 강릉의병의 주력이 도착하는 3월 17일 이전에, 그 실체는 분명하게 드러나지 않지만 이미 원산 주변에는 각처에서 의병들이 모여들고 있었던 것으로 추측된다. 1896년 2월 18일, 영국 공사관의 서울-원산간 정기 연락원 한 사람이 겪은 다음과 같은 이야기에서 이러한 분위기를 짐작할 수가 있다. "한때 그는 폭도들에게 피체되어 고초를 겪었으나, 가까스로 탈출, 3일간이나 산속에 숨어 있으면서 인정 많은 주막집 주인이 밤으로 가져다 주는 음식을 먹고 지냈다. 그는 산등성이로 난 우회로를 따라 원산으로 되돌아갔다. 도로나 사잇길은 모두 폭도들이 지키면서 상투 없는 사람을 보면 누구든지 죽였다. 그는 폭도들이 원산의 서남부와 남부 일대에 널리 퍼져 있고, 또 수천 명이 무장하고 있다는 정보를 가

그러나 안변 공격을 앞두고 강릉의병은 뜻밖의 폭우를 만나 비가 그칠 때까지 新坪에 유진할 수밖에 없었다. 의진이 일기 불순으로 신평에 유진해 있는 동안 일본군은 의병의 접근을 사전에 탐지하고 만반의 공격태세를 갖춘 뒤 3월 19일(음 2월 6일) 일시에 의병을 향해 공격을 가해 왔다. 이날 '雨雪이 交下하는' 가운데 일본군의 공격을 맞아 의병은 결사의 항전을 벌였다. 그러나 화력의 열세로 인해, 더욱이 의병들이 가진 화승총은 비가 올 때는 사용이 불가능했기 때문에 전투가 계속될수록 전황이 의병측에 불리하게 돌아갔다. 의병들은 백병전까지 벌이며 용감하게 항전하였지만 끝내는 사방으로 패주하고 말았다. 민용호는 당시의 처절했던 전투상황을 다음과 같이 생생하게 기록해 놓았다.

申時(오후 4시－필자)에 포성이 하늘을 뒤덮고 왜병이 돌격해 왔다. 이때 진눈깨비가 내려 활은 시위가 당겨지지 않았고 총은 쏠 수가 없었다. 형세가 장차 위급함에 선봉장 韓仲甫·宋炯淳 등이 먼저 禿峯을 점거하여 力戰하였고 나(민용호－필자)는 후군 朴漢玉·金元燮·李永燦 등을 인솔하고 疎林으로 나아가 역

져왔다("FURTHER CORRESPONDENCE relating to COREA", *CHINA, AND JAPAN* Ⅷ, p.30)."

또한 일본공사관기록에 의하면 3월 8~10일 사이에 신평에는 춘천에서 170명, 고성·간성에서 240명, 기병 30여 명 등 총 440여 명의 의병이 운집하여 다음과 같은 편제까지 갖춘 것으로 되어 있다(『駐韓日本公使館記錄』, 18-19쪽).

江陵義兵將: 權某 李某
春川義兵將: 朴 閔 兪
書記: 金仁述(通川人) 朴監察(新坪人)
軍粮都監: 朴東玉(軍洋人)
錢都監: 崔某(鶴浦人) 朴之彦(津伐人) 金監官(熊津人) 張文吉(蛤津人)
崔夢淳(新岩人) 李七寬(蛤津人)
元山放火謀計人: 黃某(東山里人) 金生員(松峴人) 金仁述(通川人)
防守軍監將: 李達範(花燈人) 黃長孫(新坪人) 朴風憲(松峴人)

이때는 민용호가 이끄는 강릉의병의 주력부대가 도착하기 이전이다. 하지만 이후 벌어지는 신평전투는 뒤이어 도착하는 강릉의병이 주축이 되어 수행한 것임에는 틀림이 없다. 다만 민용호보다 먼저 신평에 모인 의병들이 강릉의병의 예하부대인지 아니면 독자적인 활동을 하던 단위 부대인지는 불확실하나, 전후의 사정으로 보거나 모인 인원으로 볼 때, 예하부대로 추측된다. 혹 이들은 민용호가 북정에 앞서 北邑召募士로 안변에 파견해 놓은 權益顯이 모집한 의병으로 생각되기도 한다.

전하였다. (중략) 총독장 申懋燮 등은 後市로 나아가 역전하였다. 아, 우리나라의 무기는 비가 오면 쓸 수가 없으니, 저들은 自起砲(신식소총－필자)를 믿고 함부로 돌격해 왔다. 辰時가 끝날 무렵이 되자 운무가 사방에 깔려 지척을 분간할 수가 없게 되었고 우리 군사들은 각자 도망해 흩어졌다. 왜병이 흑색 군복을, 아군은 황색 군복을 입고 있었는데, 이에 이르러 흑색과 황색을 구분하지 못해 사방으로 흩어질 때 혹은 도리어 적진으로 들어가 사로잡히게 된 자도 많았다.[165)]

민용호는 신평전투에서의 패배로 심한 좌절감에 빠졌다. 그리하여 그는 패전 직후 한때 자결을 결심할 정도로 큰 충격을 받았다. 더욱이 이 전투에서 智將으로 이름 높던 군사 박동의를 잃고 말아 그 타격은 더욱 컸던 것이다.

안변군수 任冕鎬가 함흥관찰사 金裕成에게 올린 보고에 따르면, 신평전투 당시 의병의 총수는 1,700여 명으로 되어 있다. 또한 이 전투로 인해 민간인 9명이 사망하고 51채의 가옥이 소각되었다고 보고하고 있다.[166)] 신평전투의 전과는 확실하지 않지만, 『關東倡義錄』에서는 의병 '사망 수십 명', 일본군 '부상 180여 명'으로 기록하고 있다.[167)] 그러나 당시의 정황을 고려할 때 의병측이 큰 타격을 받았음이 틀림없다.

실로 신평전투는 강릉의병이 이전의 능동적이고도 적극적인 攻勢에서 이후로는 피동적이고도 소극적인 守勢로 몰리는 분수령으로 작용하였다. 원산 공략의 원대한 포부가 일순간에 사라져 버린 것이다. 이후 강릉의병은 위축된 분위기에서 활동을 지속하지 않을 수 없게 되었다.

---

165) 『關東倡義錄』, 28쪽. "晡時砲聲震天 倭兵突入 時雨雪交下 弓不弛矢 砲不放丸 勢將危急 先鋒將 韓仲甫 宋炯淳等 先據禿峯力戰 余率後軍朴漢玉金元燮李永燦等出陣疎林中力戰 (中略) 噫 我國兵器 雨則無用 彼恃自起砲 肆然衝突 至辰時末 雲霧四散 尺地不辨 諸軍各自逃散 倭尙黑故 我軍軍衣黃矣 至是不辨黃黑 四散之際 或反入賊陣 爲生擒者多"

166) ≪독립신문≫ 제19호(1896. 5. 19), 「雜報」.

167) 『關東倡義錄』, 29쪽.

3) 영동지역에서의 항전

강릉의병은 신평전투 패배 이후 일단 통천으로 퇴각하였다. 강릉으로 회군하기 위해서였다. 민용호는 이때부터 4월 3일 강릉에 당도할 때까지 사방으로 흩어진 의병들을 다시 규합하는 등 전력손실을 만회하기 위한 노력을 기울이게 된다.

강릉의병은 신평전투 이튿날 눈으로 뒤덮인 栗幕嶺을 넘어 회양 지경으로 들어가 東沙洞에 유진한 뒤 4월 23일에는 다시 양구읍에 들어갔다. 이즈음 신평전투 이후 흩어졌던 참모사 李丙善·金演常 등이 합세해 와 전력이 다소 보충되었다.[168] 한편 이때 춘천의진의 李景應이 2월 초순 가평 벌업산[寶納山]전투에서 관군에게 패한 뒤 춘천이 위태롭게 되자 민용호에게 원병을 요청하였다. 그러나 민용호는 이 요구를 거절한 뒤 오히려 춘천의진의 巡撫將 張漢斗를 영입하게 된다.[169]

2월 16일 강릉의병은 설악산 五色嶺을 넘어 양양에 도착하였다. 이곳에서 민용호는 高城에 일본군이 들어왔다는 소식을 듣고 사전에 북방의 위협을 제거할 생각으로 別營將 金演常에게 군사 500명을 주어 고성으로 급파하였다.[170] 이 별동부대는 그 뒤 고성으로 남하한 '200여 명의 원산 일본군'을 맞아 기습공격으로 '97명을 사살'하는 대승을 거두었다.[171] 그 전과는 상당히 과장되어 있어 사실을 확인하기가 어렵지만, 이 고성승첩은 강릉의병이 수행한 여러 전투 가운데 두드러진 전과를 올린 전투로 기록되어 있다.

휘하 의병을 이끌고 강릉으로 회군하던 민용호는 뜻밖에 '李秉埰모반사건 '이 발생하여 강릉 회군에 커다란 어려움을 겪게 된다. 거의 후 원주에서 동진하여 처음 강릉으로 입성하던 때에는 토착세력의 완강한 저항으로 어려움을 겪었고, 이번에는 의병의 근거지인 강릉을 둘러싸고 의진 내부에서 일어난 알력으로 인하여 곤경에 처하게 된 것이다. 이병채는 원

---

168) 『關東倡義錄』, 29쪽.

169) 위와 같음.

170) 『關東倡義錄』, 29-30쪽.

171) 『關東倡義錄』, 33쪽.

래 민용호와 함께 원주 거의 때부터 동참한 강릉의병의 핵심인물 가운데 한 사람이었다. 강릉에서의 활동과정에서는 두 인물이 어떤 관계에 있었는지 명확하지는 않으나, 이병채는 '거의동지'였음에도 불구하고 민용호로부터 신임을 얻지 못하였던 듯하다. 민용호가 북정을 떠날 때에도 그는 수성장에 임명되어 강릉 수비의 임무를 맡게 되는 것도 이러한 맥락에서 이해할 수 있을 것이다.

『關東倡義錄』에 의하면 이병채는 민용호가 강릉을 떠난 직후부터 軍政을 바꾸고 재물을 취하는 등 '많은 폐단'을 드러내었을 뿐만 아니라, 관찰사 李暐를 축출하고 공금 7千金을 탈취함으로써 주민들로부터 큰 반발을 사게 되었다고 한다. 이에 유생들이 주축이 되어 동문 안에다 별도의 義所를 세우고 이병채 의진과 대치하기에 이르렀다는 것이다.[172]

閔東植으로부터 '이병채 모반사건'의 보고를 접한 민용호는 4월 3일 양양에서 선편을 이용해 강릉 외곽의 連谷(현 명주군 연곡)으로 급거 내려온 뒤 즉시 강릉으로 들어가려 하였다. 그러나 이병채가 守城의 태세를 취하며 그의 입성을 거부하였다. 이에 그는 하는 수 없이 강릉 외곽에서 유진하며 이병채와 대치해 있게 되었다. 이 사건은 하지만 얼마 뒤 이병채가 스스로 투항해 옴으로써 일단락지어졌다.[173] 원산 공략을 위해 북정길에 오른 지 꼭 한 달만에 상흔만을 남기고 가까스로 강릉으로 귀환할 수 있었던 것이다. 그 뒤 이병채는 4월 22일에 신평전투 전몰자 위령제가 거행되는 틈을 타 연곡으로 퇴각한 뒤 서울로 갔다.[174] 거의 동지 이병채는 이로써 민용호와 완전히 결별하였다.

'이병채 모반사건'은 강릉의병의 내부 취약성이 표출된 결과이다. 앞에서 보았듯이 원주를 始源地로 하여 그곳에서부터 동진해 온 강릉의병은 그 세력기반이 출발 때부터 미약하였다. 민용호·이병채·송형순 등 擧義동지들간에는 상호 행동과 이념을 공유 혹은 규제할 수 있는 아무런 틀이 없었던 것으로 보이기 때문이다. 단지 서로 처지와 입장이 비슷한 상황에

172) 『關東倡義錄』, 30쪽.

173) 『關東倡義錄』, 30-31쪽.

174) 『關東倡義錄』, 36-37쪽.

서 거의에 동참하였던 것으로 보인다. 그리고 이들 가운데 養家의 막강한 문벌을 배경으로 삼은 민용호가 의병대장에 올라 전군을 지휘, 통솔하게 된 것이다. 하지만 이때 27세에 불과한 청년대장 민용호의 휘하에서는 자연히 내부로부터의 불만과 불신이 어느 정도 싹트기 마련이었을 것이다.[175] 이러한 상황에서 강릉 진출 이후 擧義 동지였던 이병채가 민용호의 專權에 강한 반발을 보이게 되었던 것이다. 더욱이 이때가 신평전투에서 참패한 직후였기 때문에 의진 내부에서 민용호의 지도 통솔력에 의문이 제기될 수 있는 상태에 있었다고 생각된다. 한편 '이병채 모반사건'은 이후 강릉의병의 활동과 그 성격을 규정짓게 하는 한 계기로 작용하였다고 생각된다. 민용호로 하여금 본거지인 강릉을 떠난다는 것은 항상 위험부담을 안게 된다는 점을 상기시켰기 때문이다.

강릉의병은 이때부터 관군의 공격으로 근거지 강릉을 상실하게 되는 5월 24일까지 두 달 동안 강릉을 거점으로 동해안을 따라 남북 연안 일대를 활동영역으로 삼으면서 항전을 펼쳤다.

강릉으로 회군한 직후 민용호는 崔中奉을 의진에 영입하였다.[176] 횡성 출신으로 洪在龜 문하의 청년 지략가였던 최중봉은 신평전투에서 전사한 朴東儀의 역할과 위치를 대신할 수 있게 되었다.

이어 4월 20일에 민용호는 묵호 烽燧將으로부터 日船 3척이 풍랑을 만나 묵호항에 정박해 있다는 연락을 받고 선봉장 姜禹瑞·수성장 閔東植·우군장 全致雲·좌군장 沈鴻澤·후군장 申懋燮 등과 함께 군사를 거느리고 즉시 출동하였다. 그리하여 포구에 매복한 뒤 동이 틀 무렵 일시에 공격

175) 민용호는 이 사건이 수습되고 난 뒤 이병채 처리문제에 대하여 "여러 장수들이 눈에 불을 켜고 다투어 (이병채를) 죽이려 하였으나, 나(민용호-필자)는 병채를 껴안고 울면서 말하기를 '이 사람아, 어찌 이다지도 생각이 모자라는가. 내가 그대를 죽이고자 하지 않는 것은 아니나 전국에서 말하기를 '某는 강릉을 점거해 세력이 커지자 (처음) 거의하던 때의 (동지) 병채를 죽였으니, 군권을 다투어서 그렇게 한 것이다'라고 하리니, 이 변고를 어찌 가히 집집마다 설명할 수 있으리요. 나로 하여금 어질지 못하다는 이름을 후세에 얻지 않도록 하라"(『關東倡義錄』, 31쪽)라고 하였다. 결국 이병채 사건은 강릉을 둘러싸고 벌어진 의진 내부의 세력갈등의 결과로, 한말 의병에서 종종 나타나는 군권다툼의 전형적인 한 예라 할 수 있다.

176) 『關東倡義錄』, 30-31쪽.

을 가해 선박 3척을 모두 격침시켰다.[177]

한편 춘천관찰사에 임명된 李載崑(1859~?)이 서울로부터 관군 300여 명을 거느리고 이 무렵 任地에 도착하였다.[178] 그는 도착 즉시 관군을 돌려보내고 '일체의 和政'을 중단하는 등 의병에 대해 우호적인 태도를 보였다고 한다.[179] 이에 민용호는 춘천관찰사를 의병으로 끌어들여 연합전선을 구축할 생각으로 좌군장 李錫範[180]에게 다음과 같은 서신을 주어 춘천으로 밀파하였다.

> (閣下가 부임하던) 초기에 합하(李載崑－필자)가 300명의 경군을 거느리고 관찰부에 들어왔다는 소식을 듣고 나(민용호－필자)는 諸將과 더불어 가로되 '某 합하는 조야에 충의가 뛰어났기에 반드시 할 일이 있어 그렇게 한 것이며, 전 관찰사(曺寅承－필자)가 단신으로 해를 당했다고 하여 의진을 핍박하기 위한 것도 아니오 또 자신을 보위하기 위한 계책도 아니리라'하고, 장차 합하의 지휘를 받고자 하여 서쪽을 바라보고 기다렸더니 문득 경병을 서울로 보내고 단지 강개에 찬 선비들을 위안한다 하니, (이것이) 대체 합하가 의진의 미약함을 보고 성공하지 못하리라 여기고 그렇게 한 것인가. 처음부터 自衛하기 위해 군사를 거느리고 온 것인가. 의병을 盡滅하기 위해 군사를 거느리고 왔다가 공론이 두

---

177) 『關東倡義錄』, 36쪽.

178) 이재곤은 曺寅承, 尹定求의 후임으로 2월 16일 춘천관찰사에 임명(≪관보≫ 제251호, 1896. 2. 18)된 뒤 4월 2일 임지에 도착하였다(≪관보≫ 제295호, 1896. 4. 9).

179) 李載崑은 관인 가운데 비교적 수구적 입장에 섰던 인물로 파악된다. 이 점은 ≪독립신문≫의 다음과 같은 기사(제32호, 1896. 6. 18, 「雜報」)를 통해서 확인할 수가 있다.

"춘천부 관찰사 이재곤이가 백성들에게 말하기를 소지(訴紙－필자) 종이를 인찰지와 국문과 건양을 못쓰게 하고 백지와 병신(丙申－필자)을 쓰라 하며 경무관보와 총순과 순검들 검은 복색을 못입게 하며 군대가 비도(의병－필자)를 잡으면 혹 죽이지 못하게 한다니 이는 새로한 학부대신 신기선의 제자요 의병의 친고(親故－필자)라 우리 생각에는 이런 이를 학부협판을 시켰으면 조선이 잘 되어가고 의병들의 친고가 정부에 많이 생길 듯하더라"(맞춤법－필자).

180) 李錫範(자 士一, 호 雪樵)은 양양군 양양면 林泉里 출신으로 1894년 동학농민전쟁 때 농민군 진압에 참가하였고 강릉의병이 일어나자 여기에 합류, 좌군장을 지내게 된다. 이때 민용호의 전령으로 춘천관찰사에게 밀파된 뒤 관군측으로 전향, 관군의 강릉점령에 동참하였다고 한다. 그 뒤 일제치하에서 그는 양양지역의 대표적인 개화인물로 교육사업과 3·1운동을 주도한 것으로 알려져 있다(金鍾極, 『襄陽의 列傳』, 江陵文旺出版社, 1982, 26-28쪽).

려워서 그친 것인가. 왜의 위세가 두려웠다가 후회하고 그렇게 한 것인가. (중략) 경향의 관군으로 하여금 힘을 합쳐 왜를 토벌하여 속히 사람들의 의혹을 깨쳐 주시라.181)

민용호는 이 글에서 의병을 일으키지 않을 수 없었던 이유, 곧 거의의 정당성을 설명한 뒤 말미에 가서는 위와 같이 의병에 대한 관찰사의 입장을 묻고 나아가 의병항전에 동참할 것을 촉구하였던 것이다. 하지만 얼마 뒤 이재곤으로부터 온 회신에서는 오직 강릉의병의 해산만을 역설하고 있어182) 세력연합 노력은 무산되고 말았다. 5월 11일 洛東 병참 소속의 일본군 50여 명과 대구진위대 80여 명으로 이루어진 관·일군이 풍기를 지나 삼척 황지령183)을 넘어서 강릉으로 북상중이라는 정보가 입수되었다. 민용호는 中軍 全錫永에게 輕兵 300명을 주어 白鳳嶺184) 아래에 매복시켜 놓고 관·일본군의 접근을 기다렸다가 협공을 가해 이들을 격퇴시키고 상당량의 무기를 노획하였다.185)

민용호는 이즈음 '權仁夏 모반사건'으로 또 다시 곤란을 겪게 된다. 권인하는 강릉의병 휘하의 횡성 의병장으로 상당한 비중을 가진 인물이었다. 이러한 그가 서울에서 유입되어 온 본진의 참모사 金亨鎭을 포섭한 뒤, 강릉 출신으로 민용호 휘하에 들어온 林翼相·李永燦·鄭憲仲 등 본진

---

181) 『關東倡義錄』, 42쪽. "初聞閣下率京兵三百名莅府 余與諸將賀曰 某閣下忠義熟著朝野 必有爲而然也 非戒前觀察隻身見害 而施禍於義陣 亦非自衛之計也 將欲趨閣下之指揮 望西翹待 旋聞京兵則上送 而只安慰激慷之士 抑閣下見義陣之微弱 不足成功而然歟 抑初欲自衛 率兵下來歟 抑欲盡滅義陣畏公論而中止歟 抑畏倭之勢 反悔而然歟 (中略) 使京鄕之兵 倂力討倭 速破衆人之惑"

182) 『關東倡義錄』, 47쪽. "春川觀察使李載崑答書來曰 尊周之大義 孰不欽仰然國讐已報 擁兵猖獗 反害於初起之義 斯速解義 以保自愛 云云"

183) 황지령은 그 위치가 명확히 확인되지 않고 있다. 黃池는 본래 삼척군 사장면(장성읍) 지역이었는데, 1914년 행정구역 개편 때 고목리·구와우·서학골·새마을·안반등·엄나무정·초막골·활목 등지를 병합하여 황지라 하였다. 지금의 태백시 일대에 해당되며 영남에서 강릉으로 진출하는 길목에 해당된다.

184) 白鳳[茯]嶺은 평창군 임계면과 명주군 옥계면 및 북평시의 3경계를 이루는 지점에 위치해 있다. 대관령 남쪽의 영동, 영서를 이어주는 교통로이다.

185) 『關東倡義錄』, 42-43쪽.

의 참모들을 유인 체포하면서 군권장악을 목적으로 반기를 들었다. 이들은 때마침 강릉의병에 합세하기 위해 다가오던, 金安洙가 이끄는 110명의 양구의병을 돌려보내고, 또 안동의병의 선봉장으로 강릉의병에 합세하기 위해 북상하던 黃騎龍 의병을 대관령 아래에서 가로챘다. 뿐만 아니라 김형진에게 유혹당한 본진의 유격장 徐淳學(徐石華?)은 휘하 군사를 거느리고 강릉 본진을 탈출하였다. 이러한 상황에서 민용호는 한때 강릉을 포기할 생각까지 하였다. 그러나 마침 김안수와 평소 친밀한 춘천의진의 순무장 張漢斗가 강릉의병 본진에 합류해 오자, 김안수 역시 강릉으로 귀부하면서 사태가 수습되었던 것이다. 그리하여 권인하·황기룡은 투옥되었으며[186] 김형진은 처형당하였다. 그리고 서순학은 야밤에 도주하고 말았다.[187]

'권인하 모반사건'도 강릉의병이 가지는 근본적인 취약점에 기인하고 있다. 강릉의병은 편제 자체가 견고하지 못하고 언제나 불안하였다. 외부에서 유입되어 온 세력이 근간이 되어 강릉의 토착세력을 아우르고, 나아가 인근지역의 의병을 흡수하여 의진을 구성하였기 때문에 각지의 다양한 세력이 연합전선을 구축한 모습을 보이고 있었다. 이러한 형세하에서도 이들 다양한 세력을 하나로 공고히 묶을 수 있는 어떠한 내적 연계도 없었다. 그러므로 의진 내부에서 알력과 갈등이 생겨날 가능성은 상존하고 있었다. '권인하 모반사건'과 앞에서 본 '이병채 모반사건'이 강릉의병의 이러한 성격과 한계를 잘 드러내 주는 단적인 사례가 된다.

'권인하 모반사건' 직후에 민용호는 강릉의병의 편제를 개편하였다. 그동안 몇 차례에 걸친 전투와 내부갈등으로 인해 전열이 흐트러진 데다가 중군장을 맡았던 閔義植이 귀가함으로써 전열에 차질을 빚었기 때문이다. 그리하여 최중봉을 중군장으로 삼은 것을 비롯해 회양 총독장 신무섭을 후군장으로, 김안수를 北各邑巡撫兼軍務將으로 각각 임명하였다.[188]

---

186) 權仁夏는 얼마 뒤에 다시 우군장에 임명된다(『關東倡義錄』, 50쪽). 군중모반을 하고서도 처단되지 않고 오히려 재차 중임을 맡게 되는 것은 그 배경이 무엇인지 알 수가 없다.

187) 『關東倡義錄』, 45-46쪽.

188) 『關東倡義錄』, 46쪽.

대체로 볼 때 1896년 3~4월은 을미의병이 쇠퇴기로 접어들던 때이다. 俄館播遷(1896. 2. 11)의 결과 의병이 일제 침략세력과 동일시하던 친일내각이 몰락하였고, 더욱이 선유사가 각 도로 파견되어 국왕의 의병 해산칙유[189]를 내림에 따라 전국의 의병은 항전명분을 잃어 그 세력이 급속히 약화되어 갔던 것이다. 申箕善(1851~1909)이 南路宣諭使에, 李道宰(1848~1909)가 東路宣諭使에 각각 임명된 것이 이즈음의 일이다.[190] 이때 관동지역으로 파견된 이도재는 다른 지역의 의병은 거의 해산하였으되 오직 강릉의병만이 여전히 해산하지 않고 활동중에 있다고 보고하고 있다.[191] 이에 그는 강릉의병의 宣諭에 전력을 기울이게 된다. 관군이 공세를 취하기에 앞서 이도재는 의진 해산을 종용하는 서신을 민용호에게 보내왔다. "단발령은 중지되고 國讐는 이미 갚았으니" 당연히 의병을 해산해야만 한다는 논리였다. 여기에 대해 민용호는

> 國讐를 과연 이미 갚았은즉 宗社의 복이요 生民의 願이니 얼마나 기쁘겠는가. 만약 그렇지 못하고 구차히 云云한다면 弑逆의 禍와 兵亂의 참상이 이로부터 더욱 커져 수습할 사람이 없게 되리니 閣下(관찰사-필자)가 어찌 능히 마음을 편히 하고 禍를 끌어내겠는가. 단발의 화는 또한 다음 일이 될 것이다. 아, 10部의 도적들이 혹 죽고 혹 도망한 것을 어찌 원수를 갚았다고 말할 수 있겠는가. 이것은 협박에 못 이겨 따르는 정치에 불과하며, 倭酋가 아직도 우리 땅에서 천지간에 마음대로 군림하고 있으니 이를 장차 어찌할 것인가.[192]

라고 하여, 일제의 구축이 완전히 이루어지지 못한 현실에서 國讐를 이미 갚았다고 말하는 것은 앞으로 더욱 큰 화를 자초하는 것이며, 나아가 이는 다시 단발의 수난으로 이어질 것이라고 주장하면서, 이러한 현실하에

189) ≪관보≫ 호외(1896. 2. 18), 「勅諭」.

190) ≪관보≫ 호외(1896. 2. 27). 그 뒤 이도재가 선유 임무를 끝내고 귀경하게 되는 것은 강릉의병이 삼척으로 내려간 뒤인 6월 7일이다(≪관보≫ 제347호, 1896. 6. 9).

191) ≪독립신문≫ 제12호(1896. 5. 2), 「잡보」.

192) 『關東倡義錄』, 48쪽. "盖國讐果已復矣 則宗社之福 生靈之願 何喜如之 如其未也 而苟且云云 則弑逆之禍 干戈之慘 從此益大 無人收拾矣 閣下其能安心曳禍乎 剃髮之禍 亦次第件也 噫十部賊或誅或逃者 其可曰復讐乎 此不過一脅從之治 而倭酋尙在疆場 戴頭噓氣於天壤之間 此將乃何"

서는 항전을 계속할 것임을 천명하였다.

李景應이 이끄는 춘천의병의 잔여 군사와 金道鉉 의병이 강릉으로 합세해 오는 것은 이 무렵의 일이다. 우선 김도현은 1896년 1월 淸凉山에서 거의한 이후 봉화·영주·태봉·안동 일대에서 활약하다가 태봉전투에서 패한 이후 재기를 위해 각지를 전전하고 있었다.[193] 이러한 상황에서 민용호의 합진 요청을 받은 그는 평해·울진·삼척을 지나 3월 하순경 60여 명의 의병을 거느리고 강릉에 당도하였던 것이다. 그는 민용호와 조우하던 광경을 다음과 같이 기술하고 있다.

> 강릉에 도착하니 閔대장이 친히 군사 수천 명을 거느리고 들에 나와 기다린다. 함께 들어가 옆에 앉아서 보니, 용모는 단정하고 뜻은 굳으며 그 글이 또 날카로워 가히 의리를 성취할 만한 인물이다.[194]

민용호는 김도현을 선봉장으로 임명, 중용하였다. 그러나 그는 5월 31일 삼척회전에서 패한 뒤 강릉의병과 결별하고 다시 남하하게 된다.[195] 강릉의병에 합류해 있는 기간은 20여 일에 불과한 것이다.

3월 하순경에는 이경응이 인솔하는 춘천의병 200여 명도 합세해 왔다.[196] 춘천의병을 처음 지휘하던 이소응이 제천으로 내려가자, 그 후임으로 그의 從兄 李晉應이 대신 의병장이 되었다. 그러나 이진응이 춘천 수성전에서 전사하게 되자, 그의 아우인 이경응이 잔여의병을 이끌고 강릉으로 찾아온 것이다. 여기에 대해서는 세밀한 주의를 요한다. 왜냐하면 춘천의병은 인맥상 제천의병과 밀접한 관계를 가졌기 때문이다. 이와 같은 배경이 작용해서인지 이경응은 민용호로부터 신임을 얻지 못하였던 듯하다. 이경응 의병이 그 뒤 6월 23일 강릉의병과 결별하고 餘糧(현 정

---

193) 金道鉉의 의병활동에 대해서는 金康壽, 「韓末 義兵將 碧山 金道鉉의 義兵活動」(≪北岳史論≫ 2, 국민대 북악사학회, 1990)을 참조하였다.

194) 『碧山先生倡義顚末』(『독립운동사자료집 2』, 독립운동사편찬위원회, 1971), 29쪽.

195) 金康壽, 앞의 논문, 24-26쪽; 『關東倡義錄』, 49-50쪽; 『碧山先生倡義顚末』, 28-29쪽.

196) 『關東倡義錄』, 50쪽.

선군 여량)을 거쳐서 鶴橋에서 북상길에 오른 제천의병에 합류하게 되는 것도 이러한 맥락에서 이해할 수 있다.[197] 즉 강릉의병이 후술할 인제 鬼屯戰鬪에서 참패를 당하게 되자, 이경응은 강릉의병을 이탈해 제천의병에 합류하였던 것이다. 하지만 이 무렵의 이경응 의병은 전투력을 거의 상실한 것으로 보인다.

4) 의진의 북상

강릉의병은 서울로부터 파견된 관군의 압박을 받게 되면서 그 활동이 급격히 위축되었다. 신임 관찰사 徐廷圭[198]와 참서관 趙義鳳[199]이 임지인 강릉으로 부임할 때, 친위대 제2대대 중대장 正尉 金鴻權이 인솔하는 280여 명의 관군도 함께 강릉으로 진출하였던 것이다. 이들은 영동지방 사정과 의병내부의 실정에 밝은, 강릉부 前主事 孟一鎬(지평군수 孟英在의 아들)와 강릉의병의 前좌군장 李錫範 등을 '前導'로 삼아 의진을 핍박해 왔다.[200] 관군의 등장은 강릉의병의 활동에 커다란 제약을 가하여 결국 근거지 이동, 북상을 단행하지 않을 수 없도록 만들었다.

관찰사 서정규 일행이 홍천까지 다가왔다는 소식을 듣자, 민용호는 선봉 강우서·신무섭 등을 급파시켜 강릉으로 진입하는 요로인 東山里[201]와 몰잇재[沒夷峙][202]를 수비토록 하는 한편 김안수로 하여금 관군의 대관령

197) 元容正及從事諸人, 『毅菴柳先生西行大略』(『독립운동사자료집 1』, 독립운동사편찬위원회 편, 1971), 511쪽; 『關東倡義錄』, 62쪽.

198) 徐庭圭가 李暐(中樞院一等議官으로 轉任)의 후임으로 강릉관찰사에 실제 임명되는 것은 3월 7일이다(『관보』 제269호, 1896. 3. 10).

199) 趙義鳳은 박승혁의 후임으로 3월 15일자로 강릉부 참서관에 임명된 인물이다(≪관보≫ 제275호, 1896. 3. 17). 한편 『關東倡義錄』에는 趙觀顯(친위 제1연대 제1대대 중대장, 正尉, 양양군수 被任)으로 錯記되어 있다.

200) 『關東倡義錄』, 50쪽.

201) 東山里의 위치는 확실치는 않으나 평창군 진부면의 東沙里 일대로 생각된다.

202) 몰잇재(해발 809m)는 모로치[毛老峙]·모로현[毛老峴]이라고도 부른다. 평창군 대화면 小斤里에서 동쪽 진부면 마평리 仁樂院으로 가는 고개였으나 국도 개통 이후 자연 방치되어 현재는 廢路 상태이다. 과거 영서에서 강릉으로 가는 길목에 해당되던 곳이다.

진입을 차단하도록 조처하였다.[203]

의병측의 예상과 달리, 관찰사 일행은 오색령을 넘어 양양 방면으로 들어왔다. 그리고 강릉 외곽의 連谷까지 남하한 뒤 5월 24일 새벽, 강릉 공격에 들어갔다.[204] 강릉의병은 관군의 공격을 맞아 김안수·권인하·강우서·김무섭 등의 지휘하에 수성전을 벌였으나 전력의 열세로 패퇴하지 않을 수 없었다. 이에 하는 수 없이 강릉을 버리고 산간 峽地인 臨溪(현 정선군 임계)로 물러나게 되었다.[205]

이어 강릉의병은 임계를 떠나 "수림이 하늘을 덮고 길이 험해 사졸들이 갑옷을 말고 나무에 의지하면서" 백봉령을 넘어 북평을 지나 동해안을 따라 내려가 삼척에 도착하였다. 활동 근거지 강릉을 상실한 뒤 삼척을 활동무대로 삼을 계획이었다. 민용호는 이미 留陣將 金憲卿(1851~1910)[206]이 그 기반을 다져 놓은 이곳을 활동 適地로 판단하였던 것으로 보인다.

그러나 강릉에 주둔해 있던 관군은 승세를 몰아 의병 추격에 나서 花飛嶺(명주군 강동면 소재)을 넘어 4월 14일 새벽 삼척에 이르렀다. 민용호는 삼면에 의병을 배치해 놓고 관군이 접근해 오면 포위공격한다는 전략을 세웠다. 이에 따라 선봉장 김도현과 수성장 민동식은 성안에 매복하고, 유진장 김헌경은 竹西樓 동쪽에 진을 쳤으며, 그리고 민용호 자신은 중군 최중봉·강우서·이영찬·전치운·신무섭 등과 함께 삼척 뒤편의 三峰山 위에 호를 파 군사를 매복시켜 놓고는 관군의 접근을 기다렸다. 관군의 공격으로 시작된 이날의 전투는 아침 5시 무렵[卯時]부터 오후 5시 무렵[申時]까지 계속되어 서로 치열한 공방전을 벌였다. 의병은 처음에는 유리한 지형을 점하고 있었기 때문에 맹렬한 공격을 가한 결과 우세한 입장에 섰

---

203) 『關東倡義錄』, 50쪽.

204) 徐庭圭·趙羲鳳 일행이 의병을 공격하고 강릉에 입성한 5월 24일이 이들의 정식 到任日字가 되고 있다(≪관보≫ 제362호, 1896. 6. 26).

205) 『關東倡義錄』, 52-53쪽.

206) 김헌경은 삼척 출신의 대표적인 유생으로 이 일대 항일의병의 구심점이었다. 그는 그 뒤 1908년에는 삼척에서 소위 新舊儒 分黨是非 사단이 생겨났을 때 그 중재를 담당하는 등의 활동을 벌이기도 하였다. 일제에게 피체된 뒤 1910년 獄死하였다(金鼎卿 편, 『三陟鄕土誌』, 三陟敎育區廳, 1955).

으나 시간이 지나면서 탄약고갈과 함께 전황이 불리해져 결국 五十川邊으로 퇴각하고 말았다. 전체적인 전황을 놓고 볼 때, 이 전투에서 양측은 모두 큰 손실을 본 것으로 짐작된다. 특히 관군측은 '강릉으로 생환한 자가 50여 명에 지나지 않았다'고 할 만큼 많은 인명손실을 본 것으로 추측된다. 또한 의병측도 끝내 삼척을 포기한 채 정선으로 퇴각해야 할 정도로 타격이 컸고, 특히 영양에서 합세해 와 선봉장이 된 김도현은 이때 민용호와 결별한 뒤 10여 명만을 거느린 채 영양으로 회진하고 말았다.[207]

강릉의병은 삼척전투 이후 황지령을 넘어 정선－임계를 지나 다시 강릉으로 들어갈 수 있었다.[208] 고성·양양 방면으로 진출한 성익현 의병을 공격하기 위해 일시 관군이 양양으로 북상하게 되어 강릉 수비가 허술하였기 때문이었다.

강릉으로 회군한 민용호는 울릉참서관으로 개화행정를 펴던 廉錫夏[209]를 처단하였다. 나아가 울릉도에다 거의의 정당성을 천명하고 망국적 개화시책을 거부하며 수구적 자세를 견지할 것을 촉구하는 격문을 띄웠다.[210] 울릉도에까지 抗日義氣가 퍼졌음을 이를 통해 확인할 수 있는 셈이다.

한편 강릉의병과 합세하기 위해 태백산맥을 넘어 관동지방으로 진출한 춘천의병의 별동부대인 成益賢[211] 휘하 500여 명은 통천을 지나 고성 방

---

207) 『關東倡義錄』, 53-54쪽; 『碧山先生倡義顚末』, 30-31쪽. 『碧山先生倡義顚末』에서는 삼척회전 당시 의병의 배치상황에 대해 "중군 최중봉은 뒷산에 진을 치고, 민대장은 본읍 군대와 함께 남쪽 산에 진을 치고, 나는 민동식·韓重輔와 함께 성안에 진을 쳤다"고 하여 『關東倡義錄』과는 다소 차이를 보이고 있다. 어느 설이 옳은지는 밝힐 수 없으나, 여기서는 『關東倡義錄』에 의거 기술하였다. 삼척회전에 대한 기타 내용에 있어서는 양자의 기록이 대체로 일치하고 있다.

208) 『關東倡義錄』, 54쪽.

209) 廉錫夏는 金城 관아의 아전으로 있다가 울릉참서관으로 임명된 인물이다. 단발을 강요한 죄목으로 민용호가 속초에서 구금하였다가 석방하였으나, 민용호의 사령 張斗相에 의해 이때 처단되었다(『關東倡義錄』, 53-54쪽).

210) 『關東倡義錄』, 54-55쪽.

211) 成益賢은 춘천부 관군의 한 '哨長'으로 있었으나 춘천의병이 거의할 때 여기에 합세한 춘천의병의 핵심인물 가운데 한 사람이다(李求鎔, 앞의 논문, 99쪽). 그 뒤 춘천의병이 무너지자 李景應과는 별도로 잔여 부하들을 거느리고 동해안

면으로 내려왔다. 그리하여 고성군수 洪鍾憲과 양양군수 楊命學을 차례로 처단한 뒤 강릉을 향하여 남하하여 東沙洞(현 양양군 속사)까지 진출하였다.[212] 하지만 성익현 의병은 김홍권이 이끄는 관군의 공격을 받고 부득이 간성 乾鳳寺로 퇴각, 유진하게 된다. 이에 민용호는 성익현 의병과 연합하기 위해 북상해서 연곡·양양 방면으로 나아갔다. 민용호는 6월 12일 간성의 관군과 일대 교전을 벌여 그 예봉을 꺾으려 하였다. 그러나 오히려 패배를 당해 巡浦(소재 불명)로 퇴군하고 말았다. 간성전투의 전과는 의병측이 30여 명의 관군을 포로로 잡은 데 비해 60~70여 명의 의병이 부상하였다고 한다. 관군은 공세를 늦추지 않고 다시 순포에 주둔중인 의병을 공격해 왔다. 의병은 이들을 맞아 결사적으로 항전한 결과 '관군측의 사상자와 被捕者가 200여 명에 달하는' 뜻밖의 대승을 거두었다.[213]

이즈음 강릉의병은 의진 해산을 종용하는 여러 압박을 받게 된다. 관군은 여전히 양양 일대에서 의병을 공격할 기회를 노리고 있었으며, 또 관군과 대적한다는 것은 그 자신도 '子弄父兵之罪'라고 밝히고 있듯이 실로 명분상 어려운 점이 있었다. 이러한 상황에 직면하자, 그는 고종에게 상소를 올려[214] 거의의 정당성 및 여전히 의병을 해산할 수 없는 이유, 그리고 관군과 대적하는 '죄' 등을 밝히고 있다. 여기에서 그는 특히 의병을 '匪徒'로 지목한 관군의 입장에 대해서는 신랄한 비판을 가함으로써 거의의 당위성을 천명하였다. 그 가운데 중요한 대목을 보면 다음과 같다.

> 지난 4월 12일 관찰사 서정규, 참서관 조관현(조희봉의 오류-필자), 중대장 김홍권이 京兵 200여 명을 몰고 와서 臣等을 匪徒라 이름하여 무고히 얽어매

으로 진출해 왔던 것이다. 이후 그는 정미의병 때까지 활동을 지속하여 경북 동해안 일대에서 활발한 항일전을 벌였던 인물이다.

212) 『關東倡義錄』, 54쪽; ≪독립신문≫ 제34호(1896. 6. 23); ≪관보≫ 제357호(1896. 6. 20).

213) 『關東倡義錄』, 55-56쪽.

214) 이때 민용호가 상소하는 배경을 설명하면서 "전후 서울에서 파견된 관군이 700여 명이지만 생환자는 거의 없다"(『復齋集』 권4, 雜著, 「關東倡義錄 下」, 9쪽)고 한 대목은 강릉의병의 대체적인 전과를 짐작케 하는 단서가 된다.

> 고는 몰살시키고야 말겠다는 생각을 하고 있다. 아, 우리 임금의 赤子가 아닌 자가 없으니 서로를 공격하여 만세의 수치와 웃음거리가 될까 두려워 몇 번이나 애소하였지만 (저들이) 끝내 듣지 않아 신등이 부득이 대적한 것이다. 서정규·조관현·김홍권 등이 양양·간성으로 물러나 예수교도와 합쳐 (우리 의병을) 또 盡滅코자 하니, 나아가고자 한즉 임금의 군대에 항거한다는 오명을 받을 것이요 물러나고자 하니 君父의 치욕을 설복하기가 어렵게 되어 신등의 처한 바가 실로 낭패가 되었다. 비록 그러하나, 금일 서정규 등의 來侵이 결단코 전하의 본의가 아닌 줄을 아는 까닭에 의병을 해산하지는 않을 것이다.[215]

또 이즈음 민용호는 의진해산을 권유하는 친족들의 서신을 계속 받게 된다. 재종손 閔恒植은 그에게 보낸 편지에서 "한 손으로 하늘을 받쳐도 꺾이지 않은 것은 다행이니, 전원으로 돌아가는 것만 같지 못하다"고 하였으며, 재증손 閔丙星도 "때를 기다려 움직임만 못하다"는 내용의 글을 보내와 의진해산을 종용하였던 것이다.[216]

민용호는 이처럼 어려운 형세하에서도 항전의 결의를 늦추지 않았다. 그리하여 강릉의병은 6월 24일경 양양주둔 관군을 공격해 중대장 김홍권 이하 '80여 명'을 사살하는 대승을 거두었다.[217] 양양전투는 실로 강릉의병이 거둔 최후의 승전에 해당된다. 이후 강릉의병의 활동은 급격히 쇠퇴해져 끝내 북상도강을 단행하게 되는 것이다.

강릉의병은 明珠寺(양양군 현북면 어성전리 소재)에서 비가 내리는 가운데 관군의 공격을 받고 강릉으로 패퇴하였다. 특히 명주사전투 와중에는 중군 崔中奉이 관군에게 희생됨으로써 전력상 큰 손실을 가져왔다.

이와 같이 시간이 지날수록 활동여건이 점차 악화되고 또 연전으로 인하여 전력이 소모됨으로써 의병의 사기가 저상되어 가던 중에, 지루한 장

---

215) 『關東倡義錄』, 「陳情疏」, 204쪽. "四月十二日 觀察使徐庭圭參署官趙觀顯中隊將金鴻權 率京兵二百餘人 構誣臣等謂匪徒 思欲陷沒乃已 噫 莫非吾王之赤子 而自相攻擊 恐貽萬世之恥笑 累次哀呼 終不聽認 臣等不得已相敵 廷圭觀顯鴻權等 退于襄杆 符同耶蘇學輩 又欲盡滅 欲進則有抗王師之名 欲退則難雪君父之恥 臣等所處 實爲狼狽 雖然今日廷圭等之來 決知非殿下之本意 故期使義旅 不至瓦解"

216) 『關東倡義錄』, 58쪽.

217) 『關東倡義錄』, 59-60쪽.

마가 찾아와 의병의 활동에 큰 지장을 초래하였다. 雨天은 의병의 주무기인 화승총을 무용지물로 만들었다. 그러므로 장마는 의병의 전력을 결정적으로 제약하는 요인으로 작용하였던 것이다. 민용호는 우천에 대해 자주 하늘을 원망하고 있다. 최중봉이 죽었다는 소식을 듣고 그는 군중에 3일 동안 服을 입게 하면서 "유유한 하늘이시여. 어찌 달포가 넘도록 비가 계속되는가"[218]라고 탄식하였고, 이어 향후의 작전을 숙의하면서 "금년의 비는 운수이니 잠시 피하여 하늘이 개기를 기다리는 것만 같지 못하다"[219]고 하여 삼척으로 물러났다. 그러나 장마는 계속되고 의병들은 그 동안의 연전으로 인해 극도로 피로가 쌓여 더 이상 항전이 불가능한 지경에 이르자, 8월 초순에 민용호는 드디어 다음과 같이 북상을 결심하게 되었다.

> 3개월의 장마, 이는 하늘이 의사로 하여금 패하도록 한 것이니, 서북으로 들어가 중국의 무기를 얻은 연후에 倭奴의 치욕을 씻는 것만 같지 못하다. 그렇지 않으면 다만 각국의 비웃음만 살 뿐이다. 애석하도다, 삼천리강산에는 어찌하여 自起砲가 없는가.[220]

비가 그치지 않자 강릉의병은 경북 울진까지 퇴각하였다. 이즈음 민용호는 중부지방에서 그 동안 함께 활동을 해오던 제천의병이 북상을 단행하였다는 소식을 듣게 되자, 더 이상 항전을 계속할 수가 없게 되었다고 판단하였다. 즉 그는 강릉의병과 脣齒의 관계로 생각하던 제천의병이 북상을 단행하게 된 데 큰 자극을 받고[221] 역시 서둘러 북상을 결행하게 되었던 것이다. 이에 그는 의진의 북상을 알리는 포고문을 휘하 각진에 발송하였다. 여기서 그는 앞으로의 항전계획에 대해

---

218) 『關東倡義錄』, 60쪽.

219) 위와 같음.

220) 위와 같음. "三月長霖 是天使義士見敗也 不如入西北 得中國之器械然後 可雪倭奴之恥 否則徒貽各國之笑也 惜乎 三千里江山 何無自起砲也"

221) 『關東倡義錄』, 61쪽; 『復齋集』 권4, 「關東倡義錄 下」, 12쪽. "東南[西]陣相爲脣齒 已[對]抗京兵與[及]倭奴 今(猶)我獨存 勢難抵敵 不如吾亦入北." 『復齋集』에서는 [ ]속의 字로 대치되어 있고 ( )속의 자는 빠져 있다. 『關東倡義錄』의 '東南' 가운데 '南'은 '西'의 誤記로 보인다.

> 대저 서북의 민인은 옛날부터 천하의 강병이라 불리어 왔고, 中州(중국-필자)는 일찍부터 사해의 맹주가 되어 왔다. 몸소 친히 따르는 군졸 약간을 거느리고 중국으로 들어가 황제에게 호소하여 一枝兵을 얻은즉 (이들을) 몰고 동쪽으로 달려와 양서의 의사와 강졸들을 받아들여 일시에 진격한다면 적의 우두머리를 베일 수 있으리라. 대저 이와 같이 된다면, 대의를 펴고 만인을 유쾌하게 할 수 있을 것이니 이보다 더한 다행이 있겠는가.[222]

라고 밝히고 있다. 먼저 중국으로 들어가 청에 군사적인 도움을 청하고, 다음으로 이를 바탕으로 다시 입국하여 양서지역의 강용한 군사들을 모집한 뒤 서울로 진격함으로써 일제침략세력을 구축한다는 것이다.

강릉의병의 北上 淸援說은 제천의병의 경우와 내용상 유사한 가운데 그 성격을 달리하고 있다. 제천의병은 먼저 양서지역으로 북상하여 그곳의 '强勇之兵'을 바탕으로 재기를 도모하려 했으며, 이것이 실패할 경우 '以夷制夷'의 방편으로 중국으로 들어가 청에게 군사원조를 요청하려 하였다.[223] 결국 제천의병이 '호서-양서-중국'의 旅路를 택하였던 데 비해, 강릉의병은 '관동-중국-양서'의 逆路를 택하게 된다. 두 의진의 이러한 재기계획은 외형적으로 볼 경우에는 청의 실질적인 군사 원조를 기대하고 있었다는 점에서 유사성을 가지고 있다. 그러나 내면적으로 볼 때, 제천의병의 유인석이 청의 실체를 '오랑캐'로 파악하고 문명의 정도가 底劣한 것으로 인식한 데 비해, 강릉의병의 민용호는 청의 종주권을 실질적으로 인정하고 있었던 것이다.

강릉의병은 杻川을 지나고 황지령을 넘어 인제로 들어갔다. 북상길에 오른 강릉의병은 500여 명이었으며, 성익현·이경응·권인하·신무섭·朴鳳九·민동식 등이 각기 군사를 분담 통솔하였다.[224]

---

222) 『關東倡義錄』, 61-62쪽. "大抵西北古稱天下强兵 中州尙是四海盟主 計欲躬率親隨軍卒若干 入中州訴天陛 得蒙一枝之許 則驅而渡東 收拾西北義士强卒 一鼓以進 可獲賊酋如是可以伸大義快萬人 幸孰大焉"

223) 『昭義新編』 권1·2, 「與同門士友書」·「因召命入疆至楚山陳情待罪疏」, 25·48쪽.

224) 『關東倡義錄』, 62쪽. 이들 가운데 성익현과 이경응 양인이 거느리는 의병은 민용호의 휘하에서 활동한 것이 아니라 횡적으로 연합된 상태에 있었던 것으로 보여진다. 이 점은 강릉의병 안에서의 양인의 직책이 나타나지 않는다는 사실과,

鬼屯(현 인제군 귀둔)에 도착한 의진은 관군과 조우하여 교전한 끝에 큰 타격을 입고 말았다. 더구나 전투 와중에 권익현·권인하·성익현·黃鶴秀·崔漢絅 등이 길을 잃어 사방으로 흩어지고 말았다. 민용호는 나머지 군사들을 수습한 뒤 龍山(인제군 서화면 소재)으로 행군하였다. 이어 장마비를 무릅쓰고 행군을 계속한 끝에 회양 花川(현 회양군 安豊面 化川里로 추정됨)에 도착하였다.[225] 이 무렵 九邑召募士 申尙[常]默이 주변지역의 군사를 소모해 와 다소 전력을 보충할 수 있었다.

이때 관군은 강릉의병을 집요하게 추격해 왔다. 중대장 김명환 휘하의 京軍 200여 명이 회양에 당도하여 의병의 소재를 탐문하고 있었다. 김명환의 보고에 따르면, 민용호와 성익현은 이때 각각 300~400명씩을 거느리고 별도로 행동하였으며, 회양에서는 두 길로 나누어 회양 연송포 방면과 金城·通口 방면으로 각각 이동하였다고 한다.[226] 通口津(현 김화군 通口面 일대)으로 내려와서는 도강을 끝낸 뒤 선박들을 파괴시킨 다음 행군을 계속하였다. 관군 200명이 회양읍에 주둔해 있다는 소문을 듣고 그들의 추격을 차단코자 한 때문이다. 8월 9일에는 金城 倉頭(현 김화군 昌道面 일대로 추정됨)에 당도하였고 이어 평강읍으로 들어갔다. 이 무렵 민용호는 심복 김원섭을 서울에 파견하여 '조정의 형편과 각국의 동정'을 정탐한 뒤 이를 보고토록 하였다. 정계 동향에 능동적으로 대처하기 위한 조처였던 것이다.[227]

후술할 鬼屯戰鬪 뒤에 이경응의 행방이 묘연한 상태에서 그 휘하 의병이 민용호에게 귀부하려 하자 "부하된 자로 主將의 행방을 모르는 것은 義가 아니며 다른 사람의 패배를 요행으로 여겨 그 군사를 받는 것 역시 義가 아니다"(『關東倡義錄』, 62쪽)라고 한 민용호의 말에서 짐작할 수 있다.

225) 위와 같음. 이때 관군의 의병 추격상황을 다음과 같은 기록을 통해 확인할 수 있다(≪독립신문≫ 제59호, 1896. 8. 20). "팔월 칠일 사령겸 양양군수 조관현씨가 군부에 보고하였는데 비도괴수(의병장－필자) 민용호·민동식·성익현·차윤옥·권대형 등이 강릉 영서로 패하여 달아나다가 소대장 유성원씨에게 쫓긴 바 되어 회양 금성으로 달아났다 하기로 소대장 이규갑씨로 치게 하고 (하략)"(맞춤법－필자).

226) ≪독립신문≫ 제60호(1896. 8. 22), 「잡보」.

227) 『關東倡義錄』, 65쪽. 이때 민용호는 김원섭에게 얼마 전에 무사히 서울로 귀환케 한 前 강릉관찰사 李暐와 참서관 박승혁을 찾아 도움을 청하도록 당부하고

이어 400~500명을 거느리고 谷山邑에 당도한 민용호는 군수 李民夏로부터 융숭한 대접을 받았다. 그러나 9월 8일, 몰래 매복시켜 놓은 관군의 기습으로 의병 40~50명이 전사하는 등 큰 타격을 입었다. 이에 강릉의병은 文城(소재 불명)으로 이동하여 군사를 수습한 결과 140여 명에 지나지 않았다. 하지만 이곳에서 다시 관군의 공격을 받아 중군장 민동식 이하 10여 명이 전사하고 말았다.228)

이와 같이 강릉의병은 도처에서 핍박을 받아가며 잔여의병들을 이끌고 북상을 계속하여 安邊 延豊社·高原·永興 등지를 지나 180여 명으로 다시 定平을 거쳐 관북 요지인 咸興으로 진군하였다. 강릉의병은 개화정치를 시행하던 함흥관찰사 서리 金宅洙를 축출한 뒤 함흥을 점령하였다.229) 그러나 홍원을 지나 북청으로 피신해 있던 김택수가 관군을 이끌고 함흥을 공격해 오자 성안의 관군이 여기에 호응하고 나왔다. 이처럼 어수선한 상황에서 의병들은 성을 탈출하여 사방으로 흩어지고 말았다. 그러나 의진의 중심인물 가운데 한 사람인 신무섭을 비롯하여 19명은 미처 피하지 못해 피체 처형되는 참변을 당하고 말았다. 9월 16일의 일이었다.230)

그 뒤 강릉의병은 잔여의병들을 이끌고 長津으로 퇴각한 뒤 青山嶺을 넘어 三水로 들어갔다. 이곳에서도 역시 김택수가 요로마다 포군을 배치해 두고 의병을 핍박하였다. 이에 의병장 민용호는 金和睦만을 데리고 압록강을 건너 백두산 아래 살고 있던 內侍貢 李養禧와 淸人 王明知를 찾아 도움을 요청하기에 이르렀다. 그 결과 무장한 淸人 수십 명의 도움으로 최문환의 인솔하에 잔여의병들이 무사히 압록강을 건널 수 있었다. 10월 5일의 일이었다.231)

있다(『關東倡義錄』, 64쪽). 또한 이보다 앞서 민용호는 乾鳳寺 승려 창기에게 의병에 협조를 요청하는 서한을 가지고 서울로 가 대원군을 만나도록 한 적도 있다. 하지만 창기는 서울에서 피체되어 재판에 회부되고 말았다(≪독립신문≫ 58호, 1896. 8. 18, 「잡보」).

228) ≪독립신문≫ 71호(1896. 9. 17), 「잡보」; 『關東倡義錄』, 63-64쪽.

229) ≪독립신문≫ 75호(1896. 9. 26), 「잡보」.

230) 『關東倡義錄』, 76쪽; ≪독립신문≫ 제83호(1896. 10. 15), 「잡보」. ≪독립신문≫은 신무섭 이하 24명이 피체된 것으로 보도하였다.

231) 『關東倡義錄』, 77쪽.

백두산 아래 서간도 땅에서 민용호는 휘하 의병을 李養禧에게 맡긴 채[232] 청의 원조를 기대해 通化를 지나 瀋陽으로 들어갔다. 이로써 강릉 의병은 1월 중순 원주를 연원지로 거의한 이후 10여 개월에 걸친 활동을 종료하고 解陣되었던 것이다.[233]

232) 이때 남은 의병들은 거의 모두 귀국하였다고 한다(『關東倡義錄』, 80쪽).

233) 민용호는 의진을 해산하는 쓰라린 심정과 재기항전에 대한 염원을 다음과 같은 詩로 읊고 있다(「咸興失利後將向中國白頭山下贈別諸同志崔文煥金利睦車芝元李永達金奇洙」, 『關東倡義錄』, 190쪽).

풍진세상 나아온 지 이미 해가 되었건만　　出沒風塵已有年
일장 승패는 하늘의 뜻이로다　　一場勝敗摠由天
그대, 모름지기 關東子弟를 맡으시라　　關東子弟君須保
軍馬타고 돌아와 다시 채찍을 잡으리라　　信馬歸來再整鞭

<그림 1> 제천의병과 강릉의병의 서북지역 북상 이동로

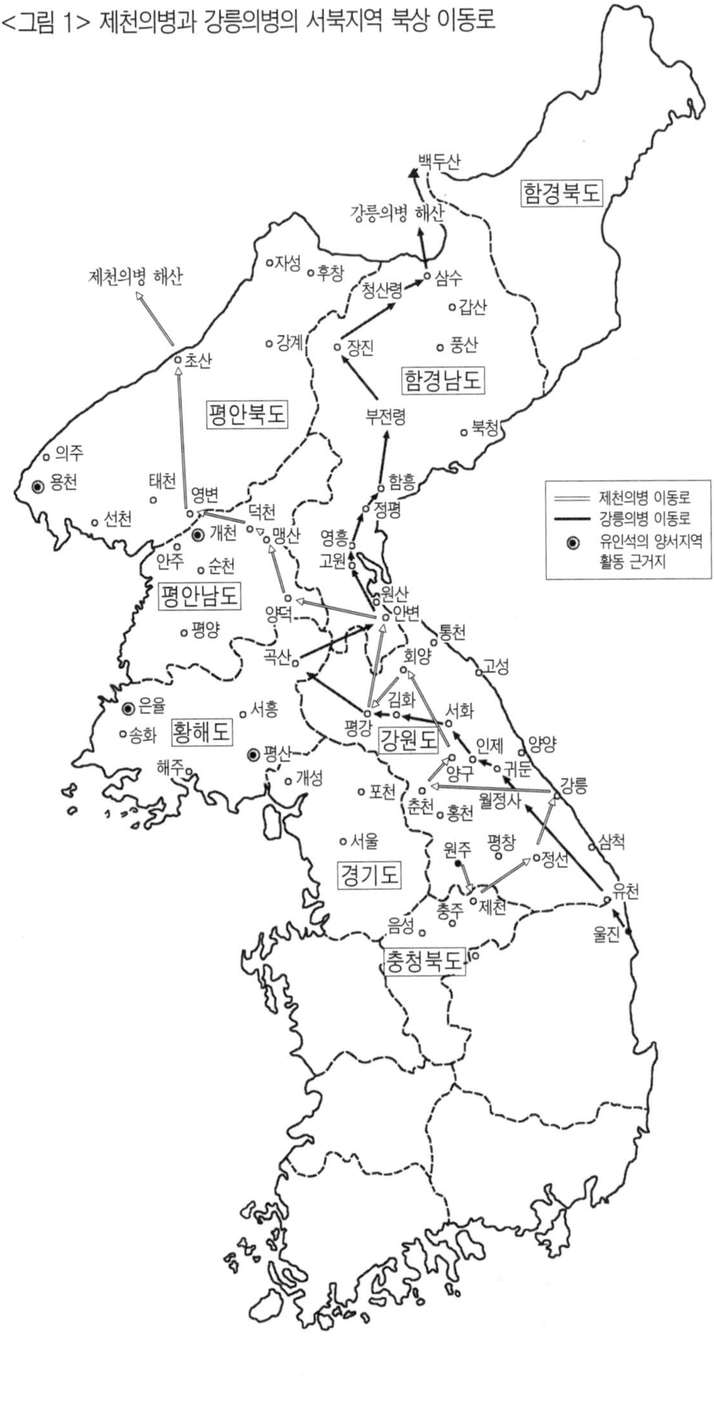

〈제천의병의 북상〉

6월	10일	원주	康川
	20일	제천	茅山
	26일	정선	
7월	11일	평창	大和
	22일	양구	
	25일	회양	
	30일	김화	
8월	4일	평강	
	10일	안변	
	14일	양덕	
	16일	영흥	
	18일	맹산	
	19일	덕천	
	22일	영변	
	24일	초산	
	28일	압록강 도강	
	29일	의병 해산(회인현 渾江邊)	

〈강릉의병의 북상〉

7월	울진	
	삼척	杻川
	인제	鬼屯
	회양	花川
8월 9일	김화	倉頭(昌道)
	평강	
9월 8일	곡산	
	안변	延豊
	고원	
	영흥	
	정평	
9월 16일	함흥	
9월 21일	부전령	
	장진	
	청산령	
	삼수	
10월 5일	압록강 도강	
	의병 해산(백두산 아래)	

제2부
關北地域의 後期義兵

제1장
關北 山砲手義兵

北靑을 비롯하여 三水·甲山·長津 등 함경남도 거의 전역을 활동무대로 삼았던 山砲手義兵[1]은 서북지역 의병 가운데 가장 두드러진 활동을 보였

---

1) '山砲手義兵'이라는 용어는 다음과 같은 상황인식하에서 사용하였다. 우선 관북의 산포수가 중심이 된 이 의병은 크게 보아 두 단계로 구분지어 이해할 수 있다. 즉 이 의병이 일제의 집요한 와해 공작의 결과 1908년 3월 대규모 '귀순'이 이루어지는 시점을 기준으로 전기와 후기로 양분할 수 있는 것이다. 이 의병을 車道善과 洪範圖 두 인물이 주도한 가운데서도 전기에는 특히 차도선의 지도력과 역할이 두드러지는 시기라 할 수 있으며, 후기에는 홍범도의 역할이 두드러져 그를 정점으로 항일전이 수행되고 있다. 즉 두 시기간에는 이 의병을 주도한 의병장이 차도선에서 홍범도로 바뀌게 되는 것이다. 그러므로 전시기에 걸친 이 의병의 명칭을 '홍범도' 일인으로 국한시켜 이해하는 데는 일정한 제약이 있을 수 있다. 愼鏞廈 교수가 전기 의병을 후기와 구분하여 별도로 '洪範圖·車道善義兵'으로 명명한 것도 이러한 맥락에서이다. 더욱이 이 의병은 단일 부대의 편제로 유지된 것이 아니라 몇 개의 단위 부대로 나뉘어 항일전을 수행하고 있기 때문에 '홍범도 의병'이라는 하나의 틀로 묶어 그 개별적인 활동을 추적하는 데는 일정한 한계가 따르게 된다. 다음으로 이 의병은 그 활동지역으로 볼 때, 擧義(初期) 단계에서는 '北靑'이 중심지가 되었기 때문에 '북청의병'의 성격을 가지지만, 후기로 갈수록 그 활동범위가 함경남도 거의 전역으로 확대되기 때문에 어느 특정 지역에 국한시켜 이해하기 어려운 입장이다. 그러므로 지역개념으로 이 의병을 정의하는 것도 역시 무리가 따를 수밖에 없다.

이러한 점들을 염두에 두어 본서에서는 의병 성원의 절대 다수가 산포수였다는 점에 착안하여 이 의병의 명칭을 '산포수의병'으로 규정한 것이다. 이렇게 보는 경우, 관북지역의 지형적 특성의 所産이라 할 '산포수'의 의미가 의병으로

던 의병이다. 특히 전력의 강도면에서만 본다면, 전후 20여 년에 걸치는 의병항전 전 시기 동안 각지에서 일어난 여러 의병 가운데서도 단연 두각을 나타내었을 만큼 강력한 전력을 보유하고 있었다. 더욱이 관북의 산포수의병은 국망 이후 1910년대 義兵이 獨立軍으로 전환 발전되는 단계에서 그 전형을 보여 주고 있기 때문에 항일독립운동사상 그 역사적 위상이 뚜렷이 부각된다고 할 것이다.

이와 같이 여러 가지 측면에서 義兵史에서 중요한 의미를 지닌 함경도의 산포수의병은 그만큼 다른 지역의 의병과는 상이한 특징적 양상들을 노정하였다. 산포수의병이 활동무대로 삼은 압록강 상류 변경지역, 곧 함남 내륙지역은 한국의 지붕 蓋馬高原을 비롯하여 국내에서 가장 험준한 산악지대로 이루어져 있다. 산포수의병의 탁월한 전투력은 북청을 비롯한 풍산·삼수·갑산·장진 등지의 산악지대를 삶의 터전으로 삼아 오던 산포수들이 항일의병으로 轉身하였다는 사실에서 자연히 기인한다. 산포수의병은 또한 활동과정에서 압록강·두만강 대안의 간도 및 연해주 한인사회와 연계되어 무기공급 혹은 연합항전 등을 부단히 모색하고 있었던 사실도 주목되는 점이다.

산포수의병은 1907년 11월 擧義 이후 1908년 9월 北上渡江을 단행할 때까지 10여 개월 동안 함남 각지를 전전하면서 일제 군경을 상대로 활발한 항일전을 전개하여 상당한 전과를 거두었다. 하지만 산포수의병 역시 1908년 하반기에 접어들면서 일제 군경의 계속되는 압박과 連戰으로 인한 전력소모로 더 이상 국내에서 항일전을 지속할 수 없게 되었다. 이에 새로운 항전 근거지를 찾아 압록강을 건너 간도·연해주 등지로 북상도강을 단행하게 되었던 것이다. 산포수의병의 이와 같은 활동은 이 시기 항일의병의 고단한 형세와 장기지속적인 항일전을 펼치기 위하여 새로운 항전방향을 모색하면서 근거지를 찾아 북상도강하던 항일의병의 경향을

전신하는 가운데 자연히 투영되고 있기 때문에 전국 의병 가운데 관북 의병이 가지는 특성을 쉽게 이해할 수가 있게 된다. 물론 산포수는 의병항전 전 시기를 통하여 비중 있는 전투력을 제공하면서 의병의 성원으로 참여하고 있지만, 이 시기 관북지역 의병의 경우에는 성원의 절대 다수가 산포수였다는 점에서 다른 의병과 명확히 구분될 수 있다고 본다.

단적으로 보여 주는 한 사례로 이해할 수 있다.

이러한 사실들을 염두에 두고 본서에서는 산포수의병의 실체와 성격 분석을 시도하였다. 먼저 산포수의병의 擧義 과정과 편제를 살펴봄으로써 이 의병의 투쟁방향과 여기에 따른 전반적인 성격을 규명해 보았다. 그리고 실제적인 전력의 측면에서 武備와 군수품 조달문제를 살펴본 뒤, 구체적인 항일전 수행과정을 해명하였다. 마지막으로 산포수의병이 1908년 후반기에 북상도강을 단행하게 되는 시대상황과 그 내용을 통하여 독립군으로 전환되는 과도기 단계의 의병을 살펴보았다.

1. 山砲手義兵의 봉기

압록강 상류 변경지역에서 활동한 산포수의병의 주요한 항전무대는 북청·삼수·갑산·장진·신흥 등지로 함남 내륙 거의 전역에 걸쳐 있다. 이곳의 지세는 백두산의 동남쪽에 위치한 개마고원을 가운데 두고 마치 사방에서 險山峻嶺이 그 외곽을 둘러싸고 있는 듯한 형세이다. 이 지역에는 산짐승 사냥을 生業으로 하는 직업 산포수가 일반 주민들 가운데 상당수를 차지하고 있었다. 車道善과 더불어 산포수의병을 이끌었던 洪範圖[2]는 이곳 삼수·갑산 일대 산포수 집단의 首領인 捕捐大將으로 활동하고 있었다. 포연대장이란 관청에서 산포수들에게 일정량의 포획물을 상납토록 하는 한편 산포수의 武力을 국경수비에 활용하는 조직의 책임자를 말한다.[3] 擧義 이전에 이미 그가 이와 같은 직책을 가지고 있었기 때문에 이 지역 산포수들이 의병으로 전환되는 과정에서 지도력을 발휘할 수 있었던 것이다.

2) 여기서는 산포수의병의 항전 내용과 그 성격을 밝히는 데 초점을 두었기 때문에 홍범도의 생애(1868?～1943)에 대해서는 언급하지 못하였다. 홍범도의 생애 전반에 대해서는 姜德相, 「義兵大將·洪範圖の生涯」(『朝鮮獨立運動の群像』, 靑木書店, 1984, 81-102쪽)와 윤병석, 『한말 의병장 열전』(독립기념관 한국독립운동사연구소, 1991, 321-343쪽) 등을 참조하기 바란다.

3) 姜德相, 『朝鮮獨立運動の群像』, 靑木書店, 1984, 83쪽.

한편 산포수의병의 연원지인 북청군 安坪社[4]는 인근지역 산포수들의 활동 근거지였다. 북청읍으로부터 북쪽으로 140여 리 떨어진 내륙 오지이기는 하지만, 이곳은 갑산·삼수·장진·강계(평북) 등지와 통하는 교통상 요지로 평소 인근 산포수들의 내왕이 빈번한 활동 근거지가 되어 있었던 것이다.[5] 이 점은 산포수의병이 안평사에서 거의하게 되는 배경으로 작용하였을 것으로 생각된다. 곧 이곳이 산포수 규합의 適地였을 뿐만 아니라 장차 항일전의 방향을 설정하는 데도 유리한 지리적 이점을 가진 곳으로 판단되기 때문이다.

관북지역 산포수가 의병으로 전환되는 계기는 1908년 9월의 일제가 공포한 소위 '銃砲及火藥類團束法'이었다.[6] 일제는 1905년 을사오조약 늑결 이후 대한식민지화를 가속화시켜 일련의 침략정책을 노골적으로 감행해 왔다. 특히 1907년 6월의 헤이그밀사의거를 빌미로 7월에 들어서는 고종을 강제 퇴위시키고 정미7조약을 늑결하였을 뿐만 아니라 8월에는 급기야 대한제국의 군대를 강제 해산하기에 이르렀다. 대한식민지화 단행을 목전에 두고 사전 대비책의 하나로 이와 같이 정규군의 무력을 제거하는 외에도, 일제는 혹 야기될지도 모를 민간의 반발을 대비하여 9월 3일에는 '총포급화약류단속법'을 發布하여 일반 민간에서 소지하고 있던 일체 무기류조차 압류하는 조치를 취하였던 것이다. 법은 한국 정부가 발포

---

4) 社는 함경도지역에만 있던 독특한 행정구역이다. 郡 아래의 행정구역 단위로 다른 지방의 面과 비슷하다. 원래 지방 행정구역으로서의 社는 『周禮』에서 25家를 社라 하고 元에서는 50家를 社라 부른 데서 유래한다. 고려 말기와 조선 초기에 종래의 村 혹은 鎭이 社로 개편되었다. 『新增東國輿地勝覽』에서는 "社는 里와 같은 것이니 본도 사람이 무릇 社라고 부르는 것은 모두 里이다"(제48권 「永興大都護府」條)고 하여 社가 함경도 지역의 독특한 행정구역임을 밝혀 주고 있다. 대체로 보아, 의병항전이 펼쳐지는 시기에 이러한 社는 다른 지방의 面(1906년 면 제정 이후의 행정단위)에 상당하는 것으로 이해할 수 있다.

5) 『暴徒에 關한 編冊』, 「報告書」(1907. 11. 29); 國史編纂委員會 편, 『韓國獨立運動史-資料 8』, 175쪽.

이하 인용에서 『暴徒에 關한 編冊』의 경우에는 『編冊』으로만, 國史編纂委員會에서 편찬한 『韓國獨立運動史-資料 8-19』의 경우에는 『資料 8-19』로만 각각 略記한다.

6) 姜德相, 앞의 책, 84쪽; 愼鏞廈, 「洪範圖 義兵部隊의 抗日武裝鬪爭」, ≪한국민족운동사연구≫1, 한국민족운동사연구회, 1986, 37-38쪽 참조.

하였으나 일체의 단속업무는 9월 23일의 군부대신 훈령에 따라 완전히 일본군 守備區司令官에게 일임되었으며, 단속대상은 화약·탄환·총포류는 물론 弓·矢·刀·槍類와 고대 甲胄에 이르는 모든 병기를 포함하는 광범위한 것이었다. 그 결과 11월 말까지 약 2개월에 걸쳐 전국에서 민간인 소유 무기의 압수 소동이 벌어졌으며, 자료에 의하면 이때 도합 99,747점의 무기와 364,377근의 화약 및 탄약류가 압수되었다고 한다.7)

산포수의병의 연원지인 북청군 관내의 安坪과 安山에 거주하던 산포수 주민들에게 사냥총은 곧 생계도구였다. 그러므로, '총포급화약류단속법'이 발포된 직후 북청 주재 일제 군경이 이 지역 산포수들의 총기를 압류하려 하자, 산포수들은 이 조치에 대해 강력히 반발하고 그대로 의병으로 轉身하게 되었던 것이다. 다음과 같은 기록을 통해서 그 실상을 충분히 짐작할 수 있다.

> (폭도 봉기의) 원인은 확실치 않으나 風說에 의하면 어느 촌락의 한민 소유의 총기를 인수하고자 하였던바 同所는 수렵으로 생계를 유지하는 고장이므로 일진회원 등 그 사정을 具申하고 인수에 응하지 않으므로 북청경무분견소 野上警部가 순사 2명을 인솔하고 동소에 출장하여 說諭를 가하고 동소의 엽총을 모

7) 朴成壽, 「1907~1910年間의 義兵戰爭에 對하여」, ≪韓國史硏究≫ 1, 한국사연구회, 1968, 111쪽.
이 법이 일반 민간의 무력을 완전히 제거하기 위하여 얼마나 철저하게 시행되었는지는 『駐韓日本公使館記錄』 高秘 제1224호(1907. 10. 5)의 「兵器彈藥類整理件에 관한 軍部大臣 訓令」 가운데 나오는 다음과 같은 조항들을 통하여 충분히 짐작할 수 있다(朴成壽, 위의 논문 참조).
1. 화약은 모두 燒棄하여 만일 소기할 수 없을 때에는 물속에 投棄하여 후일 건져서 건조시키더라도 사용할 수 없게 할 것.
2. 탄환(완전한 탄피)은 前項에 준하여 처리할 것.
3. 銃砲類는 병기로 사용하지 못하게 처치하기 위하여 변형 절단 등 적당한 방법을 집행할 것. 단, 미술품 또는 역사적 자료가 될 가치가 있는 것은 이를 軍部에 송부할 것.
4. 弓·矢·刀·槍類는 燒棄할 것.
5. 고대 甲胄類는 軍部에 송부할 것.
6. 변형 또는 소기한 金屬 本質은 신분이 확실한 자에게 매각할 것.
7. 郡衙에서 이전에 募置한 것으로서 砲軍이 사용한 병기도 역시 전항에 의하여 정리할 것.

두 인수 (중략) 호송하였던바 한민 등이 그 所爲를 怨恨하고 총기를 탈취하고자 추격하였을 것이라 한다.[8)]

위 인용문은 산포수의병이 최초로 수행한 전투인 후술할 厚峙嶺戰鬪가 종료된 뒤 원산경찰서장 岡田宜壽가 경무국장 松井茂에게 擧義 과정에 대해 보고한 내용의 일부이다. 위 기록을 통해서 볼 때, 차도선과 홍범도가 주도하던 의병은 결국 산포수 주민들이 일제의 총기 압류 처사에 반발하여 항일전을 표방하고 擧義하였음을 알 수가 있다. 그러므로 이들 의병은 그 성원의 절대 다수가 산포수였다. 압록강 상류 변경지역, 곧 북청·갑산·삼수 등지를 비롯하여 함남 일대에서 활동하던 의병의 두드러진 특징이 이와 같이 그 성원의 절대 다수가 산포수 출신이었다는 점이다.

한편 일반 주민들에 대한 一進會員의 횡포 또한 산포수의병이 擧義하는 데 중요한 동기 내지 원인으로 작용하였다. 산포수의병이 거의와 동시에 일진회원 처단에 주력하였던 사실에서도 이 점은 짐작된다. 일진회원이던 안평면장 朱道翼은 주민들에게 단발을 강요하고 市場稅·祝典費 등을 강제 징수하여 착복하였을 뿐만 아니라 일제의 사주를 받아 총기 회수를 강요하였기 때문에 주민들로부터 많은 원성을 사고 있었다. 이에 산포수의병은 그를 처단하면서 거의를 표방하게 되었던 것이다.[9)]

일제의 의병 탄압기록에서는 一進會와 天道教를 구분하지 않고 기술한 대목이 가끔 산견된다. 일진회원 절대 다수가 동학교도였던 현실에서 일제는 일진회와 천도교를 분간하지 않고 동일선상에 놓고 함께 기술한 듯하다. 홍범도가 구술한 日誌의 초기 거의 기록 가운데 나오는 '동학쟁이' 역시 일진회원으로 파악되고 있다.[10)]

일진회원에 대한 산포수의병의 강렬한 단죄의지는 거의 초기에 일본군에게 보낸 「通牒」이나 혹은 각지에 반포한 「告示」에 보이는 다음과 같은

---

8) 『編冊』, 「元警秘發」(1907. 12. 2); 『資料 8』, 370쪽.

9) 『朝鮮暴徒討伐誌』(1907년 11~12월조); 독립운동사편찬위원회 편, 『독립운동사자료집 3』, 1971, 722쪽; 『編冊』, 「報告書 제5호」(1907. 11. 28); 『資料 8』, 176쪽.

10) 「홍범도의 일지」, 『韓國獨立運動史資料集－洪範圖篇』, 韓國精神文化研究院, 1995, 4쪽. 이하 「홍범도의 일지」의 인용은 이 資料集에 의거하였다.

내용을 통해서 확인할 수 있다.[11)]

通牒 － (前略) 大韓人民中 (一進)會員段 我初東學 輔國安民云하고 露兵來到之時(러일전쟁－필자) 稱道義員하고 露兵通路 將指揮前後하고 當今日兵之時 從勢稱進步員하고 斷髮以後 自稱日進會員하고 作罪無數也(以下罪目七條列擧－필자) 故山砲等成聚하야 盡殺會員次 先砲面長 則大日本大隊 將無疑安席 如何함.

告示 － 今此諸砲聚會事는 惟我本國人心 泰多怪巧之中 獨一進會員輩 撓亂人民 故如此聚會 則大日本兵丁은 少不驚駭함.

외형적으로 위의 기록을 통해서만 볼 때, 산포수의병은 거의 직후 일본군과의 직접적인 항일전 수행보다 오히려 일제의 走狗인 일진회원 처단에 더 큰 의미를 부여하였던 것으로 보인다. 의병을 일으킨 목적이 '일제 축출'이 아닌 일진회원 단죄에 있다는 논리이다. 산포수의병의 이와 같은 선전은 결국 일제로 하여금 초기단계의 의병의 성격을 일진회원에 대한 주민들의 불만 표출 정도로만 한정시켜 이해하게 함으로써 '抗日戰'의 속성을 간과시키는 결과를 가져왔다.[12)] 결국 일제는 초기단계에 산포수의병의 전력을 상대적으로 과소평가하게 되어 그에 대한 대비 역시 소홀할 수 밖에 없었으며, 이와 같은 상황에서 산포수의병은 전력을 급격히 강화시켜 강력한 항일전을 수행할 수가 있게 되었던 것이다.

관북의 산포수의병은 사실 거의 이후 일제 군경을 상대로 한 항일전 수행과 더불어 시종일관 일진회원 처단을 주요 활동목표로 설정하여 이들을 단죄하고 있었다. 일제의 주구 일진회원을 처단하는 일은 곧 항일전 수행의 일환으로 인식되고 있었던 것이다. 일진회원을 비롯한 친일 주구배에 대한 주민들의 분노는 산포수의병이 거의한 직후인 12월 중순경 郡主事 韓鐸觀 집의 문전에 나붙은 다음과 같은 「義所揭示文」에 잘 드러나 있다.[13)]

---

11) 『編冊』, 「警秘 제165호」(1907. 12. 9); 『資料 8』, 386-387쪽.

12) 『編冊』, 「報告書」(1907. 11. 29)·「警秘 제165호」(1907. 12. 9); 『資料 8』, 185, 386쪽.

13) 『編冊』, 「咸警秘收 제139호의 1」(1907. 12. 16); 『資料 8』, 396-397쪽.

倭雛郡獸崔達彬 何敢雉髮謁聖廟
誅死誅死韓鐸觀 雖雉位官眞好事
據問摠巡巡檢氓 驛土調査挾雜輩
好生惡死人所欣 可憐可憐眞可憐
魂飛何向去黃泉 地下惟存先大王
爾與牙賊咸南奎 同心同謀謀何長

'郡獸', '誅死' 등과 같이 隱喩體의 가사로 이루어진 이 게시문이 산포수의병의 '義所'에서 나온 것인지 아니면 일반 주민들이 義所의 이름을 假託해 발표한 것인지는 불분명하지만, 결국 북청 주민들의 일진회원에 대한 공통된 반감의 일단을 표출한 것임에는 의심의 여지가 없다. 군수 이하 친일 관리들은 위와 같은 경고문이 나붙게 되고 자신들에 대한 일반 민심이 점차 흉흉해지자 불안과 공포 속에서 안절부절못하고 있었다. 뿐만 아니라 도처에 산재하던 일진회원들은 의병들의 출현이 두려워 일제 군경이 주둔하고 있는 '안전한' 북청 읍내로 집단적으로 피신하게 되었다. 산포수의병의 활동이 시작된 지 얼마 안 된 1907년 12월 중순 무렵 사방에서 약 100명의 일진회원이 화를 피해 북청읍으로 운집했다고 한다.[14] 일진회원의 이와 같은 집단 피신 양상은 산포수의병이 그 뒤 활동영역을 넓혀 감에 따라 그 영역 안에서는 공통적으로 나타났다. 1908년 1월 무렵 산포수의병의 활동이 갑산과 삼수 일대에까지 확산됨에 따라 이곳의 일진회원들 역시 서둘러 멀리 피신하였던 것이다.[15]

일제 역시 주민들의 일진회원에 대한 혐오 사실을 명확히 간파 인정하고 있었다. 예컨대 일진회원이었던 단천군수 劉文卿의 경우, 그곳 주재 일제 군경도 주민들에 대한 군수의 행정 혹은 통제 능력에 대해 심각한 회의를 갖고 있었다. 그들 스스로 "본 군수는 일진회에 관계가 없는 사람이 아니므로 설령 高德敏腕이라 하더라도 治績을 擧할 수 없을 것이라고 信認한다"고 실토한 대목은 그와 같은 실정을 단적으로 지적한 것이다.

결국 산포수의병은 일진회원·친일 관료 등 토착의 주구배를 '일제 침

14) 『編冊』, 「咸警秘收 제139호의 1」(1907. 12. 16); 『資料 8』, 396쪽.
15) 『編冊』, 「咸收秘 제190호의 1」(1908. 2. 18); 『資料 9』, 321-322쪽.

략세력'과 동일선상에서 인식하여 단죄 대상으로 설정하게 되었다. 이러한 경향은 반민족 친일 성향의 일진회원 처단이 바로 항일전의 일환으로 간주되던 시대상황에서 항일의병이 자연스럽게 표방하게 되는 현상으로 이해할 수 있을 것이다.

2. 편제와 규모

1) 편제

산포수의병은 그 모태가 砲契였다. 安山·安坪 두 社의 산포수들로 조직된 포계의 구체적인 내용은 확인할 수 없으나, 직업 산포수들의 내부 규율과 공동 이익을 도모하기 위한 결사의 성격을 지녔을 것으로 짐작된다. 이와 같은 포계의 조직이 산포수들이 거의하게 되는 상황에서 그대로 의병 편제로 전이되었다고 추측된다.[16]

북청 산포수의병이 거의한 직후인 1907년 11월 하순 厚峙嶺 일대에서 항일전을 수행하던 초기단계에 이 의병을 인솔하던 인물은 林昌根이었다. 안평사 嚴防洞에 거주하던 그는 70세의 고령으로 은퇴한 산포수였다. 하지만 그는 안평·안산 두 사의 산포수들로부터 신망이 두터운 인물이었다고 판단된다. 산포수들의 공동결사인 砲契의 契長을 맡고 있던 그는, 擧義단계에 어떤 역할을 수행하였는지는 알 수 없지만, 거의 직후의 산포수의병을 인솔하였던 인물로 판단된다. 그러나 그는 11월 25일 벌어진 후치령전투에서 노구를 이끌고 전투를 독려하던 중 전사 순국하였다. 이 무렵, 곧 산포수의병이 거의한 직후의 편제와 성원은 다음과 같다.[17]

제1분대	車道善	副督 분대장
	洪凡圖	副督
	金春辰	參督

16) 愼鏞廈, 「洪範圖 義兵部隊의 抗日武裝鬪爭」, 38쪽 참조.
17) 『編冊』, 「秘號外」(1907. 12. 4); 『資料 8』, 373·397쪽.

	金文葉	正宮			
	金弘允	朱必英	林承祚	林用基	
제2분대	金奎淵	분대장			
	金尙俊	金基俊	劉用七	張良敏	
	金用學	李宗浩	金尙祉	李春德	林承秀
제3분대	朴用洛	분대장			
	金錫必	朴枝應	李枝玉	張允澤	
	趙丙敏	黃永八	李鍾元	趙丙綦	李日權
제4분대	羅鉉瑞	분대장			
	金學權	金學用	金達葉	羅宗洙	
	趙光牧	金雲用	金明淳	申芳日	薛仁澤
제5분대	金致驩	분대장			
	朴仲實	金澤善	金得柵	李昌祿	
	崔錫柵	崔昌乾	姜禹鳳	鄭益永	金景信
제6분대	林允石	분대장			
	金雲星	李明根	宋虎秀	李宗成	
	金鍾引	金鳳益	李鍾淳	洪使永	金景棠
제7분대	高應烈	분대장			
	宋錫奎	金俊學	李鳳在	林宗秀	
	林喬水	宋弘益	李成萬	金洪元	申田太

都督(의병장) 林昌根 이하 위에 나오는 68명이 1907년 11월 15일 거의한 북청 산포수의병의 최초 편제와 그 간부들이다. 위에서 주목되는 내용은 제1분대가 지휘부이며, 여기서 차도선과 홍범도가 동급으로서 '副督'이라는 사실이다. 분대장은 선임자로 차도선이 맡았지만, 홍범도 역시 그와 동등한 지휘권을 가졌음을 알 수 있다. 그리고 그 다음으로는 參督 金春辰, 그 아래에는 正宮 金文葉이 각각 지휘 서열에 들어 있었다.[18] 하지만 위의 편제는 의병 편제로 굳어지기 이전의 산포수 시절의 체제와 계통에 더 가까웠던 것으로 보인다. 홍범도와 함께 활동하였던 劉基雲·太陽郁을 비롯하여 元錫澤·崔學善 등 핵심 인물들이 위의 명단에는 올라 있지 않을 뿐 아니라, 나아가 제1분대 성원 외에도 의병 참모들로 추측되는 분대장 가운데 박용락과 김치권 외에는 후기까지 활동을 지속하였던 인물

18) 愼鏞廈, 앞의 논문, 41-42쪽 참조.

이 별로 눈에 뛰지 않는 점으로 보아 그러하다.

한편 홍범도는 자신과 함께 후치령전투에 참여한 擧義 초기단계의 인물들로 다음 12인을 들고 있다.[19)]

김춘진	황봉준	이문엽	박용락	온성노	유기운
조병용	태양욱	노성극	원성[석]택	차도선	최학선

이들 가운데 앞의 명단에 들어 있는 인물은 김춘진·박용락·차도선·조병용·김[이?]문엽 등에 불과하다. 하지만 나머지 성원 모두가 擧義 단계의 중요 인물들이었으며, 홍범도와 시종 활동을 같이 하였을 것으로 추측된다. 이렇게 볼 때, 북청 산포수의병은 대체로 위 두 명단의 성원들이 주축이 되어 항일전을 개시한 것으로 해석할 수 있을 것이다. 다만 이들 가운데 김춘진·황봉준·김문엽 등은 봉기 직후에 벌어진 후치령전투에서 일찍 전사 순국하고 말았다.[20)]

앞의 편제에서 보듯이, 산포수의병은 편성 직후부터 정규 군대에 가까운 편제를 보이고 있었다. 부대 편제의 최소 단위를 分隊로 하는 지휘체계를 가지고 있었기 때문에 전투력의 바탕이 되는 기동성을 높일 수 있었다. 의병의 성원 거의 모두가 산포수였으므로 기동성과 전투력을 십분 발휘할 수 있는 편제를 갖추고 있었던 것이다.

임창근이 전사한 뒤에는 車道善이 총대장을 맡아 산포수의병을 인솔하는 책임자가 되었다고 믿어진다.[21)] 산포수의병이 거의 직후 차도선을 정

---

19) 「홍범도의 일지」, 4쪽. 이문엽은 앞의 명단에 나온 김문엽으로 인정된다.

20) 위와 같음.

일제 기록에서는 제3분대장 朴用洛도 후치령전투에서 전사한 것으로 파악하고 있으나(『資料 8』, 373쪽) 「홍범도의 일지」에서는 1908년 5월경 장진 여애리 회합 때 제3중대장에 그의 이름이 올라 있는 점으로 보아 후기까지 활동을 계속하였던 것으로 믿어진다.

21) 1907년 11월 擧義 직후부터 1908년 3월 이전까지 산포수의병의 총대장은 차도선이었다. 그러므로 이 시기의 산포수의병을 '홍범도 의병'으로만 규정하는 것은 이 의병의 실체 이해에 일정한 한계로 작용할 수 있다. 오길보는 「홍범도 의병대에 대한 연구」(≪력사과학≫6, 1962, 23쪽)에서 후치령전투 직후 이 의병의 편제에 대하여 언급하면서 홍범도를 의병장으로, 그리고 차도선을 부의병장으로 기술함으로써, 곧 차도선의 역할을 상대적으로 희석시키는 대신 홍범도의

점으로 편제되어 있던 사실은 다음과 같은 몇 가지 내용을 통해서 확인할 수 있다. 우선, 1907년 11월 30일(음 10월 25일) 발포된 「私通咸興下元川上元川永川各社」의 發通人 聯名에서 차도선(車到巡)이 '都總管', 홍범도(洪凡律)가 '副總管'으로 그 직명이 각각 기록되어 있다는 사실이다.[22] 이 점은 앞에서 본 의병 편제에서 두 인물이 같은 '副督'이었지만, 차도선이 분대장을 담당하고 있던 사실과도 연관되어 있다고 보인다. 다음으로 일제 기록에서는 "후치령 부근에서 포수들을 모이게 하자 약 300명이 모였으므로 차도선이 이의 장으로서 新谷 少尉, 荻原 曹長을 요격하였고, (중략) 홍범도는 차도선의 副將이 되어"라고 하여 북청 산포수의병이 명확히 차도선을 정점으로 편성되었음을 밝히고 있다.[23] 또 鏡城 巨文洞에 거주하고 있던 金鼎奎가 갑산 일대에서 활동하던 의병의 승전 소식을 기록한 가운데서도 "의병의 장수는 누군가 하면 車道淳·洪奇沙 2인"이라 하여 차도선을 홍범도 앞에 두고 있다.[24] 여기서 '洪奇沙'는 홍범도의 별명으로 믿어진다. 뿐만 아니라 후치령 전투 직후 갑산군 上南社로 올라가 그곳 일진회원을 처단하고 부근에서 의병을 소모하던 1907년 12월 초순 무렵에도 산포수의병을 통솔하였던 인물은 역시 차도선이었다.[25] 한편 산포수의병이 甲山戰鬪를 수행하던 시기에도 역시 차도선이 이 의병을 인솔하고 있었다. 갑산을 습격한 의병에 대해 일제가 '차도선이 인솔하는

역할을 과도하게 적극적으로 평가함으로써 산포수의병을 그대로 '홍범도의병'으로 규정하게 되었던 것이다. 아래에서 보듯이 현 자료상의 검토로는 이는 명백한 오류이다.

22) 『編冊』, 「咸秘 號外」(1907. 12. 20); 『資料 8』, 406-407쪽.

23) 朝鮮總督府 警務局 편, 『暴徒史編輯資料』; 독립운동사편찬위원회 편, 『독립운동사자료집 3』, 1971, 641-642쪽.

24) 金鼎奎, 『龍淵金鼎奎日記 上』(독립기념관 한국독립운동사연구소, 영인본, 1994), 1908년 2월 8일조, 66쪽. "適聞義軍消息 則甲山郡守金某 本一進會中走狗輩 與同人及日奴 合謀共議 欲攻義軍 反爲所圍 僅保殘喘 義帥誰也 車道淳洪奇沙二人也 已絶柴糧 謹守城門 反賊將不免飢死"

하지만 위의 기사내용이 구체적으로 어느 전투를 언급한 것인지는 명확하지 않다. 삼수·갑산 일대에서 활약중인 의병의 항일전 소식이 인근지역으로 傳聞되어 나간 한 예가 아닌가 추측된다.

25) 『編冊』, 「秘號外」(1907. 12. 7)·「警秘 제241호」(1907. 12. 20); 『資料 8』, 380, 404쪽.

단체'로 파악[26]하였던 점을 통해서도 그 사실은 확인되고 있다.

차도선은 적어도 1908년 3월 무렵까지는 관북 산포수의병 전체를 인솔하던 총대장에 있었다고 보여진다. 그 무렵 산포수의병이 중국 臨江縣에 원조를 청하기 위해 보낸 公函에서 밝힌 다음과 같은 의진의 편제 역시 이러한 사실을 뒷받침해 주고 있다.[27]

謀事將　朴忠保
都大將　車道善
副大將　洪凡道
右大將　梁鳳翊
左大將　太陽旭

위의 편제에서 서두에 오른 '謀事將 朴忠保'는 다른 기록에서는 찾을 수 없는 의외의 인물이다. '謀事將'은 대체로 의병의 활동 전반 또는 전략에 대해 助言을 하는 '軍師'와 흡사한 직책으로 추측해 볼 수 있다. 그리고 都大將의 직임을 가진 차도선이 이 부대를 인솔하는 총책임자로, 그 다음 副大將 홍범도가 次任者로 부대를 통솔하고 있었다고 생각된다. 다음으로 그 휘하에 양봉익과 태양욱이 左, 右大將을 맡아 의병을 지휘하고 있었다. 그 가운데 양봉익이 '甲山留長津倡義大將'의 직함을 가지고 있던 것으로 보아,[28] 그는 장진지역 의병의 총수로 이 무렵 갑산 일대에 머물고 있었음을 알 수 있다. 현재로서는 그 이상의 구체적인 편제 내용과 상호 관계를 명확히 해명할 수는 없다.

하지만 차도선이 산포수 거의 과정에서 담당한 역할이나 혹은 의병 지도자로 부상하게 되는 구체적인 내용에 대해서는 현재 밝힐 수 있는 자료가 없다. 거의 당시 산포수였다는 점 외에는 출신 혹은 거주지 등 그에 대한 구체적인 내용들은 거의 알려져 있지 않다. 홍범도가 거의 때 동참한

26) 『編冊』, 「咸秘 제100호의 1」(1908. 2. 5); 『資料 9』, 313쪽.

27) 「機密收 제1호」(1908. 5. 13) '淸國 國境 안에서의 韓國義兵 煽動에 대한 報告의 件', 『駐韓日本公使館記錄 34』, 國史編纂委員會, 영인본, 1993, 23-26쪽; 『韓國 暴徒 蜂起의 件』, 「機密 제30호」(1908. 5. 13); 독립운동사편찬위원회 편, 『독립운동사자료집』 별집 1, 1083쪽.

28) 위와 같음.

'사냥 간 포수' 동지들을 열거하는 가운데 차도선을 거명한 것으로 보아 그가 산포수였던 사실은 확인할 수 있다.[29] 일제가 그의 거주지를 '갑산군 一日社'(소재 불명)로, 또한 그의 전직 혹은 신분을 사금채굴 광부·산포수·해산군인 등으로 파악하고 있으나, 어디까지 사실인지 또는 그 내용의 진위 여부는 확인되지 않고 있다.

이와 같이 차도선을 정점으로 편제되어 있던 산포수의병은 1908년 3월 일제의 계략에 의해 차도선과 태양욱이 휘하 의병과 함께 '귀순'한 이후부터는 홍범도가 全權을 가지고 인솔하게 되는 것으로 보인다. 그러나 그 구체적인 과정은 확인할 수 없다.

산포수의병의 편제에서는 이상과 같이 차도선이 총대장으로 그 정점에 있었으며, 그 휘하에 몇 개의 단위 부대로 편제되어 있었다. 그러나 전체 산포수의병의 편제상으로는 상하식 명령계통으로 이루어져 있었지만, 실제 항일전을 수행하는 과정에서는 각 부대간에는 독립적 성격이 강한 분산편제의 형태로 활동하고 있었던 것으로 보인다. 차도선과 홍범도 두 인물의 상호관계를 명확하게 규정하기는 어려우나 主從의 상하관계가 아닌, 오히려 각기 독자적인 조직계통을 가지고 있던 수평관계로 이해할 수 있을 것 같다. 1908년 3월의 대규모 '귀순' 때에도 차도선 휘하 의병만이 집단적으로 해산하고 홍범도 휘하 의병은 그대로 항일전을 지속하였던 점이나, 뒷날 이들이 북상도강을 단행할 때 차도선이 혜산 부근의 압록강 대안, 백두산 서남방의 撫松縣으로 북상하였는 데 비해 홍범도는 북간도를 지나 연해주로 이동함으로써 망명지역과 활동을 상호 달리하였던 점 등은 역시 이와 같은 사실에 기인하는 현상으로 보이기 때문이다.

산포수의병은 擧義 이래 각지를 전전하며 일제 군경과 항일전을 벌이는 동안에도 도처에 통문과 격문을 보내 의병을 소모하여 부단히 군세를 강화하는 한편 인근 지역의 거의를 호소하고 있었다. 산포수의병의 활동 직후인 11월 하순과 12월 초순에 함흥 북방 외곽에까지 수차에 걸쳐 내려온 다음과 같은 通文類가 그러한 정황을 잘 보여 주는 대표적 사례이다.[30]

---

29) 「홍범도의 일지」, 4쪽 참조.

[1] 북청 안산 두 社의 다섯 고을이 모인 陣勢가 견고하고 私砲가 4, 5일만에 운집하여 일본군 수백 명을 砲殺하고 전후에 진세가 더욱 견고이러니 (중략) 大府(함흥－필자)의 각 社와 里로부터 私砲와 軍器는 통문이 도착하는 즉시 불일내로 보내옵고 (하략)

[2] 貴社(불명－필자) 각 里의 지도자와 포수 이하가 만약 救濟하지 않는다면 陣(의병－필자)이 도착하는 당일 死生之弊가 나눠질 것이니 의당 통문은 다시 발해지지 않으리니 3일 동안에 救濟하지 않으면 陣이 닿을 것이다. (하략)

[3] 6官(불명－필자)을 보내 모두 안산 水洞 長嶺洞 어구에 모인즉 貴邑(하원천·상원천·영천－필자)의 포수 수백 명을 수일내로 보내기를 바라며 (하략)

[4] 북청으로부터 삼수·갑산·이원·단천·홍원·길주 등 일곱 고을에 이르기까지 의병이 일어났으나 오직 함흥 각 사의 포수가 아직 오지 않았으니 어찌된 까닭인가. 불일내로 속히 成陣하기 바란다. (하략)

위 인용문은 산포수 거의 이후 함남 일대에서 항일의병의 분위기가 한층 고조되고 있음을 단적으로 보여 주고 있다. 함홍 외곽에 나붙은 이들 격문과 통문 등은 관북의 요지인 이곳의 의병 봉기를 촉구하면서 비교적 강경한 문투로 일정 기한 내에 의병을 일으켜 항일전에 동참토록 통고하는 통첩의 성격을 가지고 있다. 위 마지막 인용문에서 보듯이 북청의 산포수 거의 직후 그 영향하에 삼수·갑산·장진·홍원·이원·단천 등 함남 거의 전역에서 산포수들을 중심으로 항일의병이 결성되어 상호 유기적인 관계를 가지고 활동에 들어갔다. 북청 거의 이후 이처럼 함남 전역에서 의병의 기세가 급속히 확대되어 가자 일제도 "금일에 이르러서는 說諭 기타 보통의 防壓 수단은 그 효과가 없고 형세는 날을 따라 나쁘다"[31]라고 실토하며 의병의 급격한 확산추세에 경악을 금치 못하였다. 곧 선유위원의 의병해산 宣諭工作을 비롯해 기타 각종 의병 '진압' 방략을 강구하고 있으나, 전혀 실효를 거두지 못하고 의병의 기세는 더욱 확산되고 있다는 것이다.

이와 같이 북청을 시작으로 그 영향하에서 일어난 관북 각지의 산포수

30) 『編冊』, 「咸秘 號外」(1907. 12. 20); 『資料 8』, 406-407쪽.
31) 『編冊』, 「咸秘 제100호의 1」(1908. 2. 5); 『資料 9』, 313쪽.

의병은 대체로 같은 계통에서 연원하고 있지만, 차도선과 홍범도 등이 인솔하는 주력부대를 중심으로 몇 개의 단위 부대로 나뉘어 독자적인 활동을 펼치고 있었다. 그러나 이들 부대가 항상 독립된 활동을 한 것이 아니라, 차도선 휘하 주력부대를 정점으로 離合集散을 계속하는 가운데 상호 유기적인 관계를 가지고 항일전을 수행하였던 것이다. 비정규군인 의병이 정규군인 일제 군경을 상대로 항일전을 수행하는 데는 대규모 편제보다 소규모의 분산 편제가 더욱 효과적이었다는 사실도 간과할 수 없을 것이다. 시기에 따라서 그 형태나 규모가 일정하지 않았지만, 확인 가능한 범위 내에서 함남 각지에서 활동하던 산포수의병의 단위 부대를 그 중요 근거지를 중심으로 살펴보면 다음과 같다.

우선 차도선과 홍범도가 거느리던 산포수의병의 주력부대는 대체로 북청 후치령을 근거지로 삼아 삼수·갑산 일대에서 지속적인 항일전을 전개하였으며, 시기에 따라서는 장진·신흥·함흥 일대에까지 이동하는 경우도 있었다. 특히 차도선은 1908년 6월 일제 軍獄에서 탈출하여 다시 의병에 투신한 이후에는 주로 함흥·장진 등 서부 관북지역에서 활동을 펼쳤던 것으로 보인다.

姜宅熙[姜澤基, 姜宅喜]는 휘하 70여 명을 인솔하고 북청·풍산·홍원 접경지의 禁牌嶺(1,676m) 일대에서 활동하고 있었다.[32] 그는 산포수의병의 북상도강 이후 연해주로 건너가 연해주의병의 일원으로 활동을 지속하게 된다.

董基必은 1908년 4월경 삼수 일대에서 휘하에 150~160명을 인솔하고 활동하고 있었다.[33]

梁鳳翊은 포수 출신으로 장진 일대에서 큰 세력을 가지고 있었다. 1908년 2월 현재 휘하에 150여 명을 거느리고 장진 북방의 삼수와 厚昌(평북) 접경지대인 水采洞 등지에서 활동하고 있었다.[34] 그는 '甲山留長津倡義大

---

32) 『編冊』, 「제13사단 諜 제1029호」(1908. 8. 6); 『資料 11』, 600쪽. 강택희는 鏡城·北青 진위대의 副尉 출신으로 해산군인이었다는 기록도 보이지만 그 사실 여부는 확인되지 않는다. 함남의 산포수의병에는 해산군인도 다수 가세하고 있었던 것으로 알려져 있으나 그 사례는 많지 않은 것으로 보인다.

33) 『編冊』, 「韓憲警 乙 제445호」(1908. 4. 21); 『資料 10』, 425쪽.

將'의 직함으로 1908년 3월 서간도 한인사회의 지도자인 '管理使 道主'에게 무기구입을 후원해 달라는 「報告」를 처음으로 발송하였다.35)

宋相鳳[宋尙奉, 宋尙鳳]은 장진군 本上社 咀岩里(소재 불명) 출신으로 원래 梁鳳翊의 휘하에 있다가 독립한 인물이다. 주로 장진 북방의 袂物里 일대에서 항전을 벌이다가 1908년 8월경 휘하 40여 명을 이끌고 홍범도에게 투신하였다.36)

崔東律과 元基豊은 주로 북청 북방의 후치령 초입인 泥谷社·三岐里·通坡 등지에서 활동하고 있었다. 1908년 4월 현재 최동률은 50여 명, 원기풍은 40여 명의 휘하 의병을 거느리고 있었다. 최동률은 출신지가 불명이나 元基豊은 북청군 泥谷社 細城 출신으로 알려져 있다. 그 뒤 1908년 12월 현재에도 원기풍 휘하에는 30여 명이 항일전을 수행하고 있었다.37)

李明甫는 평안도 출신으로 원래 監察이었다 하나 확실치 않다. 홍범도의 휘하에 들어가 홍원 일대에서 40~200여 명을 인솔하고 항일전을 벌였다. 주로 홍원군의 好賢社와 東川社(홍원 서북방 45리) 방면에서 활동하면서 홍원읍 습격을 준비하고 있었다.38)

崔時亨 역시 1908년 7월 현재 150여 명의 의병을 이끌고 李明甫가 이끄는 부대와 함께 홍원 외곽에 주둔하면서 항일전을 벌이고 있었다.39)

白龍彩는 厚峙嶺에서 동쪽으로 50여 리 떨어진 金昌(북청군 관내) 일대

34) 『編冊』, 「咸收秘 제196호의 1」(1908. 2. 26); 『資料 9』, 330쪽.

35) 『駐韓日本公使館記錄 34』(國史編纂委員會, 영인본, 1993), 「機密收 제1호」(1908. 5. 13), '淸國 國境 안에서의 韓國義兵 煽動에 대한 報告의 件', 23-26쪽; 『韓國 暴徒 蜂起의 件』, 「機密 제30호」(1908. 5. 13); 독립운동사편찬위원회 편, 『독립운동사자료집』 별집 1, 1083쪽.

36) 『編冊』, 「報告書」(1908. 10. 13)·「咸鏡秘收 제210호」(1908. 12. 18); 『資料 12』, 279쪽; 『資料 16』, 565쪽.

37) 『編冊』, 「暴徒討伐景況 제73호」(1908. 4. 28)·「報告書」(1908. 10. 13)·「咸鏡秘收 제210호」(1908. 12. 18); 『資料 10』, 432쪽; 『資料 12』, 278쪽; 『資料 16』, 566쪽.

38) 『編冊』,「韓憲警 乙 제910호」(1908. 7. 27)·「報告書」(1908. 10. 13)·「咸鏡秘收 제210호」(1908. 12. 18); 『資料 11』, 458쪽; 『資料 12』, 280쪽; 『資料 16』, 565쪽.

39) 『編冊』, 「韓憲警 乙 제910호」(1908. 7. 27); 『資料 11』 458쪽.

에서 1908년 4월 현재 50여 명을 인솔하고 활동하고 있었다.[40] 이 지역에서는 鄭道益이 또한 80여 명을 인솔하고 항일전을 벌였다.[41]

그리고 차도선과 홍범도 직계 휘하에서는 太陽郁·元錫澤·崔學善·白南奎·劉基雲 등이 두드러진 활동을 보였던 인물들이다. 이들 가운데 어느 정도 지식을 갖추고 있던 유기운은 학식이 부족한 홍범도의 충실한 참모역을 수행하고 있었다.[42]

2) 규모

함남지역 산포수의병의 규모를 명확히 파악하기란 어려운 일이다. 그 이유로는 우선 산포수의병의 활동영역이 함남 거의 전역에 걸쳐 있었을 정도로 매우 넓어 그 범위를 한정시켜 분석하기가 곤란하다는 점을 들 수 있다. 또한 산포수의병은 단일 부대가 아닌 대소 여러 부대로 분산 편제되어 활동하고 있었고, 나아가 시기별로 성원의 증감이 현저하였기 때문에 그 실상 파악이 어려운 것이다.

이러한 한계점들을 염두에 두고 산포수의병의 규모에 대한 개략적 윤곽을 파악하면 다음과 같다. 먼저 擧義 무렵의 산포수의병 규모는, 앞서 언급하였듯이, 林昌根 이하 일개 분대에 10명씩(제1분대는 8명) 모두 7개 분대에 총원 68명 정도로 파악된다. 하지만 거의 직후부터 산포수의병은 각지 산포수들을 소모한 결과 단기간에 급속하게 대부대로 확대 편제되어 갔다. 산포수의병의 활동이 가장 왕성하던 시기인 1908년 초, 차도선과 홍범도 이하 주력부대의 활동구역인 삼수·갑산 일대의 의병규모는 대략 1隊 150여 명으로 모두 7개 隊에 총원 1,050명 정도에 이르렀던 것으로 보인다.[43] 하지만 이와 같은 부대 규모는, 역시 앞서 언급하였듯이 단

---

40) 『編冊』, 「暴徒討伐景況 제73호」(1908. 4. 28); 『資料 10』, 432쪽.

41) 『編冊』, 「제13사단 諜 제1029호」(1908. 8. 6)·「報告書」(1908. 10. 13); 『資料 11』, 600쪽; 『資料 12』, 278쪽.

42) 愼鏞廈, 앞의 논문, 43쪽; 『編冊』, 「第三巡査隊報告書」(1908. 10. 13); 『資料 12』, 282쪽 참조.

43) 愼鏞廈, 앞의 논문, 42쪽; 『編冊』, 「韓暴通 제25호」(1908. 4. 3); 『資料 10』, 401-402쪽.

일 편제의 부대원을 의미하기보다는 소규모로 분산된 여러 단위 부대의 의병 성원을 망라한 의미를 가지고 있다고 생각된다. 그리고 이 시기 차도선과 홍범도 등 주력부대의 규모는 300~400명 정도로 추정되고 있다.[44] 산포수의병의 규모가 최대였던 시기는 바로 이처럼 1908년 초였으며, 1908년 3월 대규모 '귀순' 직후가 되면 그 규모가 현저히 줄어들고 만다.

1908년 3월 차도선과 태양욱이 휘하 의병을 이끌고 '귀순'할 때, 일본군에게 제출한 의병 명부에는 함남 각지의 의병 688명이 명기되어 있다. 이 명단은 홍범도 휘하의 직계 의병을 제외한 관북 산포수의병의 거의 전 명부였을 것으로 추정된다. 홍범도 이하 그 직계 부하들의 성명이 이 명부에는 누락되어 있는 점으로 미루어 이러한 추정이 가능하다. 위에서 언급하였듯이 이 무렵 관북 의병 총수를 1,050여 명 정도로 본다면, 결국 홍범도 휘하의 직계 의병은 대략 300~350여 명 정도로 추정되는 것이다. 한편 이때 관북 산포수의병 가운데 차도선과 태양욱 휘하의 직계 의병 200여 명 정도가 일제에 '귀순'하고 있다.[45] 이러한 대규모 '귀순'은 결국 산포수의병의 항일전을 결정적으로 위축시키는 결과를 초래하고 말았으며, 이후 의병의 규모는 상당히 줄어들게 되었던 것으로 판단된다. 구체적인 자료는 없지만 전후 정황을 종합해 볼 때, 이후 1908년 4월 무렵

---

44) 이 무렵 차도선·홍범도 휘하의 직계 부대로는 대체로 갑산을 중심으로 활동하던 300여 명과 道緣堡의 100여 명 정도가 아닐까 추측되기도 한다. 다음과 같은 기록이 이와 같은 추론을 가능케 한다. "(上略) 此時 甲山有義兵三百餘名 道緣堡百餘名 皆距我(臨江縣-註)界百有餘里 三水中平(仲坪場-註)兩處 亦有義兵 與我相隔五六十里之遠 (下略)"(『駐韓日本公使館記錄 34』(國史編纂委員會, 영인본, 1993), 「機密收 제1호」(1908. 5. 13), '淸國 國境 안에서의 韓國義兵 煽動에 대한 報告의 件', 30쪽).

45) 『編冊』, 「報告書 제3호」(1908. 3. 26); 『資料 9』, 563-564쪽.

위의 의병 명부는 차도선 휘하의 537명과 태양욱 휘하의 150여 명을 합해 총 688명에 달하는 방대한 규모였다. 그 가운데 의병장급이 車道善·高云鶴·李成澤·金星己·朴基敏·韓用萬·金德順·文基俊·張基雲·李根植·宋相鳳·崔允華·宋弼信·林升朝·崔學善·宋在淑·韓永俊 등 17명이었으며, 출신 지역별로는 북청 124명, 단천 170명, 삼수 111명, 홍원 39명, 장진 59명, 갑산 117명, 이원 39명, 무산 9명 등으로 함남 거의 전역에 걸쳐 있었다.

부터 산포수의병의 국내활동이 거의 종식되는 1908년 말까지 관북의 산포수의병은 통상적으로 500~600명 수준을 유지하며 여러 부대로 나뉘어 도처에서 항일전을 수행하였을 것으로 추정된다.

한편 1908년 8~9월 홍범도 휘하의 직계 산포수의병이 북상도강을 단행하였을 때 그 규모는 100여 명 안팎에 불과했던 것으로 보인다. 실제로 1908년 9월 삼수 新坡에서 압록강을 건너 대안의 中領 '啓陽洞'에 유진하였을 때 홍범도 휘하에는 30여 명만이 동행하고 있었다고 한다.[46] 홍범도 휘하 산포수의병의 도강 이후에도 차도선·이명보·송상봉 등의 의병장은 국내에 잔류하며 각기 수십 명에서 200여 명의 휘하 산포수의병을 거느리고 관북지역 도처에서 항일전을 준비하고 있었다.[47]

이렇게 볼 때, 압록강 상류 대안 관북지역 산포수의병의 규모는 1907년 擧義 이후 1908년 하반기에 국내활동을 거의 종료하고 북상도강을 단행할 때까지 그때그때의 상황에 따라 상당한 격차를 보이고 있었음을 알 수 있다. 1907년 11월 100명 미만으로 거의한 산포수의병은 그 세력이 급격히 확대되어 1908년 2월 극성기에는 1,000여 명 정도로 급증하였다. 하지만 1908년 3월초 대규모 '귀순'을 계기로 이후 의병의 전력은 약화되어 1908년 9월 무렵까지 대체로 500~600명 정도를 유지하였던 것으로 추정된다.

한편 산포수의병이 활동하던 지역의 특성상 의병의 인적, 물적 자원은 일반 주민들로부터 전부 공급받고 있었던 까닭에 현실적으로 일반 주민과 의병 간에는 확연히 구분할 수 없는 긴밀한 유대관계가 설정되어 있었다. 이와 같은 현상은 이 시기 남부지역을 비롯한 다른 지역에서도 마찬가지로 나타나고 있지만, 특히 인구가 드물고 山村이 많은 관북 險地에서는 그러한 경향이 더욱 두드러졌다. 지역 주민들의 對義兵 원조와 후원은 산포수의병이 항일전을 수행하는 데 전제조건의 하나로 간주될 만큼 절대적인 비중을 가지고 있었다. 이런 견지에서 볼 때, 직접 항일전에 투신하지는 않았다고 하더라도 지역 주민들 역시 의병과 긴밀한 유대관계에

46) 『編冊』, 「報告書」(1908. 10. 13); 『資料 12』, 273쪽.
47) 『編冊』, 「咸南警秘收 제174호의 1」(1908. 10. 19); 『資料 12』, 288쪽.

있었기 때문에 '準義兵'의 성격을 띠고 있었다고 할 것이다. 일제가 차도선 등의 의병이 귀순한 직후 단천 일대의 의병 동정을 보고하면서, "폭도는 거의 진정되었으나 폭도에 간여하였던 黨民은 아직 500~600명이 있다"[48]고 파악하였던 것도 이와 같은 맥락에서 이해할 수 있다. 여기서의 '黨民'은 의병을 후원한 지역 주민, 곧 '준의병'을 범칭한 것으로 보아도 무방하지 않을까 한다.

현지 주민들 역시 의병에 대해서는 깊은 공감과 전폭적 원조를 아끼지 않았던 것으로 생각된다. 이 점은 의병의 대일항전에 절대적인 힘으로 작용하였을 뿐만 아니라 또 역으로는 일제 군경의 대의병 '작전'을 제약하는 요인으로도 작용하였다. 일제 군경 '토벌대'는 의병과 주민의 동정을 살피기 위해 경우에 따라서는 주민 혹은 의병으로 변장한 채 작전을 펴기도 하였다. 다음과 같은 기록을 통해서 일제 군경과 지역 주민, 그리고 의병 등 3자간의 이러한 상호관계를 충분히 짐작할 수 있을 것이다.

> 當隊(일제 토벌대－필자)가 폭도(의병－필자)의 풍모를 가장하고 행동했더니 촌민은 매우 이를 환영하고 자진하여 酒食으로 향응하려고 하였다. 그러므로 일반의 의향을 측량하기 어려운 점이 적지 않다. 다만 그들(의병－필자)은 탄약의 결핍 때문에 궁해 있는 것 같다.[49]

3. 무기와 군수품

관북 산포수의병은 성원의 절대 다수가 산포수였으므로 이미 각자가 총기를 소지하고 있었다. 뿐만 아니라 수렵 활동에 종사하고 있던 산포수들은 산간지형에 익숙하였으며 전투에서 요구되는 강인한 체력과 민활한 기동성을 이미 갖추고 있었기 때문에 항일전 수행에서 탁월한 전투력을 발휘할 수 있었다. 이 점이 다른 의병과 확연히 구분되는 산포수의병의 두드러진 특징 가운데 하나가 된다. 의병항전 전 시기에 걸쳐 의병의 핵

---

48) 『編冊』, 「北秘發 제112호」(1908. 4. 15); 『資料 10』, 416쪽.
49) 위와 같음.

심 전력은 대개 해산군인과 함께 산포수로부터 나오던 것이 일반적인 현상이었다. 무기를 이미 확보한 상황에서 거의하였던 점은 산포수의병이 강력한 전투력을 발휘할 수 있는 조건 가운데 하나가 되었다. 일부 산포수와 해산군인인 경우에는 예외이겠지만, 대체로 의병으로 전환된 이후에야 무기를 구비하던 다른 의병과는 이러한 점에서 현격한 대조가 된다고 할 것이다.

산포수의병의 기본무기는 역시 火繩銃이었다. 산포수에게 화승총은 이미 오랫동안 몸에 익힌 총기라는 장점도 있었지만, 격발과정이 너무 복잡하고 성능이 워낙 뒤떨어져 의병의 전투력 향상에 일정한 한계로 작용하고 있었다. 화승총은 사정거리가 대체로 20여 보 안팎에 지나지 않았으며, 실제 전투가 벌어졌을 때에는 화승총 1정당 대개 4명이 한 조를 이루어 분업적 형태로 사격의 효율을 기하고 있었기 때문에, 의병은 신식총기로 무장한 정예 일제 군경을 상대로 힘든 전투를 수행할 수밖에 없었다. 전투상황과 조건에 따라 물론 상이할 수 있지만, 전형적인 경우의 사격조 네 명은 화약을 장약하는 포수, 鐵丸을 장전하는 포수, 화승대에 불을 붙이는 포수, 조준 사격하는 포수 등으로 이루어져 있었다.[50] 그러므로 단독사격이 매우 어려웠던 화승총의 경우에는 의병 성원 모두가 총기를 소지할 필요가 없었다는 사실도 의병 수가 총기 수를 늘 초과하는 양상을 보인 한 원인이 되었다고 생각된다.

화승총은 일본군이 주력무기로 사용하던 소총, 곧 1905년(明治 38년)에 제작된 최신 38년식 소총과 성능면에서 비할 때 거의 상대가 될 수 없었다. 유효 사거리 400야드(약 800m)에 분당 8발 내지 10발을 사격할 수 있는 일본군의 정예무기 앞에서 의병들은 먼저 화승에 불을 붙여 들고 철환과 화약을 비벼 넣어 사격하였으니 차마 볼 수 없는 전투광경을 연출하였던 것이다. 한편 기계적인 구조가 간단하고 성능이 뒤지는 만큼 화승총의 제작과 철환·화약의 조달은 비교적 용이하였다. 그러므로 항일전이 치열하게 전개되던 시기에는 많은 의병부대에서 화승총을 현지에서 제작 사용하고 있었다는 기록이 보이는 것이다.[51]

---

50) 오길보, 「홍범도 의병대에 대한 연구」, ≪력사과학≫ 6, 1962, 28쪽 참조.

산포수의병은 화승총 외에도 38년식 소총, 30년식 모젤총 등의 근대식 무기를 확보하기도 하였는데,[52] 이 경우는 거의가 일제 군경과의 전투를 통해 전리품으로 노획한 것으로 믿어진다. 홍범도가 독립군 시절 줄곧 사용하였던 長銃도 후치령전투에서 일본군으로부터 노획한 전리품이었다.[53] 의병의 무장상태를 구체적인 예를 통해 살펴보면, 차도선과 태양욱 휘하 200명의 경우 주력무기인 화승총이 136정으로 절대다수를 차지하고 그 밖에 근대식 무기인 30년식 3정, 38년식 1정, 단발총 9정 등으로 구성되어 있었다.[54] 의병들의 무기가 이와 같이 다양하게 나타나는 현상은 곧 의병이 여러 전투를 통해서 일제 군경으로부터 무기를 노획 확보하였음을 알려 주는 반증이다.

총기를 소지하고 이동하는 문제도 수월하지 않았다. 신식 양총의 경우에는 어깨에 메기도 하였겠지만, 오히려 절대 다수를 차지하고 있던 화승총인 경우에는 포대에 넣어서 지고 이동하였던 것으로 보인다. 산포수의병의 활동권역 밖이기는 하지만, 1908년 4월 茂山 의병의 경우에서 보듯이, 총기를 포대에다 넣어 등에 지고 이동하는 경우도 많았던 것이다.[55]

한편 衣服은 산포수 시절의 白色衣와 가죽모자[革冠]를 그대로 착용하는 경우가 많았다. 안산면장 朱道翼을 처단한 의병으로 믿어지는 50여 명이 1907년 11월 15일 안산 부근의 把撥에 들어왔을 때, 그들의 복장은 일반 주민들과 다름이 없었으며 그 가운데 다수는 가죽모자를 쓰고 있었다고 한다.[56] 또 1908년 4월경 무산 일대에서 활동하던 의병들 역시 전

---

51) 朴成壽, 「1907~1910年間의 義兵戰爭에 對하여」, ≪韓國史硏究≫ 1, 韓國史硏究會, 1968, 114-115쪽 참조.

52) 『編冊』, 「電話通報」(1907. 11. 28); 『資料 8』, 178쪽.

53) 「홍범도의 일지」, 18쪽.

54) 愼鏞廈, 앞의 논문, 43쪽 참조; 『編冊』, 「暴徒討伐景況 제56호」(1908. 4. 6); 『資料 10』, 404쪽. 확인되지는 않지만, 이 무렵 산포수 가운데는 간혹 洋式獵銃을 사용하는 경우도 있었을 것으로 추측된다. 청국으로부터 유럽식 총기를 高價로 매입하는 경우가 관북 산포수 사이에서 종종 있었기 때문이다(朴成壽, 「1907~1910年間의 義兵戰爭에 對하여」, 112쪽 참조). 이와 같은 서양식 엽총은 화승총에 비해 성능이 월등히 우수하였으므로 항일전 수행시 탁월한 성능을 발휘할 수 있었을 것이다.

55) 『編冊』, 「暴徒討伐景況 제73호」(1908. 4. 28); 『資料 10』, 431쪽.

통의복을 입고 있었다.[57] 이 전통의복이 곧 의병들이 산포수 시절부터 착용하던 복장으로 믿어지며, 機敏한 행동이 요구되던 의병에게는 적격이었을 것이다. 의병 가운데 더러는 심지어 일본군 전사자의 군복을 전리품으로 취하여 착용하는 경우도 있었다. 일제가 1907년 11월 25일 후치령전투 뒤에 올린 다음과 같은 보고내용을 통해서도 이러한 사실을 확인할 수 있다.

> 적(의병－필자)의 시체 가운데 新谷 소위의 바지를 입은 자가 있고 30년식(소총) 탄약상자 수개를 遺棄한 것으로 보아 新谷 소위 일행은 23일 이곳(후치령－필자) 부근에서 전사한 것으로 보인다.[58]

한편 의병들의 軍糧은 일반적으로 지역 주민들로부터 조달받고 있었다. 산포수의병의 경우, 일정 지역에 유진하는 때가 드물고 항상 이동하면서 일제 군경과 항전을 벌였기 때문에 탁월한 기동성이 항일전의 바탕이 되고 있었다. 그러므로 그때그때에 충분한 군량을 조달하는 일은 의병의 사기 진작과 전투력 발휘에 상당한 영향을 주었다. 의병이 일정 지역에 한동안 유진하는 경우에는 인근 촌락에서 음식을 제공받기도 하고, 현지에서 일진회원 등 친일파를 처단한 뒤 그 집의 양식과 가축 등을 확보하기도 하였다.[59] 한편 산간지역으로 이동하거나 혹은 예상치 못하는 비상사태를 대비해 의병 각자가 평소 예비식량을 소지하고 있었다. 곧 의병들은 腰帶를 자루로 만들고 그 속에다 5홉 정도의 볶은 '耳米'(귀리?)를 비상식량으로 넣고 다녔던 것이다.[60] 하지만 대개의 경우 의병들은 식량조달에 큰 애로가 있었으며, 이 점 또한 장기지속적인 항일전 수행에 제약요인으로 작용하지 않을 수 없었던 것으로 보인다.

무릇 의병들은 항일전에 소요되는 총기와 의복·양식 등의 군수품을 수

---

56) 『編冊』, 「咸警收 제2198호」(1907. 11. 28); 『資料 8』, 179쪽.
57) 『編冊』, 「暴徒討伐景況 제73호」(1908. 4. 28); 『資料 10』, 431쪽.
58) 『編冊』, 「電報」(1907. 11. 27); 『資料 8』, 174쪽.
59) 『編冊』, 「咸收秘 제196호의 1」(1908. 2. 26); 『資料 9』, 331쪽.
60) 愼鏞廈, 앞의 논문, 43쪽 참조; 『編冊』, 「咸收秘 제196호의 1」(1908. 2. 26); 『資料 9』, 330쪽.

집할 수 있는 수단과 방법을 모두 동원하여 조달하였다. 그럼에도 불구하고 충분한 양과 우수한 질의 무기와 군수품을 조달하기가 어려웠으며, 시간이 지날수록 그로 인한 고통은 더욱 커져 결국 항일전 수행을 제약하는 큰 요인으로 작용하였던 것이다.

4. 항일전의 전개

1) 전기 항일전

(1) 北靑 厚峙嶺戰鬪

관북 산포수의병의 연원이 된 북청의 산포수의병은 1907년 11월 15일 거의하였다. 당일 안산·안평 두 社[61]를 중심으로 후치령 부근에 거주하던, 가죽모자를 쓴 50~60명의 산포수들이 한 곳에 회집, 일진회원 등 부일매국적 처단을 표방하며 거의를 천명하였던 것이다.[62]

다음날인 16일에는 전원 총기로 무장한 70명의 산포수의병이 眞木洞(소재 불명)에 이르러 안평면장 朱道翼을 처단하여 거의의 신호로 삼았다. 주도익은 일진회원으로 인망이 없었을 뿐만 아니라, 일제의 사주를 받아 산포수들의 총기 압수에 열성적이었고 단발을 심하게 강요하였으며, 민간재물을 약취하는 등 비행을 일삼았기 때문에 주민들로부터 원성의 대상이 되었던 자이다.[63] 그러므로 산포수의병이 擧義 후 제일 먼저 이와 같은 인물을 처단함으로써 민간의 지지와 원조를 기대할 수 있었을 뿐만 아니라 의병의 활동목표를 뚜렷이 밝힐 수 있었던 것이다.

산포수의병은 거의 직후 일진회원 처단을 주요 활동목표 가운데 하나

61) 安山은 1907년 당시는 북청군 관내였으나 그 후 1914년 일제하 행정구역 개편으로 豊山郡에 편입되었다. 그리고 安坪은 안산의 오른쪽 편에 위치해 있었으나 그 뒤 행정구역 개편 때 폐치되었다(『朝鮮全道府郡面里洞名稱一覽』, 1917, 23쪽).

62) 『編冊』, 「北淸郡守報告」(1907. 11. 24); 『資料 8』, 168-169쪽.

63) 『編冊』, 「北淸郡守報告」(1907. 11. 24)·「報告書 제5호」(1907. 11. 28)·「報告書」(1907. 11. 29); 『資料 8』, 168-169, 176, 181쪽.

로 설정하였다. 주도익 처단 직후 신속히 安山으로 이동한 산포수의병은 19일 안산면장 李快年과 그의 아들 李鳳國을 처단하였으며, 그 다음날에도 崔錫禹·李鍾鎬·金昌植·金昌魯·李炳珍 등 5명의 일진회원들을 처단하였다.[64] 곧 산포수의병은 거의와 동시에 현지 친일세력인 '土倭'를 제거함으로써 거의의 성격을 분명히 하였을 뿐만 아니라 앞으로의 활동에 방해요소가 될 密偵 등을 미연에 제거하는 효과를 가져왔던 것이다.

한편 북청주둔 일제 군경은 산포수의병이 안평면장 주도익을 처단하였다는 소식을 접한 직후에 급거 군경합동 '정찰대'를 편성, 11월 19일 새벽에 현지로 급파하였다. 즉 일본군 북청수비대 제50연대에서 대대장 三木 소좌 이하 青砥 대위 및 하사 등 10여 명을 정찰대로 편성하였으며, 이때 일제 함흥경찰서 북청분견대에서도 野上 경부 이하 총순 1, 순사 2, 순검 1명 등을 '정찰대'에 합류시켜 현지로 파견하였던 것이다.[65]

안산·안평 현지에 도착한 三木 소좌 이하 일제 군경 '정찰대'는 11월 21일 黃水院 부근의 張村浦에서 劉基雲을 산포수의 都統領으로 임명한 다음 73명의 포수들을 모아 놓고 이들로부터, 북청경찰서로 가져가 官印을 받은 뒤 환급한다고 속여 73정의 총기를 일괄 수거하였다.[66] 이때 회집한 70여 명의 포수들 가운데는 전날 일진회원들을 처단한 산포수의병 일부도 포함되었을 것으로 믿어지나, 유기운 외의 지도자는 알 수가 없다. 또한 산포수들이 총기를 일제 군경에게 순순히 반납하게 된 경위도 불분명하다.

산포수의병은 11월 22일부터 본격적인 항일전을 개시하게 된다. 곧 산

---

64) 『編冊』, 「北清郡守報告」(1907. 11. 24)·「秘號外」(1907. 12. 4); 『資料 8』, 170, 374쪽.

한편 이때 처단된 일진회원 명단이 같은 북청군수가 함경도 관찰사에게 올린 보고서(위의 책, 177쪽)에서는 崔錫禹·李鍾鉉·金昌植·金昌魯·李炳弼로, 또한 함흥본서로부터 현지로 급파된 松下警視의 報告에서는 李鍾屹(32세)·崔信平(19세)·金昌權(46세)·金昌老(43세) 등 4명으로 기록하고 있다. 현재로서는 어느 기록이 옳은지 확인할 수 없다.

65) 『編冊』, 「報告書」(1907. 11. 29); 『資料 8』, 180쪽.

66) 『編冊』, 「北清郡守報告」(1907. 11. 24)·「報告書 제5호」(1907. 11. 28)·「報告書」(1907. 11. 29); 『資料 8』, 169, 176, 182쪽.

포수의병은 전날 총기를 수거해 이를 마차에 싣고 북청으로 돌아가던 일제 군경을 厚峙嶺[67]에서 대기해 있다가 22일 오후에 기습공격을 가해 일본군 장교 1명을 비롯해 병졸 2명과 순사 1명 등 전원을 사살하는 전과를 올렸다.[68] 결국 이와 같이 후치령에서 일본군을 기습한 의병은 조직력과 기동력을 갖춘, 곧 차도선과 홍범도 등이 인솔하는 산포수의병이었던 것이다. 그러나 이 의병의 실체가 전날 무장해제된 산포수들과 어떤 관계에 있었는지 확실히 밝히기는 어렵다. 일진회원을 처단한 산포수들이 무장해제를 당한 70여 명의 포수들 속에 상당수가 포함되어 있었던 것은 사실이며, 이들이 또한 후치령전투에 동참하였다고 보여지는데, 총기를 반납한 상황에서 어떻게 전투를 수행할 수 있었는지 알 수가 없기 때문이다. 다만 홍범도는 총기를 반납하던 그 현장에는 없었다고 믿어진다. 현장에서 산포수 2명은 총기반납을 거부하고 도주하였다는 기록이 보이는데,[69] 그 인물이 혹 후치령전투와 긴밀히 연관되어 있지 않을까 추측되기도 한다.

홍범도는 자신의 구술 일지 속에서 擧義 이후 후치령전투에 이르기까지의 開戰 상황을 다음과 같이 술회하고 있다.

> 함경도 북청 단양 리가에게 서방들어(장가들어－필자) 팔 년을 농사하여 먹다가 일본놈과 노시야와 전쟁할 때 갑진년(1904－필자)에 (중략) 또 내가 다시 9월 8일에 다시 일어났습니다. 9월 11일 밤에 동학쟁이(일진회원－필자) 회소에 달려들어 30여 명을 죽이고 회소를 불지르고 그날 밤 솔봉개(미상－필자) 안에서 풀밭에서 자고 그 이튿날 후치령 허리원에서 일병 3인을 잡고 총 세 병(柄)을 앗고 철 삼백 개를 얻어 가지고 서쪽골 포수 누기에서 자려고 하다가 그 누기에서

67) 후치령(1,335m)은 북청군 泥谷面과 安山面(현 풍산군)의 경계에 있는 고개이다. 북청읍에서 북쪽으로 100여 리 떨어져 있고 함경산맥의 중앙에 위치해 있다. 고개는 남북 방향으로 놓여 있으며 남쪽은 급사면으로 南大川의 상류 계곡으로 통하고 북쪽은 개마고원을 北流하는 虛川江의 상류 계곡과 연결되어 黃水院湖에 이어진다. 예로부터 이 고개는 北靑과 豊山·仲平場·惠山을 연결하여 관북의 중부 해안지역과 개마고원의 내륙지역을 연결하는 교통의 요지였다. 고개 주위에는 해발 1,000m 이상의 高峰들이 솟아 있어 길이 몹시 험하며, 특히 남쪽 사면의 直洞에서 이 고개까지의 도로는 굴곡이 심한 것으로 유명하다.

68) 『編冊』, 「北淸郡守報告」(1907. 11. 24)·「報告書 제5호」(1907. 11. 28); 『資料 8』, 169-170, 177쪽.

69) 『編冊』, 「報告書」(1907. 11. 29); 『資料 8』, 182쪽.

자고 사냥간 포수를 만났습니다.[70)]

위의 기록에서 홍범도가 '갑진년'에 벌였다고 믿은 항일전이 1907년 후치령전투임에는 의심의 여지가 없다. 그가 이때 제일 먼저 처단하였다는 '동학쟁이' 역시 일진회원이었음도 전후 사정으로 보아 명백하다. 위 내용은 아마 전술한 11월 20일 안산 일진회원을 처단한 거사를 지칭하는 것으로 생각된다. 시기상 오류는 있지만, 그 활동내용의 개략은 사실과 일치하고 있는 것이다. 후치령에서 일본군 3명을 사살하였다는 기록도 동시기의 일제 기록과 거의 일치하는 대목으로 주목할 필요가 있다.

산포수의병은 일제 군경과 교전을 치른 22일 당일에 다시 북청으로 향하던 혜산진 木材廠 직원 荻[萩]原守虎를 후치령에서 기습 처단하였다.[71)] 민간인의 신분이었지만, 그 역시 대한침략의 첨병으로 간주되었던 까닭이라 하겠다. 이러한 사실은 결국 산포수의병의 성격이 일제 군경에 대한 항전에 국한된 것이 아니라 총체적인 강렬한 反日을 지향하고 있었다는 사실을 의미하는 것이다.

이날 오후에 산포수의병은 또 삼수·갑산 방면으로부터 송부되던 우편수하물을 싣고 북청으로 향하던 우편물 수송대를 후치령에서 기습하여 호위병 2명을 사살하는 전과를 올렸다.[72)]

이튿날인 11월 23일에도 역시 후치령에서, 북청에서 혜산진으로 향하던 新谷 소위 이하 일본군 3명을 모두 사살하는 등 연승을 거두었다.[73)]

결국 11월 22~23일 이틀 동안 산포수의병은 후치령 일대를 무대로 4회의 전투를 벌여 모두 일방적인 승리를 거두어 일제 군경 등 9명을 사살하는 전과를 올렸던 것이다. 이상의 전투는 모두 의병이 후치령 정상에서 新店里로 내려가는 언덕길 中腹 일대에서 매복 대기한 다음, 일제 군경의 접근을 기다려 기습공격으로 적에게 일대 타격을 가하고 즉시 철수하는 유격전술의 형태로 전개된 것이다. 일제 군경은 성능이 우수한 무기를 가

70) 「홍범도의 일지」, 4쪽.
71) 『編冊』, 「警秘 제505호」(1907. 11. 25); 『資料 8』, 171쪽.
72) 『編冊』, 「報告書」(1907. 11. 29); 『資料 8』, 184쪽.
73) 위와 같음.

졌음에도 불구하고 이와 같은 의병의 민활한 기동작전에 속수무책으로 연패를 당하고 말았다.

후치령 참패의 소식을 접한 일제는 그 대책 마련에 부심하였다. 우선 관할 북청수비대에서는 11월 23일 아침에 宮部 대위 이하 57명의 '토벌대'를 편성하여 헌병 4명, 순사 5명과 함께 후치령으로 출동시켰다. 그리고 관할 본서인 함흥경찰서에서도 직접 순사 3명과 순검 4명을 현지로 급파하여 그 진상을 조사토록 하였다.[74] 이어 25일 새벽에는 다시 함흥 본서로부터 松下 경시가 기관포 2문을 가지고 특무조장 이하 21명을 인솔하고 선발 '토벌대' 지원을 위해 현지로 급파되어 28일 후치령에 당도하였다.[75]

23일 북청을 출발한 宮部 대위 휘하 일본군 '토벌대'는 25일 후치령에 당도한 다음 곧 '수색작전'에 들어갔다. 그러나 일본군의 來到를 예상하고 후치령 정상 부근에서 매복 대기중이던 산포수의병은 25일 오후 12시 40분경 접근해 오던 일본군을 향해 일제히 기습공격을 개시하였다. 이때 80여 명[76]의 산포수의병은 일본군과의 전투에 대비해 이미 만반의 준비태세를 갖추고 있었다. 곧 정상의 유리한 고지를 先占하고 나무와 눈으로 참호를 만들었다. 그리고 그 안에서 총구만 밖으로 낸 채 일본군에게 집중사격을 가하였던 것이다. 일본군은 우세한 화력을 앞세워 응전하였으나, 결국 전황은 의병측에 유리한 방향으로 전개되었다. 의병은 세 시간 동안 공격을 계속하여 일본군에게 타격을 가한 뒤 두 방면으로 나뉘어 주력부대는 新店 방면으로, 다른 일부는 서쪽으로 각기 신속하게 철수하였다.

일본군 '토벌대'는 이 날 전투에서 참패하였음에도 불구하고 전과를 왜

---

74) 『編冊』, 「警秘 제48호」(1907. 11. 24)·「北淸郡守報告」(1907. 11. 24); 『資料 8』, 167-168, 170쪽.

75) 『編冊』, 「電報」(1907. 11. 26); 『資料 8』, 172쪽.

76) 이 전투에 참가한 의병 수에 대해서는 전투 직후의 일제 기록에서는 300여 명에 달하였던 것으로 기록하고 있으나, 그 뒤 현지조사 보고에서는 80명을 초과하지 않은 것으로 기록하고 있다(『資料 8』, 373쪽). 현재로서는 어느 숫자가 옳은지 확단할 수 없지만 최초 봉기 때의 의병 수 70여 명을 염두에 둔다면 이때까지는 초기 의병 성원을 골격으로 하여 전투를 수행하였으리라 추측된다.

곡 보고하여 일본군측이 '전사 3명, 경상 4명'의 경미한 손실을 입은 데 비해 의병측은 21명 전사에 부상자가 20~30명에 달하는 것으로 기록해 놓았다.[77] 하지만 이 날의 후치령전투 이후 민간에서는 의병이 일제 군경을 전멸시켰다는 소문이 널리 퍼져 있었던 사실로 미루어 보더라도 당시 전황을 충분히 짐작할 수 있다.[78] 더욱이 일제 기록에서도 이날의 후치령 전투에서는 일본군이 수세에 몰려 있었던 상황을 다음과 같이 인정하고 있다.

> 此(산포수의병-필자)의 토벌로 북청 50연대로부터 1개 소대를 파견하였으나 수백 명의 폭도가 坂上(후치령 정상-필자)에 집합하여 극렬히 防戰하여 병졸 7명이 부상하고 困戰하는 상황이므로 다시 同연대로부터 1개 소대를 파견하고자 지난 26일 밤 당新浦수비대로부터 병졸 15명을 발탁하여 기관포 4문을 가지고 同방면으로 향한 모양이다.[79]

곧 북청수비대는 전력을 기울여 후치령 일대에서 활동하던 산포수의병에 대한 조기 '진압'을 시도하였지만, 의병의 강력한 항전으로 난관에 봉착한 결과 '困戰'을 치르고 있다고 실토한 것이다. 그리고 북청수비대로부터 파견된 선발 '토벌대'의 불리한 전황을 만회하기 위해, 북청수비대의 출동병력 부족으로 인근의 新浦 수비대로부터 고성능 기관포 4문으로 무장한 증원군 15명이 26일 급파되기까지 하였다는 것이다.

이와 같이 산포수의병은 거의 직후 후치령 일대에서 파죽의 연승을 거두면서 일제 군경에게 예상치 못한 타격을 가하고 상당한 전과를 올리고 있었다. 후치령에서 남쪽으로 25리 떨어진 泥谷에 살던 정응섭(당시 27세)은 후치령 전투에서 산포수의병이 거둔 혁혁한 전과와 일제의 전황 왜곡에 대해 다음과 같이 회상 증언하였다.[80]

> 일제 군경은 우리 동리에 와서 폭도(의병-필자)와 교전하다가 4명의 부상자

---

77) 『編冊』, 「電報」(1907. 11. 27)·「報告書」(1907. 11. 29); 『資料 8』, 174, 180쪽.

78) ≪大韓每日申報≫ 제739호(1908. 2. 25), 「地方消息」 참조.

79) 『編冊』, 「元警秘發 7호의 1」(1907. 12. 2); 『資料 8』, 370쪽.

80) 오길보, 「홍범도 의병대에 대한 연구」, ≪력사과학≫ 6, 1962, 29쪽.

를 내었다고 하였는데, 실제 가서 보니 사상자는 30여 명이고 부상자가 4명이었다.

위의 예와 같이 일제 군경의 전황 보고는 사실과 상이한 경우가 허다해 실제 전황을 파악하기가 어려운 실정이다. 일제의 전과 보고는 홍범도가 자신의 투쟁일지 속에 남긴 전과와 대비해 볼 때 전혀 상이하다. 물론 홍범도 기록 역시, 錯記 혹은 誤記인지 그 이유는 알 수 없지만, 전과면에서 너무 과장되어 있다. 그러나 그 정황으로 볼 때 일제의 기록을 그대로 신뢰할 수는 없다. 그러므로 의병의 전과에 관한 한 현재로서는 어느 한쪽의 기록을 일방적으로 취할 수 없는 실정이며, 당시 상황을 고려한 엄밀한 사료 비판을 통해 그 실상에 접근해야만 한다.

산포수의병은 후치령전투를 시작으로 초기 항일전에서는 절대적인 압승을 거두고 있었음에 틀림이 없다. 탁월한 기동력과 조직력을 바탕으로 막강한 전력을 갖춘 의병은 수적으로도 우세를 점하고 있었기 때문에 정예의 일제 군경도 압도할 수 있었던 것이다. 일제가 산포수의병 거의 이후 12월 초순까지도 '유감스럽게도 이제까지 (의병) 한 사람도 체포할 수 없었다'는 보고를 몇 차례에 걸쳐 반복하고 있는 것도 이와 같은 초기 전황을 반증하고 있는 것이다.[81]

한편 일제는 후치령에서 연패를 당하는 시점에서도 산포수의병의 성격을 확실하게 인식하지 못한 채 전력 또한 과소평가하고 있었다. 일제는 한 보고서의 말미에 산포수의병의 거의 과정과 그 성격에 대해 다음과 같이 결론적으로 언급하고 있다.

요컨대 이번 폭거(산포수 擧義－필자)는 결코 獵夫로서의 폭거는 아니고 안평·안산 兩社 인민이 일진회원의 비행에 대하여 격분한 결과이며 2~3명의 엽부들이 총기를 휴대함으로써 주동자가 된 데 불과하다. 엽부들이 총기의 제출을 거부하고 거의를 기도한 것이 아님은 諸種의 상황에 의해 명백하다. 일본인을 살해하기에 이르렀던 것은 군대의 파견이 있었고 경찰관의 출장이 있는데다 총기를 領置당하게 되자 일진회원의 살해를 멋대로 하지 못하게 되었으므로 그들이 聲言한 바와 같이 일본인에 대해 적대행위를 취하게 된 것으로 思量하나 가

81) 愼鏞廈, 앞의 논문, 45쪽 참조.

해자의 한 명조차 체포할 수 없었음은 유감천만이다.[82]

위의 내용을 통해서 볼 때, 일제는 산포수가 아닌 일반 주민을 擧義 주체로 파악하고 있었다. 곧 의병 성원의 절대 다수는 非砲手인 일반 주민이며, 극히 일부의 산포수가 여기에 동참한 것으로 파악하였다. 그리고 거의의 동인 역시 일반 주민들의 일진회원에 대한 단순한 반감으로만 간주함으로써 의병을 그 지역 주민들의 내부적인 갈등문제가 파생된 것으로 파악하게 되었으며, 이는 결국 의병의 '항일' 성향을 그만큼 희석시켜 보게 만들었던 것이다. 일제가 산포수의병의 擧義 초기에 그 강렬한 '항일' 성향과 탁월한 전력을 이와 같이 전혀 간과하거나 오판한 것은 결과적으로 이후 산포수의병이 폭넓은 항일전을 수행할 수 있게 한 한 조건이 되었다고 하겠다.

25일에 벌어진 후치령전투에서 다시 참패를 당한 직후, 일제는 산포수의병에 대한 공세를 재차 강화하기 위해 전력을 증강시켜 현지로 파견하였다. 宮部가 인솔하는 '토벌대'의 화력 증강을 위해 북청주둔 일본군 50연대 본부에서는 기관총 4정을 현지 '토벌대'로 급송하는 한편 '정찰대'로 먼저 파견되어 新豊里[83]에 머물고 있던 三木 소좌 휘하의 青砥 대위를 黃水院 방면으로 급파시켜 宮部 부대와 긴밀한 연합작전을 펴도록 조처하였다.

또한 일제는 산포수의병의 활동지역과 장차 이동지역을 예상하여 후치령을 중심으로 북청에서부터 혜산진을 남북으로 잇는 가도상의 獐哨里·城文內里[84]·厚峙嶺·黃水院·新豊里·甲山 등지에다 기병 8~16명씩을 증파하거나 새로 배치하여 의병의 출현에 신속히 대처할 수 있도록 하는 등 대비태세를 갖추었다.[85]

---

82) 『編冊』, 「報告書」(1907. 11. 29); 『資料 8』, 185쪽.

83) 新豊里는 풍산군 里仁面에 있으며 후치령의 북쪽, 安山의 서북방으로 북청-갑산 가도상의 豊山(現 김형권)에 접해 있다.

84) 獐哨里와 城門內里는 북청과 후치령 사이에 있었던 지명으로 보이나 현재 확인할 수 없다. 그 가운데 獐哨里는 북청에서 40~50리 떨어져 있던 獐興 혹은 初里가 아닌가 여겨지기도 한다.

85) 『編冊』, 「秘號外」(1907. 12. 7); 『資料 8』, 380쪽.

일제는 이와 같은 군사작전 외에도 의병의 주요 활동범위 안에 있는 후치령 이북의 촌락에 대해서는 급히 自衛團을 조직토록 하여 의병의 동정을 감시하거나 활동을 위축시키려 하였다. 후기의병이 가장 활발하던 시기인 1907년 11월부터 1908년 2월에 걸쳐 전국적으로 面·坊·社를 단위로 1908년 2월 말 현재 총 1,990개, 그리고 함남에는 75개가 조직되어 있었던 자위단은 일진회와 일제가 합력하여 각지 의병을 탄압하기 위하여 급히 조직한 것이다.86) 하지만 전국 어디에서나 이러한 자위단이 결성되어 있었음에도 불구하고 일진회를 앞세운 강제조직이었기 때문에 오히려 민간의 반발을 사 그 활동은 미약하였다. 오히려 이러한 자위단의 조직은 의병으로 하여금 일진회원 처단에 더욱 심혈을 기울이게 하는 결과를 낳기도 하였다.

함경도에서는 북청 일부지역에서 처음으로 자위단이 결성되었다. 일제군경의 압박과 사주를 받은 북청군수 崔達斌은 안산·안평에서 의병이 일어난 직후 현지로 파견되어 주민들을 '위무'하는 한편 자위단 조직에 착수하였던 것이다. 그리하여 12월 7일까지는 안평과 안산 두 社에 걸쳐 자위단 결성이 완료되었으며, 후치령 남쪽 아래 星岱社까지도 조직을 확대하였다. 최달빈은 자위단 조직을 마무리하고 12월 10일 북청으로 귀환하였다. 이 무렵 북청 외곽의 단천군 일대에도 자위단 조직을 지도하기 위해 일본군이 파견되기도 하였다.87) 그러나 자위단이 당시 주민들의 일반적인 정서와는 상반된 행동을 요구하였기 때문에 뚜렷한 실효를 거둘 수가 없었던 것이다. 북상하지 않은 일부 잔류의병들은 자위단 조직 직후에

일제측의 이와 같은 대의병 군사 배치상황에 대해서는 1908년 3월 초 臨江縣知縣 당국이 접경지대에서 활동하던 의병의 동정을 파악한 뒤 그 내용을 상부에 보고하는 가운데서도 "(前略) 日軍 亦於惠山鎭至甲山 一帶沿途 設仵防備 (下略)"라고 하여 그 실상을 언급하고 있다(『駐韓日本公使館記錄 34』, 국사편찬위원회, 영인본, 24쪽). 곧 혜산진에서 갑산까지의 가도에는 일본군이 곳곳에 수비망을 구축하여 의병의 활동을 차단하고 있다는 내용이다.

86) 洪英基, 「1907~1908년 日帝의 自衛團 조직과 한국인의 대응」, ≪한국근현대사연구≫ 3, 한국근현대사연구회, 한울, 1995, 110-111쪽 참조.

87) 『編冊』, 「秘號外」(1907. 12. 7)·「電報 제38호」(1907. 12. 7); 『資料 8』, 380-381쪽.

도 星岱로 들어와 12월 13일경 일진회원 22명을 처단하는 등 의병의 활동은 여전히 지속되었다.88)

(2) 三水·甲山 점령

차도선과 홍범도가 인솔하는 북청 산포수의병의 주력부대는 일제 군경이 후치령 부근으로 전력을 집중하게 되자 그 예봉을 피하기 위해 즉시 북상함으로써 항전 근거지를 옮겼다. 그리하여 1907년 12월 초순경에는 내륙 산악지대인 갑산에 당도하고 전열을 가다듬었다. 그 동안 각지에서 의병을 계속 소모해 왔기 때문에 이 시기 주력 산포수의병의 전력은 거의 단계에 비해 상당히 증강된 것으로 보인다. 예컨대 산포수의병이 갑산을 공격할 무렵에 갑산군 虛川社(갑산 남쪽 15리) 寺洞에 있던 朴信康이 휘하 50여 명을 인솔하고 산포수의병에 합류해 온 것과, 갑산군 鎭東社(갑산 동쪽 30리) 間鎭洞에 있던 金用權이 60여 명을 이끌고 1908년 1월 11일 산포수의병을 찾아온 것 등이 특히 두드러진 사례이다.89)

갑산으로 북상한 산포수의병은 먼저 그곳의 일진회원을 처단하면서 활동을 개시하였다. 곧 갑산군 上南社(소재 불명)와 二里社(갑산 동남쪽 35리) 일대에서 10여 명의 일진회원을 처단하는 한편 그곳 산포수들을 소모하여 전력을 한층 강화시켰다.90)

한편 갑산·삼수 방면으로 북상한 의병과는 달리, 그 실체는 밝힐 수 없지만, 산포수의병의 다른 일파는 12월 초순경 후치령 남쪽으로 이동한 것으로 추측된다. 이들은 다시 북청 북방 50리 지점의 德城社 일대에 주둔

---

88) ≪大韓每日申報≫ 제685호(1907. 12. 13), 「雜報」 및 제687호(1907. 12. 15), 「雜報」; 『編冊』, 「電報」(1907. 12. 11); 『資料 8』, 392.

89) 『編冊』, 「咸秘 제100호의 1」(1908. 2. 5); 『資料 9』, 313쪽.

90) 『編冊』, 「秘號外」(1907. 12. 7)·「電報 제27호」(1907. 12. 8)·「電報 제203호」(1907. 12. 10)·「警秘 제191호」(1907. 12. 16); 『資料 8』, 380, 382, 390, 394쪽.

갑산 일진회원 처단 인원에 대해서는 처음에는 상남사와 남양사 일대에서 13명, 혹은 8명으로 보고되고 있으나 현지 조사를 위해 파견된 일경은 '二里社 2명, 上南社 7명'으로 보고하고 있다. 후자의 기록이 더 믿을 만한 것으로 판단된다.

하면서 인근의 산포수들을 규합하여 200여 명 규모로 집결해 있었다.[91] 이 의병은 이 일대 부일배 단죄에 나서 12월 13일경에는 인근의 星岱에서 일진회원 22명을 집단으로 처단하는 등 그 기세가 대단하였던 것으로 보인다.[92] 결국 1907년 말부터 1908년 초에 이르는 시기 동안에는 북청 이북으로부터 갑산에 이르는 관북 내륙지역에 의병이 집중되었음을 알 수가 있는 것이다. 일제가 "하여튼 북청 이북지역은 유언비어로써 충만되어 양민의 공포가 보통이 아니다"[93]라고 기술하고 있는 대목도 이와 같은 분위기를 그대로 반증해 주는 것이다. 특히 일진회원 처단 소식이 잇따르자, 앞에서 언급하였듯이 공포에 질린 일진회원 100여 명이 북청 읍내로 집단 피신하는 등 일대 소동이 야기되기도 하였다.[94]

성대에서 일진회원들을 처단한 직후 이 의병은 다시 덕성사 방면으로 들어와 북청-후치령 가도상에 위치한 獐項里 인근의 '승호리'(소재 불명)에 주둔하고 있었다. 그 가운데 100여 명은 12월 15일 아침 장항리 부근 楊柳村에서 북청을 떠나 갑산 방면을 향하던 일본군 우편 및 화물 호위병 5명과 조우, 기습공격을 가하여 '1명을 사살하고 1명을 부상'시켰으며 우편 수하물 전부를 노획하는 등의 전과를 거두었다. 일본군 북청수비대에서는 이러한 패전 소식을 접하고 즉시 青砥 대위 이하 군경합동 '토벌대' 55명을 현지로 급파하였다. 다음날인 16일 아침 이 의병은 다시 장항리 남방 10여 리 떨어진 杏洞에서 이들과 조우, 치열한 교전을 벌이기도 하였다.[95]

---

91) 이 의병의 실체를 구체적으로 확인할 수 있는 자료는 없다. 다만 ≪大韓每日申報≫(제685호)에 이 의병을 '餘砲가 聚黨'한 것으로 기록하고 있는 것으로 보아 안산·안평 거의 이후 그 일부가 남쪽으로 내려와 현지 산포수들을 규합한 것으로 이해할 수 있는 것이다. 한편 후술할 1908년 1월경 단천지역에서 활동을 벌인 의병의 실체가 바로 이 의병이 이동해 간 것으로 강하게 추측되지만 양자의 상관성을 해명할 수 있는 자료는 없는 실정이다.

92) ≪大韓每日申報≫ 제687호(1907. 12. 15), 「雜報」; 『編冊』, 「電報」(1907. 12. 11); 『資料 8』, 392쪽.

93) 『編冊』, 「電報 제191호」(1907. 12. 16); 『資料 8』, 393쪽.

94) 『編冊』, 「咸警秘收 제139호의 1」(1907. 12. 16); 『資料 8』, 396쪽.

95) 『朝鮮暴徒討伐誌』(1907년 11~12월조); 독립운동사편찬위원회 편, 『독립운동사자료집 3』, 722쪽; 『編冊』, 「電報」(1907. 12. 16)·「咸秘收 제142호의 1」

한편 갑산·삼수 방면으로 북상한 산포수의병의 주력은 12월 하순경 삼수 남방 20여 리 지점의 仲坪場 일대에서 잠시 주둔하고 있었다. 이때 일본군 함흥수비대에서는 북상한 산포수의병을 추격하기 위해 上月 소위 이하 기병 16명을 현지로 파견하였다. 산포수의병은 12월 26일 중평장에서 이들을 만나 교전을 벌여 타격을 가하고 추격로를 차단시킨 뒤 삼수 점령을 위해 즉시 이동하였다. 그리고 산포수의병은 미처 방비가 소홀하던 삼수를 무난히 점령하기에 이르렀다.[96] 산포수의병이 삼수를 점령할 수 있었던 것은 결국 탁월한 기동력을 바탕으로 신속히 부대를 이동시킬 수 있었기 때문이다. 일제 군경의 '추격전'은 의병의 이와 같은 신속한 기동력으로 말미암아 이미 스스로 한계가 노정되던 상황이었다.

삼수가 의병의 수중에 들어간 뒤, 上月 '토벌대'는 혜산진 및 갑산 수비대와 연합하여 12월 31일 삼수를 향해 대규모의 공격을 가해 왔다. 삼수를 점령하고 있던 차도선 휘하 400여 명의 의병은 성벽에 기대어 일본군의 공세를 적절히 차단한 뒤 일제히 반격을 가하였다. 세 시간여에 걸친 치열한 교전 끝에 일본군은 결국 의병의 반격을 감당하지 못하고 모두 혜산진 방면으로 패주하고 말았다. 이 날의 三水勝戰으로 의병의 사기는 더욱 충천하게 되었으며, 연패를 당한 일본군은 불리한 전세를 만회코자 이후 더욱 대대적인 대의병 공세를 취하게 되었던 것이다.[97]

산포수의병의 삼수 점령 소식과 連戰慘敗에 크게 자극을 받은 일제는 일거에 산포수의병을 剿滅하기 위해 이제 대규모의 의병 '토벌대'를 편성

(1907. 12. 19);『資料 8』, 395, 402쪽.

이때 의병이 일본군 우편 호위병을 타격한 지점인 '獐項里'는 현재 지도에 확인되는 북청읍 남쪽의 북청면 관내에 있는 獐項里, 혹은 조선시대에 烽燧臺가 있던 북청 '獐項'이 아니다. 후자의 봉수대가 있던 장항은『新增東國輿地勝覽』에 '북청 관내로부터 125리 떨어진' 厚峙嶺 북쪽에 있었다. '장항리로부터 약 10리 아래에 德城社 主義洞이 있다'는 위의 기록으로 보아 현재 해당되는 지점은 후치령으로 향하는 삼거리[三岐] 아래에 있는 獐興里와 楊平里 일대로 짐작된다. 그러므로 이 의병은 12월 상순경 갑산·삼수 방면으로 북상한, 차도선과 홍범도 등이 이끄는 의병과는 별도의 부대였음을 알 수 있다.

96)『朝鮮暴徒討伐誌』(1907년 11~12월조); 독립운동사편찬위원회 편,『독립운동사자료집 3』, 723쪽.

97) 위와 같음.

하기에 이르렀다. 곧 삼수 패전의 보고를 접한 일제 동부수비구 사령관 丸井政亞 少將은 북청에 있던 보병 제50연대(연대장 山本延身 대좌) 제3대대장 三木 소좌에게 북청수비대의 장교 이하 보병 및 기병 18명과 의병 '토벌'차 獐項里에 파견되어 있던 青砥 대위 이하 50여 명 및 城津 수비대장 中村 대위 이하 80명, 그리고 함흥에서 북청으로 지원차 分遣되어 있던 豊島 기병소위 이하 26명 등 대규모 병력을 동원해 삼수를 '탈환'토록 명령하였다. 일제는 함남 일대에서 동원 가능한 병력을 총동원해 대대적인 삼수 공략에 나선 것이다. 일본군 '토벌대'는 삼면에서 삼수를 포위 공격할 계획을 세웠다. 구체적으로 일본군이 구상한 삼수 공격계획을 보면, 우선 青砥 부대는 중평장에, 다음 中村 부대는 仲坪里(삼수 동쪽 10리)에, 이어 三木 부대는 혜산진으로 퇴각해 있던 上月 소대와 함께 新洞(삼수 동쪽 35리, 삼수－혜산진 가도)에 각기 1월 9일 도착하여 일시에 협공하기로 되어 있었다. 그리고 豊島 기병대는 삼수읍의 의병 동정을 정찰하는 임무를 맡았다.[98)]

한편 삼수읍의 의병은 일제 '토벌대'가 삼면에서 포위망을 구축하며 접근해 오는 것을 미리 탐지하고, 대규모 정예병력과의 무모한 정면대결을 피해 일본군이 접근하기 전에 일제히 삼수에서 철수하기로 작전을 수립해 놓았다. 곧 삼수에서 철수한 뒤 대신 수비가 허술한 甲山을 공략하기로 하였던 것이다. 이러한 전략에 따라 삼수에서 철수한 산포수의병은 즉시 중평장으로 남하, 그곳에서 삼수를 향하던 青砥 부대와 조우하여 일시 교전을 벌였다. 그러나 의병은 중평장을 신속하게 빠져나와 삼수를 뒤로 한 채 갑산을 향해 진격하였다.

이와 같은 의병의 전략을 눈치채지 못한 일본군은 1월 10일 삼면에서 일시에 삼수를 향해 돌입하였다. 하지만 읍내에는 인적조차 없었다. 의병이 철수하면서 일본군의 만행이 있을까 염려하여 주민들까지 疏開시켜 놓았기 때문이었다. 결국 삼수의 의병을 공략하려던 일본군의 작전은 실패로 귀착되고 말았다. 그토록 기세 드높던 일제도 삼수작전의 실패에 대해서는 다음과 같이 자인하지 않을 수 없었다.

---

98) 위의 책, 743쪽.

(1월) 10일 각대는 3면에서 삼수성으로 육박하자 성내는 적막하기 짝이 없고, 폭도는 하나도 보이지 않으며, 민가는 모조리 불타 殘烟만 오르고 있었다. 이것은 폭도가 교묘하게 우리 포위선을 이탈하였음을 말하는 것이다. 그날 약 3백의 폭도는 우리 수비가 박약한 갑산을 습격, 그곳 우편국을 파괴하고 약탈 참살을 감행하여 (하략)[99]

삼수는 그 뒤 1908년 4월 무렵까지도 의병의 활동권역에 계속 들어 있었을 만큼 의병의 활동이 왕성하던 곳이다. 이에 따라 1월 9일 의병이 철수하면서 소각시켜 버린 駐在所도 그 뒤 한동안 폐쇄되어 있었다. 의병이 철수한 뒤 임시로 일반 민가에서 주재소 사무를 보기도 하였으나, 뒤이은 의병의 공격으로 이 역시 혜산진으로 철수하지 않을 수 없어 이후 3월까지 삼수 주재소는 폐쇄되었다.[100] 그 뒤 의병의 활동이 다소 잠잠해진 4월 1일에 한인 순사 4명을 현지로 파견 집무하게 하였으나, 4월 11일 밤에 다시 董基必이 이끄는 30여 명의 의병이 혜산진 남방 약 30리 지점의 高巨里에 있던 이들의 宿舍를 기습하여 그 가운데 한 명을 사살하기도 하였다.[101]

산포수의병은 1908년 1월 10일 오전 6시 갑산읍을 기습하였다. 갑산 수비대의 일본군 다수가 삼수 방면으로 출동중인 틈을 타 기습작전을 벌였던 것이다. 이때 守備隊에는 坂井 상등병 이하 9명이 있었으며, 연접한 주재소의 당직 순사 1명도 수비대로 가 합류하였다. 산포수의병은 압도적인 다수로 수비대를 포위하고 집중사격을 가하였다. 수비대 건물에 웅거해 간간이 응사하던 일본군은 의병의 집중공격으로 퇴로 자체가 봉쇄되어 있었다. 수비대 병력을 봉쇄시켜 놓은 다음, 일단의 의병은 우편전신취급소를 습격, 전선을 절단하고 우편소 건물을 소각시켜 버렸다. 소장 이하 13명의 직원이 근무하던 우편소에는 이때 9명이 출근해 있었다. 이들은

99) 위와 같음.
100) 『編冊』, 「惠警親發 제19호」(1908. 3. 12); 『資料 9』, 548쪽.
101) 『編冊』, 「警秘 제579호」(1908. 4. 4); 『資料 10』, 403쪽. 이에 앞서 董基必은 '귀순'을 가장하여 4월 6일 삼수주재 순사와 회견을 갖기도 하고 나아가 일제 군경측과도 회견을 요청하는 등 일단 적을 안심시켜 놓은 다음 순사들을 기습하였다(『編冊』, 「韓憲警 乙 제445호」(1908. 4. 21); 『資料 10』, 425쪽).

부근 가옥으로 은닉하거나 주재소로 피신함으로서 간신히 전멸을 피할 수 있었다.[102)]

이처럼 수비대·주재소·우편전신취급소 등 일제 침략기관들을 차례로 공격한 뒤 의병은 오후 3시경 신속하게 갑산에서 퇴각하였다. 甲山勝戰 역시 삼수점령 때와 마찬가지로 산포수의병이 탁월한 기동력을 바탕으로 일제 군경의 '추격'을 차단한 뒤 기습작전을 통해 거둔 완벽한 승리였다. 일제 역시 그들 보고서에서 의병의 이와 같은 기민한 작전에 대해 '토벌대와 반대로 와서 갑산의 虛를 습격한 것'으로 기술, 패배를 자인하고 있다.[103)]

이와 같이 갑산전투에서 의병은 일제 군경을 상대로 거의 일방적인 공격으로 큰 타격을 가하며 완승을 거두었다. 그럼에도 불구하고, 일제는 이 전투에서 입은 자신들의 피해 역시 축소 은폐로 일관하며 패전 사실을 糊塗하고 있다. 일제측 기록에서는 의병의 전과에 대해 일본군 사살 1명 부상 2명, 그리고 우편국 일인 직원 사살 2명 부상 2명, 그리고 우편취급소 안의 전신기를 비롯한 집기류가 全破된 정도로만 기술, 사실을 축소 은폐하였던 것이다. 전후 전투상황으로 보아, 이와 같은 전황보고는 허위임이 분명하다. 오전 9시부터 오후 3시까지 6시간 동안 200~300여 명의 의병이 집요한 공격을 가한 전과로는 믿을 수 없기 때문이다. 이때 의병측의 손실을 전사 2명에 부상 20명 정도로 기록한 내용으로 보더라도 의병측이 압승을 거두었음을 짐작할 수 있는 것이다.[104)] 한편 홍범도는 이 날의 전투에서 일본군 109명을 사살하고 38명을 부상시키는 등 엄청난 전과를 거둔 것으로 기술,[105)] 일제측 기록과는 현격한 차이를 보이고 있다. 일제 경찰에서 파악한 전황을 보고하는 가운데 '重傷騎兵 61명'이라고 한 대목이 혹 이날의 전황을 암시하는 한 증거가 아닌가 생각되기도 한다.[106)]

갑산전투에서 대승을 거둔 의병의 한 부대 60여 명은 1908년 1월 12

---

102) 『編冊』, 「咸秘 제100호의 1」(1908. 2. 5); 『資料 9』, 313쪽.
103) 위와 같음.
104) 위의 책, 311쪽.
105) 「홍범도의 일지」, 5쪽.
106) 『資料 8』, 590쪽.

일 갑산군 上南社(소재 불명)로 이동해 그곳 일진회원 48명을 처단하고 가구·의류·식량 등을 압류 처분하였다.107) 전국적으로 의병이 일진회원을 처단한 사례 가운데 현재까지 확인된 것으로는 이 거사가 가장 큰 규모가 아닌가 생각된다. 이보다 조금 앞서 1908년 1월 3일 갑산군 別南社(소재 불명)로 들어온 40여 명의 의병도 그곳의 일진회원 6명을 처단하였다.108) 이와 같이 대규모로 단행된 일진회원 처단은 이 지역 주민들이 일진회원들에 대해 가졌던 반감의 정도를 짐작케 한다.

이후 차도선과 홍범도 등이 인솔하는 산포수의병의 주력부대는 2~3월 長津 방면으로 이동할 때까지 한동안 삼수군 중평장과 갑산군 龍門洞(현 풍산군 熊耳面 용문) 일대에 머물러 있었다.

1908년 2~3월 무렵, 산포수의병의 주력부대는 주로 장진 북방의 삼수·갑산과의 접경지역으로 이동하여 활동하고 있었다. 일제측은 1908년 2월 현재 삼수와 장진의 접경지에 의병 200여 명이, 그리고 장진과 갑산 접경지 일대에 70~80여 명이 활동중인 것으로 파악하였다. 이 일대에서의 의병의 두드러진 활동은 특히 일진회원 처단이었다. 당시 장진군 일대에는 일진회원이 약 600여 명에 달하였으나, 의병 봉기 이후 100여 명이 처단되고 나머지는 적당한 피난지를 찾아 각지로 흩어졌다.109) 일제는 이와 같이 장진 북방의 삼수·갑산 접경지역이 의병의 주요 활동무대로 등장하게 되자, 군경합동 '토벌대'가 삼수와 장진 두 방향에서 동시에 의병을 협공하기 위한 작전을 수립하고 3월 초순경 이를 실행에 옮기려 하였으나, 대의병 회유작전을 펼치기 위해 중단하였던 것이다.110)

한편 홍범도는 갑산을 다시 공략하기 위해 200여 명의 휘하 의병을 인솔하고 갑산읍 북방 20여 리 지점의 甲山社 細洞으로 진출, 이곳에 일시 주둔해 있었다. 이때 갑산으로부터 入江 소위 이하 일본군 26명과 순사 4명 등 군경합동의 '토벌대'가 파견되자, 의병은 2월 23일 細洞에서 이들

107) 『編冊』, 「咸收秘 제190호의 1」(1908. 2. 18); 『資料 9』, 321쪽.

108) ≪大韓每日申報≫ 제741호(1908. 2. 27), 「地方消息」; 『編冊』, 「咸收秘 제190호의 1」(1908. 2. 18); 『資料 9』, 321쪽.

109) 『編冊』, 「韓憲警 乙 제295호」(1908. 3. 9); 『資料 10』, 111-112쪽.

110) 위와 같음.

과 조우하여 격전을 벌였다. 유리한 고지를 선점한 의병은 견고한 엄폐물에 몸을 숨기고 일제 군경을 향하여 맹렬한 사격을 가하였다. 아침 6시 30분부터 시작된 전투는 오전 11시 무렵까지 4시간 반 동안 계속되었다. 일제 군경은 지형상 불리한 위치에 있었을 뿐만 아니라 탄약이 고갈되는 등 점차 전황이 불리해지자 끝내 후퇴하지 않을 수가 없었다. 이와 같이 명백한 패전에 대해서도 일제 보고서에서는 阿部 순사부장이 중상을 입은 외에 겨우 일본군 2명만이 부상을 당한 정도로만 전황을 기록하고 있다. 이에 비해 의병은 18명이 전사하고 30명이 부상당한 것으로 사실을 은폐 왜곡하였다.[111]

한편 산포수의병은 이상과 같이 일제 군경과 항일전을 수행하고 일진회원을 처단하는 활동을 벌인 외에도 일제가 부설해 놓은 전주 파괴와 전선 절단 활동도 도처에서 활발히 벌였다. 1908년 2월경 장진 북방에서 활동하던 의병들은 장진-삼수-혜산을 연결하는 전주 18본을 파괴하였으며, 이에 앞서 1월 중에도 같은 전선을 60리에 걸쳐 절단함으로써 지역간 전신을 불가능하게 만들었다. 이러한 전신 파괴 활동은 지역간 통신을 마비시킴으로써 일제 군경의 대의병 작전을 교란시키는 효과를 가져오기도 하였다. 일제는 산간오지를 출몰하는 의병의 공격이 두려워 이를 수리할 엄두조차 내지 못하고 단지 여름이 오기만을 기다리고 있을 뿐이었다.[112]

(3) 端川地域 山砲手義兵의 항일전

1908년 1월 북청 동북방의 단천군 관내에서도 200~400명 규모의 의병이 출현하여 일제 군경과 활발한 항일전을 벌이고 있었던 사실이 주목된다. 이 무렵 단천주재소에서는 빈번한 의병의 출현에 극도로 긴장하였을 뿐만 아니라 의병의 기습공격에 늘 대비하는 등 불안해하고 있었으며, 수비대 역시 추가 병력지원과 탄약 3,000여 발을 긴급 우송해 줄 것을 북청 연대본부에 요청하는 등 의병의 빈번한 출현과 공격에 대비하고 있었다. 일제는 단천지역에서 활동하던 의병을 탄압하기 위해 곧바로 군경합

---

111) 『編冊』, 「咸秘收 제210호의 1」(1908. 3. 5); 『資料 9』, 541-542쪽.
112) 『編冊』, 「韓憲警 乙 제295호」(1908. 3. 9); 『資料 10』, 112쪽.

동의 '토벌대'를 편성하였다. 의병 '토벌'의 주축은 보병이었다. 그러나 이때 북청주둔 일본군은 삼수·갑산 방면으로 출동중이어서 여유 병력이 없는 상황이었기 때문에 인근 居山(북청 동남방 30리) 주둔 일제 군경을 1월 19일 급히 단천으로 출장 파견하였다.[113] 또한 1월 21일에는 함북 성진으로부터도 응원군이 도착하였다.[114]

북청으로부터 단천에 파견되어 20일 도착한 北青分署長 野上 경부의 보고에 의하면, 의병의 활동이 왕성해짐에 따라 단천군 관내 각처에서 일진회원들이 피난을 떠나 단천읍에도 이미 50여 명이 도착해 있으며, 그밖의 일부는 성진·북청 등지로 피신중이었다고 한다.[115] 또한 일진회원이던 단천군수 劉文卿도 의병의 목표가 일진회원 처단이라고 보고, 일진회원의 관아출입을 금지하는 고시를 하기까지 하였다.[116]

이와 같이 1908년 1월 단천 일대에서 활동하고 있던 일단의 의병은 북청 혹은 갑산지역으로부터 이동해 온 산포수의병의 일파로 믿어진다. 단천군에서 활동하던 의병의 주둔 혹은 활동지역을 보면, 대체로 북청과 갑산에 비교적 가까운 서북방의 新滿社(龍川里)와 水下社(仲坪里) 등지였다. 이 점은 단천 의병이 산포수의병에 연원을 두고 있음을 암시하는 것이다.[117] 일제도 단천지역의 의병을 '갑산 방면으로부터 來集하여 黨與를 모집하고 있음은 사실인 것 같다'[118]고 하여 이 의병을 산포수의병의 일파로 파악하고 있었던 것이다. 하지만 이 의병에 대한 더 이상의 구체적인 내용은 확인할 수 없다.

1월 22일 오후 3시 일제 군경합동 '토벌대'는 단천을 출발, 의병이 주둔 활동하고 있던 수하사와 신만사 일대로 향하였다. '토벌대'의 구성을 보면, 북청·居山·성진 등지로부터 출장 지원 나온 병력과 단천주둔 군경이 연합하여 보병 13명, 기병 3명, 헌병 5명, 그리고 순사 8명 등 29명으

---

113) 『編冊』, 「警秘 제128호」(1908. 1. 25); 『資料 8』, 600쪽.
114) 『編冊』, 「咸秘發 제25호」(1908. 1. 27); 『資料 8』, 601-602쪽.
115) 위와 같음.
116) 『編冊』, 「北秘發 제29호」(1908. 1. 29); 『資料 8』, 605쪽.
117) 『編冊』, 「咸秘發 제25호」(1908. 1. 27); 『資料 8』, 601쪽.
118) 『編冊』, 「北秘發 제29호」(1908. 1. 29); 『資料 8』, 603쪽.

로 편성되어 있었다.119)

이 무렵 全朱益·趙先達 등이 인솔하는 의병 200여 명은 단천 북방 60여 리 지점의 雲承里(현 廣泉面) 일대에 주둔하고 있었다. 이 의병은 1월 23일 오전 9시경 운승리 부근에서 위의 일제 '토벌대'와 조우, 전후 2회에 걸쳐 종일 치열한 교전을 벌였다. 이 전투의 구체적인 전황은 알 수가 없다. 다만 일제측이 '我에 死傷 없다'고 하여 '토벌대'가 입은 손실은 기록하지 않고, 의병 15명이 전사한 것으로만 기록해 놓고 있을 따름이다.120) 왜곡과 과장으로 일관된 일제측 기록을 그대로 신뢰할 수 없으므로 현재로서는 그 전과를 정확히 파악할 수 없는 실정이다.

그 뒤 단천지역에는 1908년 2월 하순경까지 역시 북방의 水下社 일대에서 의병의 활동이 지속되고 있었다. 그 실체는 확실하지 않지만, 2월 23~24일 양일간에도 의병 200~400여 명이 단천 북방 70여 리 지점의 수하사 下農里와 上農里 일대에 출현하여 북청수비대 소속의 일본군 31명과 치열한 교전을 벌였다.121)

2) 日帝의 山砲手義兵 懷柔彈壓

무릇 관북의 산포수의병은 전과면에서나 활동범위면에서 모두 서북지역의 여러 의병 가운데 단연 두드러지는 의병이다. 1907년 11월 북청 후치령 擧義 이후 1908년 3월에 이를 때까지 산포수의병은 북청·삼수·갑산을 비롯해 장진·단천 등 광범위한 지역에서 탁월한 기동력을 바탕으로 험준한 지형을 이용한 기습전을 벌여 도처에서 일제 군경에게 심대한 타격을 가하고 있었다. 이 기간 동안 일제는 각 지역을 단위로 군경합동의 소위 토벌대를 편성하여 현지에 출몰하던 의병을 탄압하는 데 전력을 집중하고 있었지만, 그 결과는 거의 언제나 '遺感'으로 귀착되고 말았다. 그 동안 상당한 전력소모가 있었음에도 불구하고, 의병은 '한 사람도 피체되

119) 『編冊』, 「咸秘發 제25호」(1908. 1. 27); 『資料 8』, 602쪽.
120) 『編冊』, 「警秘 제128호」(1908. 1. 25); 『資料 8』, 600쪽.
121) 『編冊』, 「暴徒討伐景況 제38호」(1908. 3. 2); 『資料 10』, 109쪽.

지 않았다'고 할 정도로 항상 효율적인 작전을 구사하면서 매우 기민하게 항일전을 수행하고 있었던 것이다.

1908년 봄에 들어와 산포수의병의 기세는 더욱 고양되어 함남 거의 전역으로 파급되었을 뿐만 아니라 무력 일변도의 '토벌'이 번번히 실패로 끝나게 되자, 일제는 對義兵 '진압책'의 형태전환을 강구하지 않을 수가 없게 되었다. 즉 지금까지 추진해 오던 '무력토벌'을 지양하는 대신 의병에 대한 회유·귀순공작에 주력하였던 것이다.

한편 의병측도 무기와 군량 등 군수품 조달이 원활하지 못한 불리한 여건에서 부단히 활동지역을 옮겨 다니며 항일전을 수행해 온 결과, 더 이상 장기지속적인 항일전을 수행하기가 곤란할 정도로 피로와 전력소모가 심각해져 갔다. 민간으로부터 식량과 군수품 일체를 조달하던 의병은 새로운 군수물자의 보급을 위해서, 나아가 일본군의 집요한 '토벌망'을 피하기 위해서도 역시 새로운 지역으로의 부단한 부대이동이 요구되었기 때문에 항전이 장기화될수록 의병들의 피로는 그만큼 누적될 수밖에 없었던 것이다. 1907년 11월부터 1908년 2월까지 비교적 단기간 동안에도 산포수의병의 활동지역과 旅程이 북청－삼수－갑산－장진 일대의 폭넓은 지역에 걸쳐 있는 점으로 보더라도 이와 같은 정황은 쉽게 짐작이 된다.

1908년 3월 초순 일제는 명목상 갑산군수를 내세워 의병 귀순공작을 벌였다. 즉 갑산군수 金璣洙과 일제의 갑산군 新豊里守備分遣隊長 중위 村上鐵太郎이 3월 6일 갑산군 신풍리에서 '咸南義兵總大將 車道善' 휘하 536명을 모아 놓고 설득한 끝에 귀순 '相和'하기로 양측이 합의하였던 것이다.[122] 이에 따라 다음날에는 차도선과 梁爀鎭 이하 250여 명의 의병이 신풍리 일본군 수비대에 귀순하기 위해 도착하였다. 이어 양쪽 대표는 귀순 내용과 절차를 놓고 3일 동안 연석 회담을 가졌다. 이때 의병측에서는 차도선 이하 양혁진(대대장)·高梁鶴(중대장)·李成澤(서기) 외 4명의 간부가 배석하였고, 일제측에서는 村上 중위가, 그리고 관변측에서는 갑산군수 金璣洙과 신풍리 부근 樂生社(소재 불명) 面長 등도 배석하였다. 차도

122) 의병과 일제측의 협상 및 강제 귀순과정에 대해서는 愼鏞廈, 앞의 논문, 51-53쪽의 主旨를 참조하였다.

선은 일본군으로부터 假免罪證을 부여받는 대신 537명에 달하는 의병 연명부를 제출하였다.[123] 그리고 즉시 무기를 납부하게 되면 귀순 때까지는 일본군의 공격 우려가 있으므로 1개월의 유예기간을 설정하도록 하였으며, 그 뒤에 무기를 전부 반납할 때 정식 귀순증을 주어 양민 대우를 하기로 약속하였다. 그리고 의병측에서는 4월 1일(음 2월 30일)까지 총기를 院浦(소재 불명)의 빈 가옥에 格納하기로 하였다. 차도선은 이와 같은 내용으로 일제와 회담을 마친 다음 태양욱과 홍범도에게도 귀순 권고를 하기 위하여 휘하 의병을 거느리고 3월 9일 신풍리를 떠났다.[124]

그러나 일제는 즉시 의병 무장해제를 강제로 단행하였다. 3월 17일 신풍리로 온 북청연대의 奧村 중좌는 그때까지 총기를 반납하지 않고 있던 차도선과 태양욱 휘하의 의병 200여 명을 '招致'하여 강제로 무장을 해제한 뒤 총기를 일본군이 일괄 수거하였다. 이때 의병이 빼앗긴 무기는 화승총 136정, 30년식총 3정, 단발총 9정, 10연발총 1정 등 모두 150정에 달하였다.[125] 이에 저항하여 탈출을 시도하던 태양욱은 피살 순국하였다. 그리고 차도선 이하 이성택·金德順 등 3인은 홍범도 휘하의 잔여 의병을 유인하기 위한 인질로 구금되고 말았다.

차도선과 태양욱 의병을 강제 해산시킨 일제 군경은 이제 홍범도 휘하 의병 '진압'에 전력을 기울였다. 일본군은 홍범도를 회유할 목적으로 차도선 등 의병 지도자들을 구금하였을 뿐만 아니라 그의 妻子마저 구금하기에 이르렀다.[126] 그러나 홍범도는 처자까지 포기한 채, 대규모 무장해제로 시련에 직면한 산포수의병의 전열을 재정비한 뒤 항일전을 계속하였다.[127]

---

123) ≪大韓每日申報≫ 1908년 3월 12일자. 여기서는 의병장 차도선 휘하 '538명'이 3월 9일 갑산 新豊里로 와 귀순을 신청한 것으로 밝히고 있다.

124) 『編冊』, 「北淸守備區司令官 報告」(1908. 3. 13); 『資料 10』, 113-115쪽.

125) 『編冊』, 「暴徒討伐景況 제56호」(1908. 4. 6); 『資料 10』, 404쪽.

126) 愼鏞廈, 앞의 논문, 51-53쪽 참조; 『編冊』, 「暴徒討伐景況 제83호」(1908. 5. 12); 『資料 11』, 173-174쪽.

127) 「홍범도의 일지」(6쪽)에 의하면, 홍범도의 부인은 이때 "실끝같은 목숨이 없어지면 그뿐이어든 계집 글자로 영웅호걸이 곧이 듣지 않는다. 너희 놈들이 나와 말하지 말고 너희 맘대로 할 것이지 나만이 산다고 무수히 욕질한즉 저 악독

한편 차도선과 이성택·김덕순 등 이때 구금된 인물들은 같은해 6월 7일 갑산수비대를 탈출한 뒤 의병 대열에 재투신하였다.[128] 차도선은 이때부터 홍원·장진 등 주로 함남 서남부 일대에서 항일전을 수행하였던 것으로 믿어지며, 홍범도의 북상도강 무렵에 그도 역시 압록강을 건너 서간도로 들어간 것으로 추측된다. 하지만 이 시기 차도선의 산포수의병에 대한 지도력은 擧義 초기단계에 비할 때 현저히 약화된 것으로 짐작된다.

산포수의병은 결국 이와 같은 일제의 회유 귀순공작으로 말미암아 전력에 큰 손실을 가져왔다. 이때 귀순한 의병이 200여 명에, 다량의 무기도 압수당하였다. 나아가 총대장 차도선 이하 의진의 중요간부들이 피체됨으로써 지도력에 큰 손실을 초래하였다.

일제 군경의 위와 같은 회유 귀순공작에 동요하지 않고 의연히 항일전을 수행한 대표적인 의병은 홍범도 휘하의 의병이다. 그러므로 이후 홍범도는 관북 산포수의병의 정점으로 확고히 지위를 구축하게 되었으며, 나

한 놈들이 발가락 두 사이에다 심지에 불 달아 끼우고 반죽음시켜도 종내 항복치 않으므로"라고 하여 일제의 온갖 고문에도 굴하지 않고 귀순 청원 편지를 쓰라는 일제의 요구를 끝까지 거절했다고 한다. 또 홍범도의 아들 '양순'이가 일제의 사주를 받아 위조한 귀순 청원 편지를 가지고 그의 부친 大將所를 찾아갔을 때, 분노한 홍범도는 다음과 같이 꾸짖으며 그 아들을 저격하였다고 한다. "이놈이 그것(편지－필자)을 가지고 나 있는 대장소 문 밖에 나온즉 내가 총을 들고 '이놈아 네가 전날에는 내 자식이었지마는 네가 일본 감옥에 삼사 삭을 갇혀 있더니 그 놈의 말을 듣고 나에게 해를 주고자 하는 놈이다. 너부터 쏴 죽여야 하겠다'하고 쏜 후 부관이 나가본즉 귀방울이 맞아 떨어지고 죽기는 면하였다고 합디다." 이러한 대목은 그 사실 여부를 떠나 홍범도가 품었던 강렬한 항일의지의 일단을 여실히 입증해 주고 있다. 그 뒤 '양순' 역시 의병에 투신해 부친 홍범도를 따라 항일전에 동참하여 중대장으로 활약하던 중 1908년 6월 16일(음 5월 18일) 정평 '바맥이'전투에서 전사하였다고 한다(「홍범도의 일지」, 10쪽). 또한 그의 작은 아들 '용환'이는 1908년 연해주로 망명할 때 데리고 갔으며 이때 12살이었다고 한다(「홍범도의 일지」, 11쪽).

128) 『編冊』, 「韓憲警 乙 제690호」(1908. 6. 7); 『資料 12』, 298-299쪽. 이 자료에서 "일찍이 갑산수비대에 구금중의 賊魁 車道善 이하 3명은 6월 7일 오전 2시 20분 도주하다"고 한 것으로 보아 차도선과 함께 구금되었던 李成澤·金德順 등도 이때 탈출에 성공한 것으로 믿어진다. 또 일제가 1908년 6월 28일 정보 보고서에서 "차도선은 홍범도의 무리에 투신해 있다는 풍설이 있으나 (중략) 진위는 확실하지 않다"(『資料 11』, 311쪽)고 한 대목에서도 차도선의 再起 사실을 짐작할 수가 있다.

아가 각지에서 활동하던 중소규모의 의병들은 홍범도 휘하에서 활동의 궤를 같이하게 되었던 것이다.

3) 후기 항일전

산포수의병이 항일전을 수행한 주요무대인 개마고원을 둘러싼 동쪽 외곽지역인 북청·갑산·삼수·장진 일대는 험산준령이 펼쳐진 산악지대로 기습전법을 구사하던 의병이 항일전을 수행하기에 유리한 지형적 조건을 갖추고 있었다. 일제 군경 '토벌대'는 현지 산포수의병에 비해 상대적으로 험준한 지세에 익숙치 못하였고 지형에도 어두웠다. 더욱이 험준한 산악지대로 출동한 일제 군경은 부대간에 유기적인 연합작전을 펴기가 곤란하였다. 이와 같은 점에서 對義兵作戰에 참가하였던 일제 군경 역시 이 지역이 의병항전의 최적지였음을 깊이 인식하고 있었다. 다음과 같은 일제 정보 보고서 내용은 이 점을 단적으로 지적한 것이다.

> 당방면의 지형은 고산이 중첩하고 산맥이 이어지고 계곡이 종횡으로 통해 이에 연락하는 사잇길도 적지 않다. 따라서 폭도의 출몰 행동에는 매우 便宜하다. 필경 홍범도와 차도선 등의 적괴로서 아직 체포되지 않음은 진실로 지형의 곤란함에 起因하지 않고서는 안 될 일이다. 그러므로 지형상에서 본 당방면은 폭도의 근거지로서 가장 좋은 土地이다.[129]

요컨대 일제 군경이 산포수의병을 확실하게 '진압'하지 못하는 원인이 이 일대의 험준한 지세 때문이라는 것이다. 이 지역의 험준한 지형 지세가 일제 군경의 '토벌'작전 자체에 가장 큰 장애요인으로 작용하고 있다는 논지이다.

차도선과 태양욱 휘하 의병이 대거 귀순한 뒤에도 홍범도를 주축으로 한 산포수의병은 이와 같은 지형적 조건을 십분 이용하면서 항일전을 계속 수행할 수 있었다. 차도선의 귀순 노선에 반기를 들고 각지로 분산되었던 산포수의병은 다시 홍범도를 정점으로 활동을 재개하였다. 1908년

---

129) 『編冊』, 「報告書」(1908. 10. 13), '安用國訊問調書'; 『資料 12』, 274-275쪽.

4월 중순경 북청 후치령을 중심으로 인근지역에서 활동하던 의병이 대표적인 경우이다. 후치령의 동쪽으로는 북청군 관내의 金昌과 嚴訪 일대에서 白龍彩가 휘하에 50여 명을, 그리고 서쪽으로는 泥谷社 일대에서 崔東律과 元基豊이 90여 명을 거느리고 활동하고 있었다. 차도선의 귀순에 반발하고 신풍리 일대에서 벗어나 四散한 산포수의병의 일부가 이들이었던 것으로 추측된다. 이들은 장기항전에 대비하여 민간으로부터 의병를 소모하고 군수물자를 확보하는 등 전력확충에 주력하였다.[130]

홍범도는 차도선의 귀순을 전후한 무렵에 주로 갑산 북부지역과 삼수 일대에서 활동하고 있었다. 홍범도 스스로가 이 무렵 갑산군 관내의 龍門洞에 주둔하고 있었다고 밝히고 있을 뿐만 아니라,[131] 그의 휘하에서 중대장으로 활동하던 安用國이 일제에 피체된 뒤 진술한 내용 가운데 4월 25일경 삼수 仲坪場에 산포수의병이 유진하였을 무렵 여기에 합류하였다고 밝힌 점으로 볼 때,[132] 1908년 전반기에 홍범도가 삼수와 갑산 일대를 전전하면서 활동한 사실을 확인할 수 있다.

현재의 자료상으로 볼 때, 차도선 귀순 이후 산포수의병이 전개한 최초의 항일전은 4월 10일 홍범도 휘하의 한 부대가 삼수 서쪽 10리 산간에서 수행한 전투이다. 그 부대의 실체는 불분명하지만, 홍범도 휘하의 한 별동부대인 150여 명의 의병은 이날 혜산진분견대 소속 헌병과 삼수 서쪽 10여 리 지점의 산간에서 치열한 교전을 벌이면서 항일전을 재개하였던 것이다.[133]

1908년 5월 이후 홍범도가 인솔하는 산포수의병의 구체적인 행로와 항일전의 수행내용을 살펴보면 다음과 같다. 1908년 중반기 무렵 홍범도의 휘하에는 400~600여 명이 활동하고 있었다고 생각된다. 대체로 볼 때 이 인원은 3월의 귀순인원 약 200명을 제외한 거의 전원이 그의 휘하에 들어와 있었던 것으로 파악할 수 있다. 홍범도는 5월 초순경 휘하 의병을 이끌고 龍門洞[134]에 도착하여 이 일대에서 3주 동안 유진하였다. 그

---

130) 『編冊』, 「暴徒討伐景況 제73호」(1908. 4. 28); 『資料 10』, 432쪽.
131) 「홍범도의 일지」, 6쪽 참조.
132) 『編冊』, 「報告書」(1908. 10. 13), '安用國 訊問調書'; 『資料 12』, 275쪽.
133) 『編冊』, 「韓憲警 乙 제449호」(1908. 4. 22); 『資料 10』, 427쪽.

는 5월 하순경 다시 남행을 계속하여 5월 26일에는 용문에서 남쪽으로 40~50리 떨어진 楊坪里와 柳洞[135]을 지나 이튿날 다시 20여 리 남쪽의 掛卓里[瑞里]에 당도하였다. 홍범도 휘하의 산포수의병은 이곳 괘탁리에서 일박한 뒤 28일 괘탁리 동북방의 駒嶺에서 일본군 기마부대와 조우하여 접전을 벌였다.

이 전투 후 홍범도는 대규모의 부대이동이 불리함을 깨닫고 휘하 의병을 두 부대로 분산시켜 별도의 항일전을 수행토록 하였다. 즉 300여 명의 한 부대는 元基豊과 崔學善 등의 인솔하에 북청 방면으로 이동케 하였으며, 홍범도는 휘하에 姜宅熙·元錫澤·鄭道益 등과 함께 350여 명을 거느리고 신흥군 達阿峙[136]로 향하였다.

이때 홍범도가 장진으로 향한 동기가 무엇인지는 확실치 않으나 이 무렵 일제 군경의 '토벌'작전이 파상적으로 전개되었기 때문에 그 예봉을 피하기 위해 사방을 전전하는 가운데 장진으로 남하하게 되었던 것으로 보인다.

산포수의병은 달아치 '두텁바위'[蟾岩]에서 일본군과 조우하여 치열한 전투를 벌였다. 이에 홍범도는 휘하 의병을 다시 두 부대로 분산시켜 활동케 하였다. 강택희로 하여금 160여 명을 인솔하고 장진 북방으로 향하도록 하였으며, 홍범도 자신은 180여 명을 인솔하고 북청 안산을 향하여 행군하였다. 이후 홍범도는 水洞－甘土－米田(이상 풍산군 安水面)을 거쳐 6월 7일에는 通八嶺(1,445m)을 넘어 薪田洞(통팔령 남동쪽 10km)에 당도하여 일본군을 만나 한차례 전투를 벌였다. 그리고 동진을 계속하여 姜達洞－寺洞－梨洞을 지나 6월 10일경에는 金昌에 도착하였다. 이곳에

134) 龍門洞은 靑山嶺 동남쪽 8km 지점에 위치해 있으며, 풍산군 熊耳面 관내에 있다. 뒤이어 나오는 지명 楊坪里와 柳洞, 그리고 掛卓里[瑞里] 등도 모두 웅이면에 속해 있다.

135) 일제측 원자료에는 楊柳로 나오지만 산포수의병 이동경로상에서는 이 지명은 확인되지 않는다. 그러므로 이 지명은 용문리에서 남쪽으로 40~50리 떨어진 楊坪里와 柳洞을 합칭한 것인지 혹은 두 지명 가운데 어느 한 곳을 지칭하였는지는 확실하지 않지만, 그 일대를 가리키는 지명임은 분명하다고 생각된다.

136) 달아치는 장진군 관내로 알려져 있으나 실제 행정구역으로는 신흥군 東上面 관내에 있다.

서 다시 일본군과 교전이 벌어져 의병 3명이 전사하였다.[137]

金昌戰鬪 후 산포수의병은 다시 지속적인 활동을 위해 부대를 양분하였다. 원석택·정도익 등이 19명을 거느리고 후치령 남쪽 아래의 星岱로 향하고, 홍범도는 130~140명의 휘하 의병을 거느리고 갑산 二里社로 향하게 되었던 것이다.[138] 갑산을 향해 북상한 산포수의병은 북청군 관내의 安山·院浦 등지를 지나 6월 14일경에는 上南社(갑산 동남쪽 80여 리)를 경유한 뒤 同仁社(갑산 북동쪽 35리) 白岩洞에 당도하였다. 그리고 이곳에서 유진하며 휴식을 취하였다.[139]

홍범도가 거느리는 산포수의병은 그 뒤 장진 방면으로 이동할 때까지 한동안 갑산 일대에서 유진하고 있었다. 7월 그믐 무렵, 홍범도는 다시 19명의 의병만을 이끌고 갑산군 同仁社를 떠나 풍산군 熊耳面 杜門洞(소재불명)에 도착하여 元錫澤과 다시 합류한 뒤 달아치로 향하게 되었다.[140]

한편 금창에서 홍범도와 분진한 원석택은 성대로 가 40여 명의 산포수를 소모한 뒤 단천 石隅里로 이동, 다시 30~40명의 산포수를 소모하여 전력을 증강시켰다. 그러나 원석택은 일본군 '토벌대'의 압박을 받게 되자 다시 星岱로 회군하기에 이르렀다. 이어 그는 다시 홍범도와 합류하기 위해 웅이면 杜門洞으로 이동하게 된다.[141]

두문동에서 원석택과 합류한 홍범도는 행군을 계속하여 달아치에서 동쪽으로 70~80리 떨어진 곳에서 3주간 유진하였다. 이때가 8월 초순이었

---

137) 한편 일제측의 또 다른 기록에서는 산포수의병이 梨洞을 거쳐 金昌에 당도한 날짜를 6월 8일로, 그리고 이 무렵의 휘하 의병 수를 200여 명으로 밝히고 있어 앞의 자료와 약간의 편차를 보이기는 하지만 내용상으로는 거의 일치하고 있다. 또한 이 자료에서는 金昌戰鬪가 벌이진 날짜를 6월 11일로, 여기에 참여한 의병을 104명으로 기록하였으며 전투 결과도 의병측의 패전으로 기술하고 있어 일치된 내용을 보이고 있다(「安用國 訊問調書」, 『資料 12』, 275-276쪽).

138) 『編冊』, 「報告書」(1908. 10. 13); 『資料 12』, '邊海龍聽取書', 278-280쪽.

139) 『編冊』, 「韓憲警 乙 제837호」(1908. 7. 9)·「報告書」(1908. 10. 13); 『資料 11』, 451쪽; 『資料 12』, 277쪽. 이들 자료에서는 산포수의병이 갑산 일대에서 9월경까지 머물러 있다가 곧바로 두만강을 건너 중국 啓陽洞으로 들어간 것으로 기록하여 혼란을 가져오고 있다.

140) 『編冊』, 「報告書」(1908. 10. 13); 『資料 12』, '邊海龍聽取書', 278-280쪽.

141) 위와 같음.

다. 홍범도는 이 무렵 소모된 전력을 만회하기 위해 탄약 구입을 시도하였다. 그는 이곳에서 鄭日煥·林在春·邊海龍 등 3인을 간도 王哥洞에 거주하던 金成瑞에게 파견하여 탄약을 구입토록 하였던 것이다. 그 뒤 변해룡은 8월 그믐경 귀국하여 장진 拜物里(소재 불명)에서 홍범도를 만나 간도에 남아 있던 정일환의 서신을 전하였으나 탄약 구입은 실패한 것으로 보인다.

한편 이 무렵, 주로 장진 일대에서 활동을 벌이고 있던 의병장 宋相鳳이 40여 명의 의병을 거느리고 홍범도 휘하로 들어왔다. 이에 홍범도 휘하의 산포수의병은 총 70여 명으로 증원되면서 전력이 다소 증강되었다.[142)]

홍범도 휘하 의병은 8월 30일에 장진 退物里(咸地院 서방 20리, 소재 불명)에 도착하였다. 이어 9월 2일에는 芝隱洞(소재 불명)을 경유한 뒤 신홍군 (東)吉川社 新成里에 당도하였다. 이 의병은 도착 당일 야밤에 이곳에서 일본군과 교전을 벌였으며, 그 다음날 홍원 방면으로 다시 이동하였다. 이때 홍범도를 따르는 의병은 27명에 불과하였다고 한다. 그 뒤 산포수의병은 신홍과 홍원 접경지대인 塘豊里·板幕洞·中山里[143)] 등지를 전전하였다. 이 무렵 또 李明甫가 小明太洞(禁牌嶺 남쪽 20여 리)으로부터 이동해 와 산포수의병에 합류함으로써 다소간에 전력이 향상되었다. 이후 홍범도 의병은 다시 행군을 계속하여 內源·草幕洞(이상 소재 불명) 등지를 지나 홍원 외곽에 있는 普[好]賢社 靈洞에 도착하였다. 그리고 이곳에서 9월 10일 일본군과 한차례 교전을 벌였다.[144)]

靈洞戰鬪 이후 홍범도는 휘하 39명의 의병을 거느리고 소명태동으로 가 차도선과 합류한 뒤 장진 혹은 안산을 거쳐 삼수 방면으로 북상할 예정이었다. 이때 홍범도는 삼수 방면으로 북상하려던 이유에 대해 다음과 같이 밝히고 있다.[145)]

---

142) 위와 같음.

143) 塘豊里는 신흥군 下元川面, 板幕洞은 홍원군 龍川面 관내에 각각 위치해 있으며, 中山里 위치는 확인되지 않는다.

144) 『編冊』, 「報告書」(1908. 10. 13); 『資料 12』, '邊海龍聽取書', 278-280쪽.

145) 위와 같음.

> 鄭日煥·林在春이 중국 방면에 가 있으므로 우리들이 그곳으로 가서 그들을 불러오고 또 각방면에서 삼수로 집합할 것이니 모두 만난 뒤 방침을 정하는 것이 적당하다.

홍범도는 위 인용문을 통해서 볼 때 중국 대안지역과 가까운 삼수로 북상함으로써 부족한 탄약을 중국으로부터 보충하려 하였을 뿐만 아니라, 각지에서 분산 활동하고 있던 휘하 여러 의진을 그곳으로 집결시켜 앞으로의 항전방향에 대해 논의코자 하였음을 알 수 있는 것이다.

이상이 홍범도를 중심으로 하는 산포수의병의 4~9월에 걸친 활동과 그 여정의 대강을 살펴본 것이다. 이 시기의 산포수의병은 3월의 대규모 귀순을 고비로 그 이전에 비해 광범위한 지역에서 여러 의진이 분산된 형태로 소규모 항전을 지속하였음을 감지할 수 있다. 항전이 장기화됨에 따라 전력이 크게 소모된 상태에서는 전력을 집중시켜 대규모 항전을 수행하기란 현실적으로 거의 불가능하였던 것이다. 의병의 고단한 형세를 여기서도 짐작할 수 있다. 그리고 이 시기 의병의 주요 활동무대는 주로 북청·삼수·갑산의 서남방인 長津·新興·洪原 일대였다.

한편 홍범도 자신이 밝힌 抗日旅程 가운데 북상도강 이전의 장진·신흥·홍원 등지를 주요무대로 하는 후기 항일전의 수행경로는 전체적인 윤곽만큼은 일제 정보기록과 대체로 비슷하게 나타난다. 그러나 여기에는 靈洞戰鬪 후 明太洞으로 이동하였던 홍범도가 삼수·갑산으로 북상한 뒤 그대로 도강한 것이 아니라 다시 신흥·함흥 일대로 내려와 항일전을 수행하였으며, 이 과정에서 盧熙泰 의병과 연합작전을 수행한 것으로 기술한 내용이 두드러진 차이점이다. 이제 일지를 통하여 산포수의병이 신흥으로 남하한 이후의 항일전 수행과정을 살펴보면 대체로 다음과 같다.

신흥군 관내로 들어온 산포수의병은 達阿峙에서 일본군과 만나 치열한 교전을 벌여 승전하였다. 산포수의병은 이곳에서 다시 홍원 방면으로 남하해 新成里 일대에서 일제 군경과 전투를 벌여 대승을 거둔 뒤 靈洞으로 이동하였다. 이때 홍범도는 단신으로 홍원읍으로 잠입해 홍원군수 등 친일파로부터 일화 3,000원의 군자금을 모금하였다고 한다. 이어 홍범도는 다시 장진 방면으로 이동하여 明太골을 지나 여애리(혹은 여내산, 소재 불명)의 '병풍바위' 밑에 당도하여 각지에서 활동하던 휘하 의병들을 소집, 군사회의를 개최하였다.146) 이때 모인 총원은 1,864명으로 기록되어 있으나, 이는 상당히 과장되었거나 아니면 기록에 착오가 있는 숫자로 보인다. 그리고 홍범도 휘하에서 이 의병을 분산 지휘하던 중대장이 11인이었고 그 휘하의 소대장이 33인이었다. 이때 홍범도는 각 중대에 다음과 같이 활동영역을 배정하여 줌으로써 지역간의 연계를 도모하여 항일전을 효율적으로 전개할 수 있도록 조처하였다. 이때 각지에 배치된 중대와 담당 지역을 보면 아래와 같다.147)

제1중대장	원장복,	장진 青山嶺(장진 東下面과 삼수 館興面의 경계)
제2중대장	崔學善,	매덕령[鷹德嶺](풍산군 熊耳面)
제3중대장	朴用洛,	안장령(함흥－장진 街道, 소재 불명)
제4중대장	趙丙藆,	조개령(소재 불명)
제5중대장	劉基雲,	새일령[遮日嶺 혹은 雪隣嶺?](풍산군 웅이면)
제6중대장	최 창,	후치령
제7중대장	宋相鳳,	赴戰嶺(신흥군 東上面)
제8중대		新坡목재[峙](삼수군 新坡面)
제9중대		通八嶺(북청군 泥谷面)

그리고 이하 나머지 중대는 홍범도가 직접 인솔 활동하기로 하고 각지로 분산하게 되었다. 홍범도는 이와 같은 군사회의를 거친 다음 다시 장진·갑산 부근까지 올라가 도처에서 일제 군경과 항일전을 벌인 뒤 다시 함흥 방면으로 남하하기에 이르렀다. 그는 도중 藥水洞(풍산군 웅이면 소재)을 지나 다시 여애산 '병풍바위' 아래에 당도하여 2차 군사회의를 열고 각지로 흩어져 부족한 탄약을 구입하기 위해 군자금을 모집해 오기로 결의한 뒤 咸興·定平 방면으로 남하를 계속하였다.148) 홍범도는 도중 함흥 부근의 천보산[千佛山](신흥군 西古川面 소재)에서 주로 함남과 황해, 평남 3도 접경지대에서 활발한 항일전을 전개하고 있던 盧熙泰 의병과 회

146) 「홍범도의 일지」, 8쪽.
147) 위의 자료, 8-9쪽.
148) 위의 자료, 9쪽.

<그림 2> 관북 산포수의병 활동지역

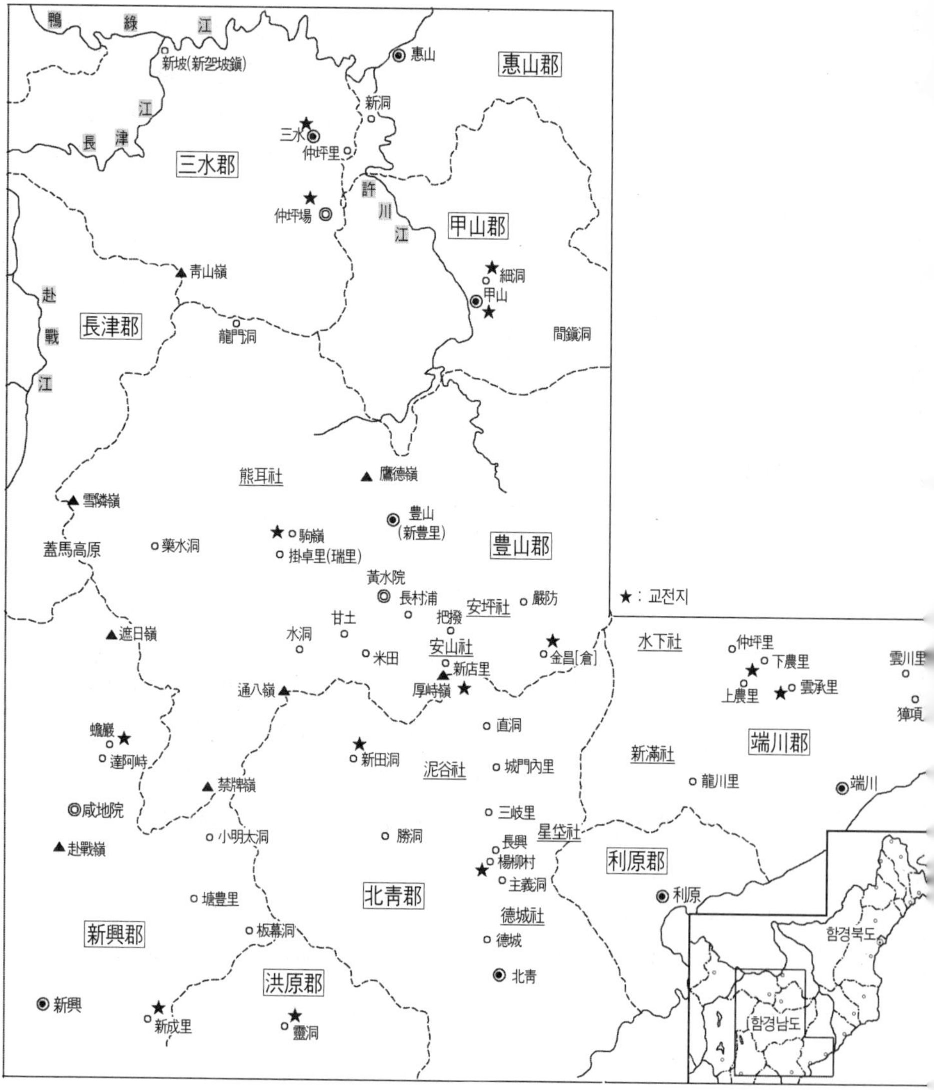

동하기에 이르렀다.[149] 이때 노희태 의병의 인원이 540여 명이라고 하나, 그 인원 수의 사실 여부는 현재 확인할 수 없다. 그러나 두 의진의 연합회동은 사실로 믿어진다. 노희태와의 연합은 일제 군경의 탄압이 더욱 강화되는 상황에서 항전의 새로운 방향모색의 한 방편이었던 것으로 보인다. 그러나 홍범도는 곧 노희태 의병과 결별하고 장진 여애산으로 들어갔다. 이곳에서 그는 탄약 구입을 위해 김충렬과 조화여 두 사람에게 2,000원을 주고 노령 연해주의 煙秋(노우키에프스크, 현 크라스키노)에 있는 李範允에게 파견하였다.[150] 이후 그는 국내에서의 항전을 단념하고 북상도강을 단행함으로써 장기지속적인 항일전을 구상하고 새로운 근거지를 모색하게 되었다.

집요하게 계속되는 일제 군경의 탄압과 부단한 행군 및 연전으로 인한 피로로 戰力이 극도로 소모된 상태였기 때문에 국내에서는 더 이상 항일전을 수행하기가 어려운 실정이었다. 그러므로 산포수의병의 북상도강은 의병의 휴식과 전력의 재충전을 위하여, 나아가 새로운 항전방향을 모색하기 위해서도 부득이하게 선택할 수밖에 없었던 旅程으로 자연스럽게 이해할 수 있을 것이다.

5. 山砲手義兵의 北上渡江

1) 北上渡江 과정

차도선과 홍범도 등이 인솔하는 산포수의병은 전술하였듯이 일제의 귀순 회유공작이 펼쳐지는 1908년 3월 무렵이 되자 그 동안의 연전으로 인해 전력소모가 심각한 단계에 이르렀던 것으로 판단된다. 특히 항일전에 절대 필요한 화약류 등의 무기가 결핍되어 그 대책마련에 부심하였던 것으로 보인다. 이와 같은 사실은 산포수의병('義陣')이 1908년 3월 12일

---

149) 앞의 자료, 10쪽.
150) 앞의 자료, 11쪽.

(음 2월 10일)자로 긴급히 압록강 대안의 서간도 臨江縣 縣長('大老爺')에게 무기 등의 원조를 청하는 「公函」을 보낸 사실로도 미루어 짐작할 수 있다. 또한 중국 관청에 공식적으로 지원을 요청하는 「公函」과는 별도로 '甲山留長津倡義大將' 직함으로 산포수의병의 右大將 梁鳳翊이 서간도 이주 한인사회의 首長格인 '管理使 道主' 앞으로 역시 무기구입 등 의병 후원을 요청하는 「報告」를 올리기도 하였다.[151] 이러한 사실은 전력 고갈

151) 「機密收 제1호」(1908. 5. 13) '淸國 國境 안에서의 韓國義兵 煽動에 대한 報告의 件', 『駐韓日本公使館記錄 34』, 國史編纂委員會, 영인본, 1993, 23-26쪽; 「機密 제30호」(1908. 5. 13), 『韓國 暴徒 蜂起의 件』; 독립운동사편찬위원회 편, 『독립운동사자료집』 별집 1, 1083쪽. 그 원문은 다음과 같다.

[1] 公函

敬啓者 淸韓兩國 本是脣齒之勢也 脣亡則齒寒 傍觀可乎 扶傾可乎 噫 彼倭酋 何敢猖獗於兩境哉 甲午之變 貴國之所憤 丙申之變 我國之所恥 所憤所恥豈不報雪 而俯其首聽其命 故離我國偏在海隅之偏小 豈無一二人義士 特倡小義 然器械之利鈍 士卒之鍊習 不足不及 故玆敢仰請 照亮後器械千□特許之地切要

隆熙二年 二月 初十日 卯時

謀事將 朴忠保
都大將 車道善 副大將 洪凡道
右大將 梁鳳翊 左大將 太陽旭

[2] 報告

右牒報事 現今國賊之輩 締結外國하여 縱煽內禍而三千里疆土入於倭橐하고 二千萬生靈이 至於倭奴아 禹湯文武 帝王之傳과 孔孟程朱 聖賢之脈이 墜絶하니 雖草野愚夫라도 誰無食其肉枕其皮之心乎잇가 故로 鳩合山砲하여 累戰累勝이오나 器械之利鈍이 萬不如彼오며 士卒之習鍊이 千不當彼하와 臨江縣請兵次로 委送檢查朱容植이옵더니 數日前 委人文簿를 擧하온즉 使道主前後事를 周護云하오니 此必皇天默祐외다. 誠歡誠喜하와 率軍卽赴之際에 猝然與彼交戰하와 殺首數十名이옵고 今玆回軍하와 自三水等地로 次次聚軍而二十日許에 藥丸價萬兩을 準數計納이오니 伏願照亮後 各樣事를 特護하시와 北通淸路 而南掃倭塵之地를 千萬伏望함.

隆熙二年 二月 初十日 卯時

甲山留長津倡義大將 梁鳳翊

管理使道主 座下

위의 두 자료는 모두 산포수의병 진영에서 압록강 대안의 중국 臨江縣에 무기 등의 원조를 요청하기 위해 올린 것임에는 틀림이 없다. 하지만 위의 기록 외에 「홍범도의 일지」나 『編冊』에서는 이 시기에 의병이 중국에 원조를 요청한 사실

에 직면한 산포수의병이 압록강 대안의 臨江縣 정부와 이주 韓人들로부터 무기를 지원받거나 혹은 매입함으로써 전력을 보충하고 항일전을 계속할 계획이었음을 보여 주는 것이다. 이로써 볼 때 산포수의병은 이미 1908년 전반기부터 압록강 대안 서간도의 縣政府, 혹은 이주 한인들과 부단히 연계를 시도하면서 항일전을 더욱 효과적으로 수행하려 하였음을 알 수 있다. 1908년 하반기 들어 홍범도가 휘하 의병을 거느리고 서간도로 북상도강하고, 이어 車道善 역시 국내 항전을 단념하고 서간도 長白縣으로 넘어가게 되는 상황도 이와 같은 배경에서 자연스럽게 이해할 수가 있다.

이상과 같은 시대적 분위기하에서 산포수의병은 1908년 하반기가 되면 누적된 전력소모가 심각한 단계에 접어들자 지속적으로 항일전을 전개하기 위해서는 새로운 전기를 마련해야만 하였다. 특히 일제의 소위 北部守備管區에서 6~7월 동안에 대대적으로 전개한 '북한의병 대탄압작전'이 종료되는 시점 이후가 되면 의병의 전력 쇠퇴는 가속화될 수밖에 없었다.[152)]

일제는 한반도 서북지역 도처에서 산포수의병을 비롯한 의병의 항일전이 활발하게 전개되자 이 지역의 의병을 '초토화'시킬 목적으로 대규모 병력을 동원하여 6월 25일부터 7월 중순에 이르기까지 15일 동안 대대적인 의병 탄압작전을 벌였다. 일제의 소위 北部守備管區(제13사단) 주도하에 함경도를 필두로 평안도·황해도의 의병활동이 활발하던 지역들을 대상으로 보병 제23·27연대 등 2개 연대가 동원되어 벌인 의병 '대토벌' 작

을 알려 주는 내용을 찾을 수 없다. 그리고 뒤의 자료에서 車道善 혹은 洪範圖가 직접 지원을 요청하지 않고, 그 휘하에서 활동한 인물로 파악되는 梁鳳翊이 '甲山留長津倡義大將' 직함으로 「報告」를 올린 배경이나 이유는 알 수가 없다.

152) 일제는 그와 같은 상태를 다음과 같이 기록하고 있다. "당방면(북청·삼수·갑수·혜산진 일대—필자)의 폭도는 6월부터 7월 말에 걸쳐 諸隊의 대토벌과 수색의 결과 四散하였고 압수한 총기는 약 600, 귀순자 또한 약 300명이 있다. 당시 적괴 洪範圖는 약간의 부하와 더불어 겨우 몸으로써 벗어나게 되고 또한 폭도의 집단을 볼 수 없다. 이래 諸隊가 간단없이 各村을 행동하여 인민으로 하여금 거의 送迎에 겨를이 없게 하였으므로 드디어는 厭倦을 가져오게까지 이르게 하였던 결과 그들도 도저히 폭도로 하여금 존재케 할 수 없음을 자각하게 된 것 같다"(『編冊』, 「報告書」(1908. 10. 13); 『資料 12』, 274쪽).

전은 다음 두 방향으로 실시되었다. 함경도지역의 '토벌'을 담당한 東部守備區는 북쪽에서부터 남쪽으로 鏡城·北青·咸興·元山 등 4개 방면을 설정하고 내륙지역으로 점차 '토벌'을 확대시켜 가는 방향으로 작전을 전개하였다. 한편 西部守備區에서 벌인 황해도 및 평안도 일대의 의병 '토벌'은 이들 지역의 의병활동에 쐐기를 박는 큰 타격을 가하였다. 결국 이 작전이 종료되었을 때, 의병은 총 380여 명이 일제 군경에게 희생을 당하는 엄청난 인적 손실을 초래하게 되었으며, 또한 勢窮力盡한 의병 300여 명은 부득이 일제 군경에게 귀순, 무장을 해제당하고 말았다. 뿐만 아니라 의병측의 총기 약 600정이 일제 군경에게 압수되어 武備面에서도 현저한 전력 감소를 초래하게 되었다. 그 가운데 서부수비구에서 황해도 전역과 평안도 중부·동부지역, 곧 맹산·영원·곡산·연안·해주·재령·신천·희천 등지의 폭넓은 지역을 대상으로 전개한 '토벌' 작전의 종료 결과는 의병 255명이 희생되었다. 그리고 함경도 일대에서는 이 기간 동안 125명의 의병이 일제 군경에게 피살당하였다.[153] 결국 일제의 이와 같은 북한의병 대탄압작전은 한반도 서북지역 의병의 항일전을 크게 위축시키는 계기가 되고 말았다.

이와 같이 1908년 중반기 이후 하반기로 접어들면서 함경도 전역에서

153) 『編冊』, 「第十三師團 諜 제1029호」(1908. 8. 6)·「報告書」(1908. 10. 13); 『資料 11』, 509-603쪽; 『資料 12』, 274쪽 참조.

5월 상순경 일제 보병 제23·27연대 등 2개 연대가 증파되어 北部守備管區에서 실시한 의병 '대토벌' 가운데 함경도지역을 대상으로 한 東部守備區의 '토벌' 개요는 다음과 같다.

方面	기간	동원 일본군	주요 작전지역	비고
鏡城	6.21~7.22	보병 4개 중대	吉州·明川·鏡城·城津 북서부 내륙지방	
北青	6.25~7.16	城津수비중대	端川·金昌·摩天嶺 서부지역	鏡城,咸興守備隊와 相應協助
咸興	6.25~7.15	咸興, 長津수비대, 보병-3개 중대, 1개 소대/ 기병-1개 중대, 2개 소대	永興 북방, 袂物里·雲山洞 북방, 咸興-赴戰嶺 일대	
元山	6.15~7.16	長箭, 通川, 元山 수비대	元山·陽德 이남, 翕谷 서남방, 金剛山 北麓, 文川·永興	

※ 의병측 피해: 순국-125명, 부상-20명, 포로-3명

일제의 대의병 압박이 더욱 거세어지고, 이에 반해 의병의 전력은 시간이 흐를수록 더욱 소모되어 더 이상 항일전을 지속하기가 어렵게 되자, 홍범도 휘하의 의병조차 항전을 포기하는 사태가 벌어졌다. 북청·홍원 일대에서 활동하던 홍범도 휘하의 趙南七이 항전을 포기하고 33명의 부하 의병과 함께 1908년 9월 18일 일제 군경에게 투항한 것이 그 예이다.[154]

또한 1908년 가을에는 홍범도 휘하의 직속 참모들이 일제에게 잇달아 피체됨으로써 역시 전력약화를 가속화시키는 한 요인으로 작용하였다. 일제 군경에 의한 참모들의 피체, 혹은 피살 순국은 의병의 전력 약화로 직결되었던 것이다. 홍범도 휘하에서 중대장으로 활동하던 白南奎는 9월 10일 銅洞(홍원군 龍源面)에서 일제 군경과의 교전에서 패한 후 그대로 연해주로 북상한 것으로 보인다. 1908년 10월 12일 연해주 연추 부근의 카리[下里]에서 安重根을 맹주로 하는 斷指同盟이 결성될 때 그 일원으로 동참한 것으로 추측되기 때문이다.[155] 역시 홍범도 휘하의 중대장으로 일제 '토벌군'에 밀려 북상, 두만강 대안의 중국 王哥洞에 일시 유거하던 安用國도 일제의 밀정에 의해 국내로 유인되어 체포되고 말았다.[156]

산포수의병은 그 동안의 연전으로 1908년 하반기에 접어들면서, 특히 탄약 고갈로 큰 난관에 봉착해 있었다. 홍범도는 난국을 타개하고 지속적인 항일전을 수행키 위해 2~3회에 걸쳐 탄약 구입을 시도하였지만 모두 실패하고 말았다. 전술하였듯이 林在春·鄭日煥·邊海龍 등은 총대장 홍범도로부터 자금 600원을 수령하고 탄약 구입을 위해 1908년 8월 간도로 밀파되었다. 그러나 간도의 현지사정이 용이하지 않아 정일환만 현지에 남아 계속 탄약 구입을 위해 노력하고 나머지 2인은 귀국하였다. 귀국 후 변해룡은 9월 14일 홍원군 草幕洞에서 일경에 피체당한 후 탈출을 시도하다가 사살되었으며, 임재춘도 10월 18일 혜산진 여관에서 일경에게 피체되고 말았다. 이와 같은 상황에서 탄약 고갈로 심한 곤경에 빠져 있던

154) 『編冊』, 「韓憲警 乙 제1170호」(1908. 10. 8); 『資料 12』 261쪽.
155) 『안중근의사 자서전』, 안중근의사 숭모회, 1979, 402쪽; ≪대동공보≫ 제15호(1910. 2. 18), 「安義士重根氏公判」.
156) 『編冊』, 「報告書」(1908. 10. 13); 『資料 12』, 273쪽. 이 기록에서는 백남규가 銅洞戰鬪 때 전사한 것으로 되어 있으나, 이는 誤報로 추측된다.

홍범도는 휘하의 董曾孫을 다시 간도로 파견, 탄약 구입을 독려토록 하였다. 그러나 동증손 역시 일제 군경의 술책에 걸려 청국 관헌에게 피체당한 뒤 일경에 인도되고 말았다. 간도에는 오직 정일환이 남아 탄약을 구입하기 위해 부단히 노력하였지만 허사였다.[157]

한편 홍범도는 연해주 방면으로도 휘하 인물을 파견하여 탄약 구입을 시도하였으나 역시 실패하고 말았다. 즉 그는 김충렬과 조화여 2인에게 역시 600원의 자금을 주어 노령 연해주의 연추에 있던 李範允에게 파견하여 탄약 구입을 시도하였다.[158] 그 시기는 대체로 간도에서의 탄약 조달계획이 실패로 끝난 이후, 곧 북상도강을 단행하기 직전으로 추정된다. 왜냐하면 홍범도는 연해주로부터 탄약을 구입하려던 계획이 실패한 직후 도강을 단행하였던 것으로 보이기 때문이다.[159] 「홍범도의 일지」에서는 연해주 이범윤으로부터 탄약을 구입하기 위해 노력하던 전후의 상황을 다음과 같이 기술하고 있다.

> (전략) 장진 여애산으로 들어오니 회의를 못 하고 있는 중에 마침 들어가 회의를 열고 앞서와 같이 일화 20천을 정하여 놓고 외국으로 갈 사람을 뽑는데 북청 하(사?－필자)는 조화여, 김충열 두 동무들이 화수아(러시아?－필자) 연추에 주둔하고 있는 이관리(李管理; 李範允－필자)에게 보내면 비똔 악(화약?－필자) 몇십 밀리온(불명－필자)치라도 내올 수 있다고 하길래 김충열, 조화여 두 사람으로 20천과 노수로 백원을 주어 강동 연추 이범윤한테 서신을 달아 두 사람을 보냈더니 이 험한 놈들(이범윤 일파－필자)이 다 잘라먹고 오히려 (두 사람을) 일본 정탐꾼으로 몰아 가두고 당금(금방－필자) 죽게 되니까 그 객끼운자들이 (불명－필자) 본대(홍범도－필자)에 글을 보내니 (내가) 글을 받아 보고 인차 김수현으로 노비(路費－필자)를 주어 급속히 들어가 구하라고 보내니 그 놈이 또 제가 리가 놈(이범윤－필자)에게 들어와(붙어－필자)그 당수(일파?－필자)와 같이 휩쓸리고 있다 하니 소식이 영무소식하니 알 수 없어 약철이 없어 일병과 싸움도 못하고 일본(병)이 온다 하면 도망하여 매 본 꿩이 숨듯이 죽을 지경으로

---

157) 『編冊』, 「報告書」(1908. 10. 13); 『資料 12』, 272-273쪽.

158) 「홍범도의 일지」, 10쪽; 『編冊』, 「警秘收 제100호의 1」(1909. 3. 1); 『資料 13』, 470, 798쪽. 「홍범도의 일지」에서는 위 두 사람에게 日貨 '20천'과 여비로 100원을 주었다고 하였는데 그 사실 여부는 확인할 수 없다. 여기서의 '20천'은 2만 원이 아니라 2,000원의 誤記로 보아도 무방할 것이다.

159) 위와 같음.

고생하다가 (하략)[160]

홍범도가 연해주로부터 탄약을 구입하여 전력을 보충하려던 계획이, 위의 인용문 속에서는, 연추 현지의 이범윤이 협조해 주지 않고 오히려 탄약 구입자금을 횡령하였기 때문에 실패하였다고 밝히고 있다. 한편 이 문제에 대해 일제측 기록에서는 김충렬이 연추로 건너온 뒤 군자금을 酒色에 탕진하였다고 기록하고 있어 위의 인용문과는 대조적이다.[161] 현재로서는 그 내용을 확인할 수 없지만, 두 가지 모두 가능성은 있다고 생각된다. 결국 이러한 탄약 구입 계획이 실패로 귀착되자, 홍범도는 '매 본 꿩이 숨듯이' 일본군을 피해 북상도강을 모색하지 않을 수 없었던 것이다.

한편 1908년 9월 무렵 산포수의병의 항일전이 위에서 본 바와 같이 다소 위축된 면이 없지 않지만 일제는 여전히 경계태세를 늦추지 않았다. 특히 홍범도와 함북 의병의 연합 움직임에 예민한 반응을 보였다. 다음과 같은 기록이 그와 같은 사정을 여실히 보여 주고 있다.

> 지형상에서 본 당방면은 폭도의 근거지로서 가장 좋은 토지이고 또 일반 인민이 (중략) 直覺的이므로 이제 수비대 기타의 타격에 의해 가령 屛息한다 할지라도 이제 어떤 세력자의 威嚇 煽動을 만나면 또 조용할 수 없을 것이다. 하물며 咸北에는 先般來(船來?－필자) 비교적 우세한 폭도가 출몰한다는 정보가 있고 갑산·삼수에 집합한다고 하며 차도선·홍범도의 일파도 아직 약간의 부하를 거느리고 교묘히 잠복하여 시기를 기다리고 있음에 있어서랴.[162]

곧 일제는 의병의 활동이 다소 소강된 1908년 하반기에 들어서도 언제든지 유능한 의병장에 의해 의병을 규합할 수 있는 계기만 주어지게 된다면 의병의 항일전이 재차 확산될 수 있는 분위기로 파악한 것이다. 의병활동이 현재 위축된 요인으로 의병의 탄약 고갈만을 지적하고 있는 점으로 보더라도 마지막 단계까지 일제는 의병의 동정을 언제나 예의주시하고 있었음을 알 수 있다. 하지만 1908년 하반기에 접어들면 위에서 언급

160) 「홍범도의 일지」, 10쪽.
161) 『資料 13』, 470, 798쪽.
162) 『編冊』, 「報告書」(1908. 10. 13); 『資料 12』, 274-275쪽.

하였듯이 관북 의병은 실질적으로 더 이상 항전을 지속하기 어려운 난관들에 봉착하게 되는 것이다.

이러한 상황에 직면하자 홍범도는 국내 항전을 단념하고 장기지속적인 항일전을 준비하기 위해 북상도강을 단행하기에 이르렀다. 홍범도는 북청·삼수·갑산·장진 등지를 중심으로 하는 함경남도 일대에서의 항전이 일제의 집중적이고도 반복적인 '토벌'작전으로 인해 난관에 봉착하게 되자, 장기지속적인 항전을 위해 새로운 근거지를 찾아 북상을 단행하고 연해주의병과의 연합을 모색하기에 이르렀다.

산포수의병의 북상도강에 앞서 1908년 7~8월경 연해주로부터 두만강 하류를 건너 함북으로 진공작전을 단행하였던 연해주의병은 내륙 깊숙한 지역까지 남하를 시도하고 최종 목표지를 역시 茂山으로 설정하고 있었다.[163] 결국 두 의병부대는 무산 부근에서 합류하여 합동작전을 펴서 북부지역의 허리를 차단함으로써 일제 침략세력을 구축하려는 구상을 하였던 것이다. 鏡城 출신으로 연해주의병의 일원이었던 朱萬錫이 피체된 뒤 일제 간도 헌병분대에서 진술한 내용에서

> 문: 폭도의 목적하는 바는 如何?
> 답: 我 한국은 지금 일본인이 다수 침입하여 山川沿澤을 강탈하였으니까 일본인을 打掃하고 그리고 安堵하고 살아야 할 것이다. 그래서 금일부터 출발하여 무산 방면으로 가는 것이라고 隊長 金永先이 설명하였다.
> (중략)
> 문: 폭도는 隣境의 폭도와 서로 아는가?
> 답: 그것은 잘 모르겠으나 무산 방면에 있는 폭도와 합하는 것이라고 들었다.[164]

위의 내용은 일반 의병의 진술인 만큼 그들의 진격 목적이 관북의병과의 연계에 있었음을 짐작케 한다. 곧 홍범도를 중심으로 하는 관북의병과의 제휴, 혹은 연합을 도모함으로써 관북지방 전역을 장악하겠다는 것이 관북의병과 연해주의병 간의 공동의 전략이었던 것이다.

---

163) 『編冊』, 「城津署長發 電報」(1908. 7. 8)·「咸警秘收 제793호의 1」(1908. 7. 18); 『資料 11』, 452-453, 461쪽.

164) 『編冊』, 「韓憲警 乙 제1179호」(1908. 10. 12); 『資料 12』, 271쪽.

1908년 9월경 근거지 북청에서 북상을 단행한 홍범도는 삼수로 향하지 않고 갑산군 同仁社(갑산 동북방 40여 리)를 거쳐 두만강변의 무산 방면으로 직접 북상하여 함북의병 혹은 연해주의병과 연합하려 하였다. 그러나 일제 군경의 진로차단으로 인해 무산으로 북상하지 못하고 다시 삼수 방면으로 행로를 바꾸었다. 그리하여 압록강변의 新坡[新乫坡鎭]에서 강을 건넌 다음 중국령 '啓陽洞'(소재 불명)에서 일시 유진하게 되었던 것이다. 그 시기는 1908년 9월 하순경으로 추측된다.[165] 이때 홍범도를 따라 도강한 의병은 30여 명에 불과하였다. 이들은 일제 연발총 5정을 비롯해 단발총과 화승총 등으로 무장하고 있었지만 탄약이 거의 고갈된 상태였다.[166]

홍범도 의병은 연해주를 향하여 행군을 계속해 11월 30일에는 온성 美山(온성 동쪽 20리 압록강변)의 대안 三麻洞[167]을 통과한 것으로 보인다. 일제 밀정의 다음과 같은 보고를 통해서 그 旅程을 짐작할 수 있다.

> 함남 甲山으로부터 賊魁 李範允의 부하 약 80명이 이범윤으로부터 무기를 수령하기 위해 간다고 하고 11월 30일 오후 11시 美山間島 三麻洞內 小兒洞에 숙박하였다. 이튿날 새벽이 밝자마자 노령 煙秋河를 향하여 출발하였다고 한다. 그 복장은 전부 두발을 수건으로 감고 다갈색의 군복 모양의 옷을 입고 모두 연령 20세 이상 30세까지의 청년뿐이었다고 한다.[168]

165) 홍범도가 휘하 의병을 이끌고 북상도강한 구체적인 시기는 현재 명확하지 않다. 일제 정보기록에서는 9월에 北上하여 10월에는 이미 중국으로 건너가 있는 것으로 나타나 있으며, 「홍범도의 일지」에서는 10월 6일(양 11월 2일)로 그 날짜를 기록해 놓았다. 그러므로 그 시기를 현재로서는 9월 하순~11월 초순으로 추정해 볼 수 있다.

166) 『編冊』, 「報告書」(1908. 10. 13), '董曾孫 訊問調書'; 『資料 12』, 273, 277쪽. 한편 홍범도 도강 이후에도 그의 휘하 부대들은 여전히 국내에 남아서 활동을 계속하였던 것으로 보인다. 10월 중순경 함흥에서 서북쪽으로 130여 리 떨어진 西古川面 大谷里, 釜谷 등지의 험준한 산악지대에 李明甫·宋相鳳·車道善 등이 각기 80~200명의 휘하 의병을 거느리고 주둔해 있었다. 그들은 함북지방에서 대규모 의병이 남하해 오면 이들과 연합하여 일거에 함흥을 공략할 구상을 하고 있었다고 한다(『資料 12』, 288쪽).

167) 온성군 美山 대안에 중국의 密江이 있다. 密江을 흐르는 냇물을 三麻川으로 부른 점으로 미루어 三麻洞은 密江 가까이에 있는 지명으로 생각된다. 현재 중국 행정지명상 三麻洞은 확인되지 않고 있다.

갑산으로부터 북상하였다는 기술내용으로 미루어 이 부대는 산포수의병임에 틀림이 없다. 여기서는 산포수의병을 李範允 휘하 부대로 기술하고 있으나, 이 의병이 연추의 이범윤을 향해 이동하는 상황에서 이와 같이 파악하였던 것으로 생각된다. 이때의 병력이 80여 명으로 도강 때보다 약간 늘어난 것은 그 동안 간도 일대에서 의병을 增募하였거나, 본국으로부터 잔여 의병이 합류하였기 때문이 아닌가 추측된다. 그리고 복장과 연령으로 보아 위 부대가 정예의병이었음을 짐작할 수 있다. 이 부대의 행방은 더 이상 추적할 수는 없지만, 그대로 연해주로 이동하였을 것이라는 점도 쉽게 推斷할 수 있는 것이다. 결국 홍범도는 노령 연해주로 건너가 1908년 12월 11일 밤 煙秋에 도착하였다.[169)]

한편 홍범도는 자신의 구술 「일지」 속에서 압록강 도강 이후 연해주에 도착하기까지의 旅程에 대하여 위와는 다른 經路를 밟은 것으로 기록하고 있다. 도강 이후 그는 吉林으로 직행하였다는 것이다. 「일지」의 기록을 신뢰한다면 위의 '삼마동'을 통과한 산포수의병은 홍범도 자신이 인솔한 의병이 아니라 그의 휘하에 있던 또 다른 의병이었을 것이다. 즉 압록강을 건넌 뒤 홍범도는 우선 휘하 의병을 연추를 향하게 한 뒤 자신은 길림으로 북상하였거나, 아니면 처음부터 홍범도와 별도로 그의 휘하 한 의병이 연추로 들어가기 위해 도강하였다고 추정되는 것이다. 연추에 도착할 때까지 「일지」에 기술된 홍범도의 旅程을 보면 다음과 같다.

> 10월 9일(양 11월 2일-필자)에 압록강을 건너 올 때에 신파(삼수 新坡-필자) 기름구피 일병군대와 접전하다가 그날 밤으로 건너와 압록강을 하직하고 너의 수궁이 수천의 장강인데 내가 무사히 건너왔다. 부디 잘 있거라. 다시 볼 날이 있으리라고 눈물로 하직하고 탕해(소재 불명-필자)로 들어와서 한날 묵어 질림(吉林-필자)으로 1,300리 되는 곳에 와서 생면부지한 곳에 와서 돈 한푼 없이 길림성 안 중국 통사(통역-필자) 길성익(인명?-필자) 넹벤(寧邊?-필자) 사람인데 사상이 좋아서 우리 군대 40여 명을 용비(用費-필자) 써서 이틀을 유(留-필자)하고 다리고 온 동무들을 도로 탕해로 보내고 김창옥, 열두 살 먹은 자식 용환, 권감찰, 내 합 4명이 러시아로 들어올 때 노수(노자-필자) 한푼 없

---

168) 『編冊』, 「憲機 제1134호」(1908. 11. 12); 『資料 12』, 641쪽.
169) 앞의 자료, 646쪽.

이 도보(徒步－필자)하여 난림창·우수현·우라개·우시허·아시허(소재 불명－필자) 내도한즉 술기길(오솔길?－필자)을 만나 네 사람이 도보하여 굶어 오길준 이틀을 오다나니 기한(飢寒－필자)에 들번하다나니 러시아 거사리에 와서 (중략) 12월 6일(양 12월 28일－필자)에 홍더허재(橫道河子－필자) 나와서 엿새를 묵어 고려풍속에서 노수 차려(의미 불통－필자) 술기 타고 소왕영(蘇王嶺, 우수리스크－필자)에 들어 엿새 묵어 해삼(海蔘威, 블라디보스토크－필자) 내려가서 일객 유하고 1908년(1909년의 오류－필자) 연추 나가서 (하략)[170]

여기에 따르면, 홍범도는 1908년[171] 11월 2일 삼수 신파에서 압록강을 건너 중국 '탕해'(소재 불명)를 거쳐 吉林까지 북상하였다. 이곳 길림에서 그는 그곳까지 따라온 40여 명의 의병을 해산시키고 김창옥, 아들 용환,[172] 권감찰 등 3인만 대동하고 노령 연해주로 다시 이동한 것으로 밝히고 있다. 그러므로 이 기록을 그대로 신뢰한다면, 1907년 11월 후치령 전투 이후 그때까지 항일전을 수행해 오던 산포수의병은 이때 吉林에서 공식적으로 해산을 선언한 것이다. 그 뒤 그는 소왕령·해삼위를 차례로 거쳐 煙秋에 도착하였던 것으로 기술하고 있다.

---

170) 「홍범도의 일지」, 10-11쪽.

171) 「일지」 원문에는 홍범도가 1907년(?)에 압록강을 건넜고 1908년 (정초)에 연추에 도착한 것으로 기록되어 있으나, 실제로는 1908년에 압록강을 건너 1909년 정초에 연추에 도착하였다. 그러므로 원자료의 年記는 錯誤다.

「홍범도의 일지」에서는 항일전과 관련되어 대체로 年代를 명기하는 경우가 드물고, 간간이 나타나는 年記도 대부분이 誤記나 錯記로 인해 사실과는 다소 차이를 보이고 있다. 홍범도가 국내에서 항일전을 벌인 시기에 대해서도 「일지」에는 1905(甲辰)~1907년간으로 기술되어 있어 실제 항전기간인 1907~1908년간과는 차이가 난다. 年記가 이처럼 부정확한 데 비해 月記는, 물론 정확하지는 않지만, 실제 사실과 비추어 대체로 비슷한 시기로 기술되어 있는 점이 주목된다. 예를 들면 산포수의병이 대거 귀순하는 시기를 3월 20일 무렵으로 기술하여 3월 14일과 거의 부합되고 연해주로 건너간 시기도 12월 말~1월 초로 기록해 사실과 부합한다. 이처럼 年記가 부정확한 반면 月記가 비교적 정확하게 기술된 이유는 이 자료가 홍범도의 기억에 의한 구술을 그대로 기록한 것이라는 점에 있지 않나 추측된다.

172) 홍범도가 이때 연해주로 망명하면서 데리고 간 아들 '용환'은 일제에게 인질로 잡혀 순국한 단양이씨 소생이며 '양순'의 동생으로 추정되는데, 그 뒤 연해주 스파스크에서 사망하였다고 한다(李仁燮, 「경애하는 김세일 동지에게!」, 『韓國獨立運動史資料集－洪範圖篇』, 한국정신문화연구원, 1995, 53쪽).

2) 長期抗戰의 구상

홍범도는 연추 도착 직후에 李範允에게 의탁하기보다 오히려 崔在亨의 휘하에서 활동하였던 것으로 보인다.[173] 군자금이 궁핍하였던 그로서는 재력을 겸비한 최재형과 제휴하는 것이 더 현실적이었을 것이다. 홍범도가 연추에 도착한 직후인 1909년 1월 연추 同義會에 출두하여 "의병 진격시는 모두 短髮變服을 하고 결사 침입해야 한다. 그 시기는 解氷 전이어야 한다"[174]고 국내진공전을 역설하던 사실로도 연추 도착 직후 홍범도의 기세를 짐작할 수 있다. 그러나 1909년 하반기 무렵이 되면 이범윤과 더 밀접한 관계를 맺게 되는 것으로 보인다.[175] 홍범도로서는 최재형에 비해 대일무장항전 노선에 더욱 강경한 입장을 취하고 있던 이범윤과 合力하는 것이 자신의 항일이념을 구현하기가 더 용이하였기 때문으로 판단된다. 그럼에도 불구하고 홍범도는 이범윤과 언제나 화합한 사이는 아니었으며, 다만 항일전을 추구하던 과정에서 그 궤를 함께 하였을 뿐이었다고 생각된다.[176] 1909년 7월경 秋風으로 옮아간 이후부터는 홍범도 스스로가 직접 한인촌락을 전전하며 군자금 모집에 진력하였던 것도 이러한 배경에서 이해할 수가 있는 것이다. 그리하여 秋風(수이푼)·蘇王嶺·水淸(수찬, 현 파르티잔스크) 일대에서 군자금 수천 원을 확보한 홍범도는 총무 朴基萬, 부총무 김제현, 재무 김왕순 등과 함께 1910년 국망 직전까지도 국내진공을 위해 부단한 노력을 기울였다.[177]

홍범도는 1910년 6월 연해주·간도지역의 의병 연합체인 十三道義軍이 편성될 때 황해도 의병장 李鎭龍 등과 함께 同義員으로 여기에 참가하였다. 그러나 국망으로 인하여 실제 항일전을 펴기도 전에 십삼도의군은 중도에서 해체되고 말았다.

국망 이후 홍범도는 한때 해삼위에서 휘하 의병들과 함께 勞動會를 조

173) 『編冊』, 「警秘收 제1호의 1」(1909. 1. 4); 『資料 13』, 181쪽.
174) 『編冊』, 「警親 제102호」(1909. 1. 17); 『資料 13』, 195쪽.
175) 『編冊』, 「憲機 제48호」(1909. 12. 27); 『資料 17』, 98쪽.
176) 「홍범도의 일지」, 16-18쪽 참조.
177) 위의 자료, 11쪽.

직하고 그 회장이 되어 임금의 일부를 저축하여 항일무장투쟁에 필요한 무기구입의 비용을 자체 조달하려 하였다. 즉 홍범도 자신도 부하들과 함께 철도공사의 노역에 종사하면서 1개월분 노임의 절반을 出捐하고 이 자금을 3푼의 高利로 利殖하여 군자금을 증식시키기도 하였다고 한다.[178] 이와 같이 국망 이후에도 홍범도는 무장항일전을 끝까지 염원하고 또 이를 실행하기 위한 준비에 만전을 기하고 있었다. 홍범도의 무장항일전에 대한 신념은 그 뒤 蜂密山으로 옮아간 이후 더욱 확고해져 항일전을 위한 장기적인 대비에 박차를 가하였다.

1914년 무렵에 홍범도는 연해주 한인자치단체인 勸業會 주관하에 국외 독립운동기지로 설정되어 토지를 매입하고 한인을 집단 이주시켰던 北滿 항카호[興凱湖] 부근의 봉밀산으로 휘하 의병을 이끌고 들어가 둔전병식의 생활을 통해 독립군을 양성하는 한편 그곳 한인 이주민의 민족주의교육과 경제력 신장을 도모하고 있었다. 그리하여 그는 봉밀산의 白泡子 韓興洞을 중심으로 인근의 '십리와'와 '쾌상별' 등지에서 고등소학교·소학교 등의 교육기관 설립을 주도하였을 뿐만 아니라, 휘하 의병을 근간으로 하는 둔전병식의 독립군 양성에 주력하여 머지않아 펼쳐질 항일독립전쟁을 대비하고 있었다. 홍범도는 봉밀산 부근으로 한인이주가 이루어지는 1914년 무렵에 그곳으로 들어와 북간도로 이동할 때까지, 즉 1919년 3·1운동 직후까지 약 5년 정도 머물렀던 것으로 보인다.[179] 이 시기에 그곳에서 실제 홍범도와 함께 생활하였던 정태는 자신의 회고담에서 홍범도의 蜂密山 생활을 다음과 같이 생생하게 증언해 주고 있다.

봉밀산은 홍범도의 문화계몽사업의 기초로 되었다

1910년 조선이 일본제국주의에 강제 합병이 된 후 조선 애국자들은 탁족(濯足—필자)할 땅이 없게 되었다. 이런 형편에서 조선 애국자들은 외국에 나가서

178) 姜德相, 앞의 책, 91쪽; 愼鏞廈, 앞의 논문, 71쪽 참조.

179) 연해주에서 활동하던 홍범도는 국망 직전인 1910년 3월 서간도의 長白縣 汪開屯으로 옮아와 이곳에서 휘하 의병과 함께 약 20에이커의 토지를 개간하여 1913년 다시 블라디보스토크로 건너갈 때까지 둔전병 생활을 하였다고도 한다(愼鏞廈, 앞의 논문, 69-70쪽).

토지를 사고 그에 이민을 시키고 청년들을 모집하여 교양함으로써 일본에 복수하려고 하는 자들도 있었다. 이런 경향하에서 중국 길림성 봉밀산을 탐구하여 내었다. 봉밀산은 러시아와 중국의 국경에 있으며 앞에는 흥개호(興凱湖－필자)가 가로 놓여 있으며 북쪽은 청림(靑林－필자)이 꽉 들어섰다. 교통은 소왕령으로와 목릉현으로 가야 철도가 있다.

조선 애국자들 중에서 안창호의 주선으로 밀산 십리와에 토지 30여 팍지(한 팍지는 대상으로 32일경임)를 구매하고 그 토지의 주인으로는 김성모(金成茂－필자)를 지적하였으며, 또한 이상설의 주선으로 밀산령남 백포자(白泡子－필자)에 토지 12팍지를 구매하고 토지 주인으로는 김학만(金學萬－필자)(해삼시에 사는 자)으로 지적하였다. 그리고 조선 평안도와 함경도와 노령 연해주에서 조선 빈민들을 이주하였다. 그러나 이주된 빈민들은 토지를 개간할 힘도 약할 뿐만 아니라 흉년이 자주 들어 생명도 근근히 유지하여 왔다. 이때 조선 애국자들은 그를 후원할 금전도 없었다. 이러한 형편에 홍범도는 군인을 거느리고 봉밀산으로 들어왔다. 그리해서 홍범도는 군인들을 살구기도(먹여 살리기도－필자) 바쁜데 주민들의 생활에도 걱정하게 되었다. 그리하여 홍범도는 군인들을 각 호마다 분배하여 놓고 그 주인집의 일을 하게 하였다. 이와 같이 군인들을 농촌 건설사업에 종사하게 하였다.

홍범도는 빈민 300여 호 조선사람들과 상종하게 되었는데, 그 중에는 몽매한 자와 불량자들도 있고 청년 아동들은 공부 못 하고 허송세월하는 것이 그에게 불만을 더욱 일으켰다. 그리하여 지방에 있는 모모한 자들과 토의하였으나, 자기 군인 중에는 교육사업을 지도할 자격이 있는 사람이 없는 것이 딱한 일이 되었다. 이때 마침 이전 교원이며 나재거우(羅子溝－필자) 사관학교 출신인 정태라는 자가 홍범도가 군인을 다리고 봉밀산으로 들어갔다는 소식을 듣고 큰 희망을 품고 홍범도의 뒤를 따라 밀산으로 1916년에 들어갔다. 그러나 희망하던 바와는 딴판이었다. 홍범도는 이 기회를 놓치지 않고 정태를 교육사업에 이용하였다. 그리하여 영남 백포자 한흥동에 고등소학교를 설립하고 또한 십리와에와 쾌상별이에 소학교를 설립하였으며 홍범도는 한흥동 학교에 교장과 교감으로 책임을 맡았고 십리와와 쾌상별이 학교에는 찬성장(贊成長－필자)으로 사업하였다.

홍범도는 학교 수리와 교구를 장만하는 데와 운동장을 닦는 데 손수 일을 하였다. 학생 모집은 집집이 다니면서 자식들을 학교로 보내라고 권면하면서 우리나라가 망한 것도 인민이 문명하지 못한 탓이며 도로 찾는 것도 문명에 있으니 아동을 학교에 보내라고 하면서 끌어오곤 하였다.

홍범도는 백포자에 사는 의병대원의 집에 유숙하면서 아침이면 일찍 일어나서 제일 어린 학생을 업고 좀 큰 학생은 손목을 끌고 큰 학생들은 앞에 세우고 학교로 간다. 풍설(風雪－필자)이 나는 때에는 학교에 와서 학과시간을 끝마추는 것을 기다려 학생들을 데리고 집으로 간다. 학생들은 홍범도를 친부모와 같이 여긴다.

홍범도는 매월 일요일이면 학교 운동장으로 지방 주민들이 스스로 모여오도록 준비하여 놓는다. 학생들로 하여금 연속 유언체조, 유희 등과 행진법, 철봉과 집장고도 하는 것을 주민들에게 즐겁고 유쾌하게 구경시킨다. 오후에는 운동장에 연설회를 열고 미리 준비하였던 학생 사오 명을 연단에 올려 세운다. 학생들은 애처로운 말로 애국사상을 고취한다. 어떤 노인과 여자들은 눈물을 흘리기도 한다.

홍범도는 청년들을 사랑한다. '우리 동무회'란 청년단체를 조직하고 청년들을 그에 입회시키고 야학(夜學－필자)에와 운동에 의무적으로 참례하게 하였다.

홍범도는 운동하는 것을 매우 즐긴다. 그리하여 단오날에는 대운동회를 소집한다. 1917년 단오에는 조선인 청년 대운동회를 십리와에 소집하였는데, 여기에는 지방 중국 육군도 참가하였다. 운동과목을 필한 후 조선 씨름판을 열었는데 마지막 판가리에 힘 장사이요 평양 감옥을 부수고 도망친 유상돈과 정벽이 마주 섰다. 둘이 서로 승부를 결단하지 못하고 군중의 외치는 소리에 중단하였다. 1918년 단오일에는 쾌상별이에서 조선 청년 대운동회를 소집하였다. 운동과목을 필한 뒤 군중의 요구에 의하여 학교 지도부의 장기를 구경하려고 하였다. 정태는 집장고도를 세 키 높이로 뛰고 홍범도는 사팔제비(두 팔을 쭉 펴고 땅을 짚으면서 옆으로 돌아감) 운동으로 운동장을 한 꼽패 돈 후 말하기를 "젊어서 하던 장난이 나이 먹으니 숨이 차서 더 못하겠구나" 하고 땅에 앉으니 군중의 요란한 박수로서 끝을 맞추다.[180]

다소 장문이지만 위의 기록은 그 동안 명확히 밝혀지지 않았던, 의병항전 이후 3·1운동 때까지 1910년대 중반기의 홍범도의 활동내력을 생생하게 알려 주는 귀중한 자료로 생각된다. 정태가 '문화계몽사업의 기초'로 명명한 봉밀산 일대의 독립운동기지는 곧 의병 이후 홍범도의 무장항일전의 준비단계로 독립군의 요람이었다. 다시 말해 李相卨·李承熙 등이 국망 이전부터 국외 독립운동기지로 설정하였던 봉밀산 일대의 한인 거주지로 들어간 홍범도가 둔전병식으로 독립군을 양성해 냄으로써 3·1운동 이후 1920년대의 '독립전쟁'의 토대를 마련하였던 것이다. 정태가 密山을 '조선 독립군의 발상지'[181]라고 규정하였던 것도 이러한 맥락에서이

180) 정태, 「김세일 앞」, 『韓國獨立運動史資料集－洪範圖篇』, 한국정신문화연구원, 1995, 84-87쪽.

다. 그러므로 홍범도가 봉밀산 일대에서 벌였던 활동은 곧 한말의 의병이 독립군으로 전환되는 과도기적 단계의 전형을 보여 주는 한 사례로 이해할 수 있을 것이다.

한편 홍범도 북상 이후 차도선 역시 백두산 아래 撫松縣으로 이동하여 재기항전을 모색하게 되었다. 차도선의 도강과정이나 간도에서의 활동내용은 잘 알려져 있지 않지만, 홍범도로 추정한 다음과 같은 일제의 정보보고는 오히려 차도선에 관련된 기록으로 생각된다.

청국에서 혜산진으로 돌아온 韓人이 (1910년) 1월 2일 혜산진의 서북방 약 400리 되는 청국 旺興道子 부근에서 폭도의 수괴가 한인 부하 같은 자 1명을 데리고 사슴 사냥을 하는 것을 보았다. 총기는 2정을 지니고 있었으나 1정은 거의 파손되어 쓰지 못하고 1정은 신식 단발총이었다. 그 일파는 30명 이상 부근에 흩어져 있는 것 같다. 또 그 수괴 같은 자는 원래 평안도 사람으로 함남 단천군 大同里에서 금을 캐고 있었으며 나이는 35세 가량이다.[182)]

일제는 이 인물을 인상착의와 음성 등으로 미루어 홍범도일 가능성이 많다고 추정하였다. 그러나 이때 홍범도는 연해주에 있었으므로 그 가능성은 매우 희박하다. 차도선은 1914년 무송 백산학교 부근에서 활동하고 있었던 것으로 확인될 뿐만 아니라 일찍이 사금 채취업에 종사하고 있었다는 기록[183)]으로 보아, 이 무렵 의병 동지들과 함께 서간도로 북상하였으리라 추정되는 것이다.

또한 국어학자 李克魯(1893~1978)는 자신의 체험 속에서 1914년경까지도 서간도에는 여전히 의병활동이 지속되고 있었음을 다음과 같이 기술하고 있다.

여기(懷仁縣－필자)에서 尹世復氏와 의병대장 李碩大(鎭龍)氏와 의병대장 金東平(錫鉉)氏들과 함께 撫松縣으로 들어가게 되었다. 이곳은 奉天省에 속한 백두산 산록에 있는 신개척지로 縣을 設한 지가 오래지 아니한 땅이다. 그래서

181) 위의 자료, 86쪽.

182) 『編冊』, 「憲機 제880호」(1910. 3. 20); 『資料 17』, 115-116쪽.

183) 朝鮮總督府 警務局 편, 『暴徒史編輯資料』; 독립운동사편찬위원회 편, 『독립운동사자료집 3』, 641쪽.

숨어서 養兵하기 좋은 곳이라 우리가 그리로 가는 목적도 여기에 있었다. 내가 무송현에서 일 년 동안을 지낸 생활은 평생에 잊지 못할 큰 훈련을 받은 의미 깊은 생활이었으니, 때로는 白山學校에서 교편을 잡기도 하였으며 때로는 백두산에서 산양군도 되었다. 이 백산학교는 우리 동포가 경영하는 초등과와 고등과가 있는 소학교인데 校主인 全星奎氏는 이곳의 명망가이다. 이는 독립군 관계로 3·1운동 때에 간도에서 日賊에게 산중에서 피살되고 시체도 못 찾았다. 이 백산학교 教員 寄宿은 곧 조선 독립군의 大本營이 되어서 여기에 集中되어 출입하던 인물은 尹世復氏를 중심하여 李碩大·金東平·金虎翼·成虎·車道淳(善 ―필자)·李章榮 제씨로 의병 명장들이었다.[184]

위 인용문을 통해서 차도선이 서간도로 북상하여 역시 이곳에 들어온 여러 의병장들과 함께 재기 항일전을 구상하고 있었음을 알 수 있다. 이 글 속에서는 1914년경 항일무장 형태로서 의병과 독립군의 개념이 혼재되어 나타나고 있다. 의병들은 그때까지도 여전히 재기항전을 도모하며 백두산록을 근거지로 활동을 지속하고 있었음을 알려 주고 있다.

홍범도과 차도선 외에도 구체적인 활동내용은 명확히 제시할 수 없지만, 이들의 휘하에서 활동하던 산포수의병 가운데는 뒷날 연해주와 북간도 일대의 독립운동에 중요한 역할을 수행하게 되는 인물들 다수가 포함되어 있다고 생각된다. 그 가운데서도 현재 확인되는 인물로는 1920년 초 北路軍政署의 義軍團長을 지냈고 自由市慘變 때 가장 먼저 희생된 부대를 인솔하였던 許謹(許在旭, 許營長)을 비롯하여[185] 연해주에서 안중근 등 11인과 함께 斷指同盟을 맺고 구국헌신을 맹약하였던 白南奎, 그리고 이범윤·최재형 휘하에서 연해주의병의 일원으로 활동하던 姜宅熙 등이 두드러진다.

184) 李克魯, 『苦鬪四十年』, 乙酉文化社, 1946, 17-18쪽.
185) 愛國同志援護會 편, 『韓國獨立運動史』, 1956, 65쪽.

<표> 홍범도 항일역전표(1891~1909)

※ ( ) 안은 양력

※ 「홍범도의 일지」에 의거함

날짜	장소	의병	일군경	전과	손실	비고
1891	금강산 神溪寺					변성명, 삭발위승 (1년). 지담의 상자
1892~ 1895. 8. 23	淮陽 먹패장골					사격연습 (3년)
1895. 9. 18	斷髮嶺					김수협(서홍 거주)과 擧義 공모
	鐵嶺 길목	2명	12명	2명 생포		
	안변 학포	14명				의병 모집
	안변 석왕사	철원 보개산 유진석 의병과 합세				3회 대패, 김수협 전사, 유인석 의진(?)
	연풍 널귀금전판					은둔처
	박말령(?)			일인 3명 처단		총기 3정, 탄약 300발 노획
	지경산					
	덕원 武達寺					
	덕원읍			덕원 좌수 전성준 처단		일화 8,480원 모금
	양덕, 성천, 영원					3년간 단신의병
	북청					단양이씨와 혼인, 정착생활(8년)
1907. 9. 11 (10. 17)	북청 차양동			'동학쟁이 회소' 습격, 회원30명 처단, 회소 소각		
	북청 후치령 허리원			일군 3명 사살		총기 3정, 탄약 300발 노획
1907. 10. 9 (11. 14)	후치령	14명	1,400명	일군 700명, 한인 보조원 230명 사살	의병 6명 전사	김춘진, 황봉준, 이문형, 조강눅, 임승조, 임사존 전사

날짜	장소	의병	일군경	전과	손실	비고
	엄방동					
	배승개덕	70명		일군 30여명 사살		탄약 40바리(?) 노획
11. 26 (12. 30)	응구괭택					원성[석]택, 중대장 임명
12. 14 (1908. 1. 17)	삼수읍			소총 294정, 탄약 160궤 노획		삼수읍 점령
12. 28(1. 30) ~1908. 1. 4	삼수읍		2,000명	일군 1,033명, 한인 보조원 90명 사살, 총기 18정 노획		
1. 19(2. 20)	갑산읍			일군 사살 109명, 부상 38명		중평장(?)에서 온 의병과 합세
1. 22(2. 23)	갑산 청지평			일군 1,073명 사살	의병 20명 전사	갑산 용문동(?) 소재
1. 28(2. 29) 2. 8(3. 10)	용문동 더덩잔거리(1. 28), 붉은벌(2. 8)	2,800명		일군 1명 사살		갑산군내
2. 18(3. 20)	용문동		일진회원 3, 일군 103, 한인보조원 80명			홍범도 귀순공작
3. 2(4. 2)	더덩장거리	700명	일군 190, 한인보조원 190명	209명 생포. 인솔자 김원홍·임재덕 처단.		일군 더덩장거리 김치강의 집에 주둔
3. 18(4. 18)	승구패택이			일군 9명 사살		
3. 19(4. 19)	장진 능골 늘구목			일군 85명 사살		
3. 23(4. 23)	장진군 동사 達阿峙 두텁바위골[蟾巖]			일군 16명 사살	의병 5명 전사	

날짜	장소	의병	일군경	전과	손실	비고
	함홍 초리장 유채골 동리					부호 8명으로부터 일화 28,900원 모금
3. 28(4. 28)	함홍 동고촌 신성리	588명	일군 300, 한인보조원 50명	일군 1/4 전사		일화 6천 원 모금
	홍원군 靈洞					경유지. 홍원군 好賢面(?) 靈洞
	홍원읍					변복 잠입. 일화 3천 원 모금
4. 8(5. 7)	명태골					경유지
〃	장진 여애[내, 해]리 병풍바위	1,864명				중대장 11, 소대장 33인 회합, 군사회의 개최
4. 27(5. 26)	통폐장골 쇠점거리			장교 8명, 병졸 13명 사살		
	하남 안장혈			일군 400명 사살		소재불명
	갑산 上南					경유지
	갑산 간평					경유지
5. 2(5. 31)	구름물령 [雲水嶺]			일군 32명 사살, 총기 30정, 군도 2개, 탄약 300발, 단총 4정 노획		갑산군 上南社 소재
	갑산 청지평			일군 90명 사살	의병 11명 전사	
5. 4(6. 2)	괴퉁병 어귀			일군 기마병 15명 사살, 말 5필 노획		
	약수동					경유지
	장진 여애[내, 해]산 병풍바위					군사회의 개최
	동사 달아치 금점			일군 6명 사살, 금 1,994개 노획		

날짜	장소	의병	일군경	전과	손실	비고
	수동골수					경유지
	행창					경유지
	함홍 천보산 [千佛山?]					신홍군 서고천면 소재. 盧熙泰의병 540명과 회합
	정평 한대골 어귀			일군 190명 사살	의병 4명 전사	노희태의병과 연합전
5. 18(6. 16)	정평 바맥이		500명	일군 107명 사살	의병 6명 전사, 8명 중상	
	거사골수					노희태의병과 分陣
	장진 남사					경유지
	실령 어귀			일군 16명 사살, 총기 16정, 탄약 6궤 노획		
	천보사 [千佛寺?]					노희태의병에게 탄약분배
	홍원 전진포					홍원군수 洪某로부터 일화 37,000원 모금
	함홍 덕산관					한영문(좌수, 군주사)으로부터 3만 원 모금
	장진 여애산					조화여, 김충열 2인, 2천 원 소지, 탄약구입, 연추파견
10. 9(11. 2)	삼수 신파 기름구피					일군과 교전 압록강 도강
	간도 탕해					위치 불명
	吉林					40명 동행
12. 6(12. 28)	홍더허재 [橫道河子]					러시아行. 김창옥, 용환(홍범도 아들), 권감찰 등 3인 동행
	소왕령					6일 체류
	해삼위					
1909.	연추					原文의 1908년은 錯記

제2장
鏡城義兵

관북 의병은 대체로 1907년 하반기 이후에 의진이 편성되어 1908년 말까지 활동을 지속하게 된다. 이어 1908년 말부터 국망 전후에 걸쳐서는 일제 군경의 탄압과 전력소모로 인하여 이 지역의 의병은 새로운 항전 방향을 모색하고 장기적인 항일투쟁의 근거지를 확보하기 위하여 북간도와 연해주로 대거 北上渡江하는 추세를 보이고 있다.

본 장에서는 이들 의병 가운데 함북 鏡城을 근거지로 삼아 연해주 및 북간도 한인사회와 밀접한 연관을 가지고 두만강 대안의 6진 지역에서 활동한 鏡城義兵의 실체를 고찰해 보고자 한다. 경성의병은 함남의 산포수 의병과 더불어 후기의병 시기 관북지역에서 활동한 대표적인 의병이다.

경성의병은 다음과 같은 몇 가지 사실에서 주목되고 있다. 첫째, 이 의병이 두만강 대안의 노령 연해주 및 북간도의 항일의병과 깊은 연계하에서 활동하고 있었다는 점이다. 경성의병은 擧義 단계에서부터 해산, 곧 북상도강에 이르기까지 전시기 동안 두만강 대안의 국외 의병세력과 연합, 남북에서 일제 군경을 협공함으로써 6진을 비롯한 함북 전역을 장악하려 하였다. 특히, 연해주의병이 1908년 7월에 대규모 국내진공작전을 전개한 이후에는, 그 일파인 張錫會 휘하의 의병이 직접 경성으로 남하, 현지 의병과 연계되어 항일전을 수행하기도 하였다. 둘째, 경성의병의 중요 인물 가운데는 다수의 儒生이 포함되어 있었다는 점이다. 함남에서 활동하던 의병이 거의 모두가 산포수로 규합되어 있었던 사실과 대비시켜 볼 때 이 점은 경성의병의 두드러진 특징이 된다. 셋째, 경성의병이 계몽운동 노선을 표방하던 정치단체인 大韓協會 鏡城支會와 깊은 연관을 가지고 있었다는 점을 들 수 있다. '무장항일전'을 수행하던 의병과 '개화' 노선의 대한협회 양자가 상호 표리의 관계에 놓여 있던 경성지역의 항일투쟁 양상은 이 시기 다른 지역에서는 찾아보기 힘든 사례이다. 이러한 현상은 의병과 대한협회 양자가 모두 그 지역의 유생을 중심으로 조직되어 있었다는 사실에 기인하는 것으로 이해할 수도 있다. 넷째, 경성의병의 중요인물들은 1908년 하반기 이후가 되면 북간도와 연해주 등지로 집단적으로 북상도강하는 경향을 보인다는 점이다. 국내 의병의 이러한 북상도강 경향은 국망 직전 일제 군경의 대의병 탄압이 가중되는 시대상황에서 일반적인 추세로 이해되는 현상이지만, 경성의병의 경우에는 집단적으로 북상도강이 단행됨으로써 그 전형을 보여 주고 있는 것이다.

이상의 사실들을 염두에 두고 경성의병의 실체 분석을 통하여 그 역사적 의의를 밝혀 보고자 한다. 그러나 남북 분단의 현실에서 관련자료의 부족으로 인해 의병 편성과정에 대한 구조적인 이해와 항전의 구체적 실상을 파악하는 데는 일정한 한계가 있음을 자인하지 않을 수 없다. 이러한 점은 앞으로 자료 보완을 통해 해결해야 할 과제로 남겨 둔다.

1. 鏡城地域의 義兵編成

경성을 비롯한 함북 변경지역은 두만강 대안의 간도·연해주와 지리적으로 연접해 있었기 때문에 일제의 대한식민지화 과정에서, 나아가 식민지통치 시기에 일제 침략군의 한국주둔 근거지로 군사 요지가 되면서 일제의 침탈이 가중되던 지역이다. 일제는 장차 대한식민지 지배를 기정사실화하고 그들의 침략군을 주둔시키기 위해 경성 羅南에다 1907년부터 대규모의 병영 건설에 착수하여 1911년까지 전후 5년 동안 단계적으로 제반 시설을 완비하는 大役事를 일으켰다.[1] 이 나남 병영에는 일제 강점기에 일본군 제19사단 사령부가 들어서게 됨으로써, 제20사단 사령부가 들어선 서울의 龍山 병영과 더불어 일제 침략군의 2대 거점 가운데 하나가 되었던 것이다.

또한 일제는 이 무렵에 군사작전의 필요상 군용철도 부설사업을 함경도 일대에서 특히 활발히 일으켰다. 나남 병영의 착공과 더불어 철도 부설사업을 일으켜 1907년 8월 초순경 鏡城－輸城간(15km) 철도를 개통시켰다. 이보다 앞서 러일전쟁 기간인 1905년에는 군인 수송을 위해 청진－수성－회령을 남북으로 연결하는 철도를 서둘러 개통하였다. 결국 1907년에는 경성으로부터 청진을 거쳐 두만강변의 회령까지 연결되는 군용철도가 놓이게 되었다.[2]

이와 같이 함북 도처에서 벌어진 대규모 토목 역사에는 인근 주민들의 노역을 강제 징발하고 또한 일본군이 각지를 횡행하게 됨으로써 주민들로부터 많은 원성을 사 반일감정을 불러일으키는 계기가 되었다. 경성의병의 일원이었던 金鼎奎는 자신의 『日記』(野史)[3] 속에서 이와 같은 분위

---

1) 金正明 편, 『朝鮮駐箚軍歷史』, 巖南堂書店, 東京, 1967, 261-268쪽 참조.

2) 위의 책, 247쪽 참조. 이때 부설된 철도는 일반적인 규모의 정상 철도가 아니라 차량이 작고 궤도가 좁으며 시설이 간단하여 단시일내에 건설이 가능한 輕便鐵道였다.

3) 이 자료는 龍淵 金鼎奎(1881～1953)가 1907년부터 1921년 11월까지 전후 15년 동안 거의 매일 기록해 놓은 野史類의 일기이다. 총 17권 18책에 달하는 방대한 분량이다. 김정규는 경성군 明澗社 巨文洞에서 태어나 1908년 의병에 동참한 뒤 이듬해 북간도로 망명하였던 우국지사이다. 그러므로 그의 일기는 이 기간 동안 두만강 양안의 관북지역과 북간도·연해주 일대에서 전개된 의병과 독립군 항전을 비롯한 항일독립운동의 실상을 구체적으로 그때그때 기록하고 있기 때문에 사료적 가치가 매우 높다. 특히 서북지역의 의병항전에 관한 의병측 자료가 매우 零星한 남북분단의 현실에 비추어, 6진지역 의병에서 중심역할을 수행하였던 인물이 동시대에 남긴 기록이라는 측면에서, 김정규가 남긴 일기는 이 지역 의병의 실체를 구명하는 데 중요한 자료가 되고 있다. 본서는 특히 이 자료에 크게 힘입었음을 미리 밝힌다. 독립기념관 한국독립운동사연구소에서 1994년 『龍淵金鼎奎日記』라는 제목하에 3책(上·中·下)으로 영인 출간하였다. 본서에서 인용한 김정규의 야사 일기는 모두 이 영인본에 의거하였다.

한편 김정규는 『日記』 외에도 擧義 때부터 북상도강 직전까지 경성의병의 전체적인 활동내용을 별도로 정리하여 『義務日記』라는 이름으로 남겨놓은 것으로 보이나 현전하지 않아 그 내용을 확인할 수 없다. 일기 기술의 체제와 형태상

기를 다음과 같이 생생하게 기술하고 있다.

> 이번 여름에 일인이 雉城(경성－필자) 동쪽에 철도를 닦아 청진에 미치고 회령에까지 이르게 되었다. 또 나남에는 산을 뚫고 골짜기를 막아 크게 병영을 건설하여 남으로는 封義峙를 뚫고 북으로는 許山洞을 메우면서 대규모로 役夫를 모으고 있다. 그러므로 일제 관리와 군인들이 마을마다 횡행하며 채찍질을 하여 (인부를) 몰아가니 주민이 안도하지 못하여 원성이 사방에서 일어나고 있다.[4)]

주민들의 일제에 대한 이와 같은 원성이 항일의병에 계기적으로 연결되는 내용은 확인되지 않지만, 대체적인 견지에서 볼 때, 의병이 일어나는 배경이 되었던 점은 자연스럽게 이해할 수 있다. 김정규가 단신으로 나남 병영 건설 현장에 잠입, 방화한 거사도 주민의 이러한 반일 정서를 대변해 주고 있다. 즉 그는 부친이 나남 役所에 근무하고 있던 인연으로 나남으로 올라가 1908년 8월 8~9일 연이틀간 2차에 걸쳐 야밤에 신축 공사장의 목재 야적장으로 잠입, 건축용 목재들을 전소시킴으로써 병영 건설을 방해하였던 것이다.[5)]

한편 경성지역의 의병은, 한말 의병이 확대되는 과정에서 전국적으로 나타나는 보편적 현상이지만, 인근 지역의 擧義 항전에서 영향을 받아 일어났던 것으로 보인다. 그 가운데서도 특히 함남 北靑에서 시작된 산포수 의병과 연해주의병으로부터 큰 영향을 받았던 것으로 믿어진다. 이 점은

정리하기 어려운 경성의병의 전모를 여기에다 기술해 놓은 것으로 추측된다(『龍淵金鼎奎日記 上』, 244쪽).

4) 金鼎奎, 『龍淵金鼎奎日記 上』, 독립기념관 한국독립운동사연구소, 영인본, 1994, 1907년 7월 20일조, 28쪽. "今夏日人 修鐵路於雉城東 而及于淸津 達乎會邑 又於羅南 鑿山陻谷 大造兵營 南穿封義峙 北塹許山洞 大募役夫 故日官兵 橫行村閭 鞭撻駈去 民不安堵 怨聲四起"

한편 김정규의 아우 金河奎의 다음과 같은 탄식 역시 이러한 토목 역사로 야기된 주민들의 고통을 잘 대변하고 있다. "倭賊大作兵營於雉城北羅蹟洞 南通電報 北修鐵路 而韓巡檢日巡使 日日四發 促農民歸役所 或開地基 或修道路 或負土木 或鑿水道 或推鐵車 或載糧草 而況今炎天 小無休息 哀我國民 何至此極"

5) 『龍淵金鼎奎日記 上』, 독립기념관 한국독립운동사연구소, 영인본, 1994, 1907년 7월 13~14일조, 158-159쪽.

이하 『龍淵金鼎奎日記』의 인용에서는 『日記』로 略記한다.

경성의병의 모의 과정을 살펴보면 쉽게 이해할 수 있다.

경성의 우국지사들 사이에서는 1908년 1월 하순부터 의병 모의가 은밀하게, 그리고 차분히 일어나고 있었다. 이 무렵 연해주 李範允의 煙秋倡義所로부터 경성으로 돌아온 金三萬이란 인물이 연추지역의 의병 동정을 전하면서 경성 지사들의 거의를 촉구하였다.[6] 이와 같이 거의 단계에서부터 연해주의병과 관련을 맺고 있던 경성의병은 이후 활동 과정에서도 시종 긴밀한 상호 연계를 가지게 된다. 또한 1908년 1월 30일에는 북청에서 올라온 車肆社와, 倉德鄕(소재 불명)에 거주하던 金明水·卓汝根 등이 김정규의 집에 모여 '結義討賊'을 모의하였다는 기록을 통해서도 그와 같은 분위기를 짐작할 수 있다.[7] 그리고 3월 초순 무렵 산포수의병의 甲山 승전 소식이 경성까지 널리 전파되면서 일반 주민들 사이에 거의 분위기가 한층 고조되었다.[8]

한편 경성의병은 거의 단계에서부터 일제 침략기관과 관공서에 근무하는 인물들로부터 일제 군경의 동정에 대해 비교적 상세한 정보를 수집할 수 있었다. 경성 헌병대에 근무하고 있던 金春滿이라는 인물은 의병측의 정보원으로 일제 헌병의 동정을 파악, 의병측에 전해 주고 있었으며,[9] 나남의 일군병영 건설 역소에 근무하던 김정규의 부친 金秉國 또한 현지 일본군의 동정을 의병측에 통지해 주고 있었다. 또한 경성의병의 중심인물이던 韓台教는 경성 관찰부의 主事로 있으면서 역시 일제 군경의 출동상황을 세밀하게 파악하고 있었다.[10] 또한 후술하겠지만 각지의 대한협회 회원들 역시 현지 일제 군경의 동정을 탐지하여 의병에게 그 정보를 제공하고 있었다. 이와 같이 경성의 일제 침략기관과 관공서 도처에 다양한 형태로 일제 침략세력의 동향을 파악하는 의병측 정보원들이 활동하고 있었으며, 이들로부터 수집한 정보를 바탕으로 의병의 항일전은 더욱 효율적으로 수행될 수 있었던 것이다.

---

6) 『日記 上』, 1907년 12월 25일조, 61쪽.
7) 『日記 上』, 1907년 12월 27일조, 61쪽.
8) 『日記 上』, 1908년 2월 8일조, 66쪽.
9) 『日記 上』, 1907년 12월 24일조, 61쪽.
10) 『日記 上』, 1908년 7월 10일조, 156쪽.

이어 1908년 2월 하순경이 되면 경성 혹은 그 남쪽의 명천·길주 등지에서 의병이 편성되어 실제 항일전을 펼쳤다는 기록이 단편적으로 나타난다. 그 실체는 확인되지 않고 있지만, 이 무렵 길주에서는 일단의 의병이 항일전을 벌여 길주주둔 일제 군경 14명을 사살하였고, 명천과 경성의 접경지대인 雩社 檜洞 부근에도 100여 명의 의병이 활동하고 있었다는 기록이 보인다.[11]

이상과 같은 사실을 통해서 볼 때, 경성을 중심으로 인근 명천 북부 일대에서도 1908년 정월부터는 거의 분위기가 형성되었으며 1908년 2월에 들어서면 의병활동이 개시되고 있음을 알 수 있다. 이 무렵에 편성되어 활동에 들어간 의병의 실체는 현재 구체적으로 확인되지 않고 있으나, 그보다 조금 뒤에 편성된 경성의병의 주력부대와는 별개의 부대로 여겨진다. 왜냐하면 이 의병에 대해서는 일제측 기록에도 나타나고 있지 않으며, 또한 경성의병의 중심인물인 김정규도 객관적 입장에서 그 사실만을 기술하고 있기 때문이다.

1908년 3월 중순 무렵이 되자 경성 남부의 漁郎社·明澗社·朱北社 일대에 거주하고 있던 지사들 사이에서 의병을 규합하려는 움직임이 점차 구체적으로 일어났다. 3월 13일 명간사 山城에 거주하던 李肯稙의 집에서 김정규 등 부근 유생들이 모여 일차 '擧義討賊'을 논의한 이후, 같은 달 21일에 車伯心·李肯稙·李鍾慶 등이 분주히 오가며 다시 구체적인 거의 계획을 논의하였다.[12] 또한 이 무렵 각 촌락의 유지들에게는 의병 差帖이 내려지고 있었다. 都有司·養士有司 등의 차첩이 그것으로, 민간 유지 부호들에게 이와 같은 직함을 주어 의병을 후원해 줄 것을 요청하였던 것이다.[13]

---

11) 『日記 上』, 1908년 1월 28일, 2월 4일조, 65쪽. "探新報 則吉邑留倭漢十四騎 魂歸義兵之手 而其勢强大 必待後日之聞 庶幾可想矣夫"(1월 28일조) "聞明川雩社來人之說 則義兵百餘名 自三津德(所在不明－註) 直向會洞"(2월 4일조)

12) 『日記 上』, 1908년 2월 11~19일조, 67-68쪽.

13) 『日記 上』, 1908년 2월 19~29일조, 69-71쪽. 이때 차첩을 내린 의병 주체는 불분명하다. 그러나 그때가 이남기·김정규·이궁직 등이 주축이 된 의병이 결성되기 이전인 점으로 미루어 최경희를 중심으로 결성된 의병이 내린 것으로 추측

한편 경성의병의 주요한 활동지역은 거의에서부터 해산에 이르기까지 시종일관 경성군 관내의 종으로는 중남부 일대, 그리고 횡으로는 동부에 집중되어 나타난다. 곧 당시 행정구역상으로 볼 때 경성군 관내의 朱北社·朱南社·漁郎社·明澗社·西社 등지가 두드러진 활동무대였다.[14] 이러한 현상은 의병의 핵심인물들 대부분이 이 지역에 집중적으로 분포되어 거주하고 있었던 상황에서 자연히 기인하는 것으로 보인다. 결과적으로 경성의병은 전술한 일제 침략군의 사령부가 들어서 있던 나남 외곽에서 항일전을 수행하게 됨으로써 일제침략 세력 격퇴에 유리한 지리적 조건을 갖추고 있었을 뿐만 아니라, 다른 지역의 의병들과 연합세력을 구축하는 방향으로 전략을 세움으로써 나남의 일제 침략군을 협공하고자 하였던 것이다.

전술하였듯이 1908년 정월 들어 무르익은, 이들 지역의 유생들을 주축으로 한 지사들의 거의 분위기는 늦어도 3월 하순 이전에는 의병부대 편성으로 구체화되고 있다. 주북사 龍洞에 거주하고 있던 崔瓊凞[15]가 金俊彦·林鳳松 등과 함께 40여 명의 의병을 모아 경성군 朱乙溫社 南石[夕]洞[16]과 古三洞 일대에서 忠義隊[17]라는 이름의 의진을 편성하여 활동을

된다.

14) 경성군의 행정구역이 구한말에서 일제시대를 거치는 동안에 크게 변경되었던 까닭에 그 구체적인 행정지명을 확인하는 데 혼란이 야기되고 있다. 구한말에는 통칭 '鏡城八社'(梧村社·朱乙溫社·朱北社·朱南社·漁郎社·明澗社·西社·東社)로 나눠지던 경성군의 행정구역이 1914년 일제의 전국 행정구역 개편에 따라 西社와 明澗社 일부가 명천군 西面으로, 東社와 漁郎社 일부가 명천군 東面으로 각기 편입되었다. 그러므로 일제시대의 행정구역으로 본다면, 경성의병은 경성의 중남부와 명천의 북부 접경지대에서 주로 활동하였던 것이다. 그러나 본서에서는 논지 전개상 혼돈을 피하기 위해 경성의병이 활동할 당시의 행정구역을 기준으로 내용을 기술하였다. 경성의병의 핵심인물이었던 김정규의 거주지도 원래 鏡城郡 明澗社 巨文洞[楊川洞]이었으나, 이곳이 일제시대에 들어와 明川郡 東面 巨文洞으로 바뀌었다.

15) 崔瓊凞는 전후의 정황으로 보아 崔德俊과 같은 인물임이 확실하다. 일제 역시 崔德俊을 崔瓊凞(원문은 崔璟凞로 되어 있으나 오기임)의 別名으로 파악, 동일인으로 간주하였다(朝鮮總督府 警務局 편, 『暴徒史編輯資料』; 독립운동사편찬위원회 편, 『독립운동사자료집 3』, 1971, 653쪽). 혹 德俊이 崔瓊凞의 字가 아닐까 한다.

16) 崔瓊凞 의병이 초기에 주둔한 南石洞을 일제는 금곡동, 혹은 남곡동으로 표기

시작한 것이 그것이다.[18] 이들은 인근 각지에서 의병을 소모하면서 세력을 확대해 나갔다.

경성주둔 일제 군경은 최경희를 정점으로 한 충의대의 편성 정보를 접하게 되자 3월 17일 현지로 급히 출동하였다. 이들은 18일 남석동 부근에서 최경희와 金明鶴[金俊彦?] 등의 핵심인물들로부터 초기 거의 인물들의 명단을 수록한 '忠義案'을 탈취하였다. 최경희를 중심으로 조직된 초기 경성의병의 편제 및 간부와 의병 명단은 이 충의안에서 다음과 같이 확인된다.[19]

하였으나 그 위치가 명확히 확인되지 않고 있다. 경성주둔 일제 군경은 이 의병을 '토벌'하기 위해 출동하던 상황에 대해 "경성군 주북사 南谷洞에 폭도 진정할 事로 출장 도중에 본월(3월－필자) 18일에 當郡 朱乙溫社 新永倉에서 우연히 擧動怪訝者 2명을 만나 搜閱行裝한즉 忠義案이라고 부르는 책자 한 건이 노출되었기에 (하략)"(『資料 9』, 585쪽)라고 하였다. 여기서 南石洞은 주북사(혹은 주을온사)의 '南夕洞'과 같고, 新永倉은 주을온사 '新永康'과 같은 지명으로 생각되므로, 최경희 의병이 결성 초기에 주둔한 곳은 주을온사와 주북면의 경계 부근이었다고 믿어진다.

17) 간도관리사 이범윤이 함경도의 소모민군으로 조직하였던 부대도 충의대라 불렀다. 그러나 이범윤의 충의대는 경성에서 편성된 충의대와는 무관한 것으로 생각된다.

18) 朝鮮總督府 警務局 편, 『暴徒史編輯資料』; 독립운동사편찬위원회 편, 『독립운동사자료집 3』, 1971, 653쪽; 「警發 제5호」(1908. 10. 3), 『暴徒에 關한 編冊』; 國史編纂委員會 편, 『韓國獨立運動史－資料 12』, 257쪽.

19) 『暴徒에 關한 編冊』, 「鏡警發 제375호」(1908. 3. 26); 『韓國獨立運動史－資料 9』, 585-586쪽.

한편 위의 자료 「警秘 제485호」(554-555쪽)에서는 "17일 고새동에 도착하여 共義隊라고 하는 적의 巨魁 및 南梁을 발견하고 南梁은 체포하였으나 巨魁는 逸走하였다. (중략) 오는 19일 長白山麓 淸義洞 집단의 匪徒를 공격하려 한다"고 하였고, ≪大韓每日申報≫(제763호, 1908. 3. 25)에서도 "경성경찰서 토벌대는 (3월) 17일 古沙동에서 의병대장 南梁을 포박하였는데, 巨魁는 장向山麓 淸義洞에 在한다는 報로 인하여 토벌대를 該地에 파견하였다"고 하여 역시 동일한 내용의 기사를 싣고 있다. 이 의병 또한 최경희 의병을 지목하고 있음에는 틀림이 없다. 곧 共義隊는 忠義隊와 같은 맥락에서 볼 수 있고, 의병 주둔지 '고새동' 혹은 '古沙洞'은 용동 서쪽의 10여 리 떨어진 古三洞을 가리킨 지명으로 볼 수 있기 때문이다. 다만 이때 피체되었다는 '南梁'이라는 의병이 누구를 가리키는지는 불분명하다.

總領
崔璟熈 경성군 주북사 書院寺洞[20] 居
林鳳松 경성군 주을온사 水坪 居

貳領
金龍鉉 경성군 주북사 書院寺洞 居
林鶴遊 경성군 주을온사 水坪 居

參領
金明鶴 경성군 주북사 花上[山] 居
姜文京 경성군 주을온사 水坪 居

肆領
李泰英 경성군 주북사 書院 居
尹就克 경성군 梧村社 居

伍領
金成三 경성군 주북사 浦坪 居
金鳳益 경성군 오촌사 居

義案

安泰坤	姜鳳云	孫成伯	金文郁	張明克	李文彦	姜汝云	趙仲彦
金化汝	金正弘	白右千	崔鳳俊	安化彦	具道元	朴信甫	方永甫
金萬甫	金丙洛	張公三	張公葉	朴春甫	金文化	劉順世	金明玉
張奎益	金元弘	朴昌洛	李基彦	金文七			

우선 위 충의안의 총원은 39명으로, 일제 경찰이 40여 명으로 파악한 내용과 거의 일치하고 있다. 위의 편제를 볼 때, 總領의 직임을 띠고 있던 최경희와 林鳳松은 곧 의병 전체를 총괄하는 의병장이었음을 알 수 있고, 그 휘하에 貳領－參領－肆領－伍領으로 이어지는 단일의 명령 지휘 계통을 가진 간부진이 있었으며, 다시 그 아래에 29명의 일반 의병이 편성되어 있었다. 더 이상의 구체적인 내용은 확인되지 않지만, 초기단계의 최경희 휘하의 경성의병은 대체로 이 범주 안에 있었을 것으로 짐작된다. 그

20) 書院寺洞이라는 지명은 확인되지 않고 있으나, 최경희는 이 무렵 경성읍에서 서남쪽으로 60여 리 떨어진 주북사 龍洞에 거주하고 있었다. '書院'은 龍洞에서 5리 정도 떨어진 '永院'의 錯記가 아닐까 한다.

리고 이 의병은 洋銃 5정, 화승총 24정 등의 총기로 무장하고 있었다고 한다.[21)]

한편 김정규의 『日記』에도 이때의 상황이 다음과 같이 비교적 소상히 기록되어 있어 주목된다.[22)]

> (2월 20일—음) 소식을 들은즉 본군(경성군—필자) 주둔 일인 60騎가 鏡山 南石洞에 의병진이 결성되었다는 소식을 듣고 추격차 再昨日에 급히 출동하였다고 한다. (중략) (21일) 李鍾郁·李成道·崔始弘이 함께 와서 말하였다. "南石洞에 출동한 의병장 崔德俊과 金俊彦 양인은 한 병사도 대동하지 않고 要路를 密行하다 갑자기 일본군을 만나 피체되고 또 義部名錄은 倭奴의 수중으로 들어가고 말았다. 두 의병장은 압송되는 도중에 우리 (의병) 後援隊 30여 명이 (일본군의) 뒤를 쫓아 돌격하자 死地를 탈출하여 이제 本隊로 돌아왔으니, 어찌 이다지도 다행할까!"

위의 인용문 속에 나오는 일제 '토벌대'의 출동 사실이나 그 시기, 그리고 최경희·김준언 등 두 핵심인물이 일본군에게 일시 피체되었던 사실 등이 앞에서 본 일제측 기록과 거의 일치하고 있다. 다만 일제측 기록이 피체된 두 인물 중 김명학을 압송한 것으로 기록하고 있는 데 비하여 여기서는 두 인물이 의병 추격대의 구출작전에 힘입어 모두 탈출에 성공한 것으로 기술해 놓은 점이 차이가 난다. 또한 이때 의병의 총수이던 최경희도 일제 토벌대에 잠시 피체되었음을 알 수 있고, 金俊彦은 일제측 기록에 나오는 金明鶴의 별명으로 보여 동일 인물로 생각된다. 이 의병이 4월 8일 '대선보' 산중에서 일제 순사대와 교전을 벌였던 것으로 추측되며 이

---

21) 『暴徒에 關한 編冊』, 「警秘 제485호」(1908. 3. 21); 國史編纂委員會 편, 『韓國獨立運動史—資料 9』, 555-556쪽.
이하 인용에서 『暴徒에 關한 編冊』의 경우에는 『編冊』으로만, 國史編纂委員會에서 편찬한 『韓國獨立運動史—資料 8-19』의 경우에는 『資料 8-19』로만 각각 略記한다.

22) 『日記 上』, 1908년 2월 19일조, 68-69쪽. "(二十日) 聞來報 則本郡駐屯日人六十騎 聞鏡山南石洞有義軍之結陣 追擊次再昨日 急速出兵 (中略) (二十一日) 南石洞出旅義軍將 崔德俊金俊彦兩氏 不帶尺寸之兵 密行要路 猝遇日兵 爲其所捕縛 且義部名錄 收在倭奴手中 押送兩義將 行行中路 我後援隊三十餘人 追後突擊 脫出死地 今歸本隊 幸何如之"

때의 인원이 35명 정도였다는 것으로 보아 그 세력이 아직은 미약하였다고 생각된다.[23)]

한편 김정규는 1908년 7월 10일 여가를 이용하여 동지 崔昇斗와 함께 경성의병의 거의 단계에서 중심 역할을 수행한 인물들을 다음과 같이 거의 핵심인물인 '創始擧義之人'과 군자금 후원자인 '出錢人'으로 나누어 정리해 놓고 있다.[24)]

創始擧義之人

李肯稙	명간사 山城	韓台敎	鏡城邑
李南基	어랑사 安郊	李容俊	주남사 川連
崔昇斗	어랑사 門郊	許瑀	연해주 해삼위
李興基	어랑사 荷塢	崔瓊凞	주북사 花土(龍洞)
李鍾郁	명간사 河東	金鼎奎	명간사 巨文洞

出錢人

徐相國	어랑사 仲坪(200원)	李容俊	주남사 川連(150원)
李公羲	어랑사 岐陽(50원)	金象瑀	명간사 雩洞(50원)
崔憲瑞	주남사 花隅(50원)	李主事	端川人(40원)
韓鶴奎	주남사 화우(20원)	張憲長	주남사 會文(50원)
李容均	주남사 화우(20원)		

위의 명단은 앞에서 본 '충의안'과 함께 경성의병의 편성을 주도한 중심인물들을 알려 주는 자료이다. 그러나 두 명단간에는 崔瓊凞를 제외하고는 일치되는 인물이 거의 발견되지 않고 있다. 현재 자료부족으로 명확히 해명할 수 없지만, 이와 같은 현상은 경성의병이 두 계통으로 편성되었음을 강하게 시사해 주는 것이다. 곧 앞에서 본 충의대가 최경희를 정점으로 편성된, 주로 경성 중부지역에 걸쳐 편성되어 활동한 의병인 데 비해, 김정규가 정리해 놓은 '創始擧義之人'은 李南基를 정점으로 편성되어 활동에 들어간 의병 간부 명단으로 생각되는 것이다.

23) 『資料 10』, 410-411쪽.

24) 『日記 上』, 1908년 6월 12일조, 143쪽. 이 명단 끝에 林鳳松(주을온사 水坪居)을 '已獨戰亡於茂山'이라 하여 경성의병의 중요인물 가운데 유일한 전사 순국자로 기록해 놓고 있다.

1908년 전반기에 경성의병의 초기단계에서는 이와 같이 두 계통으로 편성되어 활동을 벌인 것으로 생각되지만, 장석회 군대가 남하한 뒤에는, 곧 1908년 9월 이후에는 상호 연합, 활동의 궤를 함께 하는 것으로 보인다.[25] 이 점은 1908년 10월에 나타나는 경성의병의 다음과 같은 편제를 통해서도 확인할 수 있다.[26]

總務	李南基	
財務	徐相郁	
司法	李肯稙	
中隊將	崔瓊凞	姜乙燁
司令官	張錫會	
參謀長	金鼎奎	
參謀員	池若俊	李君深

위의 의병편제와 간부명단은 경성의병이 일제의 탄압을 받아 그 세력이 위축되어 가던 무렵인 10월 중순경 연해주의병의 국내진공을 촉구하기 위해 이범윤에게 경성의병의 현황을 보고하는 문건 가운데 하나로 작성되었다. 위의 편제를 통해서 이 무렵의 경성의병은 이남기와 장석회를 각각 總務와 司令官으로 하는 두 계통의 편제로 이루어졌음을 알 수 있다. 하지만 최경희가 이남기 휘하의 중대장으로, 이남기 휘하의 김정규가 장

25) 현재까지 드러난 자료에서는 명확히 구분되지 않고 있지만, 경성지역에는 李南基와 崔瓊凞[崔德俊] 두 인물을 각각 정점으로 하여 편성된 두 의진이 공존하고 있었던 것으로 보인다. 그리고 이 두 의진과 함께, 후술하겠지만, 연해주에서 남하한 張錫會가 인솔하던 연해주의병의 일파가 그 곳에서 동시에 활동하고 있었다. 이들 의진은 활동상 상호 연합, 혹은 협조 체제를 구축하면서 항일전을 수행하고 있었던 것으로 강하게 짐작된다. 그러므로 1908년 경성에는 크게 보아 세 의진이 활동하고 있었던 것으로 보인다. 하지만 지금으로서는 자료적인 뒷받침이 부족한 실정이므로, 이들 의진간의 상관관계나 구체적인 활동내용 등을 명확히 확인할 수 없기 때문에 이들 전체를 경성의병이라는 지역개념의 틀 속에 묶어서 단일 형태로 파악할 수밖에 없는 한계가 있는 것이다. 한편 경성의병의 활동에 대해 기록하고 있는 김정규의 『日記』는 기록자 자신이 이남기 의병의 일원이었던 관계로 이남기를 중심으로 하는 의병의 활동을 집중적으로 기술하고 있는 것으로 믿어진다.

26) 『日記 上』, 1908년 9월 23일조, 199쪽.

석회 의병의 참모장으로 편제되어 있는 점으로 볼 때, 이 무렵의 경성의병은 여러 계통의 의병이 상호 연합세력을 구축하고 있었다고 하겠다. 곧, 1908년 하반기가 되면, 이남기·최경희·장석회 등을 정점으로 하는 단위부대들이 서로 통합되어 단일 부대로 편제되었거나, 혹은 연합전선을 형성하게 되는 것으로 추측되는 것이다. 이와 같이 여러 계통의 의병세력이 연합 혹은 통합 단일 편제를 구축하는 과정은 이 시기에 가중되는 일제 군경의 대의병 탄압에 능동적으로 대처하기 위한 경성의병의 새로운 방향모색으로 이해할 수 있을 것이다. 또한 이러한 연계하에서 경성의병의 중심인물들은 상호 긴밀한 관계를 가지면서 일제 군경의 탄압을 피해 북상도강을 단행할 수가 있었던 것으로 보인다. 하지만 자료부족으로 경성의병의 편제에 대한 더 이상의 구조적인 해명은 현재로서는 어려운 실정이다.

이남기 휘하의 '西山' 주둔 의병은 4월 중순 무렵이 되면 그 실체가 확실히 드러난다.[27] 西山[28]은 이후 1908년 하반기까지 경성의병의 주력부

---

27) 『日記 上』, 1908년 3월 13일조, 79쪽. "是日 聞西來消息 則義軍駐於西山 而日軍來往放 揮刃 故民不安堵 日日避亂者 不知其數云耳"

28) 西山에 주둔한 의병은 이남기 휘하의 경성의병 주력부대였으며, 그 뒤 장석회 의병이 서산으로 들어가 주둔한 뒤로는 두 계통의 의병이 연합, 주둔해 있었던 것으로 보인다. 그러므로 서산주둔 의병은 경성의병의 실체를 밝히는 데 관건이 되는 것으로 생각된다. 그러나 현재로서는 그 이상의 구체적인 내용을 확인할 수가 없는 실정이다.

더욱이 '西山'이 어디를 가리키는 지명인지 확인할 수 없다. 그 지명이 확인되면 경성의병의 더 많은 부분이 해명될 수 있지 않을까 기대된다. 김정규의 『日記』 속에는 西山軍 혹은 倡義所에 대한 기록이 빈번히 등장하고 있지만, 그 구체적인 소재지를 알려 주는 단서는 찾을 수 없다. 다만, 김정규의 『日記』 가운데 서산에 대해 "서쪽에서 온 소식을 들으니" 내지는 "서산군이 사잇길로 나와 (명간천 하류의) 水南 일본군 수비대를 습격할 예정이라 하니" 또는 "(장석회의 서산의병이) 평야로 진출하지 않는 것은" 등등으로 기록된 여러 정황으로 보아 어랑사·명간사에서 멀지 않은 明澗川 상류 산간지역이거나 혹은 西社 어느 곳에 위치해 있었던 것으로 짐작된다. 현재의 판단으로는, 이 서산이 정식 행정 지명이거나 기타 공식 山名이 아니라 당시 일반적으로 민간에서 속칭되던 지명일 가능성이 다분히 있으며, 다른 한편으로 당시 의병의 주요 인물들이 실제 의병 주둔지명을 略號 혹은 暗號로 이렇게 부른 것이 아닌가 하는 생각도 든다. 혹 서산이 '서쪽의 무산'을 의미하는 말로서 상정해 볼 수도 있으나, 이 경우 서산이

대의 근거지로서, 나아가 장석회가 인솔하는 연해주의병과 경성의병이 합류하여 연합전선을 구축하는 기지로서의 역할을 수행하게 된다. 하지만 서산주둔 의병의 구체적인 성원이나 활동 내용을 알려 주는 자료가 없어 그 실체를 해명하는 데는 한계가 있다. 다만 이 의병이 이남기가 인솔하는 부대였으며, 이긍직이 장석회 의병과의 연락 사무 일체를 관장하고 있었다는 정도만 짐작될 따름이다.

한편 경성의병의 중심인물들은 인접 지역의 유력한 인물들과 접촉을 시도하면서 그들의 후원을 받고자 하였다. 그 대표적인 사례가 명천군 石峴上加의 李容翊 일족과의 연계 시도이다. 1907년 이용익 작고 후에도 그의 후손들은 여전히 관북지역의 대표적인 세력가로서 행세하고 있었다. 그 두드러진 인물들을 보면, 장손 李鍾浩는 서울 보성학교 교장으로 있었고, 從孫 李鍾漢은 경성과 함흥의 군수를 역임하였으며, 堂侄 李允在는 경성관찰사를 지냈다. 그리고 이들은 모두가 항일성향이 뚜렷한 우국지사들이었다.[29] 그러므로 경성의병의 중심 인물들은 이와 같은 세력가의 후원

너무 멀어지기 때문에 그 개연성은 희박하다.

29) 이용익의 신교육에 대한 열성과 뚜렷한 항일노선은 그의 후손들에게도 그대로 이어졌다. 저명한 독립운동자 이종호 외에도, 이윤재·이종한 등이 모두 두드러진 반일성향으로 인해 일제의 감시를 받고 있었다. 즉 일제는 이 무렵 "故 이용익은 생전에 전적으로 배일을 창도한 자였던 바 동인 사후 일족 등은 그 유지를 답습"하여 항일운동을 전개하고 있다고 판단하여 그 동향을 예의주시하고 있었던 것이다(『資料 8』, 74쪽). 명천 일제 헌병분견소장의 다음과 같은 內情報告에 의하면, 이들 가운데 특히 이종한은 1909년 9월에 관북지역의 여러 학교 학생들을 모아 추계 연합대운동회를 개최하였다고 한다.

"이종한은 이용익의 孫으로, 이전 경성 및 영흥 군수를 지낸 자이며 지방세력도 있는 자이나, 항상 排日思想을 가지고 오는 9월 10일 자기 향리(석현－필자)에 경성·명천·길주·성진·단천 각 군의 학교 생도를 모아 추계 연합대운동회를 거행하고자 스스로 회장이 되어 다액의 비용을 들여 지난 3일 명천 진성학교 및 군수·경찰서 등에 초대장을 내었다. 동인은 이종호의 종형으로 항상 배일적 행동을 해온 자이다"(國史編纂委員會 편, 『韓國獨立運動史 1』, 362쪽).

북한의 『조선근대반일의병운동사』(278쪽)에서 경성지역에서 학교 운동회를 의병 편성의 기회로 활용하고 체육시간에 사격술을 훈련하였다는 등의 기술내용은 혹의 위의 자료에 근거한 것이 아닌가 추측되기도 한다. 하지만 일반적으로 완전히 공개된 학교행사에서 의병이 결성되었을 가능성이란 매우 희박하다고 생각된다.

을 받기 위해 집요한 노력을 경주하고 있었던 것이다. 의병장 이남기는 1908년 4월 18일 밀명을 내려 김정규·최승두·허우 등 3인을 길주 石峴으로 파견하였다. 그들은 이때 석현으로 내려가 이윤재와 상면한 뒤 돌아왔다. 또한 7월 초순경에도 경성의병의 참모 池章會가 '明原之行'을 하였다. 그 구체적인 여정은 밝혀져 있지 않으나 행로의 종착지는 역시 석현이었던 것으로 생각된다.[30] 그 뒤 7월 28일에는 다시 義軍部(경성의병 본부)의 밀명을 띠고 지장회와 김정규 2인이 석현으로 내려가 이윤재와 접촉을 시도하였으나 출타중이어서 상면치 못하였다.[31] 비록 이들이 접촉한 내용이나 결과, 혹은 호응 정도를 알려 주는 자료는 현재 보이지 않고 있으나, 석현의 이용익 일족에게 원조를 청하는 데 그 궁극적 목적이 있었던 것은 의심의 여지가 없다고 할 것이다.

한편 경성의병의 본부는 義約所[32]와 義軍部[33] 두 명칭으로 나타난다. 하지만 이 두 가지가 명칭만 달리할 뿐 같은 의진을 의미하는 것인지, 아니면 각기 다른 의병의 본부를 이름한 것인지 현재로서는 확인할 길이 없다. 또한 이와 같은 의약소와 의군부가 서산에 본부를 둔 창의소와는 어떤 관계에 있었는지도 불분명하다. 장석회가 인솔하는 연해주의병의 일부는 바로 이 서산의 창의소로 들어오고 있는데, 혹 연해주의병과의 긴밀한 관계하에서 서산의 창의소가 역할을 수행하고 있었지 않았나 추측되기도 한다.

2. 大韓協會 鏡城支會의 義兵後援

大韓協會는 주지하다시피 大韓自强會 강제해산 후 그 후신으로 1907년 11월 서울에서 결성된, 계몽운동 노선을 표방한 정치단체이다. 南宮檍

30) 『日記 上』, 1908년 6월 5·13일조, 130, 144쪽 참조.

31) 『日記 上』, 1908년 7월 2일조, 151-152쪽.

32) 『日記 上』, 1908년 8월 12·21일조, 179, 183쪽. "義約所軍令轉至本鄕" 및 "自河南來有人以義約所通文示之曰"

33) 『日記 上』, 1908년 7월 1일조, 151쪽. "池章會自在義軍部來傳密指(下略)"

을 회장으로 결성된 이 단체는 국가의 부강, 교육과 산업의 육성을 활동 목표로 설정하였으나 항일의병의 활동에 대해서는 대체적으로 비판적 시각을 견지하고 있었다. 대한협회의 총무 尹孝定이 「시국의 급무」라는 연설에서 의병을 비난한 예가 그와 같은 경향을 대변해주고 있다. 즉 의병은 국권이 축소되고 외국의 지휘 감독을 받게 된 원인과 그 타개 방법을 연구치 않고 비분 강개하여 봉기하였다는 점과, 폭도의 행동을 하고 양민을 도탄에 빠트리며 국가의 나아갈 大道를 끊게 한다는 점, 그리고 今日의 悲境은 병력과 폭동으로 회복하기 불가능하며 자국과 상대국의 지위 실력을 헤아리지 않고 盲動하는 것은 자해행위에 불과하다는 점 등을 들어 의병 害國害民論을 펴고 있었다.[34]

의병을 폭도로 보고 의병 때문에 치안유지와 자강독립이 방해받는다고 한 윤효정의 이러한 인식은 대한협회 회원들의 일반적인 의식의 경향이었다. 이러한 인식하에서 대한협회의 각 지방 지회에서도 의병에 대한 반대운동을 적극적으로 전개하였다. 그 가운데 두드러지는 경우가 단천지회의 의병탄압 활동이다.

단천은 북청·갑산의 산포수의병과 밀접한 연관을 가졌거나 혹은 그 일파로 보이는 의병이 1908년 전반기에 水下·新滿·斗日 일대에서 활발한 활동을 벌이던 지역이다.[35] 단천지회에서는 1908년 2월 14일에 열린 평의회에서 부근의 의병 진영에 說諭文[36]을 보내어 해산을 권고하자는 제

34) 柳永烈, 「大韓協會의 愛國啓蒙思想」, 『李載龔博士還曆紀念 韓國史學論叢』, 한울, 1990, 690쪽.

35) 본서의 제2부 제1장 195~197쪽 참조.

36) 다음과 같은 단천지회의 의병 說諭文은 대한협회의 의병에 대한 부정적 인식, 나아가 附日的 성향을 극명하게 노정하고 있어 주목되고 있다. "(前略) 昨秋 이래로 東南 諸郡이 先爲騷動하고(산포수 擧義－필자) 繼又我北路가 斬木揭竿에 騷騷 蜂起하니 論以法律 則不無妨害於治安이요 揆諸倫理 則豈非同種之相殘이리오 第觀時局에 宜有衆情之沸鬱이되 其所以挽回國權은 非慷慨可致요 保存人種이 豈騷亂爲然哉아 機械之利鈍은 已判勝負之勢하고 妻孥之分散은 那無飢寒之憂며 且無辜良民이 橫罹荼毒에 渙散莫保ㄹ새 (下略)"(≪大韓協會 會報≫ 제6호, 1908. 9, 69쪽).

즉 의병의 구국항일전을 '치안방해'와 '동족상잔' 과정으로 매도할 뿐만 아니라 '勝敗利鈍 不顧'의 大義와 민족정기의 結晶으로 일어나 항일전을 수행하던

안을 받아들였고, 3월 12일의 임시총회에서 水下社의 說諭委員으로 李熙奎·薛泰熙·崔東宇 등을 선임 파견한 데 이어, 斗日社 방면으로는 역시 설유위원으로 이희규·설태희·金秉協·金啓赫 등을 파견하였다. 이때 두일사로 파견된 설유위원들은 그 지역의 순사대장·면장 등과 협력하여 의병 79명을 귀순시키는 '성과'를 거두기도 하였다.[37]

이상과 같은 대한협회의 의병에 대한 부정적 인식과 대처 방안은 고종의 강제퇴위와 군대 강제해산을 계기로 하여 전국민의 항일의식이 크게 고조되고 있던 시점에서 볼 때 계몽운동자들의 의병에 대한 일반적인 인식의 수준을 넘어선 것으로 볼 수 있다. 이것은 결국 대한협회 활동에 작용하고 있는 애국적 인사들을 의병항전과 같은 격렬한 반일운동에 참여하지 않도록 하겠다고 하는 일제측의 의도와 거기에 적극적으로 협력하는 가운데 '보호정치' 체제하에서의 정권장악 또한 정권에서의 참여를 기도한 대한협회 핵심인물들의 의도를 반영한 것이다.[38]

이와 같이 항일의병 노선과 정면으로 유리되어 있던 대한협회의 일반적인 분위기와는 달리 경성지회의 경우, 그곳 의병과 긴밀한 연계를 가지고 있었다. 곧, 경성의병과 대한협회 경성지회의 활동은 상호 표리의 관계를 맺고 있었던 것이다. 이 점은 한말 의병사에서 경성의병이 갖고 있는 두드러진 특징 가운데 하나이다.[39]

의병은 그 '武備의 劣勢'로 말미암아 상대적으로 우수한 성능의 무기를 지닌 일군경의 대적상대가 되지 못한다는 부일적 논지를 펼치고 있는 것이다.

37) ≪大韓協會 會報≫ 제6호(1908. 9),「本會歷史」, 71쪽.

38) 金項勾,「大韓協會(1907~1910) 硏究」, 檀國大學校大學院 博士學位論文, 1992, 136-139쪽 참조.

39) 한편 경성의 경우와는 다소 내용을 달리하지만, 의병과 대한협회 양자의 상관성에 대한 사례는 安東 유림의 경우에도 나타난다. 1895년 의병에 참가하였던 李相龍과 柳寅植 등의 안동유림이 1908~1909년간에 대한협회 안동지회를 조직하여 그 주도적 역할을 수행하였던 것이 그러한 사례이다(趙東杰,『韓國民族主義의 成立과 獨立運動史硏究』, 지식산업사, 1989, 240-242쪽 참조). 이 경우에는 의병의 한계를 절감하고 사상적 변화를 시도한 결과로 보이기 때문에 경성의 경우와는 내용상 약간의 차이를 보이고 있으나, 국망 직후 의병과 계몽운동 두 노선이 민족운동의 새로운 방향 모색에서 합일될 수 있는 분위기를 豫示하고 있다는 점에서는 경성의 경우와 동일한 역사적 의미를 가지고 있다고 판단된다.

대한협회 경성지회는 李義德을 회장으로 1907년 12월경 결성되어 국망 직전까지 활동하였다.[40] 설립 초기단계인 1908년 5월 무렵의 경성지회 임원은 다음과 같이 구성되어 있었다.[41]

회장	李義德
부회장	崔秉哲
총무	金永學
평의원	李俊求 鄭元一 李冕求 池東燮 姜承翰 李秀林 崔秀鍾 池潤九 趙鼎國 金祐翼 李東浩 李雲協 玄禹泳 崔秉學 姜秉璜
간사원	朴時煥 金鼎九 朴豪俊 洪在雄 馬禹錫 金炳奎 金斗璉 李禎鳳 李大珪 李敏洙
회계	崔鵬南 金錫龜
서기	孫萬承 李震珪

구체적인 원인과 과정은 알 수 없지만, 이와 같은 대한협회 경성지회의 임원진은 1908년 7월 13일 개최된 通常總會에서 크게 바뀌었다. 회장은 이희덕 대신에 玄天默이 담당하였고, 부회장은 洪在雄이 선출되었으며, 그 아래 다음과 같이 교육부·재무부·실업부 등의 3개 부서를 두어 업무를 분담 추진케 하였다.[42]

教育部長 李肯稙 事務長 李雲協

경성의병과 대한협회 경성지회와의 상관성에 대해서는『독립운동사 1』(독립운동사편찬위원회 편, 1970, 673-674쪽)에 그 대강이 언급되어 있다. 하지만 의병항전의 전개과정에서 대한협회 관련 사실이 단편적으로 언급되고 있기 때문에 전체적으로 양자간의 관련내용 설명에는 한계가 있었다. 또한 민족운동총서편찬위원회에서 간행한『의병들의 항쟁』(1980)에도 그 관련 사실만이 언급되어 있다(210-211쪽).

40) ≪大韓協會 會報≫제1호(1908. 4), 41쪽. 일제 정보기록에서는 경성지회의 성립시기를 1908년 3월로 언급하고 있으나, 1907년 12월 14일에 열린 대한협회 제3회 총회에서 영흥·단천·평양 등 10여 개소와 함께 지회 설립이 認許된 점으로 보아 1907년 12월경 경성지회가 설립된 것으로 이해하는 것이 타당할 것 같다.

41) ≪大韓協會 會報≫제2호(1908. 5), 69쪽.

42) ≪大韓協會 會報≫제7호(1908. 10), 61쪽.

財務部長	李羲陽	事務長	崔秉哲
實業部長	李羲德	事務長	趙鼎國

이상의 임원 명단 가운데 경성의병의 핵심 인물로 명확히 확인되는 이는 교육부장 이긍직이다. 명간사 山城에 거주하던 그는 경성의병의 초기 단계에서 앞에서 본 '創始擧義之人' 명단 서두에 올랐을 만큼 結陣 과정에서 중심적 역할을 수행하였을 뿐만 아니라, 특히 연해주의병의 일파로 남하한 장석회 의병과의 연락 사무 일체를 관장하던 인물이기도 하다.[43] 그는 경성의병이 해산당하던 무렵인 1908년 11월 일제 군경에 피체되어 李觀亨과 함께 함흥으로 이송되었다가 이듬해 4월(음력) 석방되었다.[44] 그리고 전임회장 이희덕 역시 의병과의 직접적인 관련 여부는 확인되지 않지만, 경성의병이 해산되고 난 직후인 1909년 4월 이전에 북간도로 망명하여 경성의병 망명인물들인 지장회·김정규·서상욱 등과 항일 구국운동을 벌이고 있던 사실로 미루어 의병과 깊이 관련된 인물로 추측되고 있다.[45] 현천묵 역시 1909년 북간도로 망명하여 김정규 등과 긴밀한 연락을 취하면서 大倧教 활동 등 항일민족운동에 투신하였으며,[46] 1920년 전후에는 大韓軍政署·大韓獨立軍團 등의 副總裁를 역임하면서 徐一·安武 등과 함께 북간도지역의 독립군을 이끌던 핵심인물이기도 하다. 이와 같은 항일성향으로 보아 현천묵도 어떤 형태로든지 직·간접으로 의병세력과 관계가 있었을 것으로 추측된다. 이들 외에도 경성 대한협회 중요 간부들 다수에 대하여 일제는 의병과의 관련성을 깊이 의심하고 '요주의' 인물로 파악한 점으로 보더라도 대한협회와 의병 양자의 인적 상관 관계를 쉽게 짐작할 수 있다.[47]

---

43) 『日記 上』, 1908년 6월 12일, 8월 11일조, 142, 177쪽 참조.

44) 『日記 上』, 1908년 10월 30일조 및 1910년 4월 6일조, 212·593쪽.

45) 『日記 上』, 1910년 4월 16~18일, 602-604쪽; 『日記 中』, 1910년 7월 19일, 28일, 10월 10일, 1911년 4월 12일조, 41·43·66·109쪽 참조.

46) 『日記 中』, 1912년 1월 29일조, 377쪽 참조.

47) 『編冊』, 「高秘發 제16호」(1909. 1. 18); 『資料 13』, 196쪽.
일제가 대한협회 경성지회 회원 가운데 의병과 관련이 있다고 파악한 인물들을 아래 표와 같이 의병 간부('首魁')와 후원자('後援嫌疑者')의 양 방면으로 분류해 놓고 있다. 하지만 이 명단 가운데는 ≪大韓協會 會報≫의 회원명부에 기한편 대한협회 경성지회의 회원은 그 가운데 상당수가 儒生이었으며 그 밖에도 중류 이상의 신분인 각지 유지들이 망라되어 그 수가 260~270여 명에 달하였다.[48] 이와 같은 회원 총수로 볼 때, 경성지회는 전국

재되지 않은 인물들이 많이 포함되어 있는데, 이들의 경우에는 실제 회원으로 활동했는지의 여부는 확인할 수 없다.

대한협회원 의병 간부

성명	별명	전력	부하수	행동구역	비고
張錫會		진위대 대위	48명	명간사 어랑사 주북사 주남사	부하는 元管理兵으로 목하 대한협회원
張成實		상인	40명	〃	목하 체포 취조중
鄭雲汝		농업	23명	〃	장석회 등과 기맥상통
鄭友汝		농업	26명	〃	위와 같음
李昇彦	元彦	유생	23명	〃	목하 체포 취조중
張成寂	京寂	상인		〃	장석회의 참모

대한협회원 의병 후원자

성명	별명	전력	비고
崔仲極	沖極, 中極, 柄喆	前主事	읍내 거주
李冕求		〃	일군경 동향 정탐
李秀林		儒生	評議員
李羲陽		正三品	
李東湖		前主事	
李君心	錫稷	〃	一心契員
池鳳順	太京	〃	
李敏求	瑞憲	郡主事	평의원, 현 郡守署理
鄭元日	元一, 公先	前主事	평의원
崔秀鐘	升克, 昇極	儒生	〃
池潤[允]九		〃	
李羲德		〃	
李允白	龍館	正三品 또는 前主事	
李俊求		正三品(前主事)	
韓弘(?)錫			동양척식회사원
孫瑞憲	文弘		〃
李永涉		前主事	
玄季甲		儒生	
李鍾泳	景輝	慶尙地界委員	연해주의병과 상통
許岱		李容翊 內部大臣時 代道主事	〃
李德五	炳翊	鄕校有司	〃

48) 『編冊』, 「警秘發 제3호」(1909. 1. 11)·「高秘發 제16호」(1909. 1. 18); 『資料 13』, 185, 196쪽.

일제가 위의 자료에서 대한협회 회원의 신분에 대해 '당지방의 소위 유생 및 중류 이상의 輩', '양반 유생 부호가' 등으로 기술하고 있는 점으로 미루어 볼

적으로 대한협회의 60여 개에 달하는 지회·분지회 가운데 단연 두드러지는 제일의 규모였다. 이들 회원은 대체로 항일의식이 비교적 강렬하였던 유생들을 주축으로 하고 있었기 때문에 대체로 적극적인 항일노선을 표방하게 되었고, 나아가 주민들에게도 항일민족의식을 고취하게 됨으로써 의병과 자연스럽게 연계를 가질 수가 있었던 것으로 보인다.

일반 회원 가운데 실제 의병으로 파악된 인물들로는 張鴻斗·李容郁·玄錫禹·池潤[允]九·崔昇斗·鄭泰海 등을 들 수 있다. 이들 외에도 확인은 되지 않고 있지만 회원 가운데는 다수의 인물들이 의병의 일원으로 활동하고 있었다고 강하게 추측된다. 이들은 곧 의병과 대한협회 양자의 상관성을 현실적으로 대변해 주고 있는 것이다.

다음으로 경성의병이 이상과 같은 대한협회 경성지회와 연관되어 있었던 사실을 의병에 대한 민심의 절대적인 경도 경향과 함께 일제는 다음과 같이 파악하였다.

> 경찰·헌병·군대가 此(의병-필자)의 수색 토벌차 향하자 여하히 비밀리 행동하여도 벌써 機先을 알고 교묘히 종적을 失하여 我로 하여금 공연히 奔命에 了케 하여 드디어 成效를 볼 수 없게 함은 항상 그 동작의 기민함에 놀라움과 동시에 이 점에 의심을 갖고 주의 정찰하였다. 그 동안 內偵 정보에 의하면 폭도가 우리 움직임을 빨리 豫知하고 우리로 하여금 奔命에 了케 하는 것은 적어도 주남·북 양면 부근 지방의 인민이 모두 폭도에 동정하여 우리의 움직임을 알자 각 里洞이 遞次 密告速報의 法을 취하는 것으로서, 그리고 경성 읍내에서 우리의 움직임을 密報하는 것은 대한협회로, 同會는 항상 폭도에 기맥을 통하고 또 此의 給養도 하고 있는 것이라고 한다.49)

곧 경성 읍내의 대한협회 회원들이 일제 군경의 동정을 탐지하여 의병

때, 경성 대한협회 회원의 상당수는 유생 신분이었을 것으로 짐작된다.

한편 일제는 경성 대한협회의 회원 총수를 역시 위의 자료에서 260~270여 명으로 파악하고 있으나, 실제로 ≪大韓協會 會報≫의 회원 명부에 기재된 인원은 '216명'(金項勾, 「大韓協會(1907~1910) 硏究」, 82쪽)에 지나지 않는다. 이와 같이 실제 추정 회원수와 ≪회보≫상의 회원수가 다소 차이를 보이는 이유는 ≪회보≫ 명단에 누락되었지만 실제 회원으로 활동하던 인원이 상당수 있었기 때문으로 추측된다.

49) 『編冊』, 「高秘發 제16호」(1909. 1. 18); 『資料 13』, 196쪽.

측에 밀보함으로써 신속히 대처하게 할 뿐만 아니라, 의병에게 군량미를 제공하는 등의 원조활동을 벌이고 있다는 것이다.

실제로 경성 대한협회에서는 지역 주민들의 항일의식을 고취하는 한편 의병측에 제공하기 위해 군내 각지로부터 군자금과 군량미를 모으는 일에 진력하고 있었다. 곧 경성 대한협회 간부들은 의병 모집, 총기 및 탄약의 구입 등을 비롯해 기타 항일전에 소요되는 일체의 비용을 충당하기 위해 1908년 5월경 주요 회원들을 군내 각지로 파견해 이와 같은 임무를 수행토록 하였다. 이때 玄季甲이 주북사 방면을 맡아 현지로 밀파된 것을 비롯해 玄雨君·鄭雲汝는 주남사, 池鳳順은 주을온사, 李君深[心]·鄭元一[日]이 어랑사를 각기 담당하였다. 그 가운데 정원일은 6월경 어랑사에서 의병장 장석회·이남기 등과 회합을 가져 군자금 수집 문제를 상의하기도 하였다. 그리고 각처로 파견된 이들은 현지에서

> 일본군과 일본관리를 격퇴함에는 우리 병력을 증대하지 않으면 안 된다. 병력을 증대하려고 하면 많은 金穀을 필요로 한다. 우리들은 건국 5백 년 이래 連綿한 대한국과 그 2천만의 동포가 倭奴에게 도리어 愚蔑視당하며 바야흐로 멸망의 지경에 있음을 차마 간과할 수 없다. 다같이 협력하여 회복을 기하려고 한다. 각지의 大小民은 망설이는 일 없이 이 뜻을 體得하고 분발하여 금곡을 醵出할지어다.[50]

라고 하여 주민들에게 항일의식을 고취하면서 의병항전의 필요성을 역설하고 이를 위해 군자금과 군량미를 出捐해 줄 것을 호소하였다.

한편 대한협회 주관하의 군자금 모금운동은 학교 후원의 명목으로도 조직적으로 전개되었다. 대한협회 경성지회에서는 먼저 普成學校를 설립 운영하였으며, 또한 咸一學校[51]를 적극적으로 지원하는 등 표면적으로는 청소년 교육사업에 주력하는 듯하였다. 그러나 실제로 학교 운영에 소요되는 자금 거의 전부가 의병 활동에 필요한 경비로 제공되고 있었던 것이다.

---

50) 『編冊』, 「警秘收 제157호의 3」(1908. 11. 20); 『資料 12』, 493쪽.
51) 咸一學校는 원래 1900년에 우국지사 이운협이 경성읍에 세웠던, 관북 최초의 개화교육기관 有志義塾을 改稱한 것으로 일제시대에도 계속 인재를 양성해 냈다. 북로군정서 총재 徐一과 大韓國民軍 사령관 安武 등이 이 학교 출신이다.

1908년 여름 협회의 주요 인물들은 각 사를 단위로 지역을 분담, 함일학교 기부금 명목으로 의병 군자금 모금운동을 벌였다. 이때 주북사는 崔昇極이 담당하였으며 주남사는 李正[心]植, 어랑사는 崔仲極, 명간사는 정원일 책임하에 군자금을 체계적으로 모금하였다. 그 모금액은 주북사 700원, 주남사 900원, 어랑사 5,000원, 명간사 7,000원으로 총액이 거금 1만 3,600원에 달하였다. 이렇게 모인 군자금은 李汝郁(李英郁?)이 일괄 수령, 이남기의 집에서 연해주의병의 中隊將 장석회에게 건네졌다. 곧 장석회를 통해 연추의 이범윤으로부터 총기와 탄약 등을 구입할 계획이었던 것이다.[52] 이때 금전 외에 수집된 군량미는 최경희 의병에 제공되었다고 한다.[53]

한편 일제는 경성의병의 군량 조달문제를 대한협회 활동과 관련지어 항상 예의주시하고 있었다. 다음과 같은 기록이 이와 같은 사실을 단적으로 보여 주고 있다고 할 것이다.

---

52) 이때 모아진 군자금이 어디에 어떻게 사용되었는지는 확실하지 않다. 일제는 장석회가 이 군자금을 가지고 9월 14일 블라디보스토크로 무기구입을 위해 출발한 것으로 파악하고 있으나, 이 무렵 장석회는 경성에 주둔해 있었던 것으로 보이기 때문에 이 정보는 사실과 다른 것으로 판단된다.

53) 『編冊』, 「警秘發 제3호」(1909. 1. 11); 『資料 13』, 188쪽.

이상에서 본 학교 기부금 명목의 군자금 모금 사실은 張正寂이 피체된 뒤 진술한 내용을 토대로 한 것이다. 그러나 일제는 이어 이 사실을 토대로 재조사를 벌여 그 내용을 다음과 같이 수정하고 있다. "(전략) 1908년 6~8월 사이에 학교 지원금의 명목으로 주남사에 이정식, 명간사 동·서 양면에 정원일이 출장하여 면장·동장과 협의하여 集金을 한 것은 사실이나 현금은 收受치 않고 다만 그 기부 출금액을 記帳하고 이 금액에 대하여 연 2회의 이자(1원에 대하여 1년 20전)를 기부케 하였다. 그 기부금 총액은 주남면 900원, 명간사 동면 400원, 서면 600원, 합계 1,900원이다. (중략) 서류상 하나의 徵할 만한 證憑이 없는 데 있어서는 (중략) 관계자의 행위를 즉시 유죄라고 단안을 내리기는 불가능함을 몰라서는 안 된다. 고로 본건에 관하여 引致한 이군심·정기창·현계갑·이정식·이윤백은 방환하고 (하략)"

이 두 가지 내용 가운데 어느 것이 사실인지는 현재 확인할 수 없으나, 학교 기부금 명목으로 군자금을 모금한 사실만큼은 모두 인정하고 있다. 다만 후자의 내용은 협회원과 관련인물들이 피해를 줄이고자 사실을 축소 은폐하기 위해 사전에 담합한 결과가 아닌가 추측할 수도 있다.

> 수백 명에 달하는 폭도의 給養은 저(의병－필자)가 어떻게 하여 이(군량조달－필자)를 처리하였는지. 저가 능히 대안 露領 在留의 폭도(연해주의병－필자)와 기맥을 통하고 있다고 하더라고 이로부터 급양을 受함은 용이한 일이라고 생각할 수 없다. 물론 所在 민가에 다소 (군량을) 징발한 사실도 있고 또 徒黨 대다수는 그 지방민 가운데 강제 가담한 자이므로, 이들이 각각 그 자택에서 생활하는 것이 있다 하더라도 그야말로 능히 依然 견디어 심한 徵發·暴戾 행위에 出치 않는 것은 거의 怪訝에 不堪한다. 이 점에 대하여는 항상 깊은 주의를 요하여 왔던 바이다.[54]

곧 수백 명에 달하는 의병의 군량미 조달은 外地 세력의 원조로는 한계가 있을 수밖에 없으며, 나아가 在家義兵의 자급을 감안하더라도 결국 대한협회의 조직적인 지원이 뒷받침되고 있었기에 가능하였다는 결론인 것이다. 실제로 경성 대한협회에서는 군자금 모금운동과 동시에 회원들의 양식 조달 명목으로 군내 각 사마다 매호당 쌀 2升씩을 거두어 이를 의병의 군량미로 충당하고 있었다.[55]

경성의병의 군자금 모집은 그 밖에도 자치민단 설립의 명목하에서도 추진되고 있었다. 1908년 11월 동양척식회사원 韓弘錫과 孫瑞憲 등을 비롯하여 최중극·정원일 등의 중요 회원들은 경성 각 사로 파견되어 민단 설치의 필요성을 홍보하고 이에 소요되는 자금을 모금하여 그 총액이 1만여 원에 달하였다. 이와 같은 자금 역시 의병에게 제공되어 군자금으로 전용되었던 것이다.[56]

1908년 11월 상순 척식회사 株金 모집, 학교설립 장려, 적십자사 가입 권유 등을 위해 경성군수 李敏求가 군내 유지 30여 명을 초치하여 회합을 가졌다. 일경은 이 회합이 종료될 무렵인 11월 16일에 여기에 모인 위의 4명을 갑자기 구금, 심문하기에 이르렀던 것이다.

한편 경성 대한협회 회원 가운데 항일투쟁 성향이 더욱 강렬하였던 20여 명은 별도로 一心契를 결성, 운영하고 있었다. 곧 일심계는 의병과 직접적, 능동적 관계를 가지고 이를 적극 지원하기 위하여 대한협회 안에

---

54) 『編冊』, 「警秘發 제3호」(1909. 1. 11); 『資料 13』, 185쪽.
55) 『編冊』, 「鏡警秘 제422호」(1908. 11. 30); 『資料 12』, 503-504쪽.
56) 『編冊』, 「警秘收 제167호의 4」(1908. 12. 8); 『資料 16』, 554쪽.

별도로 결성된 항일결사였다. 일심계의 내부조직과 구체적인 활동내용은 현재 명확히 파악되지 않고 있지만, 의병과 밀착된 성격을 띠고 그를 후원하기 위한 조직임은 의심의 여지가 없다. 그러므로 일심계는 광역조직인 대한협회와 항일전을 수행하는 의병 양자를 연결시켜 주는 고리 역할을 담당하였던 것으로 이해할 수 있다. 이 점은 대한협회의 중요 회원인 동시에 의병과 긴밀한 연관을 가지고 있던 인물들인 이군심·李昇遠(이남기 숙부)·鄭基昌·현계갑 등이 바로 일심계를 이끌고 있었다는 사실로 보더라도 쉽게 짐작된다.[57] 더욱이 경성의병의 간부이던 張正寂이 1908년 11월 일경에 피체된 뒤 일심계에 대해 진술한 다음과 같은 대목에서도 이러한 사실은 충분히 인정된다.

> 대한협회에는 다시 그 내부에 일심계라는 단체가 있어 생사를 함께 하고 폭도에 親炙하여 어디까지나 배일의 목적을 수행하고자 함으로써 이 단체가 존재하는 이상은 폭도는 인하여 不絶할 것이다. 또 이 단체는 항상 군대 경찰의 행동을 폭도에게 통첩함으로써 군대의 토벌도 奏效치 못한다.[58]

한편 대한협회가 경성의병의 항일전에 직접 동참한 의거가 곧 후술할 1908년 9월 4일의 명천 전투였다. 명천 공격에 앞서 우선 경성 대한협회 회원들을 통하여 은밀하게 현지 주둔 일제 군경의 규모, 거류 일인 수 등 필요한 정보를 입수한 뒤, 최경희 휘하 경성의병들과 함께 현계갑·이승원·이여욱·현우군·정운여·이남기 등 중요 회원들이 직접 의병을 거느리고 명천주둔 일제 군경을 기습 공격한 것이다.

그리하여 이들 가운데 현계갑(어랑사 長淵洞)·이승원(명간사 西門 山城洞)·이군심(어랑사 芝芳)·정기창(어랑사 河五里) 등의 중요인물들이 명천 공격전에 가담하였다는 혐의로 1908년 11월 16일 경성경찰서로 구인되었으며, 나아가 일경은 협회에 대해 전면 수사를 벌이게 되었던 것이다.

사태가 이와 같이 심각한 국면에 이르게 되자, 경성 대한협회에서는 일경의 혐의를 피하기 위해 '친일을 가장하여' 회장 현천묵 이하 간부 6명

57) 『編冊』, 「警秘發 제3호」(1909. 1. 11)·「高秘發 제16호」(1909. 1. 18); 『資料 13』, 187, 196쪽.
58) 『編冊』, 「警秘發 제3호」(1909. 1. 11); 『資料 13』, 188쪽.

이 단발을 하고 나아가 함일·보성 양교생도 단발을 시키는 등 임기응변의 조처를 취하기도 하였다.[59] 또한 일제는 위의 4인 외에도 군자금 모금과 관련하여 이긍직과 이관형·李允白·이정식 등을 추가로 구금하였다. 이들 가운데 현계갑·이군심·정기창 등은 '증거 불충분'으로 1909년 1월 중순 석방되었지만, 이승원을 비롯한 나머지 인물들은 역시 1908년 11월 의병 간부로 피체된 張聖實·張正寂, 그리고 의병의 길 안내를 맡았던 黃希三·玄錫禹[60] 등과 함께 1909년 1월경 검찰에 송치되어 함흥으로 이송되고 말았다.[61]

이로써 볼 때 대한협회 경성지회는 의병의 항일전 수행 과정에 절대적으로 요구되는 군자금과 군량미 등의 군비 조달문제를 담당하였을 뿐만 아니라 때로는 중심인물들이 직접 항일전에 투신하는 등 경성의병과 직접, 간접으로 연계되어 있었던 것이다. 결국 대한협회 경성지회와 경성의병 양자는 '항일투쟁'이라는 측면에서 표리의 관계를 설정하면서 동일한 노선을 추구하고 있었던 것으로 이해할 수 있다.

---

59) 『編冊』, 「警秘收 제157호의 3」(1908. 11. 20); 『資料 12』, 494쪽.
대한협회의 개화 계몽적 노선의 성격에 비추어 '斷髮'을 자연스러운 현상으로 이해할 수 있는 측면도 있다. 그러나 협회 간부들과 학생들의 단발이 협회에 대한 일경의 수사가 진행되던 상황하에 결행되었다는 점에서 일경의 탄압을 무마하기 위한 방편이었던 것으로 생각할 수 있는 것이다.
한편 대한협회 간부들의 이와 같은 임기응변식의 대응방식에 대하여 유생 의병은 매우 크게 반발하였던 것으로 추측된다. 일제가 대한협회 회원 가운데 의병과 관련되어 있다고 판단하여 '요주의' 인물들로 분류해 놓은 이들 가운데 李敏求·李羲陽·鄭元一·李秀林·崔承極·李冕求·李俊求 등에 대하여 김정규는 이들을 모두 "薙髮附倭輩"로 단정하고 있는 사실로 보더라도 그와 같은 성향을 단적으로 알 수 있다(『日記 上』, 1909년 12월 4일조, 449쪽).

60) 玄錫禹의 경우에는 경성의병의 일원으로 보이지만 구체적인 활동내용은 확인되지 않는다(『日記 上』, 149쪽).

61) 『日記 上』, 1908년 10월 30일 및 1910년 4월 6일조, 212, 593쪽; 『資料 12』, 502쪽; 『資料 13』, 189쪽 참조.

3. 沿海州義兵과의 관계

경성의병은 편성시기부터 항전과정, 나아가 해체에 이르기까지 시종일관 두만강 대안의 연해주의병과 긴밀한 관계를 가지고 있었다. 이와 같은 사실은 경성지역이 항일전을 수행한 의병의 활동무대 가운데 최북단에 위치해 있었다는 지리적 관점에서 자연히 기인하는 현상으로 보인다. 경성은 육로와 해로 모두 연해주와 교통이 편리하였기 때문에 인적, 물적 교류가 비교적 활발하였다.

경성의병이 연해주지역의 의병세력과 최초로 관계를 맺게 되는 것은 연해주의병의 일원인 許瑀(자: 子明)가 1908년 4월경 경성으로 들어와 이남기 등의 세력과 연계된 것을 계기로 해서이다.[62] 연해주의 블라디보스토크市 개척리 455호에 주소를 두고 있던 그는 이범윤 휘하의 연추 창의회 소속 인물이었던 것으로 판단된다.[63] 그는 이후 경성의병이 무기 구입과 연합작전을 위해 연해주의병과 접촉하는 과정에서 중요한 역할을 수행하게 된다.

한편 최경희 휘하 의병도 연해주의 의병세력과 긴밀한 연계를 가지고 있었다. 심지어 일제는 최경희를 이범윤의 부하로 간주하고 연해주에서 들어온 것으로 파악하였으나 그 가능성은 희박한 것으로 보인다. 최경희의 휘하 인물인 주북사 會文洞의 張聖實·李永好 양인은 총기와 탄약 구입을 목적으로 1908년 7월경 연해주로 건너가 머물다가 9월 8일 귀향하였다.[64] 또한 180명의 의병이 연해주로부터 선편으로 9월 16일 경성군 '五大津'에 상륙한 뒤 '雲同津'[65]으로 들어가 유진하였다고 한다. 이들은 모

---

62) 『日記 上』, 1908년 3월 18일조, 80쪽.

63) 許瑀가 이범윤 휘하의 彰義會 일원으로 추측되는 것은 그가 1908년 5월 16일 김정규에게 "지금 倡義隊에 일이 있기 때문에 이범윤이 있는 곳으로 행차하려 한다"고 언급한 대목을 통해서이다(『日記 上』, 96쪽).

64) 한편 일제측의 또다른 기록에는 이때 張聖實이 연해주에서 '管理兵' 40명을 인솔하고 8월 중순경 경성으로 들어온 것으로 밝히고 있으나(『編冊』, 「警秘收제167호의 4」(1908. 12. 8); 『資料 16』, 554쪽), 그 가능성은 크지 않은 듯하다.

65) 경성·명천군 관내에는 五大津과 雲同津이라는 지명이 없기 때문에 誤記로 생각되어 그 구체적인 위치를 확인할 수 없지만, 전후 사정으로 보아 어랑천 하류

두 카키색 군복을 입고 30년식 군총으로 무장한 정예군이었다. 그러나 이 남하 의병의 실체는 현재 확인할 수 없는 실정이다. 이 부대는 곧 張聖實·李永好·林九汝 등이 지휘를 맡아 최경희와 상호 연락을 취하면서 경성 습격까지 계획하게 되었던 것이다. 이를 위해 읍내 일본군의 동정을 정탐하는 등의 준비를 하고 있었다.[66]

경성의병이 본격적인 항일전을 수행하기 위해서는 성능이 우수한 신식 무기를 확보하는 일이 무엇보다 우선시되었다. 그러므로 1908년 전반기부터 경성의병은 연해주지역으로 사람을 파견해 수차례에 걸쳐 무기구입을 시도하였다. 그 대표적인 사례가 1908년 6월의 최승두 등을 연해주로 특파한 일이다. 경성의병의 일원인 최승두는 李鍾郁·李興基 등을 대동하고, 해삼위에서 내려와 경성의병에 참여하고 있던 허우를 길 안내와 현지 교섭에 앞세우고 총기와 탄약을 구입할 목적으로 군자금 수백 원을 가지고 1908년 6월 4일 發程하여 열흘 뒤에는 연해주의병의 본영이 있던 연추에 도착하였다.[67]

이때 이범윤이 이만[利滿]에 가 있었기 때문에, 연추 창의소에는 朴治翼·姜允赫·金正益·李秉純·李範麟·崔道元·張鳳翰·嚴仁燮·金基龍·安重根 등이 의병 사무를 관장하고 있었다. 이들과 조우한 최승두 일행은 앞으로 연해주의병과 경성의병이 긴밀한 협조하에서 연합전선을 구축하여 항일전을 공동으로 수행하기로 결의하고, 연해주의병이 국내진공작전을 펼쳐 남하하는 시기에 경성의병에게 총기와 탄약을 分給하기로 약속하였다. 연추 창의소에서는 이 무렵 地新崖(地新墟?)에다 '총기 1만 정과 탄약 10만 발'에 달하는 막대한 양의 무기를 비축해 놓고 항일전을 준비하고 있었다고 한다.[68]

한편 최승두 일행은 연해주의병의 국내진공 때 무기를 분급받기로 한 계획과는 별도로 독자적인 항일전 수행을 위해 탄약 3,000발을 구입하였다. 최승두는, 연해주 정세에 밝은 허우를 남겨 두어 앞으로도 계속 무기

의 漁大津 부근이 아닐까 추측된다.

66) 『編冊』, 「警發 제5호」(1908. 10. 3); 『資料 12』, 257쪽.

67) 『日記 上』, 1908년 6월 10일조, 140-141쪽.

68) 위와 같음.

구입을 주선토록 하고, 이종욱·이홍기와 함께 매입한 탄약을 가지고 경성으로 일단 귀국하였다. 그리고 군자금이 수집되는 대로 다시 연추로 건너가 무기를 구입해 오기로 계획을 세웠던 것이다. 이 무렵 경성의병에는 火砲 100여 정이 있을 따름이었다.[69)]

무기구입을 위해 연해주에 남아 있던 허우는, 경성에서 군자금을 수집하여 다시 연해주로 건너간 최승두와 함께 탄약 4,000~5,000발을 가지고 선편으로 귀국하였다. 즉 이들은 8월 9일 해삼위를 출발해 같은 달 13일 어랑천 하류의 防湖洞에 상륙한 뒤 부근 安郊의 이남기 집에 무사히 안착하였으며, 가지고 온 탄약을 각지 의병에게 분급하였던 것이다. 결국 경성의병이 연해주로부터 2차에 걸쳐 구입, 비축해 놓은 탄약은 대략 1만여 발에 이르는 정도의 방대한 양이었다. 이에 허우는 "어찌 탄약 부족을 걱정하겠는가"라고 하면서 다량의 탄약을 확보한 사실에 대해서는 만족감을 보였던 것이다.[70)]

한편 경성에는 장석회가 인솔하는 연해주의병의 일부가 직접 남하해 활동을 벌이고 있었다. 이때 경성으로 들어온 연해주의병은 7월에 경흥·회령 방면으로 대규모 진공작전을 펼쳤던 의병이 거의 연추로 귀환한 가운데 유일하게 국내에 잔류한 부대였다.[71)] 이 의병은 '管理兵'이라고 불리던, 이범윤 휘하의 의병이었던 것이다.

이와 같은 연해주의병의 일부가 경성으로 들어온 시기는 8월 초순에서 중순 무렵 정도로 보인다. 8월 3일경 彰義會軍(倡義兵) 48인이 탄환을 가지고 경성의병의 본부가 있는 西山 倡義所에 도착하였다는 기록이 있는 것으로 미루어 볼 때는 8월 초순경으로 짐작되지만,[72)] 이 의병이 곧 장석회가 인솔하는 연해주의병이었는지의 여부는 확인되지 않고 있다. 하지만

---

69) 위와 같음.

70) 『日記 上』, 1908년 7월 18일조, 160-161쪽. "今者 貿來彈丸數不下於四五千 而與前者求得彈丸幷之 則庶滿乎一萬數 而又有後圖者 何患乎彈丸之不足歟 吾(許瑀-註)與崔昇斗 去十三日 乘舟海三 今十七日 下陸芳湖 昨日到於卿岩 李某(李南基-註)宅 (下略)"

71) 『日記 上』, 1908년 10월 20일조, 208쪽 참조.

72) 『日記 上』, 1908년 7월 11일조, 157쪽. "(前略) 聞同人之說 則去初七日(陽曆八月三日-註) 倡義兵四十八人 負彈丸來到于西山倡義所 (後略)"

8월 중순 이전에는 연해주의병이 경성으로 들어와 있었음은 명백히 확인되고 있다. 장석회는 9월 24일 軍師로 초빙하기 위해 金鼎奎에게 보낸 편지 가운데 "군사를 내어 경성 경내로 들어온 지 이미 한 달이 넘었지만 도모한 바가 없으니 스스로 智力이 淺薄함을 부끄러워한다"고 한 데서 장석회 의병이 이미 이보다 한 달 이상 앞서 진군해 왔음을 알 수 있다.[73) 또 8월 21일(음 7월 25일)조 김정규의 일기에서

> 李某(이남기－필자)가 말하기를 "지금 관리병(연해주의병－필자)이 西山에 와 인편에 편지를 보내 이르기를 '孤軍이 무산을 넘어(?, 越邑) 깊이 진입해 온 것은 오로지 경성의병을 믿어서이다. 한 마음으로 힘을 합해 적을 치지 않겠는가. 만약 그렇게 하지 않는다면, 곧 군대를 회군할 것이다'라고 하였다"고 한다.[74)]

라고 한 대목을 통해서도 연해주의병이 8월 중순 무렵에는 이미 경성에 들어와 있었음을 짐작할 수 있는 것이다.

위의 인용문에서 보듯이 장석회가 인솔하는 연해주의병이 경성으로 들어온 것은 경성의병과 연합항전을 도모하기 위해서였다. 그러므로 경성의병의 유력 인물들은 서산으로 들어가 이 의병과 조우하게 되었다. 그 가운데 중심인물이 어랑사 산성에 거주하던 이긍직이었다. 그는 8월 28일 서산으로 들어가 그곳에서 한동안 머물면서 장석회와 더불어 향후 작전을 논의하는 등 연해주의병과 깊은 관련을 맺게 되었다. 인근 지역의 총포를 수집하기 위해 9월 6일경 본가로 돌아온 뒤, 그는 김정규와 나눈 대화 가운데서 장석회가 인솔하는 연해주의병의 엄격한 軍律과 앙양된 軍紀에 대해 다음과 같이 증언하고 있다.

> 내(김정규－필자)가 인하여 묻기를 "張某(장석회－필자)의 군대 통솔은 어떠하고, 軍律은 어떠한가? 과연 더불어 대사를 도모할 만한가?"라고 하니, 李某

73) 『日記 上』, 1908년 7월 29일조. 188쪽. "自梨洞 來以張錫會書信示之 略曰 出軍貴境 迨將月餘 未有所圖 自愧智力淺薄 其將奈何 (下略)"

74) 『日記 上』, 1908년 7월 25일조, 164쪽. "李某曰 今管理兵 來於西山 委人有書曰 孤軍之越邑深入者 全恃鏡城之義衆 未知同心戮力 赴亂討賊耶 否則其將返旋云云"

(李肯植－필자)가 말하였다. "張某는 爲人이 正明하고 智謀가 남음이 있다. 군대를 통솔함에 명령을 내리는 것이 분명하고 정숙하여 추호도 사사로이 취하는 바가 없으며 오히려 그 副將 林日錄을 처단하여 주민들의 寃憶을 풀어주었다. 임일록이라는 자는 지난 가을 서쪽에서 온 가짜 의병장으로, 민간에 출입하여 부녀를 간음하고 돈과 재물을 탈취하여 북쪽으로 들어가 관리병에 투신한 까닭에 민심이 抑鬱하여 고소가 끊임이 없더니, 마침 이번에 下隊將의 직함으로 이곳에 왔는데, 張某가 이 사실을 알고 그 목을 잘라 주민들을 위무하였던 것이니, 그 누가 기꺼워하지 않겠는가. 이로써 西山의 주민들은 모두 일심동체로 힘을 합하게 되었던 것이다."75)

한편 이범윤 휘하의 장석회가 인솔하는 창의회군이 경성에 들어올 무렵, 무산 일대에는 역시 연해주에서 육로로 잠입한 同義會軍 300여 명이 주둔하고 있었던 것으로 보인다. 이 의병은 崔在亨 휘하의 의병으로, 역시 경성의병과의 연합을 모색하고 있었던 것이다. 이와 같은 사실은 허우가 다음과 같이 언급한 대목에서 확인할 수 있다.

허우가 말하기를 (중략) 지금 同義會의 300여 軍이 사잇길로 와 무산에 이르렀으니, 장차 우리 군(경성의병－필자)과 조우하는 날이 있을 것이다. 함께 만나고 내왕하는 때가 되어서 간혹 外患이 있게 된다면 장차 어찌하겠는가.76)

그러나 위의 인용문 가운데 '외환'이 무엇을 의미하는지 명확하지 않다. 다만 이범윤과 최재형 양인간의 불화와 그에 기인한 의병 진영간의 상호 알력을 예상하는 내용으로 추측되고 있다. 이 점은 확실치는 않으나, 다음과 같은 기록에서 그 단서를 찾을 수가 있다고 생각된다.

75) 『日記 上』, 1908년 8월 11일조, 177쪽. "(前略) 余(金鼎奎－註)因問曰 張某(張錫會－註)行師如何 軍律如何 而果與謀大事者歟 李某(李肯植－註)曰 張某爲人正明 智謀有餘 行師出令 齊明整肅 秋毫無所取 而況復斬其副將林日錄 以解民寃 日錄者 前秋西來假義兵將也 出入民間 私淫婦女 橫奪財錢 入北付勢于管理(李範允－註) 故民心抑鬱 而告訴無門焉 適玆今 行名爲下隊將來此 而張某的知其故 斬其首慰其民 則孰不欣欣然哉 是以在西山民 皆爲團體 同心戮力"

76) 『日記 上』, 1908년 7월 18일조, 160쪽. "許瑀曰 (中略) 今同義會三百餘軍間行至於茂山 而將與吾軍有接營之日耳 接營往來之時 間或有外患 則其將奈何 (下略)"

어떤 사람이 말하기를 "일찍이 들으니, 管理(이범윤－필자)와 崔都憲(최재형－필자) 사이에는 틈이 있는데, 허우와 최승두 등은 그 양쪽 사이에서 교제하였던 까닭에 지금 남과 북의 여러 동포는 겉으로는 서로 화합하나 속으로는 서로 시기하고 있다고 하니 그대도 또한 들어 알고 있는가?"라고 하였다. 내가 크게 놀라 가로되, "듣지 못하였고 알지 못하도다. 이번 거사의 초기에 이에 서로 猜忌한다 하니, 일을 마침내 이루기가 어렵게 되었으니, 장차 어찌하리요" 하였다.[77)]

위의 인용문에서 '南北諸胞'가 겉으로는 화합하나 속으로는 서로 시기하고 있다는 이야기로 보아, 이는 남과 북의 두 계통이 각각 최재형과 이범윤으로 연계되어 있는 것으로 보아도 무방하기 때문이다.

4. 抗日戰의 전개

1) 沿海州義兵과의 聯合抗戰 구상

경성의병은 기본적으로 고립 분산된 형태의 독자적 항전 노선을 지양하고, 함남 산포수의병 및 연해주의병과 연합세력을 구축함으로써 항일전을 공동으로 수행하는 방향으로 기본적인 항전 방향을 구상하고 있었다. 경성의병의 이와 같은 연합항전 모색은 1908년 초의 결진 단계에서부터 일제의 탄압으로 활동이 중지되는 1908년 말까지 시종 일관된 전략이었다. 곧 남북으로 경성에서 무산을 연결하는 선 이북의 함경도 일대를 의병이 양 방향에서 포위 압축하는 형세로 일제 침략세력을 고립시켜 구축한다는 전략 구상이었던 것이다.

우선 김정규가 거의의 명분을 천명하고 주민들의 지지를 호소한 다음과 같은 「露布」의 일단에서 그와 같은 내용을 확인할 수 있다.

---

77) 『日記 上』, 1908년 8월 12일조, 178쪽. "有人來宿且言曰 曾聞管理(李範允－註)與崔都憲(崔才亨－註)有隙 而許瑀昇斗之輩 敖遊二間 故今南北諸胞 外雖相合 內亦相猜云 子亦聞知耶 余大驚曰 不聞不知矣 今擧初創 而乃相猜忌 事雖終成　其將奈何"

(전략) 강원·평안 두 道에 글을 보내어 갑산·삼수 의병과 성세를 함께 떨치고 (연해주) 연추지역에도 통보하였으니 관리사(이범윤-필자)가 의기를 함께 하여 2만 6,000여 의병을 某處에 주둔시키고 府郡에 영을 내려 재능있는 인물들을 받들어 (의병 役員에) 임명하였으며, 나라를 속이고 적을 끌어들인 자의 목을 취한 사람들을 상주어 기린다고 하였도다. 멀다고는 하지만 힘낼지어다, 士民이여! [78]

곧 위의 인용문을 통해서 볼 때, 경성의병은 서쪽으로는 삼수·갑산 일대의 산포수의병, 그리고 북쪽으로는 연해주의 이범윤 의병과 긴밀한 연락을 취하면서 상호 연합작전을 벌이는 데 기본 전략을 두었음을 알 수 있다. 더 나아가서는 평안도와 남쪽 강원도지역의 의병 세력과도 연계를 구상하고 있었다고는 하지만, 이는 당시 여건으로 보아 현실성이 희박한 것으로 판단되기 때문에 주민들의 호응을 호소하기 위한 구호에 지나지 않았다고 생각된다.

또한 姜乙燁[79]이 경성의병에 투신할 무렵인 1908년 8월 초순경에 앞으로의 항전방향을 제시한 다음과 같은 이야기에서도 그와 같은 연합전선 구상의 내용을 감지할 수가 있다.

이제 들으니 '北軍'이 비록 강을 건너왔다고 하나(연해주의병이 국내진공작전을 폈다고 하나-주), '南義'가 움직이지 않으면 短兵弱卒이 어찌 그 (일본군의) 예봉을 당할 수 있으리요. 남과 북이 함께 일어나 머리와 꼬리가 서로 이어지지 않으니, 우리가 그 가운데를 친다면 가히 온전한 功을 취할 수 있을 것이다.[80]

위의 내용은 곧 경성의병의 활동방향을 제시하고 있을 뿐만 아니라, 나

---

78) 『日記 上』, 1908년 5월 9일조, 109쪽. "投書江平二道 而丁成甲三隊 協同聲勢 通報連秋一隅 而管理使 衆義奮共意氣 故擁兵二萬六千 屯於某處 布令府郡 其有抱籌 仗策之士 尊而任之 其得欺國引敵之首 賞而褒之 狄而遐土 勖哉士民"

79) 강을엽은 일찍이 대원군 문하에서 別將을 지내다가 이 무렵 명천 下加에 퇴거해 있던 인물이다. 그러나 의병 투신 이후의 활동내용은 구체적으로 확인되지 않는다.

80) 『日記 上』, 1908년 7월 5일조, 154쪽. "今聞北軍雖有渡江 然南義不動 短兵弱卒 何敢當其鋒 南北俱擧 首尾不相接 然後吾擊其中 則可取全功"

<그림 3> 경성의병 활동지역

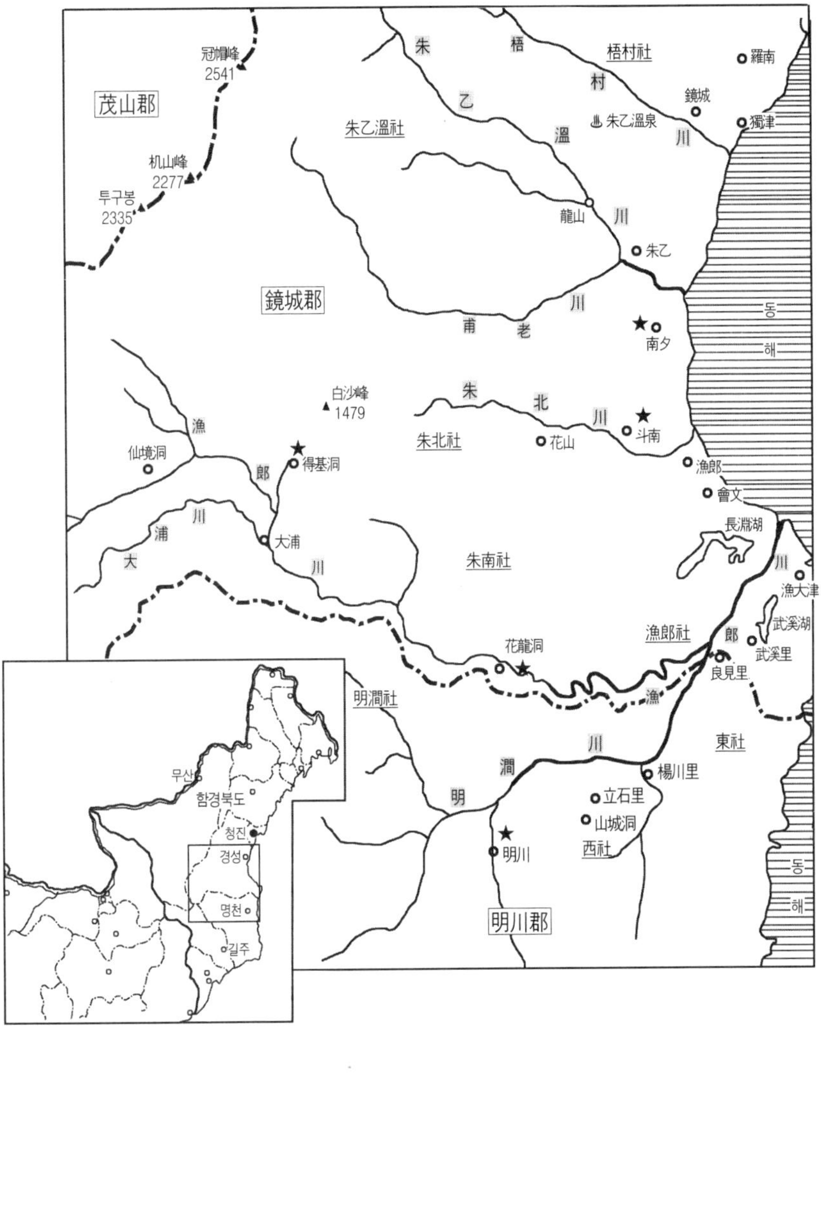

아가 함경도지역 의병의 항전구도를 조망한 것으로도 주목된다. 결국 위의 인용문에 나오는 '南義'의 실체는 함남 의병, 곧 삼수·갑산 등지에서 활동하던 산포수의병을 지칭하는 것으로 볼 수밖에 없다. 한편 국내진공작전을 결행해 함북 6진 등지의 내륙 깊숙이 남하한 연해주의병은 더욱 효율적인 항일전을 수행하기 위하여 함남 산포수의병과의 연합을 모색하고 있었다. 이와 같은 형세하에서 두 지역간의 중간에 위치한 경성 일대에서 일어난 경성의병의 활동은 궁극적으로 이들 두 의병부대를 유기적으로 결합시켜 효과적인 항일전을 수행케 하는 동시에 일제 군사력의 분산 효과를 기대하고 있었던 것이다. 결국 경성의병은 "남북이 모두 일어나 함께 움직일 때에 활동을 하게 된다면 어찌 대사를 이루지 못함을 걱정할 것인가"[81]라는 말에서 그 추구하는 활동방향이 선명히 드러나 있는 것이다.

한편 경성의병이 일제 침략군의 본거지인 나남의 일본군사령부를 주요한 공격대상으로 설정하고 있었던 점이 주목된다. 하지만 일본군사령부의 막대한 규모와 전력으로 보아 경성의병 단독으로 수행하기는 어려운 공격대상이었기 때문에 남북의 여러 의병부대간에 연합을 모색, 공동작전을 통해 나남 공격을 구상하고 있었던 것으로 보인다. 이와 같은 분위기는 김정규의 다음 기록을 통해서 알 수 있다. 그는 장석회가 인솔하는 의병의 軍師가 되어 경성의병의 앞으로의 활동방향을 다음과 같이 제시하면서 궁극적으로는 일본군사령부가 있는 나남 공격을 구상하고 있었던 것이다. 이 무렵 장석회 의병은 武溪湖 옆의 梨(隅)洞 근처에 주둔하고 있었다.

> 達辯의 한 인물을 江北(沿海州－필자)으로 보내어 속히 정병 수천 명을 6진으로 출병하기를 청하여 싸우기도 하고 행군하기도 한다면, 賊은 반드시 경성·회령 두 곳의 군인들을 거두어 남북으로 방어할 것이니 이와 같이 된다면, 적은 반드시 전력이 二分되고 그 가운데가 비게 될 것이다. 그 때가 되어, 가만히 날랜 군사를 내어 나남을 친다면 저들은 앞이 뒤를, 뒤가 앞을 구할 수 없게 되리니, 咸鏡 이북은 반드시 우리 차지가 되지 않겠는가.[82]

---

81) 『日記 上』, 1908년 7월 10일조, 156쪽.

또 경성의병의 이와 같은 연해주의병과의 연합작전 구상은 10월 17일 김정규가 장석회와 만나 장차 활동방향을 논의하는 속에서 더욱 구체적으로 드러나고 있다.

> 지금 북군(연해주의병－필자)은 움직이지 않고 적병은 더욱 강성해지니, 孤軍弱卒로는 지키기가 어렵다. 청컨대, 급히 의연금(군자금－필자)을 모아 가만히 해삼위·연추 등지로 들어가 무기를 구입해 오고, 또 達辯한 인물을 택하여 이범윤이 있는 곳으로 보내어 시세의 급박함을 자세히 알린다면 이범윤이 차마 좌시하지 않고 반드시 도우러 올 것이다. 만약 북군이 육진 등지로 건너와 싸우기도 하고 움직이기도 하며, 또 남군이 깊숙이 요해처에 주둔해 있어 혹은 공격하고 혹은 지킨다면, 적은 반드시 하나가 둘로 나뉘어 남북을 대비하게 될 것이니, 그 시기를 틈타 그 가운데를 치게 된다면, 이것이 곧 금일의 급무이며 兵家의 적절한 운용이 아니겠는가.[83]

곧 연해주의병의 국내진공을 기다리고 있다가 일본군의 출동을 틈타 나남을 공격, 점령함으로써 일본군의 전력 와해를 초래하고 결과적으로 경성－회령 이북을 의병이 장악할 수 있다는 전략을 구상하고 있었던 것이다. 이것이 물론 그대로 실행에 옮겨질 수는 없었다 하더라도 경성의병의 기본적인 활동방향 설정에 중요한 단서를 제공하고 있는 것이다. 경성의병은 이상과 같은 연해주의병과의 연합작전을 실현하기 위해 '砲錄軍任'과 報告文 등의 문건을 정리하고 군자금 은화 1,500여 원을 준비하여 車明律과 허우 2인을 선발, 이범윤에게 파견하려는 계획까지 세우기도 하였다.[84] 하지만 이후 그와 같은 계획이 구체적으로 실현되지는 못하였던

---

82) 『日記 上』, 1908년 8월 29일조, 187쪽. "遣一能言之士於江北 速請精兵數千出於六鎭 且戰且行 則賊人必收鏡城會邑兩處之兵 以備南北 如此則賊人力必二分 中必空虛 當其時 潛出輕銳 以襲羅南 則彼前不能救後 後不能救前 而咸鏡以北 必爲我所有"

83) 『日記 上』, 1908년 9월 23일조, 198-199쪽. "今北軍不動 而賊兵强盛 孤軍弱卒 難可防禦 請急收義捐金 潛入海參烟秋等地 買來軍物 又擇一能言之士 遣管理處所 詳告勢急 則管理不忍坐視 而必來欲救 若使北軍出於六鎭等地 且戰且行 又使南軍 深駐要害處 或攻或守 則彼必分一爲二 以備南北 因其時 擊其中 則此豈非當時之急務 而兵家之適切乎"

84) 위와 같음.

것으로 보인다.

한편 그 실체는 확실하지 않지만, 무산 일대에서 활동하던 의병은 연해주의병의 일파가 아닌가 추측된다. 이 의병은 1908년 4월경에는 이미 활동을 개시하고 있었던 것으로 보인다. 4월 23일 무산 서남방 100여 리 지점에서 무산수비대에서 출동한 일본군과 의병 간에 격전이 벌어져 의병측에서 의병장 이하 19명이 전사하는 피해를 입었다.[85] 경성의병의 초기 핵심인물로 무산에 진출하였던 林鳳松이 전사 순국한 것도 이 무렵으로 생각된다.[86] 그러나 무산지역의 이 의병은 연해주의병과는 계통을 달리하는, 琿春 일대에 근거를 두고 두만강을 건너와 항일전을 벌였던 趙尙甲 의병일 가능성도 배제할 수가 없다.[87]

무산 일대에서 활동하던 의병을 '진압'하기 위해 경성주둔 일본군이 5월 하순경 현지로 급파되었다. 이때 출동한 일본군은 각처 촌락에서 행패를 부리기도 하고 군량미 등의 군수품 조달을 위해 인력을 강제 징발하는 등 물의를 일으켜 주민들의 원성을 크게 샀다. 이들 일본군은 무산으로 향하던 도중 의병의 기습공격을 받아 '200여 명이 전사하는' 참패를 당하였으며, 이때 의병측에서도 30여 명이 전사하는 손실을 입었다고 한다.[88]

한편 연해주의병이 1908년 7월 7일 대규모 국내진공작전을 결행하여 관북지역으로 남하하게 되자, 여기에 호응해 경성의병의 활동 역시 활발

---

85) 『韓國 暴徒 蜂起의 件(2)』, 「參發 제280호」(1908. 5. 4); 독립운동사편찬위원회 편, 『독립운동사자료집』 별집 1, 1070쪽.

86) 『日記 上』, 1908년 4월 17일조, 95쪽. 김정규는 林鳳松이 전사한 뒤 그의 죽음을 다음과 같이 깊이 애도하고 있다. "아, 슬프도다. 군사를 내어 이기기도 전에 어찌 몸이 먼저 죽는단 말인가. 慷慨해서 스스로 천리 遠征을 허락하였으니 意氣가 서로 감화되어 더욱 동지들을 애처롭게 하도다. 솟아오르는 해와 달이 빛을 잃도다. 총쏘는 소리에 무산의 桃柳가 흐느끼는 혼백을 불러와 애오라지 杯酒로 멀리 西天을 弔喪하도다"(『日記 上』, 143쪽).

87) 金仲國 抗日鬪爭記(趙素昂文書, 필사본, 1926).

국한문 혼용으로 필사된 이 자료는 金仲國 자신의 항일투쟁 내력을 연대기순으로 간략하게 기록한 것이다. 이 자료에는 零星하나마 을사오조약 늑결 이후 국망 전후 시기에 연해주와 간도 및 관북 등 한·중·러 3국경 일대의 의병 동향이 기록되어 있어 사료적 가치가 크다.

88) 『日記 上』, 1908년 5월 28~29일조, 119-120쪽.

해지고 있다.[89] 10여 일이 지난 뒤에는 경성주둔 일본군이 다시 의병 '토벌대'를 편성, 현지로 급파되기에 이르렀다. 이때에도 일본군은 주민을 동원해 군수물자를 운반케 하는 등 많은 폐단을 야기하고 있었다.

2) 抗日戰의 전개

경성의병은 근본적으로 하나의 편제로 이루어진 단일 부대가 아니라 경성 현지의 이남기·최경희 등의 지사들을 중심으로 편성된 의병부대와 장석회 등이 인솔하는 연해주의병의 남하세력이 동시에 동일 지역에서 연합 활동을 벌이는 복합적인 편제로 이루어져 있었다. 그러므로 자료가 부족한 현재로서는 이들의 항전 내용을 각 부대의 활동상황과 연계시켜 일일이 구분지어 파악하기란 극히 어려운 실정이다. 이와 같은 점을 염두에 두고 경성 일대에서 펼쳐진 의병의 항전 내용을 연대기순으로 정리해 보면 다음과 같다.

현재 자료상으로 확인되는 경성의병의 항일 서전은 의병 편성 직후인 1908년 4월 8일 오후에 주남사 '대선보'(경성에서 180리 相距) 산중에서 의병 35명이 일경 10여 명과 조우, 교전을 벌인 것이다. 하지만 그 구체적인 전황은 알려져 있지 않다. 이에 앞서 경성경찰서에서는 4월 3일 30여 명의 의병이 주남사에 출현, 군자금 모금활동을 벌이고 있다는 정보를 입수하고 순사부장 이하 10여 명으로 '토벌대'를 편성, 현지로 급파하였다.[90] 이 전투는 최경희 휘하 의병이 수행한 것으로 믿어진다.

이 전투를 뒤이어 주을온사 南石洞에 주둔하고 있던 경성의병은 5월

89) 『日記 上』, 1908년 6월 17일조(146쪽)에서는 연해주의병의 이와 같은 대규모 국내진공작전에 대하여 다음과 같이 기록하고 있다. "父主曰 日前聽得會邑(會寧－註)來人之說 則去初十日甲子(陽曆七月八日－註) 倡義軍渡江 據慶興雄基 與倭合戰半箇日 賊兵敗亡者多多云云 然今未的知"

위 인용문은 국내진공작전이 펼쳐진 뒤 10여 일 뒤에 회령에서부터 온 사람들의 傳言을 기록한 것이므로, 그 무렵이면 회령 일대에까지 연해주의병의 세력이 확산되고 있음을 짐작할 수가 있다.

90) 『編冊』, 「警秘 제561호」(1908. 4. 3)·「제597호」(1908. 4. 11); 『資料 10』, 402, 410쪽 참조.

23일 일본군과 전투를 벌여 대승을 거두었다. 이때 일본군측은 막대한 인적 손실을 당해 "일본군 100명 중 생존자가 단 한 명에 지나지 않았다"고 할 정도로 큰 피해를 입었다. 이 전투에서는 의병측에서도 또한 6인이 전사 순국하는 손실을 입기도 하였다. 이와 같은 참패 소식을 접한 일제 군경은 5월 28일 다시 30여 명의 병력을 동원, 남석동 부근의 의병 탄압 작전에 돌입하였다.[91] 최경희 등이 일시 피체되었던 때도 바로 이 무렵이다.

그 뒤 경성의병이 가장 강성하던 1908년 8~9월 무렵 일반 주민들 사이에는 의병이 경성읍을 공격하리라는 소문이 무성히 퍼져 있었다. 실제로 의병의 정탐원들이 경성읍을 비롯해 각지로 흩어져 일제 군경의 동정을 정탐하여 항일전을 준비하고 있었다. 그러므로 일제 군경은 언제 있을지 모를 의병의 공격에 대비해 항상 경계태세를 갖추고 있었던 것이다.[92]

이와 같이 경성주둔 일제 군경의 대비태세가 비교적 철저하였기 때문에, 의병은 진격로를 바꾸어 경성 대신 비교적 경비가 소홀하고 근접한 거리에 있던 명천으로 남하하게 되었다. 200여 명의 경성의병은 1908년 9월 3일(음 8월 8일) 새벽 명천주둔 일군수비대를 급습, 이들을 격멸시키고 명천읍을 하룻동안 장악한 뒤 이튿날 철수하였다.[93] 명천읍에서 북동쪽으로 불과 25리 떨어진 巨文洞에 살고 있던 김정규는 이 날의 전투 내용을 다음과 같이 생생히 전하고 있다.

> 이 날(9월 3일-필자) 저물녘에 立石場(명천읍 북동쪽 15리-필자)에서 온 사람의 말을 들으니, 지난밤 새벽 4시경에 管理軍이 명천읍을 에워싸고 사격을 가해 하루 밤낮 전투에 城內 왜적의 사망자는 그 수를 알지 못할 정도라고 한다.[94]

이와 같은 명천전투에 동원된 의병은 위의 인용문에서 보듯이 연해주에서 경성으로 들어온 창의회군과 무산 방면으로 남하한 동의회군 등 연

---

91) 『日記 上』, 1908년 5월 2일조, 107쪽.
92) 『編冊』, 「警秘發 제3호」(1909. 1. 11); 『資料 13』, 185쪽.
93) 『조선근대반일의병운동사』, 과학백과사전종합출판사, 1988, 280-281쪽 참조.
94) 『日記 上』, 1908년 8월 8일조, 176쪽. "是暮聞立石場來人之說 則去夜五更 管理軍圍明邑砲之 戰之一晝夜 城內倭賊死亡者 未知其數云云"

해주의병을 주축으로 경성 현지의 의병이 가세한 것으로 짐작된다. 이 사실은 그 뒤 김정규가 연해주의병의 연락책을 맡고 있던 이긍직으로부터 입수한 정보에서 명천전투에 北軍 15명과 南義 15명이 동원된 것으로 기록하고 있는 대목에서 알 수가 있다.[95] 또한 동의회군으로 추측되는 營將 吳七星이 인솔하는 30여 명의 의병이 연추 등지로부터 국내로 들어와 명천 공략전에 가담하였다는 기록을 통해서도 동의회군의 참전 사실을 짐작할 수 있는 것이다.[96] 결국 명천전투는 연해주에서 남하한 연해주의병과 경성의병이 상호 연합세력을 구축, 공동으로 수행한 작전이었던 것이다.

이 날의 전황과 전과에 대해서는 구체적으로 그 내용을 확인할 수 없지만, 의병측이 기습공격으로 일본군에게 큰 타격을 가하며 일방적인 승리를 거두었던 점만큼은 명백하다. 일제측 기록 역시 일본군의 완패 사실은 시인하면서도, 전사자는 헌병 1명에 불과하며 부상자가 다수 발생한 정도로 기술하여 피해상황을 축소하였다.[97] 하지만 김정규는 명천전투에 대해 '倭賊 死亡者 未知其數'라 하였고, 金仲國의 기록에는 일본군 10여 명을 사살하였다고 한 점으로 미루어 상당수의 일본군이 사살된 것으로 믿어진다. 한편 경성의병은 일본군 수비대 공격과 함께 일진회 단죄 활동을 벌여 명천의 일진회 사무소를 습격하여 전소시켰을 뿐만 아니라 명천 일

---

95) 『日記 上』, 1908년 8월 11일조, 177쪽.

96) 金仲國 抗日鬪爭記. 吳七星이 인솔하는 연해주의병의 국내진입 활동상에 대해 이 자료에서는 다음과 같이 기술하고 있다.

"(전략) 營將 吳七星氏가 百五十 軍人을 召集하고 內地入去 自願者를 求하니 柳弼英 鄭星七 安快德 等 三十三人뿐이더라 吳營將으로 더불어 同軍人 三十一人을 率하고 丁未(戊申의 錯記-주) 七月分에 豆滿江을 渡하여 咸北 慶興 雄基 日兵 駐屯地를 襲擊하여 日兵 十餘名과 日漁夫 三十餘名을 殺하고 軍需品을 多數 押取하고 該地方을 占領한 후 다시 明川郡을 襲擊하여 日兵 十餘名을 射殺하고 同郡에 在한 一進會所를 燒却하고 彈丸 繼續이 難하여 同十月分에 不得已 茂山 等地로부터 다시 沿秋 等地로 渡去하야 (하략)" (밑줄-필자)

위의 내용으로 미루어 이 의병이 명천 공격에 가담한 것은 틀림없는 사실로 인정되며 이들은 그 뒤 무산 방면으로 북상하였음을 알 수 있다.

97) 『編冊』, 「總監 甲 제18125호」(1908. 9. 4); 『資料 12』, 79쪽.

진회장 金慈城의 가옥도 소각시켜 버렸다.98)

한편 의병의 이와 같은 일진회 단죄 활동으로 말미암아 1908년 말 일제 군경의 의병탄압이 혹심해지던 시기에 각처의 일진회원들은 의병의 동정을 더욱 세밀히 정탐해 일제 군경에게 그 정보를 제공함으로써 의병탄압의 첨병 노릇을 자행하게 되었다. 그러한 정황은 김정규의 『日記』 곳곳에서 산견되나, 그 가운데 중요한 내용을 소개하면 다음과 같다.

> 지난 8월 의병이 명천으로 진출해 적을 공격하고 일진회소를 소각한 이후로 남북의 일진회원은 더욱 憤怨을 머금어 의병의 동정을 몰래 정탐하여 낱낱이 왜적에게 기별하기 때문에 헌병은 날마다 의병을 포박하고 그 집을 불태우니 가히 놀랍고 두렵도다.99)

이어 경성의병의 일부는 9월 10일 어랑사 花龍里 '범의덕골' 고개 중턱에 매복 대기하고 있다가 일제 토벌대가 다가오자 일시에 기습공격을 가해 상당한 타격을 주었다.100)

9월 18일에는 의병 100여 명이 경성－명천 가도상의 七班洞(혹은 斗南洞) 남쪽 10리 지점에서 城津에서 출장 나온 通信工夫 일행을 습격하였으며, 이튿날 다시 50여 명의 의병이 일본군 '토벌대'를 맞아 칠반동 일대에서 교전을 벌였다.101)

또한 10월 8일 주북면 得基洞에서 또 다시 전투가 있었으며, 경성 일대의 전신선을 절단, 통신을 마비시키기도 하였다.

뒤이어 10월 15일에는 경성 서남 20리 지점에서 의병 50여 명이 경성 헌병분견소 헌병들과 교전을 벌여 타격을 가하였다.102)

한편 경성의병은 경성과 나남이 일제 침략군의 본거지로 한반도 북부지역의 의병 탄압에 중요한 근거지였으므로 그들의 통신을 두절시켜 작전에 혼란을 초래할 목적으로 통신 시설물 파괴공작에도 주력하고 있었다.

---

98) 『日記 上』, 1908년 8월 11일조, 177쪽.
99) 『日記 上』, 1908년 10월 20일조, 209쪽.
100) 『조선근대반일의병운동사』, 280-281쪽 참조.
101) 『編冊』, 「總監甲 제19341호」(1908. 9. 22); 『資料 12』, 80쪽.
102) 『朝鮮暴徒討伐誌』; 독립운동사편찬위원회 편, 『독립운동사자료집 3』, 790쪽.

먼저 경성의병은 6월 13일 경성과 나남을 연결하는 군용전선 가운데 전주 8본을 파괴하고 전선을 걷어가 통신을 두절시켰다. 그러나 일제는 이 거사가 누구의 소행인지 그 종적조차 파악하지 못하고 있었다.[103] 이어 1908년 7월 14일에도 100여 명의 의병이 경성 '溪上面'(소재 불명)에서 전신주 5본을 파괴하였다.[104]

결국 경성의병의 이와 같은 전신주 파괴공작으로 말미암아 원산-경성, 북청-경성, 그리고 명천-경성간의 전신이 불통되었으며[105] 일제 스스로 "명천 이북의 전신선은 모두 절단되었으며 통신기관은 마비되었다"[106]고 경악하였을 만큼 커다란 혼란을 야기시키는 성과를 거두었던 것이다.

한편 경성의병의 일부가 신교육기관을 습격한 사례가 있다. 곧 최경희 휘하의 金龍鉉이 이끄는 15명의 의병이 1908년 9월 29일 주을온사 大成峙(경성 서남쪽 40여 리)에 소재한 보성전문학교(혹은 대성치보통학교)를 습격하여 교원 金用洙를 포박 구타하고 금품을 징발해갔던 것이다.[107] 이에 앞서 1908년 7월 하순경에는 보성학교가 일인과 通謀하였다는 미확인 소문이 나 있었는데,[108] 이 사건이 그러한 배경하에서 발생하였는지의 여부는 현재 확인할 수 없다. 아무튼 경성의병이 전술한 대한협회 및 신학교 등 개화노선을 지향하던 인물들과 긴밀한 유대관계를 가지고 활동을 전개하고 있던 점으로 볼 때, 위의 사건은 경성의병의 일반적 활동선상에서 벗어난 돌출 사례로 보인다. 즉 보수적 성향의 일부 유생들이 신학문에 대해 극도로 비판적 시각을 가졌던 사실에 착안한다면, 이 사건은 이들의 의식의 일단이 투영된 것으로 이해할 수가 있는 것이다.[109]

---

103) 『編冊』, 「韓憲警 乙 제718호」(1908. 6. 13); 『資料 11』, 300-301쪽.

104) 『編冊』, 「電報」(1908. 7. 16); 『資料 11』, 456쪽.

105) 『編冊』, 「總監甲 제19341호」(1908. 9. 22); 『資料 12』, 80쪽.

106) 독립운동사편찬위원회 편, 『독립운동사 1』, 1971, 674쪽.

107) 『編冊』, 「警發 제5호」(1908. 10. 3)·「韓憲警 乙 제1223호」(1908. 10. 22); 『資料 12』, 257, 292쪽.

108) 『日記 上』, 1908년 6월 28일조, 150쪽. "日間得聞 則明川石峴李觀察允在所建 普成學校 與日人通謀云 未的然否"

109) 예를 들면 보수 유생의 신분이던 김정규의 경우, 신교육 등의 개화노선을 성

5. 義陣의 해산과 중심인물의 北上渡江

1) 義陣의 해산

경성의병의 활동은 대체로 1908년 10월을 고비로 점차 쇠퇴하여 갔다. 이 시기가 되면, 경성의병의 성쇠에 큰 영향을 미치고 있던 연해주의병의 하기 국내진공작전이 종료되었을 뿐만 아니라 함남의 산포수의병 역시 쇠퇴기에 접어들면서 점차 북상길에 오르기 때문에, 사방이 고립 분산되어 가고 있던 경성의병 또한 그 기세가 자연히 위축되지 않을 수 없었다. 더욱이 일제 군경의 의병 탄압작전은 1908년 후반기에 접어들면서 더욱 가중되었고, 반면에 의병은 장기전으로 인한 전력소모로 항전을 지속하기가 점차 어려운 상황으로 몰리게 되었던 것이다. 1908년 전반기에 의병 '토벌'이 난관에 봉착, 전혀 실효가 없다고 토로하던 경성의 일제 군경이 10월 들어 "이제서야 (의병) 근거지를 소탕중에 있다"고 한 대목에서도 그러한 실정을 짐작할 수 있다.[110]

이어 11~12월 무렵이 되면, 일제 군경의 의병 '색출' 작전은 더욱 심해져 의병 활동이 거의 중단되는 상황에 직면하게 되었다. 심지어는 일제 헌병들이 신분노출을 피해 韓裝을 하고 各社를 비밀리에 전전하면서 '羊我'(義兵)[111]를 색출하기까지 하였으므로, 일반 주민들조차 극도의 공포 속에 전율하고 있을 지경이었다.[112] 다음 기록은 그와 같은 일제의 의병

리학적 전통사회를 파괴하는 요인으로 인식, 상당히 비판적인 시각을 가지고 있었다(『日記 上』, 168, 223-224쪽). 그는 또한 대한협회에 대해서도 일본의 開明을 맹목적으로 추종, 결국 조선의 자주적 전통을 잠식하는 것으로 보아 비판적인 시각을 견지하고 있었다(『日記 上』, 194쪽). 김정규의 이와 같은 사상적 경향은 이와는 다르게 개방적 노선을 견지하던 경성의병의 전반적 활동에서 어떻게 작용하였는지 하는 문제는 앞으로 해명되어야 할 과제 중의 하나로 생각된다.

110) 『編冊』, 「警發 제5호」(1908. 10. 3); 『資料 12』, 258쪽.

111) 김정규의 『日記』에는 의병을 뜻하는 隱語 '羊我'가 산견된다(『日記』 上, 211-212, 214, 216쪽 등). '義' 字의 分解字인 이 용어가 의병이 극심하게 탄압을 당하던 11~12월 무렵에만 집중적으로 나타나고 있는 점으로 미루어 암호의 성격을 가지고 사용되었을 것으로 추측된다.

112) 『日記 上』, 1908년 11월 25일조, 216-217쪽.

탄압 실상을 잘 드러내고 있다.

> 再昨日(12월 16일-필자) 日韓 순사 50여 명이 四社로 흩어져 여러 의병을 체포하여 투옥하기도 하고 杖을 치기도 한다. 또한 文簿를 살펴 조금이라도 기롱하고 비방하는 글이 있으면 폭도(이때 왜적과 일진회원은 의병을 폭도라 불렀음)와 동일하게 벌을 주니, 읍내의 세력가와 일진회원 및 신학교 학생이 사사로운 원한으로 서로 보복을 가하였다. 이른바 이름이 알려진 사람들은 모두 올가미에 걸려 행인조차 드물게 되었다.[113]

이와 같이 일제 군경의 의병 탄압이 가속화되자, 경성의병의 주도적 인물들은 휘하 의병을 해산하기도 하고, 또는 각지로 흩어져 은신처를 찾으면서 장기적인 항전 계획을 강구하게 되었다. 이때 최경희·장석회·마원극·장정적 등 경성의병의 주요인물들은 휘하 의병을 이끌고 무산 방면의 서쪽으로 이동해 어랑천 상류, 甫老川 일대의 험준한 산악지대로 들어가 잠복하게 되었다.

먼저, 장석회는 9월 하순경 휘하 의병을 거느리고 어랑천 하류의 해안 부근으로 나아가 10월 중순까지 楚村·梨洞·安郊 등지를 전전하며 이남기·김정규·이긍직 등과 회합을 가지면서 앞으로의 항전계획을 숙의하고 있었다. 이에 앞서 그는 9월 25일 下士 嚴丙俊으로 하여금 40~50명의 의병을 인솔하고 해안의 각 津과 항구를 순시케 하였는데, 10월 6일 밤에 명천 楚村 등지에 유숙하던 중 뜻밖에도 일제 군경의 포위 공격을 당해 결국 엄병준이 피체, 순국하는 등 큰 손상을 당하고 말았다. 이때부터 장석회 의병은 사기가 크게 저상되어 항전의욕을 상실하게 되었다.[114] 그 뒤 장석회는 휘하 의병을 최경희에게 맡겨둔 채 장기항전을 모색하기 위해 1908년 말경 경성을 떠나 연해주로 되돌아간 것으로 보인다.[115]

한편 경성의병장 최경희는 일제의 압박이 가까웠음을 인식하게 되자,

---

113) 『日記 上』, 1908년 11월 26일조, 217쪽. "再昨日 日韓巡查五十餘人 散出四社 捕諸義徒 囚之杖之 又考文簿 少有譏議謗非之辭 則與暴徒(是時倭賊會員 號義兵謂暴徒-細註)同罰 而在邑勢客及會員與新學生 以私寃互相報讐 所謂知名之人 皆罹罪罟 鮮有行路之人"

114) 『日記 上』, 1908년 9월 21일조, 217쪽.

115) 『編冊』, 「鏡警發 제1638호」(1908. 12. 11); 『資料 12』, 637쪽.

10월 5일경 명간사 雩洞 부근에서 휘하 90여 명의 의병을 해산하였다. 이들 중 절반 정도는 新茂山을 통과하여 두만강을 건너 간도 방면으로 북상하였으며, 나머지는 각지로 흩어지고 말았다.116) 그리고 그는 10월 중순부터 장석회가 거느리던 의병을 대신 인솔하고 서산으로 들어간 뒤 11월 27일 주남사 仙鏡臺를 출발, 연해주로 넘어갔다.117)

그 사이 최경희는 11월 20일경 馬元極(先達)·張正寂 등의 간부들과 함께 주북사 得基洞에 있던 마원극의 집에서 회합, 앞으로의 항전 방향과 대책 등을 숙의하였다. 그러나 밀정으로부터 이 정보를 입수한 일본군은 內田 중위를 인솔자로 한 25명의 '토벌대'를 당일 현지로 급파하였다. 이들은 소위 작전을 완료하고 12월 6일 경성으로 귀대할 때까지 무산 방면의 경성 서부지역으로 이동, 잠복해 있던 의병세력에 대해 가혹한 탄압을 가함으로써 이때부터 경성의병의 외관적인 활동은 결국 종식되고 말았다.118)

일본군 '토벌대'는 得基洞에 도착한 뒤, 11월 26일 의병 참모 장정적을 자택에서 체포하여 경성으로 압송하였다. 또한 이들은 마원극이 의병을 해산하면서 주남사 大浦洞 암굴 속에다 숨겨 놓았던 화승총 20여 정도 압수해 갔다. 그리고 마원극의 집을 수색하였지만, 의병장 최경희 등은 적의 포위망을 피해 탈출, 위기를 모면할 수 있었다. 이에 일본군은 양총과 군도 등의 무기만 거두어갔다.119) 이때 탈출한 최경희는 그대로 북상도강을 단행하게 되었다.

한편 鄭雨汝도 휘하 의병 40여 명을 10월 13일 주북사 三開洞에서 해산한 뒤 최경희에게로 가 행동을 같이하게 되었다. 마원극 또한 휘하 의병 25명을 10월 25일경 주남사 大浦洞에서 모두 해산하였다. 이들은 해

116) 위와 같음.

117) 『編冊』, 「警秘收 제63호의 1」(1909. 2. 2); 『資料 13』, 463-464쪽.
위의 기록에서는 장석회가 1908년 9월 무렵 총기와 탄약 구입을 목적으로 연해주로 건너간 것으로 기술되어 있으나 이는 사실과 다른 것으로 보인다. 그가 9월 하순부터 10월 중순까지 경성에 머물러 있었다는 앞의 기록으로 보아 그 사이에 연해주를 왕래하였을 가능성은 거의 없기 때문이다.

118) 위와 같음.

119) 『編冊』, 「警秘發 제3호」(1909. 1. 11); 『資料 13』, 187쪽.

산시 무기를 인근 강변의 동굴 속에 은닉하고 후일을 기약하였지만, 전술하였듯이 은닉 무기는 일본군에게 곧 압수당하고 말았다.[120)]

한편 어느 부대인지는 알 수 없으나, 경성의병 30여 명은 경성 북방의 高城山을 넘어 무산 방면으로 들어가 무산군 漁下社 五峰嶺을 경유한 뒤 간도를 향해 북상하였다. 이들은 도중에 12월 23일 일제 헌병대와 조우, 격전을 치르기도 하였다. 전투 후 북상을 계속한 이 의병은 간도 江長洞으로 들어갔다. 모두 5연발총으로 무장을 갖추었을 뿐만 아니라 다갈색의 복장을 하고 있었다는 점으로 보아, 이들이 곧 장석회 휘하에서 활동하던 의병이 아닌가 추측되기도 한다.[121)]

그러나 한편 이와 같이 경성의병이 1908년 말에 들어와 그 세력이 급격히 위축되어 실제적인 활동이 거의 종료되다시피 하였지만, 잔류해 있던 의병 간부 일부는 각지에 은거하면서 1909년 전반기까지도 여전히 항일전에 대해 강한 집착을 보이고 있었다. 그들은 특히 연해주와 간도 의병의 국내진공을 고대하면서 그때가 되면 연합 항일전을 펼친다는 구상을 하고 그에 대한 대비를 강구하였다. 이 점 또한 연해주나 간도지역의 의병세력과 직·간접으로 깊이 연계되어 있던 경성의병의 성향의 한 단면을 보여 주는 것이기도 하다.

徐相郁이 1909년 3월 어랑천 하류 해변 부근인 花德의 은신처에서 김정규를 만나 재거 결심을 토로하는 가운데 다음과 같이 술회한 대목은 이 무렵의 경성의병의 분위기를 잘 보여 주고 있다.

> 지난 가을부터 여러 동지들이 散亡한 뒤로 나(徐相郁－필자) 또한 도피하여 사방으로 피신하였다. 비록 한 곳도 쉴 만한 곳이 없었지만, 그러나 오히려 이 再擧 一念만은 시간이 흐를수록 더욱 깊어만 갔다. 날마다 동북방으로부터 좋은 소식이 오기를 기다리다가 다행히도 이번 봄에 이범윤이 중국과 화약을 맺고 오는 3~4월간에 (국내진공을 위해) 강을 건널 것이라고 하더니, 20일 전에 (1909년 2월 말－필자) 이범윤이 사람을 우리에게 보내왔으니, 이것은 虛名이 아닐 것이다. 또한 다시 경성의병의 다수가 西江(북간도－필자)으로 망명해 있으면서 글을 보내온 까닭에 15일 전에 車鎬均을 보내어 이미 무리를 모으기로

120) 『編冊』, 「鏡警發 제1638호」(1908. 12. 11); 『資料 12』, 637쪽.
121) 『編冊』, 「秘收 제365호의 3」(1908. 12. 30); 『資料 12』, 651-652쪽.

> 기약되어 있으니, 그대도 또한 이곳에 있으면서 善圖하는 일이 참으로 지극히 중요할 것이다.[122)]

김정규·서상욱 등은 또한 1909년 4월 중순에도 연해주의 이범윤에게 비밀리에 연락을 취해 항일전 구상내용을 통지하는 한편 '江西'(북간도)로도 사람을 보내 한중친선을 도모케 하면서 북간도 의병과의 연합을 부단히 모색하고 있었다.[123)]

위의 내용으로 미루어 보더라도, 1909년 봄 무렵이면 다수 의병이 두만강 너머의 북간도와 연해주 일대로 북상도강하게 되고, 잔류한 인물들은 일제의 탄압을 피해 잠적해 있는 실정이지만, 여전히 연해주와 간도지역의 의병과 연계되어 장차 이 의병세력과 연합, 공동의 항일전을 펼칠 구상을 하고 있었음을 알 수 있다. 다시 말해 경성의병의 중심인물들은 연해주·간도와 함북지역의 3국에서 활동하던 의병들이 연합세력을 구축한 뒤 대일총력전을 펼치는 데 시종일관 역점을 두고 있었던 것이다. 하지만 이들의 재기항전 계획은 이미 국내외 정세 악화와 심각한 전력소모 및 중심인물들의 북상도강 등 여러 가지 제약요인들을 감안한다면 실현 가능성이 거의 희박한 실정이었다고 판단된다. 그러므로 김정규·이긍직 등의 잔류 인물들은 승산 없는 즉흥적 항일전을 지양하고, 점진적이고도 주도면밀한 장기항전을 구상하는 방향으로 의견을 모으지 않을 수 없었던 것이다.[124)]

경성의병의 이와 같은 국내외 의병 세력의 통합 내지 연합 전략은 당장 실행되지는 못하였지만, 이듬해 6월 국내외 의병세력의 통합을 표방하고 단일군단으로 편성된 十三道義軍으로 계승 발전되고 있다. 이는 곧 의병 항일전략의 발전적 성격으로 이해할 수 있는 것이다.

---

122) 『日記 上』, 1909년 2월 27일조, 239쪽.
123) 『日記 上』, 1909년 4월 26일조, 244쪽.
124) 『日記 上』, 1909년 2월 28일조, 241쪽.

2) 중심인물의 北上渡江

경성의병의 활동이 현저히 사양길로 접어드는 1908년 11월 중순 무렵이 되면 중심 인물들 사이에는 국내에서의 항일전을 단념하고 두만강 너머의 북간도·연해주 일대로 건너가 그곳을 기반으로 장기지속적인 항일전을 구상하자는 북상도강 주장이 일어나게 된다. 이와 같은 주장은 경성의병이 두만강 대안의 국외 의병과 깊은 연관을 가지고 있던 상황에서 국내활동이 극도로 제약을 받게 되는 시점에서 자연히 제기될 수밖에 없는 시대의 한 추세였다고 생각된다. 11월 8일 이남기와 김정규 사이에서 앞으로의 항전 방향을 논의하는 가운데

> 만약 북군이 도강하지 않으면 적군은 더욱 강력해져 지키기가 어려워질 것이니 의병을 이끌고 일본군의 예봉을 피해 연해주 이범윤에게로 가 합진한 다음 봄을 기다려 힘을 합쳐 같이 거의한다면 성사할 수 있을 것이다.[125]

라고 한 대목에서나, 다음날 김정규가 그의 부친에게

> 지금 북군이 강을 건너지도 않으며 南義도 점차 흩어져 왜적이 도처에서 횡행하니 (중략) 엎드려 바랍니다. 전토를 처분하여 여러 비용과 부채를 갚고 몰래 가솔을 이끌고 淸洋之間(북간도·연해주－필자)으로 나아가 몸을 안주하고 이름을 숨겨 형세를 살펴서 이리저리 옮기면서 혹은 南征도 하고 혹은 北征도 하는 것이 소자의 본심입니다.[126]

라고 망명 의사를 피력하고 있는 대목에서 경성의병이 처한 급박한 위기 상황과 그에 따른 북상도강론의 대두 경향을 충분히 짐작할 수가 있다.

이와 같은 분위기에서 1908년 말이 되면 경성의병의 중요인물들은 일

---

125) 『日記 上』, 1908년 10월 16일, 207쪽. “若北軍不渡 賊兵益强 難以拒守 則引衆避鋒 去管理處所 與之合陣 以待明春 幷力同擧 無所不可也”

126) 『日記 上』, 1908년 10월 17일, 207쪽. “今北軍不渡 南義稍散 故倭賊四處橫行 恐喝村人 督捕義徒 焚其家室 (中略) 伏望父親 賣其田庄 報諸費債 潛率家屬 浮海而東出於淸洋之間 安身晦名 觀其形便 移此移彼 征南征北 惟余小子之本心”

제의 탄압을 피해 점차 북상, 북간도와 러시아 연해주로 집단 도강을 단행하게 되었던 것이다. 한편 이 무렵 경성의병의 總務로 의병을 인솔하고 있던 이남기에게도 일단의 비방이 쏟아져 "서산의 의병들이 총무가 의병을 돌보지 않는 데 격분하여 상당수가 강북으로 향하였다"는 기록조차 보이고 있다.[127] 이에 앞서 일제 군경이 이남기를 체포하기 위해 거주지 安郊를 포위하게 되자, 그는 급히 鹿洞으로 피신 잠복하게 되었기 때문이다.[128] 이는 곧 의병에 대한 일제의 탄압이 가중되는 극한상황에서 의병의 활동이 심각히 위축되고 나아가 의병이 북상하는 경향을 그대로 기술한 내용이기도 하다.

경성의병 가운데 1908년 말부터 1909년 전반기까지 북간도와 연해주로 북상도강한 인물들의 사례를 들면 다음과 같다.

우선 경성의병의 참모 역할을 맡았던 지장회는 일제의 탄압이 점차 혹심해지자 1908년 12월경 북상길에 올라 두만강을 건너 북간도로 이거하였다.[129] 그는 북간도 龍圃洞에 거주하면서 뒤이어 도강해 부근에 정착한 김정규와 긴밀한 관계를 가지면서 여러 동지들과 함께 항일운동을 추진하고 있었다. 3·1운동 이후 그는 동만주지역 독립군단 편성에 동참하여 義軍部 혹은 義軍團을 인솔하는 중요한 독립군 지도자로 활동하게 되었다.[130]

어랑사 良見에 거주하던 李如珪 역시 1909년 1월 초순 무렵 북간도로 넘어가 細田水北에 거주를 정하고 이후 入北 의병 동지들과 교유하면서 항일투쟁을 계속하였다. 이들 가운데서도 특히 김정규와 1914년 무렵까지 활동의 궤를 함께 하였다.[131]

鄭泰海는 1908년 겨울 연해주 블라디보스토크로 망명하였다. 일제 군경이 1908년 11월 의병을 수색하면서 그의 처를 포박하게 되자, 그는 西

---

127) 『日記 上』, 1908년 11월 16일조, 215쪽. "聞來人之言 則在西諸胞 患賊兵之益强 憤總務之不顧 拔[衆?]向江北云云"

128) 『龍淵金鼎奎日記 上 』, 1908년 10월 13일조, 205쪽.

129) 『日記 上』, 1908년 11월 26일조, 217쪽.

130) 愛國同志援護會 편, 『韓國獨立運動史』, 1956, 306쪽; 독립운동사편찬위원회 편, 『독립운동사 5』, 1973, 340쪽.

131) 『日記 上』, 1908년 12월 13일·1909년 3월 4일조, 220·245쪽.

院에서 이송중이던 처를 구출하여 그 즉시로 함께 연해주로 건너갔던 것이다.[132] 이듬해 5월 중순경 일시 경성 仲坪으로 돌아와 이범윤 의병의 국내진입 동정을 알려 주기도 하였으나 곧 연해주로 다시 건너간 뒤 1909년 겨울에 병사하였다.[133]

일제 군경의 탄압을 피해 1909년 3월 중순까지 장연호 동쪽 부근의 花德에 잠복해 있던 서상욱은 그 뒤 역시 북상을 단행해 북간도로 들어갔다. 그는 1910년 6월 십삼도의군이 결성되자 同義員으로 동참하였다.[134]

金鼎奎 역시 이보다 조금 늦은 시기인 1909년 7월에 북상길에 올라 富寧을 거쳐 회령에서 두만강을 건너 북간도로 石磨場洞에 당도하였다.[135] 한편 그의 아우 金河奎는 그보다 약간 앞선 1908년 말에 역시 북간도로 들어갔다가 1909년 3월 일시 귀향한 뒤 다시 그곳으로 망명하였다.[136]

명천 下加에 살면서 경성의병의 김정규·지장회 등의 문인들과 긴밀히 연계되어 항일노선을 견지하고 있던 金秉振(1865~1914) 역시 1908년 말경에 블라디보스토크로 망명하였다. 이어 그는 1910년 7월(음) 柳麟錫의 문인이 되어 항일전선에 동참한 뒤, 1912년 가을에는 다시 북간도로 옮겨가 崔于翼·지장회·김정규 등과 항일투쟁을 벌이던 중 1914년 5월 細麟河 新興坪에서 타계하고 말았다.[137]

또한 車鎬均(호 龍湖)은 1909년 2월경 북간도로 넘어간 뒤 의병 동지들과 함께 긴밀히 연계되어 항일투쟁에 동참하였다.[138]

李鴻稙은 원래 경성 출신이었으나 연해주로 건너가 이범윤 휘하의 의병에 투신, 1908년 7월의 국내진공작전에 동참하여 회령까지 진격한 뒤 연해주로 회군하였다. 그 뒤 장석회 의병이 경성으로 남하 주둔하게 되자, 그는 다시 북간도를 거쳐 1908년 11월 중순경 경성으로 들어왔다. 하지

---

132) 『日記 上』, 1908년 10월 13일조, 205쪽.
133) 『日記 上』, 1909년 3월 24일·10월 12일조, 251·366쪽.
134) 『日記 中』, 1910년 6월 27일조, 35쪽 참조.
135) 『日記 上』, 1909년 5월 27일~6월 1일조, 281-283쪽 참조.
136) 김하규는 1909년 북간도로 북상도강할 무렵의 실상을 기록한 것으로 추측되는 『北來日記』를 남겼다고 하나 전해지지 않고 있다(『日記』 上, 236쪽).
137) 『日記 中』, 1914년 4월 21일조, 「先生行狀」, 593-595쪽 참조.
138) 『日記 上』, 1909년 10월 30일조, 374쪽.

만 중심 인물들이 대거 북상함에 따라 그 역시 북간도(혹은 연해주?)로 망명을 단행하게 되었다.[139)]

이남기 역시 그 정확한 시기는 알 수 없으나 1908년 말 혹은 1909년 초에 연해주로 건너간 뒤 블라디보스토크와 연추 등지를 전전하면서 유인석 휘하에서 핵심인물로 활동하고 있었다. 그는 1910년 4월 유인석의 명을 받고 북간도로 들어와 경성의병의 옛 동지들과 조우하면서 국외 의병의 세력을 통합하는 일에 진력하였다. 이 무렵 그는 유인석의 의병 관련 문건들인 「通告文」을 비롯해 「立義案」·「貫一約」·「義兵規則」 등을 가지고 들어와 북간도의 동지들에게 傳授하였다.[140)] 이어 그는 1910년 6월 국외의병의 통합체인 십삼도의군이 결성되자 경성의병의 동지들을 이끌고 여기에 동참하여 壯義軍總裁의 직임을 맡게 됨으로써 재기항전의 기반을 구축하기도 하였다.[141)]

최경희의 경우에도, 그 구체적인 시기와 행로는 확인되지 않고 있지만, 1910년 국망 이전에 이미 북상, 연해주에 이거해 있었다. 그 후의 행적은 알려져 있지 않으나, 聲明會 宣言書의 서명록 명단에 그의 이름이 올라 있는 점에서 연해주 망명 사실은 확인되고 있다. 또한 최경희와 함께 李容俊과 李鍾郁·李興基 등의 경우에도 역시 국망 이전까지는 이미 연해주 망명을 단행하였던 것으로 확인된다.[142)]

주남사 출신으로 경성의병에 事務員 직임을 가지고 참여하였던 李慶郁(李亨極)도 어랑사의 사무원이던 李英郁과 함께 1910년 봄에 북간도로 망명한 뒤 小許文에 정착하여 항일투쟁을 계속하였다.[143)]

이상에서 살펴본 북상 망명인물들의 사례는 현재 자료상으로 확인 가능한 범위 안에서 정리한 것이다. 경성의병의 중심인물이기도 한 이들은 대개 북상도강 이후에도 상호 긴밀한 연계를 가지면서 항일활동을 펼쳐

139) 『日記 上』, 1909년 10월 20일조, 208쪽; 『日記 下』, 1917년 4월 12일조, 417쪽.

140) 『日記 上』, 1910년 3월 7일조, 525-574쪽 참조.

141) 『日記 中』, 1910년 6월 3일조, 11쪽 참조.

142) 尹炳奭, 『李相卨傳』, 一潮閣, 1984, 225쪽 선언서 서명록 명단 참조.

143) 『日記 上』, 1910년 3월 28일조, 588쪽; 『日記 下』, 381, 441쪽 참조.

나가는 경향을 뚜렷이 보여 주고 있다. 하지만 이들 외에도 경성의병의 성원 가운데 상당수는 역시 1908년 말 이후 두만강을 건너 대안 지역으로 집단 도강하였을 것으로 추정된다. 일제가 그들의 정보 보고서에서 최경희 휘하 90여 명의 의병 가운데 반수가 해산 이후 신무산을 넘어 간도로 향하였으며[144], 또한 어느 부대인지는 확실치 않으나 30여 명의 의병이 역시 五峰嶺을 넘어 무산을 경유해 간도로 들어갔다고[145] 밝힌 집단 북상도강의 내용도 이러한 맥락에서 자연스럽게 이해할 수 있는 것이다.

이들 외에도 1920년대에 활동이 두드러지는 북간도의 독립군 지도자 서일[146]과 현천묵·최우익, 그리고 안무 등도 경성 출신의 북간도 망명인사들이었던 점으로 미루어 의병항전의 단계에서도 어떤 형태로든지 연계되어 있지 않았을까 강하게 추측되지만 현재로서는 그 관계를 설명할 길이 없다. 이들이 간도 일대에서 활동하는 동안에 경성의병의 망명인물들과 밀접한 관련을 맺고 내왕이 빈번하였던 사실로 미루어도 보더라도 그 관련성은 더욱 농후한 것으로 판단된다.

이와 같이 1908년 말 이후 북상길에 올라 두만강 너머의 북간도와 노령 연해주 일대에 망명해 있던 경성의병의 중심인물들은 그 뒤 이 지역에서 펼쳐지는 국외 항일독립운동에 적극 동참하면서 의병항전의 논리와 정신을 계승 발전시켜 갔다. 특히 국망을 전후한 시기에 국외 독립운동의 중심무대가 된 연해주 일대에서 전개된 십삼도의군과 성명회의 활동에 적극적으로 동참하였다. 1910년 6월에 국내외 의병세력의 통합을 표방하고 결성된 십삼도의군의 경우, 경성의병장 이남기가 장의군총재를 맡아 경성을 비롯한 함경도의병의 북상세력을 통할하였던 것으로 보이며, 서상욱은 홍범도·이진룡 등과 함께 同義員에, 그리고 김정규는 壯義軍從事 등의 직임을 가지고 이 통합군단의 활동에 적극 참여하였다. 또한 이들은 국망과 동시에 십삼도의군의 후신으로 결성되어 '한일합병'의 원천 무효를 주창한 성명회의 활동에도 깊이 연관되어 있었다. 이남기와 최경희를

144) 『編冊』, 「鏡警發 제1638호」(1908. 12. 11); 『資料 12』, 637쪽.

145) 『編冊』, 「秘收 제365호의 3」(1908. 12. 30); 『資料 12』, 651-652쪽.

146) 서일은 원래 경흥 출신이었지만 경성으로 내려와 주로 활동하였기 때문에 경성의병의 활동에 동참하였을 가능성이 크다고 생각된다.

비롯해 지장회·김정규·李容俊·李鍾郁·李興基 등 경성의병의 중심인물들 다수가 성명회 선언서의 부본인 서명록 명단에 서명하고 있는 점으로 볼 때,[147] 이러한 경향은 충분히 짐작할 수 있다.

요컨대, 경성을 중심으로 한 두만강 변경지역의 의병은 국망 전후 두만강 양안의 관북 6진 지역과 연해주 및 북간도 일대의 의병 세력과 긴밀한 연계하에서 활동하고 있었다. 이 지역의 의병이 특히 계몽운동 노선을 표방하던 대한협회 경성지회의 활동과 연계되어 있던 사실은 국망이 현실화되는 시점에서 의병과 계몽운동 노선이 합일되면서 새로운 독립운동의 방향을 모색하게 되는 근대 민족운동의 발전적 측면을 豫示하고 있다는 점에서 중요한 의의를 찾을 수 있다. 또한 1908년 말 이후 의병의 중심인물들이 대거 북상도강을 단행하여 북간도와 연해주 일대로 항일투쟁의 근거지를 이동해 가는 과정은 국망 전후 국내 의병의 북상도강 경향을 단적으로 보여 주는 사례로서 주목된다고 할 것이다.

147) 尹炳奭, 『李相卨傳』, 225쪽.

제3부

러시아 沿海州地域의 義兵

제1장
沿海州義兵

1894년 청일전쟁 이후 시작된 한말의 의병항전은 러일전쟁 이후 1907년 고종 퇴위와 군대해산을 계기로 더욱 확대 격화되기에 이르렀다. 이와 같이 발전한 후기의병은 1908년에 극성기를 맞았고 1909년 9월 일제의 소위 '남한폭도대토벌작전'으로 말미암아 그 활동이 급격히 위축되고 말았다. 일제는 의병 대탄압 이후에야 한국을 병탄할 수 있었던 것이다.

1905년 을사오조약 늑결 이후 의병항전이 확대 격화되던 시기에는 국내뿐만 아니라 두만강을 사이에 둔 러시아 연해주에서도 항일의병이 편성되어 두만강을 넘나들며 일제 군경과 항전을 벌였다. 이 연해주의병[1]은

1) 본장에서 다루고 있는 연해주의병은 단일 편제로서의 한 부대 단위를 대상으로 한 것이 아니다. 국내 의병의 경우, 각지에서 일어난 의병은 모병에서부터 항전에 이르기까지 의병장을 정점으로 편제된 단일 의병부대 단위로 이루어지고 있는 까닭에 자연히 의병장의 이름을 따거나 혹은 활동지역 이름을 따서 단위 부대 이름으로 삼게 되는 것이다. 그러나 연해주지역 의병의 경우에는 단위 부대들의 실체를 확인하기가 곤란한 까닭에, 더욱이 후술하겠지만, 여러 면에서 국내와는 여건이 상이해 단위 부대로 접근할 수 없는 까닭에 '연해주' 내의 항일의병 전체를 연구 대상으로 설정하고 이를 '연해주의병'이라 규정한 것이다. 또한 항일의병사 전체를 염두에 두는 경우, 의병에서 독립군으로 전환되는 교량적 역할을 담당하는 연해주의병의 성격을 고려한다면, 연해주 도처에 형성된 한인사회를 바탕으로 한 여러 계통의 항일의병의 역사적 의미를 규정짓기 위해서는 이러한 단일의 용어 규정이 더욱 설득력을 갖게 될 것이다.

한편 그 활동권역을 고려할 때 연해주지역이 중요 무대가 되었으나, 연해주

연해주 도처에 산재하던 이주 한인사회를 바탕으로 국내 의병과는 여러 면에서 양상을 달리하는 모습을 보이며 활동하였다.

연해주의병은 국내 의병의 국외 확대인 동시에 항일독립운동사에서 의병이 독립군으로 전환 발전되는 중간 道程에 있는 교량적 역할을 담당하였다. 국망 이후 1914년 大韓光復軍政府 수립을 전후한 시기부터는 연해주 등지의 국외 의병이 독립군을 표방하였기 때문이다. 그러므로 연해주의병은 국망을 전후한 시기부터 민족해방 때까지 부단히 전개되어 온 국외 민족운동의 효시 혹은 연원이 되었다는 데 그 의의가 크다고 할 것이다.

본 장에서는 이러한 연해주의병의 편성 과정에서부터 주요 인물들의 성향, 무기와 군자금 문제, 그리고 구체적인 항전 내용 등에 이르기까지 그 실체에 대한 전반적인 문제들을 살펴봄으로써 의병항전사에서 이 의병이 가지게 되는 역사적 위상과 의의를 밝혀 보고자 한다.

1. 沿海州義兵의 편성과정

1) 편성과정

1863년 이래 형성되기 시작한 연해주 한인사회는 1905년 을사오조약 늑결 이후 1907년 정미칠조약과 군대해산을 계기로 국내외에서 활동하던 민족운동자들이 대거 망명하면서 새로운 전기를 맞아 국외독립운동의 중추기지로 부상하게 되었다. 1905년 이후 국망 때까지 연해주지역으로 집결한 민족운동자는 그 계통이 다양하다. 먼저 間島管理使를 지낸 李範允을 필두로 국내에서 의병항전을 주도하던 柳麟錫·洪範圖·李鎭龍 등 의병 계열의 북상을 들 수 있다. 이들은 국내에서 항일전을 벌인 뒤 일제의 탄

와 접경한 두만강 대안의 琿春·延吉을 중심으로 하는 북간도 일대도 역시 연해주의병의 영향권 안에 있었고, 그곳 한인사회와 긴밀한 연관을 맺고 있었던 것이다. 그러므로 본서에서는 북간도 일대의 의병 동정에 대해서도 연해주의병 활동의 확대로 파악, 동일선상에서 고찰하였다.

압을 피해 새로운 항전기지를 모색하면서 두만강을 건너 연해주로 넘어가 지속적인 항일전을 표방하였던 것이다. 다음으로 국내외에서 계몽운동을 주도하던 인물들도 이 무렵 대거 연해주로 건너갔다. 헤이그밀사로 저명한 李相卨과 李瑋鍾을 비롯해 간도 일대에서 민족주의교육을 실시하던 李東寧과 鄭淳萬, 그리고 미주에서 共立協會와 國民會를 조직하여 독립운동을 추진하던 鄭在寬·李剛·金成茂 등이 그들이다. 한편 국내로부터는 新民會를 조직, 활동하던 安昌浩를 위시해 李鍾浩·李甲·曹成煥·柳東說 등도 여러 길로 나뉘어 연해주로 옮겨 갔던 것이다. 이들은 연해주 한인사회의 지도급 인물인 崔在亨·崔鳳俊·文昌範·金學萬 등과 힘을 합하여 1910년대 국내외 독립운동을 주도하게 되는 것이다.[2] 그러므로 연해주는 국망을 전후한 시기에 국내외에서 펼쳐지던 다양한 계열의 민족운동 노선이 합류하는 거대한 호수가 되었으며, 나아가 이는 곧 한국민족운동의 새로운 방향을 모색하는 무대가 되었던 것이다. 국외 독립운동을 주도하던 본산으로서의 이러한 역할은 1914년 제1차 세계대전 발발 때까지 지속되었다.

연해주에서 펼쳐진 항일의병은 한인사회의 이와 같은 분위기 속에서 을사오조약 늑결 이후 자연히 성숙되어 갔으며, 1900년대 후반 연해주 한인민족운동의 주요한 흐름 가운데 하나가 되었다. 연해주의병은 국내에서 의병의 항일전이 확대 격화되던 시기인 1907~1908년에 그 영향이 파급되면서 활발한 활동을 벌이게 된다. 즉 연해주의병의 편성·활동은 국내의 정치적 상황 악화와 이에 따른 항일의병의 확대 발전과 긴밀한 연관이 있었던 것이다.[3]

한편 연해주 이주 한인의 출신지 비율을 보면, 정확한 통계수치는 제시

---

2) 尹炳奭, 「블라디보스토크 新韓村」, ≪문화일보≫ 제262호(1992. 9. 8).

3) ≪한인신보≫ 제12호(1917. 10. 7), 「강동쉰해」에서 "내지(한국－필자)에서 해아밀사 사건으로 다시 한일七협약이 체결되고 황제가 폐위하며 군대를 해산함에 각처에서 의병이 폭동하며 아령동포들도 크게 격분하여 의병을 일으키더라. 이범윤·최재형 등은 의병을 기동할 새 안중근·엄인섭으로 하여금 두만강 연변에서 일병과 싸움에 승패가 무상하더라"고 한 대목은 연해주의병의 활동이 국내 의병의 확대 발전에 크게 영향 받았음을 지적한 것이라 하겠다.

할 수 없지만, 함경도가 가장 컸고 평안도가 다음이었으며, 이들 서북지역 출신이 절대 다수를 차지하고 있었다. 1905년 이후 南道로부터 정치적 망명자의 비율이 증가하는 추세 속에서도 여전히 남한 출신은 드물었다.[4] 이러한 현상은 우선 함경·평안도 일대가 연해주와 지리적으로 가까웠기 때문에 두만강만 건너면 쉽게 越境할 수 있는 지리적 이점이 있었을 뿐만 아니라, 경제적으로 곤경에 처한 북한 窮民이 삶의 터전을 찾아 渡江하는 사례가 많았던 데 기인한다.

연해주의병은 크게 보아 두 계통으로 구성되어 있었다. 그 가운데 하나는 연해주에 형성된 이주 한인사회 내에서 조직된 계통이고, 다른 하나는 국내에서 의병 등 항일투쟁을 전개하다가 북상하여 연해주로 건너간 망명인 부류이다. 연해주의병의 구성원을 살펴보면 이와 같은 현상은 자연히 설명된다. 이 문제를 명확히 해명할 수 있는 자료는 드물지만, 그 대체적인 추세나 경향을 보여 주는 기록은 단편적이나마 산견된다. 연해주의병의 일원으로 후술할 1908년의 국내진공작전에 참가하여 會寧 靈山까지 진격했던 朱萬錫이라는 인물이 일본군에 피체된 뒤 진술한 내용 가운데 다음과 같은 대목이 그것이다.[5]

> 문: 폭도(의병－필자)는 통상 타 지방으로부터 來集하는 것인가 또는 각지에 土着하고 있는 것인가?
> 답: 원래 한국의 兵隊로 있었던 자(해산군인－주)나 연추 지방에 집을 갖고 있었던 자(先移住民－필자)나 기타 북한지방으로부터 出稼로 간 자(渡江이주민－필자)다. (중략)
>
> 문: 폭도는 어떻게 해서 모집하는가?
> 답: 내가 들은 바로는 연추에서 소작하던 자가 싫증이 난 자도 있고, 원래 兵隊

4) 尹炳奭, 「1910年代 沿海州地方에서의 韓國獨立運動」, ≪韓國史學≫ 8, 한국정신문화연구원, 1986, 157-158쪽; 尹炳奭, 『國外韓人社會와 民族運動』, 一潮閣, 1990, 182-183쪽.

5) 『暴徒에 關한 編冊』, 「韓憲警乙 제1179호」(1908. 10. 12); 國史編纂委員會 편, 『韓國獨立運動史－資料 12』, 270-271쪽.

이하 인용에서 『暴徒에 關한 編冊』의 경우에는 『編冊』으로만, 國史編纂委員會에서 편찬한 『韓國獨立運動史－資料 6-19』의 경우에는 『資料 6-19』로만 각각 略記한다.

였던 자 자연히 모이기도 하고, 한국 각 군의 家無者 등이 모이고 있다. 그들은 자연히 폭도가 되는 것이다.

위의 내용은 연해주의병에 실제 동참하였던 인물의 진술인 까닭에 신빙성이 있다고 보인다. 또한 연해주 한인사회의 전체적인 분위기나 의병 성원에 대한 일반적인 이해에도 자연스럽게 접근되는 내용이기도 하다. 구체적으로 의병의 구성원을 보면 대개 先移住民으로 연해주 토착한인도 있었으며, 국내의 해산군인이 북상한 경우이거나, 북한지역에서 도강한 이주민 등으로 구성되어 있었던 것이다. 그 가운데 해산 군인이나 국내 의병이 꾸준히 북상, 연해주의병에 합류하는 경향에 대해 일제도 정보기록에서 '남한방면으로부터 패주한 殘徒들이 드물게 그 무리에 투신하는 자가 있다'고 기술하였다.[6] 한편 간도에서 활동하던 趙尙甲 휘하에는 전라도·충청도 일대에서 북상한 계열 인물들 다수가 포함되어 있었던 것으로 보인다.[7] 구체적인 인명들은 확인되지 않지만, 이들은 대개 일제의 대의병 탄압이 가중되는 상황에서 새로운 항전기지를 찾아 북상도강한 것으로 추측된다. 연해주의병의 구성원으로는 이 밖에도 다양한 출신이 있었겠지만, 이들 모두를 대체로 선이주민 출신과 국내에서 북상한 망명인 계열 등 두 부류에 포함시킬 수가 있다. 하지만 두 계통 모두 그곳 한인사회를 근간으로 하였을 뿐만 아니라 양자가 합일되는 과정을 거치면서 대일항전을 전개하게 된다.

다음으로 연해주의병이 편성되는 시기와 과정에 대해 살펴보자. 하지만 자료 부족으로 이 문제에 대해서는 명확한 해명을 할 수는 없는 한계가 있다. 다만 연해주 한인사회의 전체적인 분위기와 의병 결성과 관련된 자료들을 통해 연해주의병의 편성시기를 개략적으로 설명할 수 있을 따름이다.

연해주의병이 편성되는 움직임은 연해주 한인사회의 중심인물로 가장 신망이 두터웠던 최재형이 을사오조약 늑결 이후 항일의 기치를 표방하면서 비롯되었다. 그리고 연해주의병이 편성되는 것은 러일전쟁 직후인

6) 『編冊』, 「咸北警秘發 제51호」(1910. 5. 17); 『資料 18』, 254쪽.
7) 『編冊』, 「憲機 제1224호」(1910. 5. 26); 『資料 18』, 262쪽.

1906년 초에 間島管理使 李範允이 휘하 忠義隊를 이끌고 연해주로 망명한 것을 계기로 해서이다.

러일전쟁 중에 이범윤은 함경도 일대의 산포수를 중심으로 召募 民軍인 충의대를 이끌고 함경도지역으로 들어가 러시아군과 함께 항일전을 벌였다.[8] 이때 그의 휘하에는 許燦·吳七星·鄭南奎·崔君七·金利杰·趙尙甲·申致玉·姜七星·姜義逢 등 뒷날 연해주의병의 중심인물들이 활동하고 있었다.[9] 그러므로 그의 휘하에서 활동하던 충의군은 곧 의병의 성격을 가졌으며, 연해주 이주 이후에는 연해주의병의 근간을 이루었을 것으로 생각된다. 이범윤은 전쟁이 끝난 뒤 1905년 11월 초 국외망명을 단행하여 무산·회령·종성·온성·경원 등지로부터 전원 총기로 무장한 300여 명의 부하들을 이끌고 두만강을 건너 간도 琿春 부근에서 잠시 유진하였다. 1906년 초에는 다시 淸의 퇴각요구로 부하들을 이끌고 琿春을 떠나 煙秋로 들어가 정착하였다.[10] 두만강 대안 곳곳에 한인촌락이 형성되어 있던 연해주로 망명, 그곳을 항전기지로 삼아 더욱 효과적이고도 적극적인 항일전을 수행하려는 구상을 하였던 것이다. 이범윤의 이와 같은 항일전 구상은 그곳 한인사회에서 신망 있고 재력 있던 최재형과 조우, 그로부터 적극적인 지원을 받게 됨으로써 연해주의병의 결성으로 발전될 수 있었다.[11] 연

8) ≪한인신보≫ 제12호(1917. 10. 7), 「강동쉰해」.

9) 金仲國 抗日鬪爭記(趙素昻文書, 필사본, 1926).

10) 『資料 11』, 180쪽.

11) 한편 연해주에서 성장, 의병에 투신하였던 李仁燮은 연해주의병의 편성과정을 다음과 같이 기술하면서 최재형·이범윤을 대립적인 관계로 파악하고 있어 주목된다(이인섭, 「최고려자서전을 연구하다가 나의 소감」, 필사본, 1961. 10. 27).

"1906년이었다. 원동 연해도에서 당시 보시예트 면장이었던 최재형 주최로 의병대가 조직되었고, 두만강변 간도 등지에서는 회령사람 조선군대 이전 영장이었던 허근(재욱), 보통 허영장이라는 애국지사가 의병대를 조직하여 최재형 부대와 합세하여 두만강을 건너서 조선에 나가서 왜병들 병참을 습격하여서 많은 전공을 세우면서 (중략) 당시 중·아 양령에는 北邊間島管理使 李範允이라는 괴물이 있었다. 그는 당시 조국에서 떠나 외국에 나와 조국을 그리면서 생활하는 민중들에게 특권도 썼고, 지역 행정기관에서는 조선 정부대표의 대우도 받았다. 최재형·허영장 의병대가 활동하기 시작하니 이범윤이는 '창의대 총영소'라는 군사기관을 설하고 왜병과 싸우는 것이 아니라 최재형·허영장 의병대들을 자기 휘하에 복종하라고 명령하였다."

해주의병의 편성 과정에서 결정적인 역할을 하였던 이범윤·최재형 두 인물은 시종일관 연해주 한인사회에서 무장항일전을 표방하던 의병 노선의 양대 축을 형성하면서, 이후 의병부대를 유지 운영하는 실무에서부터 항일전 수행에 이르기까지 탁월한 지도력을 발휘하였다.

연해주의병이 편성되는 과정에서는 또한 러시아 군인들로부터도 일정한 영향과 후원을 받았던 것으로 보인다. 러일전쟁에 참전하였던 러시아 군인들은 패전후 상당수 현직에서 파면되거나 혹은 해산되어 연추 등지의 남우수리 구역에 머물러 있었다. 경제적으로나 사회적으로 열악한 처지에 놓여 있던 이들은 자신들의 입지를 회복하는 방편으로 한인들의 항일의병 결성을 촉구하거나 후원하는 입장을 견지하였던 것이다. 다음과 같은 자료는 그 일단을 보여 주고 있다고 하겠다.

> 전년 (러일전쟁 때) 조선에 진입한 러시아 장교는 연패하여 다 職을 파면당하고 또 하사 이하 만기가 되어 해산하였으나 여비를 지급받지 못하여 본국에 돌아가지 못하고 크게 의식에 궁한 자 '모레고가이', '니꼴로스케', '아라스도', '곤센노게이스카'(이상 소재 불명－필자), '포세트' 지방에 수천 명이 있다. 이들이 한인을 선동하여 거의할 것을 권유하고 있다. 러시아의 모장교가 이범윤에게 말하기를 "우리(러시아 패전군인－필자)는 러일전쟁에서 불행히도 일본에게 패하여 원한이 골수에 사무쳤다. (중략) 이때 우리 황제는 '너희들은 패전한 장교 하사졸이니 본국에 돌아올 필요가 없다. 국외에 나가 타국에서 생계를 세우라'고 엄명을 내렸다. 우리 無職의 장교·하사졸은 크게 생계에 곤궁하고 있다. 귀하(이범윤－필자)가 차제에 결연히 거의한다면 우리 일동은 미흡하나마 힘을 보태겠다."[12)]

연해주의병은 위와 같은 입장과 처지에 있던 러시아 패전군인들로부터 상당수의 무기를 저가로 구입하거나 혹은 지원받을 수 있었던 것으로 보인다. 위의 자료에서는 러시아 군인측이 '5연발총 1정당 실탄 400발을 첨부하여 4원 50전에 우선 2만 정을 매각'하겠다는 의사를 밝히고 있다.[13)]

위의 자료에서도 역시 연해주의병은 1906년에 소직된 것으로 기술, 이범윤이 연해주로 건너간 무렵임을 인정하고 있다. 다만 허근의 초기활동을 부각하고 이범윤을 비판적 시각에서 기술한 것은 필자의 주관적 견해가 강하게 개재된 때문이라 판단된다.

12) 『編冊』, 「鏡警發 제1638호」(1908. 12. 11); 『資料 12』, 638쪽.

실제 의병이 이들로부터 구입한 무기 수량이 구체적으로 얼마인지는 밝힐 수 없지만, 이러한 경로를 통해 의병측에서는 상당한 무장을 갖출 수 있었음에는 틀림없다. 의병들이 소지한 무기 가운데 러시아제 5연발, 14연발총이 주종을 이루었던 이유도 이러한 맥락에서 이해할 수가 있는 것이다.[14]

2) 同義會와 彰義會

연해주의병은 국내에서 항전하던 단위 의병부대들과는 편제에서부터 그 성격을 달리하고 있다. 연해주의병은 기본적으로 단일 부대로 편성되어 있었던 것이 아니라 여러 단위 부대가 이합집산되는 복잡한 구조와 성격을 지니고 있었다. 그러므로 일정한 편제나 엄격한 명령계통이 상존해 있었던 것이 아니었다. 이런 까닭에 연해주의병은 그때그때의 상황에 따라 조직과 편제를 달리할 수밖에 없었으며 한인 밀집지역 도처에 의병이 분산 편제되어 있는 형태를 취하고 있었던 것이다. 이와 같은 현상은 의병을 주도한 인물들의 성향이 다양하였던 점과 한인사회가 연해주 각지에 산재하였다는 점에서 자연히 기인한다고 생각된다. 그러므로 이들 각기 분산된 의병세력을 통합, 운영하기 위한 방편으로 결사의 성격을 가진 단체가 등장하게 되었던 것이다. 동의회와 창의회의 탄생에는 이와 같은 배경이 깔려 있다.

동의회는 1908년 5월경 煙秋에서 결성된 것으로 보인다. 동의회는 이주한인간의 결속 도모와 환난 구제를 표방하면서 결성되었으나 실질적으로는 항일의병을 추진하기 위한 결사의 성격이 강하였다. 곧 동의회라는 회명 자체가 의병결사를 의미하였던 것이다.[15] 이 점에 대해 동의회의 중

13) 독립운동사편찬위원회 편, 『독립운동사 5』, 1973, 194쪽.
일설에는 한국에 동정적인 이들 러시아 장병들은 이범윤에게 예비병 4만과 총기·탄약을 대여하겠다고 제의하고 기병할 것을 권유하였다고도 한다. 이 제의가 러시아 당국의 제지로 이루어지지 않자 그들은 또 다시 이와 같이 총기를 헐값에 팔도록 주선하였다는 것이다(國史編纂委員會 편, 『韓國獨立運動史 1』, 1968, 528쪽).

14) 國史編纂委員會 편, 『韓國獨立運動史 1』, 1968, 529쪽 참조.

요임원이었던 안중근도 “(동의회의) 목적은 禍難相救에 있으나 同회원에는 의병에 가담한 자가 많다. (이것이 동의회가) 의병단체라는 평을 타인으로부터 받는 所以이다”고 진술해 동의회가 곧 의병단체의 성격을 가졌음을 시사하고 있다.[16] 다소 장문이지만 그 취지서의 전문을 소개하면 다음과 같다.[17]

무릇 한 줌 흙을 모으면 능히 태산을 이루고 한 홉 물을 합하면 능히 창해를 이룬다 하나니 적은 것이라도 쌓으면 큰 것이 될 것이요 약한 것이라도 합하면 강한 것이 됨은 고금천하의 정한 이치라. 그런 고로 주역에 이르기를 두 사람만 동심하여도 그 이(利)로움이 쇠를 끊는다 하고 춘추전에 말하기를 여러 마음이 합하면 성을 쌓는다 하였으며 서양 정치가도 항상 말하기를 나는 뇌정도 두렵지 않고 대포도 겁내지 않되 다만 두렵고 겁나는 것은 중심(衆心)이 합하여 단체된 것이라 하였으니 자고로 영웅호걸이 위태하고 간험(艱險)한 때를 당하여 충의열성으로 나라를 붙들고 세상을 건지고자 할진대 반드시 의기남자와 열혈지사를 연람(延攬)하여 단체를 맺어 소리 같은 이는 서로 응하고 지기(志氣) 같은 이는 서로 구한 연후에야 능히 광대한 사업을 이루며 능히 거룩한 공명을 세우나니 옛적 유관장 三인은 도원에 결의하여 사백 년 유씨의 기업을 다시 촉한에 중흥하고 마찌니와 가리발디는 영호(英豪)를 결합하여 이태리를 창립함으로 구라파 남반도에 十一만방리의 신로마를 다시 건립하였으니 이것은 다 고금 영걸지사의 몸을 잊어 나라에 들이고 마음을 합하여 의기를 떨침이라.

슬프다 우리 동포여. 오늘날 우리 조국이 어떤 상태가 되었으며 우리 민족이 어떤 지경에 빠졌는지 아는가 모르는가. 위로는 국권이 소멸되고 아래로는 민권이 억알(抑軋)되며 안으로는 생활상 산업권을 잊어버리고 밖으로는 교통상 제반권을 단절케 되었으니 우리 한국 인민은 사지를 속박하고 이목을 폐색하여 꼼짝 운동치 못하는 일개 반생물이 된지라 어찌 자유 활동하는 인생이라 하리요.

대저 천지간에 사람으로 생겨서 사람된 직책이 많은 중에 제일은 국가에 대한 직책이니 국가라 하는 것은 곧 자기 부모와 같이 자기의 몸을 생산할 뿐더러 자기의 부모형제와 자기의 조선(祖先) 이상으로 기백 대 기천 년을 자기까지 혈통으로 전래하면서 생산하고 매장하던 땅이오. 또한 기백 대 조선 이하로 그 종족과 친척을 요량하면 전국 내 몇천만 인종이 다 서로 골육친척이 아니 되는 자 없나니 일반 국가와 동포는 그 관계됨이 이같이 소중한 연고로 국가에 대한 책

---

15) 『資料 7』, 257, 466쪽.

16) 위와 같음.

17) ≪海朝新聞≫ 제63호(1908. 5. 10), 「同義會趣旨書」.

임은 사람마다 생겨날 때에 이미 두 어깨에 메고 나는 것이라. 만약 사람으로서 자기 나라에 열심하는 정신이 없고 다만 야만과 같이 물과 풀을 좇아다니며 어디든지 생활로 위주하면 어찌 금수와 다르리요.

가령 한 나라 안이라도 고향을 떠나 타향에 오래 작객(作客)하면 고향 생각이 간절하거늘 마을이며 고국을 떠나 수천 리 외국에 유우(流寓)하는 우리 동포는 불행히 위험한 시대를 당하여 조국의 강토를 잊어버릴 지경이요 형제친척은 다수 화중(火中)에 들어 만목수참(滿目愁慘)한 경상(景狀)이라 어찌 슬프지 않으리요. 눈비 오고 궂은 날과 달밝고 서리찬 밤 조국사상 간절하여 꽃을 보아도 눈물이오 새소리를 들어도 한숨짓는 자고 충신열사의 난시를 당하여 거국리향(去國離鄕)한 회포를 오늘이야 깨닫겠도다. 만약 조국이 멸망하고 형제가 없어지면 우리는 뿌리없는 부평(浮萍)이라 다시 어디로 돌아가겠는가.

그러하면 우리는 어찌 하여야 우리 조국을 붙들고 동포를 건지겠는가. 금일 시대에 첫째 교육을 받아 조국정신을 배양하고 지식을 밝히며 실력을 길러 단체를 맺고 일심동맹하는 것이 제일 방침이라 할지라. 그런고로 우리는 한 단체를 조직하고 동의회라 이름함을 발기하노니 슬프다 우리 동지 동포는 아무쪼록 우리 사정을 생각하고 단체 일심이 되어 소년 이태리의 혈성으로 조국의 정신을 뇌수에 깊이 넣고 교육을 발달하여 후진을 개도(開導)하며 국권을 회복하도록 진심갈력할지어다. 저 독국(獨國) 비스마르크는 평생에 쇠와 피와 두 가지로써 독국을 흥복(興復)하고 부강을 이루었나니 우리도 개개히 그와 같이 철환을 피치 말고 앞으로 나아가서 붉은 피로 독립기를 크게 쓰고 동심동력하여 성명을 동맹하기로 청천백일에 증명하노니 슬프다 동지제군이여(괄호한자 및 맞춤법－필자).

위 취지서에서는 민족운동자간의 단결과 이주 한인들의 조국정신 배양을 최급무로 역설하고 있는데, 이는 곧 의병을 조직하고 항일전을 수행하는 전제조건으로 요구되는 내용이라 할 것이다. 그러므로 궁극적으로는 '철환을 피치 말고 붉은 피로 독립기를 크게 쓰고 동심동력하여' 무장항일전에 진력할 것을 촉구하였던 것이다. 곧 동의회는 의병결사 그 자체는 아니었으나, 그 중심인물들이나 추구하던 노선이 항일의병을 지향하고 있었던 것으로 보인다.

동의회 결성 초기 임원으로는 최재형이 총장, 이범윤이 부총장을 담당하였으며, 그 아래 회장에 李瑋鍾, 부회장에 嚴仁燮이 각각 선임되었다.[18]

---

18) 위와 같음.

총장제와 회장제의 역할 및 기능, 상호관계에 대해서는 알려져 있지 않으나, 총장은 권위를 가진 상징적 역할을 하고, 회장이 회의 실제 업무를 관장하지 않았나 추측된다. 아무튼 이들은 모두 연해주의병의 편성과 활동 단계에서 중요한 역할을 수행하였던 핵심 인물들이다.

그 뒤 1909년 말 동의회는 이범윤이 배제되고 최재형 중심으로 운영되었던 듯하다. 동의회가 결성되던 초기에는 다양한 성격의 인물들이 대거 회집하여 의병을 추진하였으므로 이범윤도 이와 같은 추세에 능동적으로 동참하였던 것으로 보인다. 그러나 이범윤이 최재형과 갈등을 노정하는 상황에서 동의회는 그 성격상 이범윤 세력이 자연히 배제되고 최재형 중심으로 운영되어 간 듯하다. 이 무렵 최재형은 직접 회장을 맡았으며, 그 휘하에 안중근과 엄인섭이 評議員으로 실제 업무를 관장하였던 것으로 보인다. 그 밖에 白圭三·李京化·金起(基)龍·姜昌斗·崔天五 등의 의병장들을 비롯해 咸東哲·鄭淳萬·田明雲·李鴻基·金龍煥·韓景鉉 등 총 20~30여 명이 주요 회원으로 활동하고 있었으며 회원 총수는 2,000~3,000명에 달하였을 만큼 방대한 규모의 결사였다.[19] 그 가운데 ≪대동공보≫ 기자로 있던 정순만(王昌東)은 교육·언론사업에 치중하였던 인물로 의병 노선과 괴리된 듯한 성향의 인물이었지만 중요 회원으로 활동한 것으로 파악되고 있어 주목된다. 그는 또한 뒷날 십삼도의군에도 참여하였다고 하는데,[20] 동의회에 참여한 사실과 연관지어 볼 때 그 개연성이 인정된다. 그리고 전명운은 1908년 3월 張仁煥과 함께 샌프란시스코에서 일제의 대한침략을 옹호 찬양하던 스티븐스를 처단하여 한민족의 의기를 천명한 의사로 1908년 7월 출옥 후 베를린·모스크바를 경유해 1909년 4월경 연해주로 건너왔던 것이다.[21] 이와 같은 동의회가 언제 해체되었는지 확인할 수 없지만, 국망 직전까지 활동하였던 것으로 추측된다.

한편 이범윤 역시 연추에 본부를 둔 彰義會[22]를 설치, 운영하고 있었

19) 『資料 7』, 218, 256-257쪽.
20) 趙東杰, 「安重根義士 裁判記錄上의 人物 金斗星考」, 『春川敎大論文集』 7, 1969, 39쪽; 『독립군의 길 따라 대륙을 가다』, 지식산업사, 1995, 115쪽.
21) 李相禹, 「량의사합뎐」, ≪新韓民報≫ 1909년 4월 7일자; 『한국학연구』 4(별집), 인하대학교 한국학연구소, 1992, 11쪽 참조.

다. 그러나 창의회의 결성 시기는 현재 자료 부족으로 밝힐 수가 없다. 다만 일제측 기록에는 창의회를 '동의회가 일시 해산하였을 때 이범윤이 새로이 조직한 것'이라고 기술하였다.[23] 하지만 현재로서는 동의회의 일시 해산 여부를 확인할 수 없기 때문에 그 시기를 한정하기 어려운 실정이다. 그러나 대체로 보아 동의회가 성립된 지 오래지 않아 창의회도 결성된 것으로 보인다. 왜냐하면 1908년 7월 국내진공작전에 이미 창의회 소속 인물들도 참여하였다는 기록[24]으로 보아 적어도 그 이전에는 창의회가 성립되었다고 인정할 수 있기 때문이다. 두 결사의 幷存은 창의회의 성격과 기능이 동의회와는 다른 면이 있었다는 점에서도 이해가 된다.

한편 함북 鏡城에 거주하던 崔昇斗는 1908년 6월 李鍾郁·李興基·許瑀 등의 동지들과 함께 무기 구입차 연추 倡義所를 방문하였을 때, 이범윤 휘하의 주요 인물들로 朴治翼·姜允赫·金正益·李秉純·李範麟·李祐鍾·崔道元·張鳳翰·嚴仁燮·金起龍·安重根 등 11인을 들고 있다.[25] 창의회는 이러한 인물들이 중심이 되어 유지 운영되었던 것으로 생각된다. 그러나 이들 가운데 김정익·이우종·최도원 등은 생소한 인물들로 그 활동내용이 잘 드러나지 않고 있다.

창의회는 동의회보다 그 성격이 더욱 구체화된 의병 결사였다. 창의회는 연추에다 중앙본부인 '事務所'(혹은 視務所)를 설치하고 상주 인원을 두어 의병 소모를 비롯해 군자금 모금이나 무기 수집 등 의병 사무 일체를 관장케 하였다. 이와 같은 연추 창의회 사무소가 '창의대 총영소' 혹은 '창의소' 등으로 불렸던 것으로 추측된다.[26] 그러나 현재로서는 창의회의 구체적인 조직이나 지부설치 현황, 나아가 동의회와의 관계 등은 밝힐 수

22) 창의회는 자료에 따라 그 명칭이 다양한 용례로 등장하고 있는데, '倡義會'·'倡義隊'·'倡義所' 등이 그것이다. 여기서는 뒷날 십삼도의군 편성시 '彰義軍'이라는 명칭이 등장하는 것으로 미루어 그 모태가 되었을 본회의 이름은 '彰義會'로 통일하였다.

23) 『編冊』, 「韓參通 제142호」(1910. 6. 4); 『資料 18』, 418쪽.

24) 『資料 7』, 244쪽.

25) 『龍淵金鼎奎日記 上』, 독립기념관 한국독립운동사연구소, 영인본, 1994, 140-141쪽.

26) 이인섭, 「최고려자서전을 연구하다가 나의 소감」, 필사본, 1961. 10. 27, 7쪽.

가 없다. 다만 창의회 사무소가 이범윤 관하의 의병 사무를 전담하기 위해 결성된 기구였음은 명백하다. 연추 사무소에서 3개월을 체류한 뒤 국내로 들어와 일경에게 피체된 咸益燮이라는 인물은 이 점에 대해 다음과 같이 진술하고 있다.

> 이범윤은 都大將, 李昇鎬는 總務長이라고 칭하고 그 밖에 主記·通譯 기타 수명으로 사무소를 設하고 밤낮 擧兵의 일에 대하여 군용금의 조달, 총기의 구입에 부심하고 있었다.[27]

위 기록에서는 이범윤이 사무소를 총괄하고 그 휘하에 李昇鎬[28]가 실무를 담당하였던 것으로 밝히고 있다. 그 임무는 위에서 보듯이 주로 의병 소모, 군자금 모집, 군비 조달 등 의병 사무에 관한 일체 사무를 관장하는 것이었다고 믿어진다. 또한 이곳에는 主記·通譯 등 사무원을 상주시키고 있었다.

1909년 말이 되면 이범윤 휘하 의병에 관한 실무는 이승호와 홍범도 두 사람이 분담하게 되는 것으로 보인다. 이승호는 연추의 본부를 담당하고 홍범도가 소왕령·수청·해삼위 일대의 창의회 활동을 관장하였던 것이다.[29] 연추 中別里에 있던 사무소에는 총무장 李昇鎬가 소왕령의 홍범도를 비롯해 각지에 산재하던 司令長과 항상 연락을 취하고 있었다.[30]

---

27) 『編冊』, 「電文」(1910. 1. 7); 『資料 17』, 99쪽.

28) 일제가 이범윤의 심복으로 파악한 李昇鎬라는 인물의 실체는 현재 확인되지 않고 있다. 일제는 그를 한때 이상설로 추정하였으나, 여러 정황을 보면 이상설이 아닌 것은 분명하다. 또 咸益燮의 진술에서는 '함북 鏡城生으로 가족을 이끌고 노령 블라디보스토크로 이주'한 것으로 밝히고 있다. 혹 鏡城義兵將 출신으로 십삼도의군 편성시 壯義軍을 맡게 되는 李南基나, 聲明會의 간부로 서명록 앞 부분에 이름이 오른 李奎豊으로 막연히 추측된다. 하지만 미지의 實名 인물일 가능성도 배제할 수는 없다.

29) 『編冊』, 「高秘發 제21호」(1910. 1. 8); 『資料 17』, 101쪽.

30) 『編冊』, 「咸高警發 제1호」(1910. 1. 8)·「咸警高秘 제63호」(1910. 1. 19); 『資料 17』, 112, 137-138쪽. 여기에서는 사령장을 둔 지역과 책임자를 다음과 같이 밝히고 있다.

"大(土?)洞 司令長 李光達(37~8세)/ 신번(봉?)지 사령장 李尹桀(37~8세)/ 上別里 사령장 吳某(35~6세)/ 蓮出羅在(煙筒砬子?) 사령장 氏名不明. 이 밖에도 水清·宋鶴嶺(소왕령?)·安方非(암밤비) 등의 각 소에도 사령장이 있다고

요컨대 최재형이 중심이 된 동의회가 보다 범위가 넓고 포용력이 강한 성격의 결사로 의병을 중심 노선으로 지향했다고 한다면, 이범윤이 이끈 창의회는 그 자체가 곧 의병결사였던 만큼 그 성격이 더욱 한정되어 있었다고 하겠다.

2. 중심인물

연해주의병은 근본적으로 단일 편제의 의병이 아니라 여러 계통의 인물들을 중심으로 다양한 형태로 편제되어 있었다. 그러므로 어느 특정한 계통을 중심으로 그 실체를 파악하기가 어려운 실정이기 때문에 여기서는 의병의 편성 및 활동 과정에서 주도적 역할을 수행한 대표적 인물들을 의병과의 관련성을 중심으로 파악해 보았다.

먼저, 연해주의병을 주도한 인물은 李範允이다. 그는 1902년 6월 間島視察員으로 출발, 1903년 7월 間島管理使에 제수되어 간도 이주한인 보호에 진력하였다. 그 뒤 러일전쟁 때에는 전술하였듯이 忠義隊를 이끌고 함북 등지에서 러시아군과 연합하여 항일전을 벌이기도 하였다. 그 후 전쟁이 끝난 뒤인 1906년 초에 연추로 망명 정착하였으며, 이곳에서 최재형과 연합함으로써 연해주의병이 편성되는 계기를 마련하게 되었던 것이다.[31] 연해주와 간도 일대에서 최고의 의병장으로 부상한 그의 휘하에 전

하나 그 氏名 및 中別里로부터의 거리는 알 수 없다"

그러나 여기에 등장하는 지명들, 예컨대 大(土?)洞·신번(봉?)지 등은 구체적으로 어디에 소재하는지 확인할 수가 없다.

31) 이범윤은 러일전쟁 직후 연해주로 건너간 것으로 알려져 있으나, 그의 휘하에서 간도관리사 시절부터 종군했던 金仲國(1876년 公州生)은 이범윤이 이미 러일전쟁 이전에 연추로 들어가 항일의병을 조직하였고, 러일전쟁 때는 러시아군과 연합, 북한으로 들어와 일본군과 항전을 벌인 것으로 기록해 놓고 있다. 현재 그 진위는 명확히 파악할 수 없지만, 이 시기를 전후해 두만강 접경지역에서 벌어진 활발한 항일투쟁의 분위기를 충분히 짐작케 한다. 그 내용을 소개하면 다음과 같다.

"거금 27년 전 己亥年(1899년－필자) 이범윤이 爲咸北御使時에 爲從軍하여 會寧 及 鍾城에서 양년을 경과하고 庚子年(1990년－필자, 1901년의 오류?)

성기에는 3,000~4,000명의 의병이 편성되어 있었을 정도로 명성을 떨쳤다.[32]

이범윤 휘하 의병은 '管理兵'으로 불렸다.[33] 이범윤은 앞서 간도관리사에 제수될 때 고종으로부터 그 권능을 상징하는 鍮尺과 二頭馬牌를 하사받았다. 그는 그 가운데 마패를 간도 한인의 관리 때 權印으로 사용하였다. 그 뒤 연해주로 건너가 활동하던 시기에도 그는 여전히 '관리사' 직함을 사용하였던 것이다.[34] 관리병이라는 호칭은 여기에 연유하는 것이다. 또 이범윤은 관리사와 함께 '山砲隊長'이라는 직함도 병용하였다.[35] 이는

러시아 방열녹푸 대장과 합하여 俄領(연추) 등지로 渡去하여 忠義隊 及 東義隊를 조직하고 의병을 모집할 새 이범윤 爲忠義隊大將하고 최비집게(東榮, 최재형-필자)는 爲東義隊大將할 새 與安重根義士로 同爲隊員하여 국권회복에 노력하다가 甲辰(1904년-필자) 日俄戰役이 起할 時 前記 俄將 방열녹푸와 合兵하여 가지고 함경도 富寧 白沙峰으로 渡來하여 일병과 교전할 새 許燦·吳進士·吳七星·鄭南奎·崔君七·金利杰·趙尙甲·申致玉·姜七星·姜義逢·韓初試 외 某某人으로 더불어 군인 300여 명을 率하고 俄將과 합진하여 일병과 3개월을 亘토록 교전할 새 일병 3,000여 명을 鎭(盡의 誤字?-필자)滅하고 我軍은 일명도 死傷이 (없이) 대승전하였으나 일아전역에 南線俄兵이 대패하여 日俄講和가 됨을 從하여 부득이 을사(1905년-필자) 2월분에 俄軍과 공히 아령으로 渡去하여 연추 등지에 주둔하여 다시 이범윤·최동영 등으로 충의대 급 동의대를 편성하고(하략)"(金仲國 抗日闘爭記).

32) 尹炳奭, 「1910年代 沿海州地方에서의 韓國獨立運動」, ≪韓國史學≫ 8, 한국정신문화연구원, 139쪽; 박보리스, 「國權被奪 前後時期 在蘇韓人의 抗日闘爭」, 『韓民族獨立運動史論叢』, 朴永錫敎授華甲紀念論叢刊行委員會, 1992, 1063쪽.

1908년 7월경 일제측 정보기록에는 그들이 입수한 한인 서한 속에서 이범윤 휘하 의병의 총수를 "演(彰?)義會 및 內地의 폭도 등을 연락 團會하여 그 수 약 4천8백 이상에 달"하는 것으로(『編冊』, 「憲機 제420호」(1908. 7. 30); 『資料 11』, 462쪽), 또 다른 기록에서는 7,000명으로(같은 책, 595쪽)까지 추산하고 있다. 이러한 의병 수는 연추에 밀집한 단일 부대의 의병 수를 언급한 것이 아니라 연해주 각지의 한인사회 속에 편성되어 있는 의병 수를 모두 합한 수치로 생각하는 것이 더욱 타당하다.

33) 『編冊』, 「憲機 제1218호」(1908. 12. 25); 『資料 12』, 644쪽.

34) 尹炳奭, 「沿海州의 義兵과 李範允의 馬牌」, ≪歷史學界≫ 9(1993년 9월호), 도서출판 새누리, 5쪽.

35) 연해주 망명 이후 이범윤에게 붙은 공식 직함은 '管理使兼任各郡山砲社長'이었다(『編冊』, 「憲機 제674호」(1908. 10. 7)·「咸高警發 제1호」(1910. 1. 8); 『資料 12』, 258쪽; 『資料 17』, 106쪽). 그는 인사처리나 명령시달 등에 이 직함을

휘하에 함경도지역에서 활동하던 산포수들이 대거 활약하고 있었던 데서 유래하는 명칭이다.[36]

다음으로 연해주의병의 결성에서 산파역을 담당한 인물은 崔在亨이었다. 연해주 한인사회에서 신망이 두터웠던 그는 상당한 부호로 일찍부터 한인사회의 지도자로 부상되었던 인물이다.

원래 경원에서 태어난 최재형은 10세 때 부모와 함께 포시에트로 이주해 왔다. 이후 어려서는 러시아학교에서 교육을 받았고 귀화한 뒤에는 러시아군의 일원으로 러일전쟁에 참가하기도 하였다.[37] 러시아 지방 대의원에 임명되기도 한 그는 러시아 관헌으로부터 연추지역 한인의 통솔권을 위임받아 1884년에는 연추 都會所의 都憲 직임을 맡음으로써 연해주 한인사회의 최고 지도급 인물로 부상하게 되었다. 도회소는 韓人口가 밀집된 연추 일대에서 한인 자치기구의 성격을 가지고 있었으므로, 최재형은 그곳 한인들로부터 崔都憲으로 불리어졌다. 한편 1897년 7월에는 연해주 한인의 대표 자격으로 露都 페테르스부르크에 가서 황제 니꼴라이 2세의 대관식에 참석하였을 뿐만 아니라 러시아 정부로부터 몇 개의 훈장을 수여하기도 하였다.

최재형은 연추 주둔 러시아 기병대에 牛肉을 物納하는 일을 맡아 상당한 재산을 축적할 수 있었다. 이와 같이 축적된 재산의 상당부분이 의병의 군자금으로 전용되었던 것이다. 뿐만 아니라 그는 두만강변의 국경도시 핫산에 학교와 교회를 세우고 도로를 신축하는 등 한인들을 위한 지역사업에도 심혈을 기울이기도 하였다. 뿐만 아니라 블라디보스토크에서 간

사용해 거의 '官人'으로 처신하였던 것으로 보인다. 현존하는 다음과 같은 委任狀을 통해서도 이 점을 확인할 수가 있다(尹炳奭, 위의 글).

"委任狀

兪明瑞로 任倡義所事務員者

隆熙四年五月 日 　二頭馬牌 印

管理使兼任各郡山砲社長李範允 印"

36) 박보리스, 「國權被奪 前後時期 在蘇韓人의 抗日鬪爭」, 1063쪽; 『資料 10』, 532쪽.

37) 김승화 저, 정태수 역, 『소련 韓族史』, 대한교과서주식회사, 1989, 64쪽; 박보리스, 앞의 논문, 1063쪽.

행되던 ≪大東共報≫ 사장을 지내기도 하였다.[38]

이와 같이 최재형은 사회적 지위에서나 경제적 바탕에서나 명실공히 연해주 한인사회의 최고 지도급 인물로 지위를 구축하고 있었던 것이다. 국망을 전후해 국내외에서 활동하던 항일운동자 가운데 상당한 유력자들이 연추로 모여드는 이유도 바로 이와 같은 세력을 바탕으로 한인사회에 큰 영향력을 행사하고 있던 최재형이나 앞서 언급한 이범윤과 조우하기 위해서였다고 할 수 있다. 의병장 柳麟錫을 비롯해 홍범도·이위종·안중근 등이 최재형·이범윤 양인과 조우하기 위해 연추로 건너왔던 대표적인 인물들이다.

연해주로 북상한 국내 의병 가운데 가장 저명한 인물은 유인석이다. 항일의병의 상징적 인물이라 할 유인석은 을미의병 해산 이래 한반도 중·북부와 서간도 일대를 전전하면서 재기항전의 기회를 집요하게 모색하고 있었다. 그러나 을사오조약 이후 일제침략이 가속화되는 상황에서 국내에서의 항전을 단념하고, 새로운 항전기지를 찾아 1908년 연해주로 북상하였다. 그의 연해주 망명시기는 연보에는 1908년 7월(음)로 기록되어 있으나, 전후의 사전을 고려하면 1908년 전반기, 적어도 5월(양) 이전으로 추측되고 있다.[39]

유인석이 처음 도착한 블라디보스토크에서는 일관된 擧義 노선과 華夷論에 입각한 항일이념의 구현 노력이 일단 한계에 봉착하였던 것으로 보인다. 의리와 명분으로 뭉쳐진 그의 경직된 사고와 행동이, 다양한 이념과 방략을 추구하던 민족운동자들이 대거 운집해 있던, '호수'와도 같던 당시 블라디보스토크의 분위기와 조화를 이루면서 추구되기에는 일정한 벽이 있었다. 다음 기록이 그 사실을 입증하고 있다.

> 李範允·柳山林(유인석-필자)·安應七 등이 以舊日 韓國御使官馬牌로 假稱韓國勅使라 하고 勒奪民財할 새 老爺 金學萬, 民長(거류민장-필자) 梁成春씨가 命使居留巡使하여 卽捕縛此三人할 새 이범윤·안응칠은 도주하다. 柳山林은 卽拿取於學校內하고 亂打碎骨하여 幾至死境이라. 其行裝內文簿를

---

38) ≪한인신보≫ 제10-11호(1917. 9. 10~17), 「강동쉰해」 참조.

39) 본서 제1부 제1장 71쪽의 각주 105) 참조.

調査즉 果然也라 柳山林은 老者也라 卽放送하고 其他同黨多數人은 被囚於露國警廳하니라.[40]

67세의 노령으로 名儒熟德이던 유인석이 한민학교로 끌려가 '亂打碎骨'당하였다는 위 기록의 사실 여부는 차치하더라도, 같은 시기에 블라디보스토크에 함께 留居하던 인물이 직접 기술한 위의 기록은 이곳에서의 유인석의 열악한 지위를 그대로 보여 주고 있다고 하겠다. 이미 그곳 한인사회를 주도해 오던 김학만·차석보·양성춘 등의 세력과 역할로 인해 유인석으로서는 운신의 폭이 극히 제한될 수밖에 없었던 것이다. 이에 유인석은 곧 해삼위를 떠나 연추로 건너갔다.

유인석이 연추로 건너간 이유는 이범윤·최재형과 연합, 의병항전을 재개하기 위해서였다. 곧 연해주의병의 근거지 연추는 유인석의 재기항전 구상과 일치되는 최적지였던 것이다. 그러나 유인석이 연추로 옮아간 무렵이 이범윤과 최재형 두 사람간에 불화가 일어나 의병활동이 난관에 봉착하던 시기였다. 이에 그는 연추를 나와 남우수리 일대를 전전하였다.[41] 유인석은 이러한 상황에서 의병세력의 통합에 심혈을 기울인 결과 1910년 6월에는 각지 의병의 통합체인 十三道義軍의 결성을 보게 되었으며, 그 都總裁에 추대되었다.

한편 안중근 자서전과 공판기록에는 팔도의병대장, 곧 연해주의병 총

40) 趙昌容, 『白農實記』, 영인본, 독립기념관 한국독립운동사연구소, 1993, 132쪽.

41) 유인석이 연해주에서 활동한 내용은 현재 자료부족으로 소상히 밝힐 수 없다. 일제측 정보기록에서도 유인석에 관한 정보는 아주 소략하다. 일제측은 의병의 가시적인 움직임에만 예민하였기 때문에 유인석의 동정에 대해서는 간과되어 있는 것이 아닌가 한다. 일제측의 기록 가운데 항일전을 준비하고 있던 유인석의 동정을 비교적 자세히 기술하고 있는 것으로는 다음과 같은 것이 있다. 이 기록은 내용상 과장 혹은 부정확한 듯이 보이기는 하나, 유인석이 연해주에서 항일의병에 진력하였던 분위기를 생생히 보여 주는 증좌라 할 것이다.

"1908년 말 유인석은 '水晶(水清인 듯-필자) 開拓地'에서 부하 3,000명을 모집하고 그 가운데 충청도 약 800, 강원도 600, 함경도 1,600명을 빈번히 교련하고 있다. 또한 유인석의 부하 金錫永은 러시아로부터 총기 3,000정과 1정당 탄약 300발을 비롯해 군복 200벌을 러시아로부터 매입하여 항일전을 준비하고 있다"(『編冊』, 「憲機 제1079호」(1908. 12. 9); 『資料 12』, 627쪽).

대장으로 '金斗星'이라는 인물이 등장하고 있다. 즉『안중근의사 자서전』에는

그때(연해주에서 거의를 준비할 때—주) 金斗星과 이범윤 등이 모두 함께 의병을 일으켰는데, 그 사람들은 전일에 이미 總督과 大將으로 피임된 이들이요, 나는 參謀中將의 책으로 피선되어 의병과 군기 등을 비밀히 수송하여 두만강 근처에서 모인 다음 큰 일을 모의하였다.[42]

고 기술하여 연해주의병의 총책임자로 김두성을 언급하고 있다. 이 인물은 유인석을 지칭하는 가명이라 생각된다. 이 점에 대해서는 일찍이 趙東杰 교수가 전후의 상황과 유인석의 實子인 柳海東의 증언을 종합해 탁견을 제시해 놓았다.[43] 김두성의 인물에 대해서 안중근은 또 제1회 공판 때

팔도의 총독은 김두성이라 부르며 강원도 사람이지만 지금의 거처는 모른다. 그 부하에는 許蔿·閔肯鎬·洪範圖·李範允·李運瓚(李殷瓚?—필자)·신돌석 등이 있지만 (하략)[44]

이라 하고, 이어 그를 자신의 직접 상관이라 하였다. 강원도 출신으로 이와 같은 조건을 충족시킬 만한 영향력을 가졌던 인물로는 유인석 이외는 없다고 판단된다. 더욱이 유인석이 1908년 전반기에 북상한 이후에는 안중근과 일정한 관계를 지속하였던 것으로 보여지므로 이러한 추정을 가능하게 한다.

연해주의병의 지도적 인물 가운데 또 한 사람이 李相卨이다. 그는 1907년 헤이그使行 이후 구미 각국을 경유한 뒤 미국에 체류하다 1909년 4월 해삼위로 건너온 이후 연해주 한인사회의 지도급 인물로 부상하였다.[45] 해삼위 한인사회의 교육 계몽사업을 주도하던 김학만·차석보·최봉준 등의 지도자들이 무장항일전을 추구하던 의병 노선에 대해 비판적인 시각

42)『안중근의사 자서전』, 안중근의사숭모회, 1979, 130쪽.
43) 趙東杰,「安重根義士 裁判記錄上의 人物 金斗星考」,《春川教大論文集》 7, 1969;『독립군의 길 따라 대륙을 가다』, 지식산업사, 1995, 113-116쪽.
44)『안중근의사 자서전』, 470쪽.
45) 尹炳奭,『李相卨傳』, 一潮閣, 1984, 116-117쪽 참조.

을 가졌던 것과는 달리, 이상설은 의병에 대해서도 그 역할과 의미를 긍정적으로 평가하면서 그 노선에 동참하였던 것이다. 이상설은 연해주로 건너온 이후 해삼위와 연추를 부단히 왕래하면서 두 지역의 한인활동을 조정하고 인도하는 중요한 기능을 수행하면서 한인사회에서 신망받는 지도자로 부상하였다. 이에 그는 최재형 다음가는 연해주 한인사회 유력자가 되었던 것이다.46) 특히 그는 유인석과 함께 십삼도의군 편성에 많은 노력을 기울였으며, 실제 의군 편성 때는 '都通信'(혹은 外交通信員)이라는 직임을 맡아 여러 인물들간의 세력을 조정하거나 대외교섭의 임무를 전담하였던 것으로 보인다.

한편 후술할 안중근도 이상설과 밀접한 연관을 맺고 활동하고 있었다. 안중근은 이상설에 대해서 '세계정세에 밝은 훌륭한 인물상'으로 인정하고 있으며,47) 《대동공보》는 안중근을 직접 '이상설의 부하'로 소개하고 있다.48)

군대해산 이후 북청·삼수·갑산 등 함경도 일대에서 활약하던 홍범도 휘하의 산포수의병은 한말 의병 가운데 가장 전투력이 탁월했던 부대로 평가되고 있다. 이는 실제 전투력을 소지한 산포수들이 이 의병의 주류를 이루고 있었기 때문이었다. 그러나 이 의병도 1908년 후반기에 접어들자 그 동안의 연전으로 탄약이 고갈되는 등 극심한 전력 소모로 곤경에 처하게 되었다. 의병장 홍범도는 전력을 보충하기 위해 부하 金忠烈·조화여

---

46) 『資料 7』, 280-281, 284쪽.
이 자료에서 일제는 연해주 한인사회의 지도급 인물들의 역할과 비중에 대해 다음과 같이 단정적으로 평가하고 있어 주목된다. "러시아에 귀화하고 또는 그곳 *在留者* 가운데 가장 세력이 있는 자를 최재형이라 하고, 그 다음은 이상설로, 이범윤, 유인석은 제3위다."

47) 안중근은 이상설의 爲人에 대해 다음과 같이 극찬하고 있어 주목된다. "이상설은 금년(1909년-필자) 여름 블라디보스토크에서 처음으로 만났다. 同人의 포부는 매우 크다. 세계 대세에 통해 동양의 시국을 간파하고 있었다. 이범윤 따위는 만인이 모여도 이상설에는 미치지 못한다. 동인의 의병에 대한 관념은 의병을 일으키나 韓人은 일본의 보호를 받는 것을 기뻐한다고 이등이 中外에 선전하고 있는데 그것은 결코 기뻐하는 것이 아니라는 반증으로서는 군이 나쁘지 않을 것이다"(『資料 7』, 408쪽).

48) 《대동공보》 제2호(1909. 11. 21), 「安義士의 性能」.

두 명에게 2,000원을 주어 연추로 들어가 탄약을 구해오도록 하였으나 그 계획은 실패로 돌아갔다. 그리하여 홍범도는 '약철이 없어 일병과 싸움도 못하고 일본(군)이 온다면 도망하여 매 본 꿩이 숨듯이 죽을 지경으로 고생하다가' 간도를 경유해 1908년 12월 연해주로 건너갔던 것이다.49)

연추에 도착한 직후 홍범도는 최재형의 휘하에 들어갔던 것으로 보인다.50) 군자금에 궁하였던 그로서는 재력을 겸비한 최재형과 제휴하지 않을 수가 없었으리라 추측된다. 그러나 1909년 하반기 무렵이 되면 이범윤과 더 밀접한 관계를 맺게 되는 것으로 보인다.51) 최재형에 비해 대일무력항전에 대한 성향에서 더욱 강경한 입장을 취하고 있던 이범윤과 합력하는 것이 홍범도로서는 자신의 항일이념을 구현하기가 더 용이하였으리라 판단하였던 것이다. 그러나 홍범도는 이범윤과 언제나 화합한 사이는 아니었으며, 다만 의병항전을 추구하던 과정에서 그 궤를 함께하였을 뿐이었다. 1909년 7월경 추풍으로 옮아간 이후부터 홍범도 스스로가 직접 한인촌락들을 전전하며 군자금 모집에 진력하였던 것도 이러한 배경에서 이해할 수가 있는 것이다. 그리하여 추풍·소왕령 일대에서 군자금 수천 원을 확보한 뒤 홍범도는 총무 朴基萬, 부총무 김제현, 재무 김왕순 등과 함께 1910년 합병 직전까지도 국내진공을 부단히 시도하려 하였다.52)

안중근 또한 연해주의병의 활동 과정에서 그 역할이 두드러지는 인물이다. 그는 서울에 머물던 시절 1907년 8월 1일 군대해산 때 한국군의 시

49) 「홍범도의 일지」, 『韓國獨立運動史資料集－洪範圖篇』, 韓國精神文化研究院, 1995, 10쪽.

50) 『編冊』, 「警秘收 제1호의 1」(1909. 1. 4); 『資料 13』, 181쪽.

51) 『編冊』, 「憲機 제48호」(1909. 12. 27); 『資料 17』, 98쪽.

52) 「홍범도의 일지」, 11쪽 참조.

한편 일제측 기록에서는 홍범도의 국내진공작전 계획을 다음과 같이 파악하고 있었다. "홍은 처음 회령으로부터 무산을 경유하여 간도로 나와 또다시 연추로부터 니꼴리스크 서남방 한인촌락으로 들어왔다. 이때 5,000원을 가지고 왔으나, 현재는 3,000원을 소지하고 있고 금일까지 250명 정도의 응모자가 있었다. 무기는 독일식, 미국식 군총 50정 정도이고 기타는 엽총으로 5월 하순경 혼춘을 경유하여 종성으로 나올 계획이다"(『編冊』, 「機密韓 제15호」(1910. 4. 10); 『資料 18』, 117쪽). 즉 일제는 5월중에 홍범도가 간도를 경유해 국내로 들어오리라 예상하였으며 휘하 의병 수를 250여 명으로 추산하고 있다.

가전을 목도하고 그날로 국외 망명길에 올랐다.53) 군인들의 항일전에 크게 충격을 받고 이를 계기로 망명을 단행하였던 것이다. 군대해산을 목도한 충격은 장차 그의 항일투쟁 노선에 상당한 영향을 끼쳤을 것으로 추측된다. 북간도를 경유해 그 해 겨울 연해주로 건너온 안중근은 최재형에게 投託하고 연추·해삼위 등지를 전전하며 의병 규합에 진력한 결과 일시에 연해주 한인사회의 유력한 지도자로 부상하게 되었던 것이다.54) 그는 또한 1908년 연해주의병이 국내진공작전을 전개할 때 엄인섭 등과 함께 주요 지휘자로 선임되어 활약하였다. 한편 그는 동의회의 평의원으로 활약, 핵심 간부 가운데 한 사람이 되었다.55)

1908년 10월 안중근은 대한독립의 결연한 의지를 구현하기 위한 비밀결사, 즉 斷指同盟을 조직하였다. 1908년 10월 12일 연추 근처의 카리[下里]라는 작은 한인마을에서 안중근을 맹주로 金起龍·姜基順·鄭元植·朴鳳錫·劉致弘·金海春·白南奎·黃炳吉·趙順應·金千華·姜斗鑽 등 12명이 모여 왼손 무명지를 끊고 '死亦同穴 生亦同日'을 맹약하며 '大韓獨立' 네 자를 혈서로 남겼던 것이다.56) 이들은 거의가 의병 신분이거나 아니면 의병과 밀접한 관계를 맺고 있던 인물로 보여진다. 결국 단지동맹은 '의병진작을 협의한 결과' 결성되었던 것이라 하겠다.57) 의병의 전면적 항일전이 여의치 못한 상황에서 죽음으로써 국권회복을 도모하겠다는 굳은 신념을 표출한 이들은 곧 의병 가운데 '특공대'였다. 안중근이 재판석상에서 진술한 '특파독립대' 등도 이와 같은 맥락에서 이해할 수 있을 것이다.

하얼빈의거 이전 안중근은 ≪대동공보≫의 연추지역 통신원으로 활동

---

53) 한편 宋相燾의 『騎驢隨筆』에서는 안중근이 군대해산 이후 "因之江原道 糾義兵 殺日人數百 爲日人所執 四七日不得食"(150쪽)이라 하여 강원도로 옮아가 의병항전을 벌이던 중 일제에게 피체되었던 것으로 기술하고 있으나, 이 기록은 현재 어떤 자료에서도 확인되지 않으며, 더욱이 전후 사정으로 미루어 이를 인정하기는 어렵다.

54) 『資料 7』, 283-284쪽.

55) 『駐韓日本公使館記錄』, 「警秘 제237호의 1」(1910. 1. 17); 『資料 7』, 257쪽.

56) 『안중근의사 자서전』, 402쪽; ≪대동공보≫ 제15호(1910. 2. 18), 「安義士重根氏公判」.

57) 『資料 13』, 803쪽.

하였던 것으로 보인다. 대동공보와 안중근의 관계는 안중근 자신이나 대동공보사측에서 모두 부인하고 있으나, 이는 양측의 관계가 드러날 경우 예상되는 일제의 대동공보 탄압을 미연에 방지하기 위한 방편에서였던 것으로 생각된다. 일제측 정보기록에서는 그 관련성을 확신하였으며, 해삼위에서 간행되던 ≪遠東報≫(제236호)와 하바로프스크에서 간행되던 ≪쁘리아무리예신보≫에서도 안중근을 '대동공보 기자'로 소개하였다고 한 점으로 보아,[58] 더욱이 안중근 의거 이후 대동공보는 연일 관계기사를 대서특필하고 있는 점으로 미루어 안중근과 대동공보와의 관계를 충분히 인정할 수가 있겠다.

1909년 10월 26일의 하얼빈의거는 의병항전의 대미를 장식한 쾌거였다. 의병의 항일전이 1907년 이후 급격히 격화되어 국외로까지 무대가 확산되는 상황에서 국외의병의 일원이던 안중근이 결국 한민족의 결연한 의지를, 대한침략의 원흉이던 伊藤博文 처단으로 일시에 표출시켰던 것이다. 안중근이 자신의 의거를 '나 일개의 생각뿐만 아니라 곧 한국 2천여만 동포의 대표로 결행한 것'으로 지적한 대목도 이와 같은 맥락에서 이해할 수 있다.[59]

안중근은 의거 후에도 자신이 의병 신분임을 거듭 분명히 밝혔다.[60] 그러므로 그는 자신의 의거의 정당성을 다음과 같이 천명할 수 있었다.

> 그것(의거-필자)은 3년 전부터 내가 국사를 위해 생각하고 있었던 일을 실행한 것이나, 나는 의병의 參謀中將으로서 독립전쟁을 하여 伊藤을 죽였고 참모중장으로서 계획한 것으로 도대체 이 공판정에서 심문을 받는 것은 잘못되어 있다.[61]

곧 자신의 의거는 단순한 '살인'이나 '보복'의 차원이 아니라 의병이 수행한 독립전쟁의 한 과정, 혹은 결과였음을 당당히 천명한 것이다.

안중근은 또 자신을 '폭도'로 지칭하는 일제의 대의병 시각에 대해서는

58) ≪대동공보≫ 제2호(1909. 11. 21), 「무근지설」.
59) 『안중근의사 자서전』, 397쪽.
60) 위의 책, 344, 346, 353, 402, 449, 450, 470쪽 등 참조.
61) 위의 책, 450쪽; 『資料 6』, 313쪽.

다음과 같은 명쾌한 논리로 반박하였다.

> 나를 지칭하여 폭도라고 한다. 이미 일인의 胸量이 작음을 보이고 남을 모함하는 것이다. 나는 의병이며 폭도가 아닌 것이다. 만약 폭도의 이름을 구하지 않을 수 없다면 일본병이야말로 暴徒이다. 그리고 이등은 그 巨魁이다. 왜냐하면 이등이 이끄는 일병은 남의 나라를 빼앗은 자이기 때문이다. 이것이 폭도가 아니고 무엇인가. 나는 국난을 구하려고 거병하였다. 自國 危難에 나가는 자, 이것이 의병이 아니겠는가.[62]

자신들은 나라가 위태로울 때 구국을 위해 거의하였으므로 폭도가 아닌 의병이며, 굳이 폭도를 지목하자면 곧 일제침략군이고 伊藤博文은 그 폭도의 수괴라는 논리를 명확히 설파한 것이다. 이러한 논리는 민족 자존, 주체의식에 근저를 둔 의병정신의 자연한 발로였다고 하겠다.

안중근과 더불어 嚴仁燮 역시 연해주의병의 편성과 활동과정에서 중요한 역할을 담당하였던 인물이다. 최재형의 생질로 알려진[63] 엄인섭은 두만강변의 경흥 출신으로 일찍이 연해주로 건너갔다. 그도 역시 러일전쟁 때에는 러시아군의 일원으로 대일전에 참전하기도 하였다. 을사오조약 늑결 이후 연해주 일대에 무력항전을 주창하던 항일의병의 기운이 팽배하게 되자, 최재형의 막료로 활동하면서 시종 의병의 항일전을 주도하였던 인물이다. 엄인섭은 1907년 초 안중근 등장 이후에는 그와 더불어 兩翼을 이루어 거사 직전까지 호흡을 같이하였을 뿐만 아니라 교분도 상당히 두터웠다. 특히 1908년의 국내진공작전 때에는 안중근과 함께 최선봉에 서서 연해주의병을 인솔, 국내진격을 영도하는 역할을 맡기도 하였다. 이후 그는 주로 한인사회에서 귀화한인들로부터 군자금을 모금하는 일에 주력하였으며, 다른 한편 해삼위 한인지도자들과도 부단히 연계를 모색하고 있었던 것으로 파악된다. 일제 정보기록에 의하면, 1910년 5월 현재 엄인섭 휘하에는 총 263명이 있었는데, 그들의 분포를 보면 鹿坪(연추 부근) 21명, 지신사(허?) 13명, 수청 48명, 연추 일대 60명, 해삼위 36명, 추풍 84명, 소왕령 51명 등으로 되어 있다.[64]

---

62) 『資料 7』, 404쪽.
63) 위의 책, 295쪽.

3. 활동 근거지

연해주의병의 전성기에 이범윤 휘하에는 3,000~4,000명에 달하는 대규모 의병이 편성되어 있었다. 그러나 이러한 대규모 의병이 단일 지역에 단일 부대로 편성되어 있었던 것은 아니다. 한인사회가 성립된 지역을 따라 연추를 중심으로 남우수리군 전역에 다양한 규모와 형태로 산재하였다고 보여진다. 그러므로 이처럼 넓은 지역에서 불규칙하게 양병되고 있던 의병의 규모를 일목요연하게 파악하기란 참으로 어려웠으며, 또 그만큼 부정확할 수밖에 없었다. 일제측이 1908년 5월에 파악한 정보기록에 "이범윤 輩下 그 員數는 확실치는 않지만 500명을 내려가지 않는 것 같다"[65]고 한 것도 이러한 맥락에서 이해할 수 있을 것이다. 이렇게 볼 때, 연해주의병의 근거지는 곧 한인사회가 형성되어 있던 지역과 일치하고 있으며, 역으로 이는 또한 한인사회를 기반으로 의병이 조직되었음을 의미하는 것이다.

한편 연해주 한인사회의 형성은 함경도지역의 13가구가 두만강을 건너 혼춘을 경유한 뒤 地新墟에 최초로 정착하는 1863년부터 비롯되고 있다.[66] 이때부터 형성되기 시작한 연해주 한인사회는 해마다 이주민이 급격히 증가함에 따라 도처에 한인촌락이 형성되었다. 그리하여 1910년대 초반이 되면 근 20만을 헤아리는 대규모 한인사회가 성립되기에 이르렀다.[67] 이와 같은 한인사회는 주로 블라디보스토크와 우수리스크(소왕령)를 연결하는 선의 이남 지역, 남우수리 구역에 밀집되어 있었던 것이다.

연해주의병의 활동 근거지 역시 한인 밀집구역과 일치하는 경향이 있었으므로 주로 두만강에 인접한 남우수리 구역이 되고 있었다. 그 가운데서도 煙秋(노우키에프스크, 현 크라스키노)는 단연 두드러진 연해주의병의 '본산'이었다. 연추는 소왕령에서 남쪽 두만강으로 가는 도로로 연결되어 있고, 블라디보스토크에서는 포시에트항까지 정기 여객선이 내왕하

---

64) 『編冊』, 「憲機 제1229호」(1910. 5. 27); 『資料 18』, 263쪽.
65) 『資料 11』, 183쪽.
66) ≪대동공보≫ 제57호(1909. 7. 29), 「何不往海蔘威」.
67) 尹炳奭, 『國外韓人社會와 民族運動』, 一潮閣, 1990, 182쪽.

고 이곳에서 다시 육로로 연접한 교통상 요지이다. 또한 포시에트만을 사이에 두고 포시에트(목허우, 木花村)와 연접해 있으며, 한인의 최초 이주지로 대규모 한인마을이 형성되어 있던 地新墟와도 근접해(45km) 있었다. 또한 그곳에서 남쪽으로 난 길을 따라 가면 두만강변의 국경도시 핫산(香山 혹은 恒山, 54km 상거)에 이르른다. 결국 연추는 이주 한인이 가장 많이 집중되어 있던 남우수리 구역의 중앙에 자리잡고 있는 요지였던 것이다. 또한 핫산의 두만강 대안에는 의병의 진격로였던 경흥의 洪儀洞이 있다.

해삼위에서 연추로 내왕하는 교통로를 보면, 블라디보스토크에서 슬라비얀카를 기항한 뒤 포시에트 간을 주 2회 왕복하는 러시아 기선 우수리호가 있었다. 이 배는 오전 8시에 해삼위를 출발하면 당일 오후 5시경 포시에트에 도착하였다. 그리고 포시에트에서 연추까지는 육로로 약 13km에 불과하였다. 당시 연추와 해삼위를 왕복하던 한인지도자들은 대개가 이 교통로를 이용하였던 것이다.[68] 뿐만 아니라 연추는 또 琿春과도 육로로 연결되어 북간도 한인사회와 긴밀히 연계되는 지리적 이점이 있었다. 그리고 이곳에는 포시에트 구역을 총괄하던 治所가 있어 인근에 널리 흩어져 있던 크고 작은 한인촌락을 다스리던 행정요지이기도 하였다. 더욱이 연추 남녘으로 펼쳐진 광활한 평원은 농경적지로 稻田耕作이 성행하고 있었다. 나아가 두만강까지 불과 50여 km에 불과해 국내진공작전을 펼치기에 매우 유리한 지점에 위치해 있었던 것이다. 그리하여 이곳에는 연해주의병의 결사에 해당하던 창의회와 동의회의 본부가 자리잡고 있었다. 또한 연해주의병의 핵심 인물인 최재형과 이범윤 모두 연추에 거주하고 있었다.

무릇 연추는 연해주의병의 편성에서부터 모병·활동에 이르기까지 의병기지로서의 역할을 담당하고 있었다. 그러므로 국내에서 북상하던 의병계열의 인물들도 자연 이곳 연추로 운집하였다. 유인석을 비롯해 홍범도·안중근·이위종·조상갑·이남기 등 의병장급의 출중한 인물들에서부터 일반 사졸에 이르기까지 다양한 인물들이 연추로 운집, 연해주의병에 동참하였

68) 『資料 7』, 261쪽 참조.

던 것이다.

블라디보스토크 동북방에 위치해 있는 水淸(수찬, 현 파르티잔스크)도 연해주의병의 근거지 가운데 한 곳이었다. 이곳 역시 20여 개에 달하는 대소 한인촌락이 집중되어 있던 연해주지역의 대표적인 한인 집단거주지였다.[69] 수청지역에서는 직접 의병에 투신하는 자들도 많았고 또한 상당액의 군자금이 出捐되기도 하였다. 일제 정보기록에서 수청을 '暴徒의 策源地'로 단정하였던 것이나,[70] 유인석이 수청 한인들이 "혹은 몸을 내어 출전하고 혹은 재물을 내어 의병을 도우니 그 마음과 힘을 쓰는 것이 다른 지역보다 배나 더하였다"[71]고 지적하였던 것은 이러한 까닭에서였다.

수청 출신의 의병부대는 1908년 7월 해로로 두만강 최하류 국경에 위치한 鹿屯으로 건너와 이곳에서 다시 선편으로 성진 부근으로 남하, 국내진공작전을 펼치기도 하였다.[72] 그리고 수청 일대에서 총기 400정을 모아 연추로 이송하기도 하였으며, 1908년 11월경에는 수청 의병 500명이 연추로 옮아오기도 하였다.[73]

한편 1909년 1월에도 수청으로부터 '수청파'로 분류된 朴春成·安重根·韓起洙 등이 중심이 되어 30여 명의 의병이 연추로 옮아와 재기를 모색하기도 하였다. 이들은 원래 수청에서 해삼위로 들어가 그곳을 활동 근거지로 삼을 생각이었으나 최봉준·김학만 등이 냉대하였던 까닭에 연추로 옮아오지 않을 수가 없었던 것이다.[74] 이와 같은 수청파의 기원은 원래

---

69) 《韓人新報》 제25-26호(1918. 1. 6~13), 「나의 일긔」.
「나의 일긔」는 '수청특파원 지건'이라는 인물이 義捐을 위해 수청지역에 산재한 20여 한인촌락을 전전하며 일기체를 빌어 특파원 보고 형식으로 기록한 것이다. 이 일기는 당시 연해주 이주 한인들이 집단 거주하고 있던 수청 일대의 여러 촌락들의 이름과 유래, 그 규모, 지리적 교통, 현지 한인들의 생활모습 등을 구체적으로 상세히 기록하고 있기 때문에 연해주 한인사회 연구에 상당히 귀중한 자료로 생각된다.

70) 『編冊』, 「警親 제84호」(1908. 12. 27); 『資料 12』, 646쪽.

71) 『毅菴集』 권25, 「與水淸擧義諸人」, 592-593쪽. "(上略) 今來此地 見有事擧義 水淸同胞 或以身出戰 或以財助義 其所用心與力 迥出尋常 有倍於他 (下略)"

72) 『編冊』, 「城警秘 發 第81號」(1908. 7. 18); 『資料 11』, 457쪽.

73) 『編冊』, 「憲機 제1072호」(1908. 12. 9); 『資料 12』, 635쪽.

1908년 3월 동의회가 조직될 때 수청에서도 金公心·朴春成·元仕執·朴太汝 등이 중심이 되어 支會가 결성되었으며, 이위종과 김기룡이 수청으로 와 의연금 모집에 착수, 무기를 구입하고 의병을 모집한 데서 유래하였던 것이다.75) 이렇게 볼 때, 결국 수청의병은 동의회의 활동과 밀접한 연관을 가지고 있었다고 할 수 있다.

우수리스크 서쪽 부근에 위치한 秋風(수이푼) 일대도 역시 의병의 기운이 왕성하던 곳이다. 이곳에는 한인 1,000여 명이 집단 거주하던 다전재(대전재)를 비롯해 육성촌·허커우·재피거우 등의 한인 마을이 곳곳에 산재하였다.76) 이곳은 우수리스크와 인접한 지역으로, 특히 홍범도가 이 일대에서 활발한 활동을 벌였다. 이 지역의 토착세력인 朴基萬과의 연계도 이 무렵에 이루어졌던 것으로 보인다. 그러나 홍범도는 1910년 국망 이후에는 추풍 일대를 떠나 密山 근처로 북상, 군인을 양성함으로써 의병으로부터 독립군으로의 전환을 보게 되게 된다. 이와 같이 홍범도가 추풍을 떠나는 이유 중의 하나가 文昌範·박기만 등 그곳 토착 지도자들과의 불화 때문으로 보인다.77)

한편 琿春을 중심으로 하는 북간도 일대도 연해주의병과 밀접히 관련되어 있음이 주목된다. 연해주와 북간도는 지리적으로도 연접해 있을 뿐만 아니라 부근 곳곳에 한인사회가 형성되어 있었던 까닭에 한인의 내왕이 빈번하였다. 그리고 두만강을 연해 길게 펼쳐진 한반도와의 接境이 국내진공시 유리한 점으로 작용하였다. 이런 까닭에 이범윤은 1908년 7월 국내진공을 단행하려는 계획을 세우고 중국 당국에 借地를 요청하였고, 그 뒤 1910년 2월 들어서도 역시 국내진공을 위해 간도 차지를 요청하였으나, 모두 청의 불허로 무산되고 말았다.78) 북간도 가운데서도 특히 琿

74) 『編冊』, 「親 제28호」(1909. 2. 23); 『資料 13』, 469-470쪽.

75) 위와 같음.

76) ≪대동공보≫ 제10호(1910. 12. 23), 「추풍 각사 동포의 애국심」 참조.

77) 「홍범도의 일지」. 여기서는 1910년 3월 홍범도 휘하에 있던 박기만·김제현·김왕순 등이 홍범도와 내분이 일어나게 되자 '추풍사사'의 원호들을 부추겨 문창범 부대로 하여금 홍범도를 피체케 한 일이 있었으며, 이때 카자크 군인들이 그를 구출하였다고 한다(리인섭, 「경애하는 김세일 동지에게!」, 1962. 7. 18).

78) 『資料 11』, 180쪽; ≪大韓每日申報≫ 1910년 5월 19일자, 「이씨의 쇼식」;

春 일대가 의병의 두드러진 근거지가 되었다.

4. 무기와 군자금 조달

연해주의병 역시 국내 의병과 마찬가지로 무기 수집과 군자금 모집이 최대 당면과제였으며, 이것이 항전에서 승패를 좌우하는 한 요인으로 작용하였다. 연해주지역에서 활동하던 의병의 군수품과 군자금은 원칙적으로 그 지역 한인사회로부터 조달되었으며, 드물기는 하지만 국내로부터도 일부 조달되는 경우도 있었다. 이 시기에 군자금 모금활동을 벌이던 안중근은 군자금 조달 과정에 대해 다음과 같이 진술하고 있다.

> 의병에 소요되는 비용 같은 것은 각지에 산재하는 우리 동포의 義捐金으로 유지하는 것이다. 나도 국가를 위해 사용하는 돈은 상당히 의연하라는 권유 연설 등을 하였다.[79]

연해주에서는 한인 밀집지역인 연추·포시에트 일대를 비롯해 수청·하마탕·해삼위·추풍 등지가 주요한 군자금 공급지였다.

연해주의병의 군자금 모집 및 무기 수집 문제와 관련해서 駐露公使 李範晋(1852~1910)과 그의 아들로 헤이그밀사의 일원이었던 이위종(1887~?)의 역할이 주목된다. 연해주의병이 결성되던 때, 이들 부자로부터 상당액의 군자금이 지원된 것으로 알려져 있다.[80] 박은식의 『血史』에서는 이범진이 1908년 연해주의병 군자금으로 3만 원을 지원했던 것으로 기술하고 있으나,[81] 그 사실 여부는 확인할 수 없다. 또한 일제측 기록에서는 이위종이 1,000원을 동의회에 기부한 것으로 파악하고 있다.[82] 아무튼 이

『編冊』, 「機密統發 제307호」(1910. 3. 1); 『資料 17』, 562쪽.

79) 『資料 7』, 408쪽.

80) 일제측 기록에 의하면 이범윤과 이범진은 재종형제간으로 가까운 친족이었다고 하나 사실 여부를 확인하지 못하였다.

81) 朴殷植, 『韓國獨立運動之血史(上)』, 瑞文堂, 58쪽.

82) 『資料 7』, 225쪽. 러시아 내의 문서보관소에서 관련 문서를 열람한 이루크츠크대학의 박보리스 교수에 의하면, 이위종은 러시아 여자와 결혼, 그의 장인이

범진·이위종 부자가 연해주의병의 군자금 가운데 상당한 액수를 出捐하였던 것은 틀림없는 사실이다. 특히 1907년 가을에서부터 1908년 4월 사이[83]에 연해주에 온 이위종은 의병 편성과 항전에도 지대한 관심을 보였을 뿐만 아니라, 해삼위의 한인 지도자들과도 교류하는 등 다양한 활동을 보였던 인물이다.[84]

한편 무기 수집은 연해주의병에게 매우 중요한 과제 중의 하나였다. 의병의 무장은 주로 러시아측 군비를 사용하였던 것으로 확인된다. 의병들은 영내의 러시아 군대로부터 혹은 무기상을 통해 러시아제 무기를 구입하기가 제일 손쉬웠기 때문이다. 연해주의병은 러시아 군인이 사용하던 5연발 혹은 14연발 등의 신예 총기로 무장, 국내 의병에 비해 전력이 상대적으로 우위에 있었다. 연해주에서 무기를 구입하는 일은 절차상 복잡하지는 않았던 것 같다. 블라디보스토크에서 외국 수출의 명목으로 총기를 구입하는 경우에는 러시아 관헌에서 개입하는 일이 없었다고 한다.[85] 또 연추에도 해삼위에 본점을 둔 '큰스트알베르쓰'라는 총기판매 지점이 설치되어 있었다. 개인이 구입하는 경우에는 관헌의 허가가 요구되었지만, 실제적으로는 자유로이 매매되고 있었다. 또한 마적 습격에 대비하기 위해 총기의 민간인 소유를 공인하였기 때문에 의병들은 비교적 손쉽게 무장을 갖출 수가 있었던 것이다. 관북 각지에서 활동하던 국내 의병이 무기 구입을 위해 빈번히 연해주를 찾았던 것도 이러한 이유에서이다.[86] 또

토볼스크시 총독으로 巨富였으며, 그는 처가의 재력으로 거금 2천 루불을 연해주의병의 군자금으로 지원했다고 한다(1992. 7. 13. 증언).

83) 일제 정보기록에서는 이위종이 1907년 가을 무렵 연해주로 건너온 것으로 기술하고 있고(『資料 7』, 225쪽), 박보리스 교수는 러시아측 자료에 의거, 1908년 4월경 건너온 것으로 기록하고 있다(박보리스, 앞의 논문, 1064쪽). 어느 설이 옳은지 현재로서는 확단하기 어렵다. 다만 장지연이 해삼위에서 楊成春과 함께 4월 1일 이위종을 방문하였던 점으로 보아(『張志淵全書 8』, 「海港日記」, 단국대 동양학연구소, 1114쪽) 적어도 1908년 4월(음) 이전에 분명히 해삼위에 도착해 있었다는 사실만큼은 확실하다.

84) 『張志淵全書 8』, 단국대 동양학연구소, 「海港日記」, 1114, 1118, 1121쪽 참조.

85) 『編冊』, 「會秘警送 제706호」(1908. 11. 22); 『資料 12』, 498쪽.

86) 國史編纂委員會 편, 『韓國獨立運動史 1』, 522, 529쪽 참조.

한 연추에는 국경수비를 위해 러시아군 기병대 제6연대가 주둔하고 있었기 때문에 이들과도 은밀한 총기 거래가 있지 않았나 추측된다. 무장 외에 의복도 대체로 카키색 군복을 착용하는 경우가 많았는데,[87] 이 역시 러시아군으로부터 유입된 것이다.

한편 군자금 모금운동은 그 이면에 한인들의 반발도 초래하였으며, 나아가 이로 인해 많은 폐단이 야기되기도 하였던 것 같다. 군자금 모금은 완전한 자원에 의해서만 모금되는 것이 아니라 한인된 의무로 인정되어 다소간 강제성을 띠고 있었으며, 수회에 걸친 반복 징수로 부담이 가중되는 경우도 있었다. 예를 들면, 수청의 경우 100원의 재력을 가진 집은 70원의 기부를 강제하였고, 1908년 12월까지 4회의 군자금 모금이 있었다고 한다.[88] 1910년 전후 이범윤·홍범도 등이 국내진공을 구상할 때, 군자금 부족으로 난관에 봉착하게 되는 것도 결국 이 시기에 군자금 모금문제을 둘러싸고 한인사회에서 반발이 야기됨으로써 모금운동이 여의치 못하였음을 반증하고 있다고 하겠다.

드물기는 하지만 국내로부터 군자금이 조달되는 경우도 있었다. 1909년 1월에는 서울에서 某人(國師府 혹은 金承旨)이 20~40만 원의 거금을 소지하고 해삼위로 와 그 가운데 2만 원을 동의회에 기부하였다고 하나[89] 그 이상의 사실 여부는 확인되지 않고 있다. 이와 같은 자진 출금 외에도 조직을 통한 국내 모금의 경우도 있었다. 1910년 전후에 이범윤이 함경남도 함흥과 강원도 통천 일대에서 군자금 모집을 도모하던 경우가 그 사례이다. 함흥의 경우, 그곳 출신의 周明奎라는 인물을 통해 작성한 함흥일대의 부호 명부를 이미 연추 사무소에 비치해 놓고 군자금 수집에 착수하였다. 그리고 이범윤의 휘하 咸益燮이라는 인물이 연추로부터 격문을 소지한 채 강원도 통천으로 밀파되어 朴鍾赫·李周植 등 그곳 유력자들과 합세, 인근 부호들로부터 군자금을 모집한 뒤 연해주로 우송하려 하였다.[90] 또한 이보다 앞선 1908년 9월에는 鏡城에서도 대한협회 조직을 통

87) 『編冊』, 「憲機 第420號」(1908. 7. 30); 『資料 11』, 462쪽.
88) 『資料 12』, 644쪽.
89) 『編冊』, 「警親 제100호」(1909. 1. 15); 『資料 13』, 258쪽.
90) 이때 이범윤이 군자금을 모집하기 위해 국내에 보낸 격문은 다음과 같다(『編

해 수집한 군자금 1만 7,000원을 연추 이범윤 앞으로 우송한 일이 있었다.[91] 이로써 미루어 보건대, 그 밖의 북한지역에서도 군자금 모금이 조직이나 인물을 통해 활발히 추진되었으리라 추측된다.

한편 간도지역에도 휘하 인물을 파견, 군자금을 모아 조달하게 하였다. 그 예를 들면, 이범윤의 휘하 인물을 북간도 兩岐關(경흥에서 20리 상거)으로 파견, 북한으로부터 연해주로 수출하는 生牛에 대하여 두당 2~5원

冊』, 「咸高秘發 제21호」(1910. 1. 18)·「咸警高秘 제63호」(1910. 1. 19); 『資料 17』, 124, 128-130쪽).

"아아 우리 國勢의 顚覆痛迫함은 累卵의 위기에 처하여 焦眉의 정도로 위급해졌다. 전국 강토는 모두 倭奴의 이빨 아래 있고 八域 동포는 모두 원수의 고기밥이 되어 생사간에 돌아갈 곳이 없으니 통곡을 금할 수 없다. 소위 賣國越民의 賊臣 一進黨 등의 난을 좋아하고 화를 즐기는 情態는 우리 인민들이 들어서 잘 아는 바이니 이에 대한 말은 잠시 그만두겠다. 현금 八域의 충의로운 자들은 서로 일어나 여하한 희생도 돌보지 않고 오직 대의를 위하여 적을 쳐 없애고 원수를 갚으려고 할 뿐이다. 이는 참으로 한국 광복의 때이며 大寒이 지나고 따뜻한 봄이 오는 것은 천리이고 劇疾중에 회생케 하는 것은 人謀의 시초인 것이다. 아아 江東의 동포 신사들이 나라를 떠나 백반 사물이 여의치 않으나 조국정신은 더욱 활발하며 칼을 갈고 머리를 모아 가로되 日賊을 討滅하려 한다. 故로 이를 갈며 서약하기를 나라의 원수를 갚으려 한다. 부녀자는 鷊를 마시고(의미 불명－필자) 비녀나 가락지를 헌납하고 장정은 소를 팔아 다투어 槍鋪를 준비하여 용감하게 나가야 될 것이다. 이것이 즉 천연의 이치요 人和同情할 것이니라. 이렇게 하여야 비로소 列聖朝의 照濡之化를 보게 될 것이라. 옛날 中華禮義의 稱信은 헛되지 않으며 내가 동포에게 지운 의분을 격려하고 목숨을 내놓고 의거를 도우려 한다. 청천백일이 위에서 비치고 疾雷勁風은 이를 도우니 늦지 말지어다. 아아 저 원수들의 죄악은 이미 차고 넘쳤다. 鯨鯢의 꾸지람을 어찌 피할쏘냐. 남북이 합세하면 무엇이 어렵겠는가. 지금의 화는 비참의 극에 달하고 있다. 일은 신속함을 귀히 여기나 다만 군비가 아직 충분치 못함을 한탄할 뿐이다. 어찌 지체할 수가 있겠는가. 바라건대, 有志君子들은 각각 一部 負擔의 의무가 있음을 고려하여 克勉하여 명예로운 일을 함을 숭상할지니라. 조국의 復權 기회는 지금에 있다. 남의 일을 바라보는 것같이 하지 말고 속히 의거에 가담하여 대사를 확실하게 하라. 이제 사람을 보내어 說諭하는 바이니 지체하지 말고 대사업에 참여하여 공을 세우고 가치 있는 삶을 살고 죽어서도 땅속에 파묻혀 버리는 인생이 되지 말기를 축원하는 바이다.

隆熙 三年 十月　日

管理使兼各郡山砲社長 李範允"

91) 『編冊』, 「警秘收 제157호의 3」(1908. 11. 20)·「警秘發 제3호」(1909. 1. 11); 『資料 12』, 493-494쪽; 『資料 13』, 184-190쪽.

씩을 징수케 하여 이를 군자금으로 충당하였다. 그 징수 방법은 이범윤으로부터 교부받은 訓令을 제시하고 각자의 의사에 따라 군자금을 출금하였던 것이다. 그리고 상당액이 비축되면 연추로 송금하였다.[92]

5. 國內進攻作戰의 전개

1) 1908년 초 연해주의병의 동향

국내 의병과는 상이한 여건에서 전개된 연해주의병은 그 활동의 측면에서 고려해야만 될 몇 가지 점이 있다. 첫째는 의병의 근거지 혹은 무대가 된 연해주는 자국의 영토가 아닌 러시아 영토였다는 사실이다. 러시아 당국의 대한인 정책의 방향에 따라 한인의 의병활동이 직접 영향을 받지 않을 수 없었다. 둘째, 연해주의병의 항일전은 국제적인 성격을 띠고 있었다. 의병의 근거지는 노령 연해주인 반면, 항전대상은 국내의 일제 침략세력이었다. 뿐만 아니라 지리적인 여건상 북간도지역도 연해주의병의 활동 영역이었고, 그곳을 경유해 국내로 진공하려는 시도도 계속되었기 때문에 중국과의 관계도 고려되지 않을 수가 없었다. 러시아와의 접경지는 경흥 일부 지역에 국한되어 있는 데 비해, 간도와는 경원·온성·종성·회령 등 두만강을 따라 길게 접경되어 있었기 때문이다. 셋째, 연해주의병이 국내 의병과의 연계 항전을 부단히 모색하고 있었다는 사실이 주목된다. 대체로 1907년 이후 후기의병 시기에는 북한지역 전역에서도 의병항전이 활발하게 펼쳐지고 있었던 만큼, 연해주의병은 대일항전의 효과적인 투쟁을 위해 국내 의병과의 연합을 모색하게 되었다. 삼수·갑산·무산 일대에서 활동하던 산포수의병을 비롯해 경성의병과의 연계를 부단히 시도하였던 것이 그 두드러진 예이다. 특히 연해주의병의 구성원 가운데 상당수가 함경도 일대의 북한지역에서 넘어온 까닭에 인적 계보로 보더라도 국내 의병과의 연계 움직임은 더욱 활발할 수가 있었다고 생각된다.

---

92) 『編冊』, 「咸警高秘 제63호」(1910. 1. 19); 『資料 17』, 134-135쪽.

연해주의병이 가장 활발하게 활동하는 시기는 1908년 전후이다. 러시아측의 자료인, 남우수리지방 국경전권위원 스미르노프가 연해주 군무지사 플루크에게 보낸 보고서에 따르면, 1908년 4월까지 연해주로부터 '약 1,000명의 의병이 북한지역으로 넘어 들어갔다'고 한다. 이 기록에서는 또 1908년 3월 말 이범윤이 역시 러일전쟁 때 러시아측에 가담해 참전했던 전 서울시위대 참령 金仁洙와 더불어 스미르노프를 찾아가 항일전에 사용할 무기 제공을 요청했다고 하는데, 그는 이때 '이번 여름 기간 중 접경지역에서는 유혈사태가 고조될 것 같은 인상을 받았다'고 한다.[93] 그리고 1908년 6월에도 스미르노프는 플루크에게 다시 다음과 같이 보고하여 연해주의병의 활발한 움직임을 예의주시하고 있었다.

> 우리 국경에서 한인들 사이에는 항일운동이 미미한 수준이나마 계속되고 있다. 이 운동은 우리 나라에 귀화한 한인들, 또한 일본의 박해를 받는 조국에 대한 애정이 있는 한인들 모두에 의해 대대적인 지지를 받고 있다. 이 애국심은 또한 한국 내에서 벌어지는 의병활동이 상당한 성과를 거두고 있다는 사실에 더욱 고무되고 있다. 한국 내의 이러한 항일투쟁이 이곳 한인들의 원기를 북돋우고 있으며, 그들은 북간도와 연해주에서 자금모금과 무기구입 활동을 벌이고 있다. 현재 한인 지도자들의 활동은 블라디보스토크와 수청·추풍지역에서 집중되고 있다.[94]

1908년 들어 연해주의병의 활동이 본격화되자 일제는 수시로 밀정을 연추 등지로 파견해 그 동정을 예의주시하였다. 밀정 梁基煥은 원래 상인으로 연추를 비롯하여 연해주 각지를 왕래하며 귀화인과 같이 러시아어에 능통하고 그곳 지리에도 정통한 인물이었다.[95] 1908년 전반기에 연해주의병의 활동이 활발해지자 그 동정을 파악하기 위해 5월 7일 연추로 밀

---

93) 「남우수리지방 국경전권위원 스미르노프가 연해주군무지사 플루크에게 보낸 보고서」, 노우키에프스크村, 1908년 4월 5일; 박보리스, 앞의 논문, 1064쪽에서 재인용; 김승화, 앞의 책, 65쪽 참조.

94) 「남우수리지방 국경전권위원 스미르노프가 연해주군무지사 플루크에게 보낸 보고서」, 노우키에프스크村, 1908년 6월 19일; 박보리스, 앞의 논문, 1065쪽에서 재인용. 원뜻에 손상되지 않게 다소 윤문하였음.

95) 『編冊』, 「慶警發 甲 제82호」(1908. 5. 19); 『資料 11』, 182쪽.

파된 그는 얼마 뒤 의병의 동정을 다음과 같이 보고하고 있다.

> 병기 多端 부족이라 云하나 水清·下馬湯 등지에서와 기타 列地에서 求助金額과 본국 南道(불명－주)에서 일진회의 재물 탈취한 것으로 병기를 사리라 하고 其徒가 此處에는 한 200여 명 가량 있사오나 듣자온즉 두만강 清界 등지에 此徒가 없는 곳이 없다 하오며 접전은 회령부터 하리라 하고 경흥으로 나가리란 말은 없사오나 미상하외다.[96]

위 인용문에서는 두만강 연변을 따라 연해주와 간도 일대에 걸쳐 의병이 곳곳에 흩어져 있고, 머지않아 국내진공이 단행되리라는 분위기를 예시하고 있다. 또 연해주와 연접한 경흥 대신에 북간도 대안의 회령을 공격 목표로 설정하였다는 대목은 이범윤이 처음 혼춘을 경유해 국내로 진입하려던 시도와 연관이 있는 듯하다. 간도를 우회해 회령으로 진입하려던 국내진공 루트는 갑산·무산·경성 일대의 국내 의병과의 효과적인 연계를 위해 설정된 것이 아닌가 추측되기도 한다.

2) 國內進攻作戰의 전개

연해주의병의 대규모 국내진공작전은 1908년 7월에 전개되었다. 즉 全濟益 이하 안중근·엄인섭 등이 인솔하는 200~300여 명의 연해주의병이 두만강 대안에 대기해 있다가 7월 7일 강을 건너 경흥군 洪儀洞[97]으로 진격해 들어간 것이 그 시작이다.[98] 이들은 곧 경흥으로부터 출동한 일본군과 첫 전투를 벌여 斥候 보병 상등병 이하 4명을 사살하는 전과를 올리는 승전을 하였다.[99]

---

96) 『編冊』, 「慶收發 甲 제98호」(1908. 6. 2); 『資料 11』, 297쪽.

97) 경흥에서 남동쪽 10여 km 떨어진 두만강변에 위치해 있으며 연해주로 건너가는 길목에 해당된다.

98) 일제측의 다른 기록에서는 홍의동으로 진출한 연해주의병이 1,000여 명에 달하는 것으로 기술되어 있으니, 이는 경황중에 급히 보고하면서 추산한 인원으로 추정된다(『編冊』, 「慶興署長發 電報」(1908. 7. 9)·「號外」(1908. 7. 14); 『資料 11』, 450, 456쪽).

99) 『駐韓日本公使館記錄』, 「憲機 제2624호」(1909. 12. 28); 『資料 7』, 235쪽; 『編冊』, 「韓憲警 乙 제848호」(1908. 7. 11); 『資料 11』, 453쪽.

<그림 4> 연해주의병 활동도

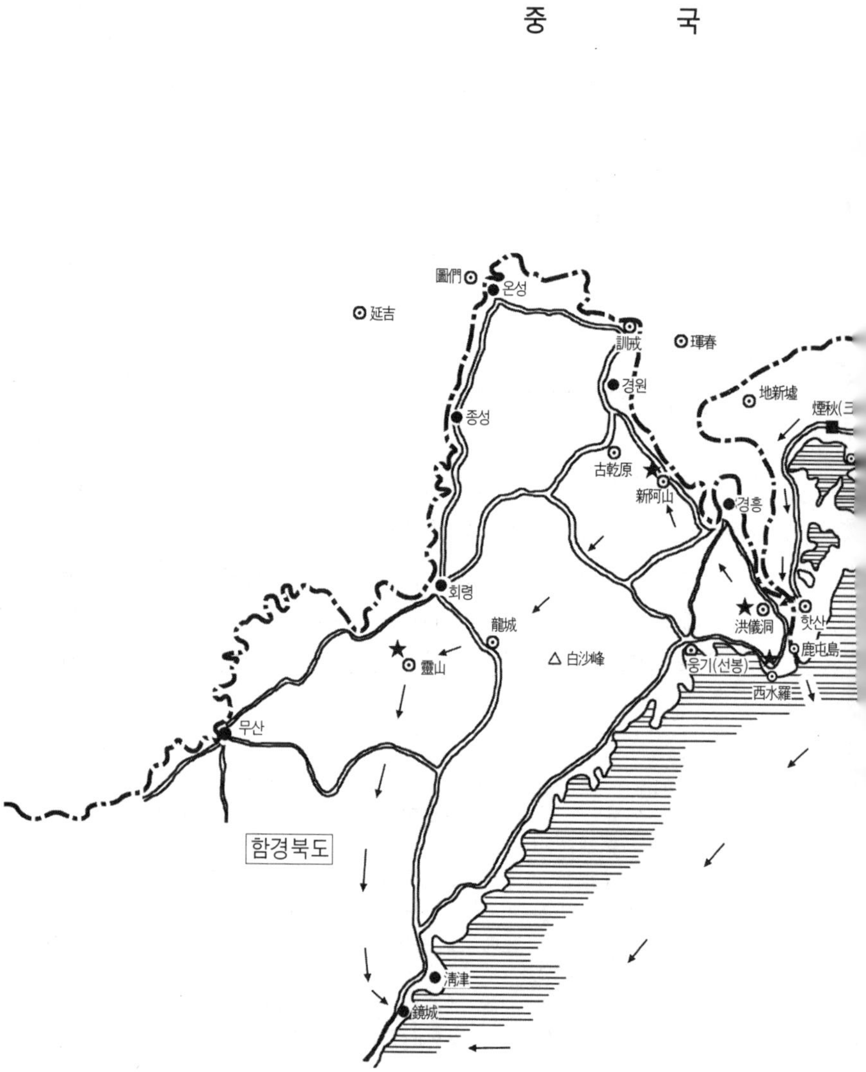

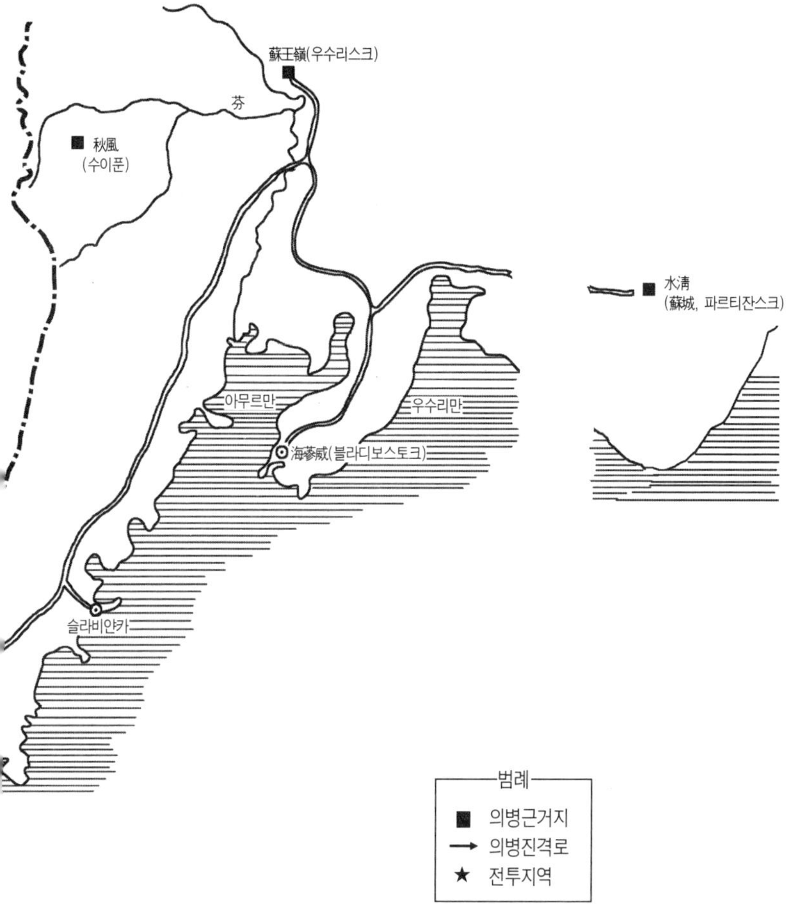

연해주 주요 지역간 거리

해삼위－소왕령 : 112km	해삼위－수청 : 160km
소왕령－포시에트 : 218km	연추－포시에트 : 14km
연추－핫산(두만강) : 54km	연추－지신허 : 45km
지신허－중국국경 : 15km	슬라비얀카－연추 : 72km

국내진공작전에 참가한 연해주의병은 최재형이 이끄는 동의회와 이범윤이 주관하는 창의회 소속의 의병들로 구성되어 있었다. 하지만 그 이상의 인적 구성을 파악하기는 현재로서는 어렵다. 국내진공작전에 이범윤, 최재형 두 사람은 직접 참가하지 않았으며, 부대 지휘는 전제익이 맡았고, 그 휘하에 안중근이 右令將, 엄인섭이 左令將으로 각각 대원을 나누어 인솔하였다.[100] 전제익은 함북 회령 출신으로 鏡城에 있던 함북관찰부의 警務官으로 재직하던 중 국망 전후 아우 全俊彦과 함께 연해주로 망명한 인물이다.[101]

이어 이 의병은 두만강을 따라 북상, 9일 새벽 5시에는 新阿山[102]을 점령한 뒤 10일 새벽 그곳 헌병분견대를 습격하였다. 의병의 공격을 받은 일본군은 일부 경흥으로 도주하였으며 하사 이하 5명이 행방불명[103] 되고 1명이 전사하는 등 참패를 당하였다.[104]

연해주의병이 국내진공작전을 전개하면서 항일전을 수행한 가운데 홍의동전투와 신아산전투는 의병이 거둔 대표적 승첩에 해당된다. 이 두 전투는 연해주의병이 국내로 진공해 온 초기, 곧 의병의 전투력이 비교적 강력하고 사기가 고조되어 있던 시기에 거둔 승첩으로 일본군에 대한 선제공격이 주효했던 것으로 보인다.

이와 같이 연해주의병이 두만강을 연한 국경지대를 장악하면서 활발한

---

100) ≪한인신보≫ 제12호(1917. 10. 7), 「강동쉰해」; 『駐韓日本公使館記錄』, 「憲機 제2634호」(1909. 12. 30); 『資料 7』, 244쪽.

101) 『會寧郡誌』(1978), 83-84쪽; ≪大韓每日申報≫ 1910년 5월 19일자, 「리씨의 쇼식」 참조. '전제익'은 일제측 자료와 안중근 공판기 등에서는 '鄭濟岳'으로 표기되어 있다. 하지만 성명회 선언서 등에서 본명을 全濟益으로 밝히고 있는 점으로 미루어 여기서는 全濟益을 實名으로 파악하였다. 『會寧郡誌』에 따르면 그는 블라디보스토크에서 작고하였다고 하며, 아우 전준언은 上海로 건너가 작고하였다고 한다. 또 전제익의 아들은 한국 초창기 영화계의 명감독이었던 全昌根인 것으로 밝히고 있다.

102) 경흥 북서쪽으로 10여 km 떨어진 두만강변에 위치해 있으며 경원군과 군계를 이루고 있다.

103) 이때 행방 불명으로 보고된 일본군 가운데는 의병측에 포로로 잡혔다가 안중근이 만국공법에 의거, 석방시켜 준 포로들이 포함되어 있었을 것으로 추측된다(『안중근의사 자서전』, 133-137, 403쪽).

104) 『編冊』, 「號外」(1908. 7. 14); 『資料 11』, 456쪽.

활동을 벌이게 되자, 일제는 급히 그 대책 마련에 부심하지 않을 수 없었다. 신아산이 의병의 수중에 장악되었다는 급보를 받은 일제는 회령으로부터 1개 중대를 현지로 급파함과 동시에, 鏡城으로부터 선편으로 70명의 지원군을 급거 雄基로 이동시킨 뒤 경흥으로 출동시키는 등의 조치를 취하였다.

한편 1908년 7월에 전개된 연해주의병의 국내진공작전은 예정된 공격로를 따라 이루어진 것으로 보인다. 하지만 현재로서는 의병자료의 부재와 일제자료의 난맥으로 그 구체적인 국내 진격로와 여기에 참여한 의병수를 명확히 밝히기가 어려운 실정이다. 일제측 기록에 의거해 볼 때, 함경도 일대에서 1908년 7월에 전개한 의병들의 항전 내용은 동일 상황에 대해서 반복되는 기술형태를 취하고 있고, 또 전후 기록에 따라 내용을 달리하는 경우도 있으며, 때로는 誤報를 그대로 기재하는 경우가 있기 때문에 의병활동의 실체 접근에는 일정한 한계가 있는 것이다.

일제 기록에 의거하는 한, 연해주의병의 국내진공루트는 다음 두 가지 경우로 살펴보아야만 한다. 첫째, 두 갈래로 나뉘어 국내로 진격해 온 경우이다. 국내진공작전에 참가한 연해주의병은 총병력 700~800명으로 공격루트를 두 방향으로 설정하였다. 그 가운데 200여 명은 연추를 출발해 두만강을 건너 홍의동 및 신아산으로 진격하였으며, 나머지 600명은 두만강 하구의 鹿屯에서 중국선편을 이용해 청진과 성진 사이의 해안으로 상륙하였다.[105] 육로를 이용한 전자는 무산 혹은 삼수를 진격 목표로 설정하였고, 해로를 택한 후자 역시 내륙으로 들어가 갑산으로 진격하는 공격루트를 설정함으로써, 육해 양면의 동시진격으로 북한지역을 교란시킨 두 의병부대는 삼수나 갑산, 혹은 무산 등지에서 다시 합류하기로 하였던 것으로 보인다.[106]

---

105) 일제는 연해주의병의 국내진공시 육로로 홍의동·신아산 방면으로 진격한 의병의 인솔자로는 金正尉·현진현 두 사람을, 해로로 성진 방면으로 진출한 의병의 인솔자는 지운극·조현춘·이조하·박노우 4인으로 파악하였다(『資料 11』, 461-462쪽).

106) 『編冊』, 「城津署長發 電報」(1908. 7. 8)·「咸警秘收 第793號의 1」(1908. 7. 18); 『資料 11』, 452-453, 461쪽.

다음으로, 연해주의병의 국내진공작전이 세 방면에서 진행된 것으로 보는 경우이다. 첫째, 이상에서 보았듯이, 연해주의병의 일부는 연추를 출발해 두만강을 건너 대안의 경흥 홍의동으로 들어왔다. 홍의동－경흥－신아산 등지를 전전하며 일제 군경과 항전을 벌인 의병은 이 길을 따라 들어온 것이다. 둘째, 다른 한 부대는 역시 두만강을 건너 육로로 온성·무산 방면으로 남하하였다. 셋째, 나머지 한 부대는 포시에트 부근에서 해로를 이용, 성진 방면으로 남하하였다. 그리고 선편으로 남하한 의병은 삼수·갑산을 목적지로 삼아, 그곳에서 활동하던 함경도 의병과 연합항전을 구상하였던 것으로 보인다.[107)]

그러나 이상의 세 가지 공격루트 가운데 육로로 온성·무산으로 진출하는 진격로를 두만강을 건너 경흥 일대로 들어온 진격로와 분리, 이해하기는 어렵다고 생각된다. 왜냐하면 두만강을 건너는 육로인 경우, 온성·무산 방면으로 진출하기 위해서는 경흥을 경유해야 되기 때문이다. 더욱이 단일 진격로를 택하는 경우라도 일제 군경의 수비망을 피해 깊숙한 내륙을 통해 무산까지 진격하기란 현실적으로 어려웠으리라 추측된다. 이렇게 볼 때, 연해주의병의 국내진공은 결국 陸海 양면의 두 갈래로 전개된 것으로 믿어진다. 하지만 이 경우에도 동해안으로 상륙한 의병의 활동에 관한 기록이 거의 전무해 그 사실 여부가 의심스럽다. 600~800명에 달하는 비교적 대규모의 의병이 7월 27일경 청진과 성진 사이의 어느 해안으로 상륙하였다는 기록은 있지만,[108)] 이와 같은 규모의 대부대가 상륙한 경우라면, 이후 그들의 활동이 추적되지 않을 수 없었기 때문이다. 다만 鏡城 일대에서 활동중이던 張錫會가 인솔하는 연해주의병의 일부[109)]가 해로로 들어온 의병이었으리라는 추측이 가지만 더 이상은 확인할 수가 없다.

107) 『編冊』, 「城警秘 發 제81호」(1908. 7. 18); 『資料 11』, 457쪽.
108) 『編冊』, 「鏡城警察署長發 電報」(1908. 7. 27)·「第三巡査隊派遣警部發 電報」·「警秘收 제6822호의 1」(1908. 7. 28); 『資料 11』, 459쪽.
109) 尹炳奭, 「龍淵 金鼎奎의 生涯와 '野史'」, ≪한국독립운동사연구≫ 5, 독립기념관 한국독립운동사연구소, 1991, 19쪽; 『編冊』, 「警秘收 제157호의 3」(1908. 11. 20); 『資料 12』, 493-494쪽.

하지만 어느 경로이건 간에 연해주의병의 진출 목적지는 함경도 내륙, 곧 삼수·갑산, 혹은 무산·경성지역이었다. 그리하여 이 일대에서 활동하던 산포수의병과 경성의병 등을 비롯한 함경도 의병과 합세함으로써 공동의 항일전선을 구축하는 방향으로 궁극적인 전략을 구상하였던 것이다. 일본군 수비대가 파악한 연해주의병의 작전계획 속에서도 이와 같은 전략 구상을 감지할 수 있다.

> 賊의 目的
> 금번의 적(국내진공 연해주의병－필자)은 그 목적이 어디에 있는지 아직 명확히 판정을 내릴 수가 없다고 하지만, 포로의 말을 수집한 서류 기타 諸種의 정보를 종합하면 적은 무산·갑산 지방을 집중 지점으로 정한 듯하며, 신아산 및 홍의동 부근에 출몰한 적은 단순히 집합지로 가기 위해 일시 길을 우리 수비대 관내에 취하고 한번 집합만 끝나면 그때부터 대거 我에 항쟁하여 長年月에 걸쳐 아를 괴롭히려 한 것 운운하고 있다.110)

한편 두만강을 건너 경흥으로 진출한 연해주의병 가운데 100여 명은 홍의동을 거쳐 7월 9일 경흥 남쪽 두만강 대안에 위치한 古邑洞으로 북상하였다. 이러한 소식을 접한 일제 慶興分署에서는 분서장 이하 순사 7명이 급거 고읍동으로 출동하기도 하였다.111)

11일에는 의병 300여 명이 경원 외곽 30리 지점에 위치한 隆洞(소재불명)에까지 진출, 경원읍을 공략하려 하였다. 이에 상황이 다급해진 일제는 경원 우편취급소 직원들을 訓戎으로 긴급 대피시키기에 이르렀다. 이즈음은 경원－종성 가도 중간에 위치한 北蒼坪 역시 의병의 활동권 안에 들어가 있었던 것으로 보인다.112) 그리고 11일 오후에는 다시 경원읍에서 불과 4km 떨어진 지점까지 진출해 경원을 위협하기에 이르렀다.113)

이와 같이 노령 연추를 출발, 두만강을 건너 홍의동으로 진입한 연해주

110) 『編冊』, 「會寧方面暴徒討伐詳報」(1908. 7. 1～7. 31); 國史編纂委員會 편, 『韓國獨立運動史 1』, 524쪽에서 재인용.
111) 『編冊』, 「慶興分署長發 電報」(1908. 7. 9)·「鏡城署長發 電報」(1908. 7. 10); 『資料 11』, 450-451쪽.
112) 『編冊』, 「總監 甲 제15507호」(1908. 7. 13); 『資料 11』, 454쪽.
113) 위와 같음.

의병은 두만강 대안을 따라 고읍동－경흥－신아산－경원까지 북상한 뒤 곧 내륙으로 들어가 남진을 계속, 18일 전후에는 회령군 境內로 진입하였던 것으로 보인다. 그러나 이들의 행로와 활동상황으로 보아 국내 진입 이후 회령에 이를 때까지 단일 부대로 활동하지는 않은 것으로 보이며, 몇 개의 부대로 나뉘어 도처에서 일제 군경과 전투를 벌이며 회령으로 진격하였던 것으로 추측된다.

연해주의병이 이와 같이 국내진공작전을 결행함으로써 경흥·경원·온성·회령 등 함경도 북부 거의 전역에서 의기가 충천하게 되자, 일제는 매우 민감한 반응을 보였다. 의병세력이 더 이상 확대되기 전에 '소요사태'의 조기 진압을 시도하였던 것이다. 7월 25일 仁川丸으로 西湖津(홍남 부근)을 출발한 騎兵中隊와 山砲小隊는 27일 청진에 상륙, 鏡城守備區 예하 부대로 배속되어 의병 '진압'에 동원되었다. 연해주의병의 '진압'을 담당한 일본군 경성수비구 사령관은 이러한 지원군이 도착하기 전날 26일 이미 작전지휘를 위해 회령으로 들어갔다. 또한 해군소장 野本이 지휘하는 군함 明石號가 해안경비를 위해 7월 28일 성진을 출항, 청진으로 향하였다. 뿐만 아니라 京城 주둔 보병까지 증원군으로 파견되었는데, 이들은 부산에서 27일 吉林丸으로 출항한 뒤 29일 오후 新浦를 경유, 30일 獨津에 도착할 예정이었다.114)

한편 이와는 별도로 8월 4일에는 엄인섭 휘하의 李明虎가 인솔하는 20~30여 명의 의병 소부대가 두만강변의 노령 녹둔으로부터 도강, 한반도 최동단 土里·西水羅(모두 경흥군 蘆西面) 일대를 습격하였다.115) 이 의병은 서수라에 소재한 일인어장 大成組를 습격, 일인 10여 명을 살상한 뒤 다수의 현지 한인을 거느린 채 노령으로 회군하였다. 이에 웅기·경흥 등지의 수비대·순사대로부터 일제 군경이 현지로 의병 진압을 위해 급파되었으나, 이때는 이미 의병이 자취를 감춘 뒤였다.116) 이와 같은 일인어

114) 『編冊』, 「咸警秘收 제793호의 1」(1908. 7. 18); 『資料 11』, 460쪽.

115) 『資料 7』, 276쪽; 『編冊』, 「警高秘 제88호」(1909. 6. 15)·「警親 제90호」(1909. 6. 16); 『資料 14』, 689-691쪽.

116) 『編冊』, 「淸津警察署長發 電報」(1908. 8. 4)·「慶警發 甲 제150호」(1908. 8. 4)·「淸津署長發 電報」(1908. 8. 7)·「警秘收 제7132호」(1908. 8. 7)·「慶警秘

장 습격은 일제의 경제 침탈을 단죄하기 위한 활동이었다.

두만강 대안의 함경도 북단에서 출발한 연해주의병은 7월 18일에는 회령 남방 약 2km 지점까지 진격해 들어갔다.117) 회령까지 진격한 의병 수는, 자료마다 상이해서 100~400명으로 기록되어 있지만,118) 국내진공 초기의 의병 수에다 다음의 별동대 100여 명까지 합산하면 대체로 300~400명 정도로 추정된다.

한편 회령 靈山까지 진격했던 연해주의병의 일부는 홍의동·신아산을 공격했던 의병과는 다른, 100여 명의 소규모 부대로 편제한 뒤 1908년 7월 18일(음 6월 20일) 연추를 출발, 국내로 향하였다. 이들의 무비는 총기가 80정으로 그 가운데는 5연발총 5정, 14연발총 2정이 포함되어 있었으며 나머지는 단발총이었다. 그리고 탄환은 총 1정당 100~150발 정도가 지급되었으며, 탄약 제조기구들을 갖추고 행군하였던 까닭에 중도에서 부족 탄약을 제조, 보충할 수가 있었다. 두만강을 건너 경흥으로 들어온 이후 회령 영산에 이를 때까지의 이들의 행로는 정확히 밝힐 수 없다. 다만 영산으로 가는 도중 龍城(회령군 龍興面)에서 탄약을 제조하였다는 기록으로 보아 내륙 깊숙이 행군하였던 것으로 추측된다.119)

이 연해주의병은 金永先이 隊長으로 총지휘를 맡았으며, 그 아래에 金鑽浩·金奎明 등이 중간 지휘를 하였고, 그 아래에 林日錄·鄭成三·許謹·金守千·洪奉翼·李斗用·南丙星·黃學燮 등이 말단 지휘를 맡았다. 이들 의병 역시 진격 목표지를 무산·갑산으로 설정해 국내 의병과의 연계를 도모하였던 것으로 보인다.120)

결국 연해주로부터 相望 국내로 진격해 온 두 부대는 회령 부근에서 합류한 뒤 국내 의병과의 연합을 위해 무산·갑산 방면으로 남진할 계획이었

發 제158호」(1908. 8. 13); 『資料 11』, 597, 603-611쪽.

117) 『編冊』, 「鏡城署長發 電報」(1908. 7. 18); 『資料 11』, 457쪽.

118) 박보리스 교수는 러시아측 자료를 인용하면서 회령까지 진격한 의병 수가 400여 명에 달하는 것으로 기술하였고(앞의 논문, 1065쪽), 영산전투에 참가하였다가 포로가 된 朱萬錫은 약 100여 명이 이 전투에 참가한 것으로 진술하고 있다(『編冊』, 「韓憲警乙 제1179호」(1908. 10. 12); 『資料 12』, 267-271쪽).

119) 『編冊』, 「韓憲警乙 제1179호」(1908. 10. 12); 『資料 12』, 267-271쪽.

120) 위와 같음.

던 것으로 보인다.[121] 하지만 회령까지 진격한 연해주의병은 영산에서 일본군과 조우, 패배하고 말았다. 靈山戰鬪는 곧 연해주의병이 국내로 진공한 이후 가장 남쪽까지 진격한 마지막 전투였던 것이다. 이후 연해주의병은 차츰 연추 등지로 귀환하게 되었으며, 국내진공작전은 일단 종료되고 말았던 것이다. 그러나 영산전투의 구체적인 내용이나 의병측의 손실에 대해서는 자료부족으로 밝히기가 어렵다. 다만 朴殷植은 그의 『安重根傳』에서 이 영산전투의 상황을 다음과 같이 생생히 묘사하고 있다.

> 이곳(회령)은 중국 러시아 영토의 대안으로 서로 바라볼 수 있었고 방위 요충지였다. 지세가 좁고 험하며 民氣가 날래었다. 옛날 임란 때에 加藤清正이 이곳에 이르렀다가 의병에게 격파되었으므로 회령에는 7의사 대첩비가 있었다. 러일전쟁 때도 일인들이 의병의 습격으로 피해가 많았다. 그리하여 일인들은 이곳에 포대를 세우고 병영을 배치하였으며 그 수비가 엄밀하였다. 이때 우리 군사가 나타남을 보고 크게 놀라 급전으로 각지 주둔병을 불러 무려 5,000명이 풍우처럼 달려왔다. 포격이 매우 맹렬하였다. 안중근은 그 예봉을 정면으로 맞받아 반나절만에 많은 적병을 죽였다. 하지만 우리에게는 후원이 없고 적의 기개는 날로 높아 갔으며 날씨마저 궂은비가 내렸다. 전사들은 모두 굶주리고 피곤하였고 탄환마저 떨어져 붕괴되어 흩어졌다.[122]

이와 같이 연해주의병은 회령 영산에서 결정적인 패배를 당해 더 이상 남진하지 못하고 연해주로 귀환하게 되었던 것이다. '5,000명의 일본군이 운집'하였다는 기술은 과장된 표현이라 하겠으나, 영산 패배는 결국 오랜 행군과 연전으로 인한 의병의 전력 소모로 말미암아 일본군의 공세에 밀리게 된 결과라 하겠다.

---

121) ≪대동공보≫ 제24호(1909. 3. 21), 「兩氏忠義」. 이 글은 회령 영산전투에 참가하여 순국한 이형기·권찬규 양인을 기리는 내용이다. 이 글에는 "경원과 경흥 싸움에서 삼차 승전하고 갑산으로 향하다가 회령 영산싸움에 불행히 전망하였으니"라는 대목이 있는데, 삼차 승전은 구체적으로 어느 전투를 지칭하는 것인지 확실하지 않다.

122) 朴殷植, 『安重根傳』, ≪한국학연구≫ 4(별집), 인하대학교 한국학연구소, 影印所收, 1992, 133쪽.

제2장
十三道義軍의 편성

1. 沿海州義兵의 시련기

1909년 전반기는 연해주의병의 활동이 위축된 시련기였다. 전년 여름 대규모로 전개된 국내진공작전은 북한지역에 의기를 충천시키는 등 상당한 성과를 거두었음에도 불구하고, 일본군의 막강한 전력에 밀려 결국 회군하지 않을 수 없었다. 이와 같은 분위기하에서 한인사회 내에서는 의병노선에 대해 일시 회의감이 만연하였으며, 이로 인해 군자금 모금이 여의치 못하게 되어 적극적인 활동을 펴기가 어려운 실정에 있었다.

한편 일제는 이 무렵 러시아에 외교적으로 압력을 가해 한인의 의병활동을 제약토록 하였다. 실제로 러시아는 일본의 외교적인 간섭으로 인해 연해주 한인 의병의 활동을 제약하게 되었다.[1] 이 점은 회령경찰서장의 다음과 같은 정보 보고기록을 통해서도 확인된다.

> 근래 러시아는 두만강 연안에 병력을 배치하여 폭도(의병－필자)의 출동을 억압함과 동시에 多衆 集合하여 병기를 갖고 조련을 하는 등의 행동을 禁遏함으로써 목하 한 곳에 대집단을 이룬 것이 없고 20~30명 가량씩 각치에 산재하였다고 한다. 청국 관헌 역시 러시아와 같은 형태의 조처를 취하였다 한다.[2]

---

1) 박보리스, 「國權被奪 前後時期 在蘇韓人의 抗日鬪爭」, 『韓民族獨立運動史論叢』, 朴永錫敎授華甲紀念論叢刊行委員會, 1992, 1066-1068쪽 참조.

실제로 1909년 1월 하순에는 연추에 주둔중이던 제6연대 소속의 러시아군인 250여 명이 의병 사무소로 가 일체의 총기 탄약을 압수하고 그 해산을 명하는 일까지 발생, 의병의 기세는 더욱 위축될 수밖에 없었다.3) 노령뿐만 아니라 中領 간도에서도 의병에 대한 관헌의 탄압이 심해져 그 활동이 위축되고 있었다. 1908년 11월 연추로부터 中領 兩嶺(경흥에서 30리 相距, 兩峙關 ?)에 파견되어 있던 의병 200여 명이, 부대장 李京化가 淸兵에 의해 구금됨으로써 강제 해산되는 등 두만강에 근접한 중·러 접경지에서는 의병 활동이 위축되는 상황에 직면하였다.4) 1908년 12월이 되면 '(경흥군) 古邑 대안으로부터 노령 연추에 이르기까지' 두만강 연변에는 의병의 종적을 찾지 못할 만큼 그 세력이 일시 위축되어 있었다.5)

일제는 결국 1909년 1월 무렵에 연해주의병의 동정을 다음과 같이 파악하여, 연해주 일대의 한인사회에서 항일의 기운이 극도로 쇠잔하였음을 보고하고 있다.

> 목하 대안의 폭도상황 정찰의 결과 저들의 세력이 날로 쇠퇴하여 가까운 장래에 있어서는 來襲의 조짐이 없어 현재 일반의 관민은 小康을 맞고 있다. 작년 8월부터 12월 말까지는 혹은 밀정의 급보에 의하여 혹은 진실같은 전언에 의하여 당지 수비대를 비롯 경찰 헌병은 때때로 비상소집 비번철회 등을 하여 要處의 보초 전망 혹은 순찰 등 평온한 날이 적었었는데, 오늘에 이르러서는 약간 安康한 상태로 돌아갔다.6)

---

2) 『暴徒에 關한 編冊』, 「警秘收 제118호의 1」(1908. 10. 8); 國史編纂委員會 편, 『韓國獨立運動史－資料 12』, 259쪽.
이하 인용에서 『暴徒에 關한 編冊』의 경우에는 『編冊』으로만, 國史編纂委員會에서 편찬한 『韓國獨立運動史－資料 8-19』의 경우에는 『資料 8-19』로만 각각 略記한다.

3) 愼鏞廈, 「洪範圖 義兵部隊의 抗日武裝鬪爭」, ≪한국민족운동사연구≫1, 知識産業社, 1986, 67쪽; 『編冊』, 「慶警秘 제1호」(1909. 1. 5); 『資料 13』, 182쪽.

4) 『編冊』, 「警親 제49호」(1908. 11. 6)·「警秘收 제370호의 2」(1908. 11. 19); 『資料 12』, 485-486, 492쪽.
한편 이때 구금된 이경화는 1909년 1월 초에 석방되어 연추로 귀환하였다. 그는 자신의 석방을 적극적으로 교섭하지 않았다는 이유로 이범윤에게 강한 항의를 하기도 하였다.

5) 『編冊』, 「憲機 제1068호」(1908. 12. 8); 『資料 12』, 634쪽.

6) 『編冊』, 「警親 제99호」(1909. 1. 14); 『資料 13』, 193쪽.

한편 러시아 당국은 1909년 9월 들어 귀화 한인들에 대해서도 징병령을 내렸다. 한인사회에서는 러시아로 귀화한 이상 국방의 의무를 가지게 되므로 21세에 달한 대상 한인들은 징병령에 당연히 응해야 한다고 역설하고 있으나, 한인의 사회활동을 위축시키는 결과를 낳았으며 의병의 항일전에도 불리한 조건으로 작용하게 되었다.[7] 징병령 실시를 위한 사전준비로 한인사회에 대한 엄밀한 호구조사가 이미 5월경부터 착수되었다. 비귀화인으로 여권 없이 연해주에 거주하던 한인들에 대해서는 추방령이 내려졌으며, 일부 징집대상자들은 징병을 기피해 越境·피신하는 경우도 있었다. 이들 중 상당수는 간도로 넘어갔던 것으로 보인다.[8] 연해주의병은 이와 같은 상황에서 인적 자원에 다소간 타격을 받지 않을 수가 없었다. 1909년 하반기에 실시된 징병검사 결과 한인장정 수백 명이 징집되었다.[9]

이처럼 불리한 여건과 함께, 연해주의병의 양대 축인 崔在亨·李範允 두 사람간에 일어난 불화도 의병 활동을 위축시키는 중대 요인으로 작용하였다. 1908년 10월경 노정되기 시작한 양인간의 불화로 인해 의병의 중심 인물들은 양인을 정점으로 이합집산하는 모습을 보였으며, 이는 곧 전력의 분산을 초래하게 되었던 것이다. 水淸에서 연추로 이송해 온 총기 400정을 수청으로 되돌려 보낸 사건도 양인의 불화에 기인하고 있다.[10] 일제도 양인의 불화로 인한 전력 분산의 심각성을 "頭首가 서로 반목하고 있으므로 공동행동은 불가능"하다고 판단하였을 정도였다.[11]

1908년 말에는 이범윤의 심복들인 韓起洙·朴昌洙·朴俊甫 등 3명이 同義會의 핵심인물로 최재형의 부하였던 김기룡을 살해하려다 미수에 그친 사건이 발생하였다. 이들은 김기룡이 유숙하고 있던 최재형의 집에까지 들어갔으나 거사 직전 발각되어 실패하고 말았다.[12] 이로 인해 양인간의

---

7) ≪대동공보≫ 제67호(1909. 9. 2), 「俄籍에 在한 韓人은 俄國兵役에 잘 服從함이 可한 일」 참조.

8) 『編冊』, 「極秘發送 제28호」(1909. 6. 4)·「極秘發送 제35호」(1909. 7. 10); 『資料 14』, 682쪽; 『資料 15』, 160쪽.

9) 『編冊』, 「咸北警秘收 제595호」(1909. 11. 8); 『資料 16』, 210쪽.

10) 『編冊』, 「警秘收 제297호」(1908. 11. 20); 『資料 12』, 495, 631쪽.

11) 『編冊』, 「會秘警送 제706호」(1908. 11. 22); 『資料 12』, 498쪽.

불화는 더욱 심화되기에 이르렀다.

최재형은 1909년 1월 ≪대동공보≫에 다음과 같이 '假義'를 경계하는 「광고」를 게재하였다.

각 지방 소식을 들으니 수다한 무뢰지배가 본국을 사랑하는 의병이라 가칭하고 우리 각 지방의 유명지인의 성명도 팔고 본인의 성명도 도적하여 위조편지를 각처에 많이 광포하여 각민간에 다수한 재정을 탈취하여 중간잡비 소입이라 칭하고 몰식하며 그 위령을 자락하느라고 동포 중에 사생지폐도 혹 있다 하니 슬프다 우리 연약한 동포들이 저 무뢰배의 속임을 받아 무한히 해를 받고 앞으로 부지할 방침을 생각지 아니하니 종금 이후로는 저 협잡배의 위조편지와 애국성이 높다고 자랑하는 자에게 무용한 보조금은 주지 말고 저같은 폐단은 서로 살피어 거절하고 징치하심을 망함 연추 최재형 고백(맞춤법-필자)[13]

이와 같은 광고가 나오게 된 배경은 확실치 않다. 다만, 최재형과 불화를 노정한 이후 여전히 강경한 입장을 견지하며 군자금 모금에 더욱 심혈을 기울이던 이범윤 의병을 견제하기 위한 최재형의 의도가 개재되어 있지 않나 추측된다. 군자금 모금을 둘러싸고 이범윤 주위에서 야기되는 여러 잡음이 이를 뒷받침하는 한 증좌가 된다.[14] 이 광고는 또한 1909년 초 한인사회에서 군자금 모금이 여의치 못하였음을 반증하고 있기도 하다.

한편 위의 광고와 거의 같은 시기에 秋風에서는 朴基萬 외 24명이 연명으로 「秋風事務通章」을 발표하여 연해주 한인사회가 이범윤의 적극적인 의병노선을 후원해 줄 것을 촉구하고 있다.

萬旺의 論에 曰 대한의 生脈은 江東(연해주-필자)에 在하고 천하의 重望은 管理(이범윤-필자)에 係한다고 한다. 後는 露人影으로 相照하고 右는 淸人聲으로 相應한다. 그리고 眼前은 대한이다. 一心義捐하면 수만 원을 收할 것이요 모집하면 이백만 명을 得할 것이다. (중략) 그런데 아직 大事業 大功名을 成치 못함은 何故이냐. 곧 父老豪傑이 團結一致치 아니함으로이다. 만약 능히 천만

12) 『編冊』, 「憲機 제1070호」(1908. 12. 8); 『資料 12』, 636쪽.

13) ≪대동공보≫ 제17호(1909. 1. 17), 「광고」. 한편 일제측에서도 위의 광고를 입수하여 全文을 日譯, 보고하면서 주의를 요하고 있다(『編冊』, 「高秘收 제887호의 2」(1909. 2. 25); 『資料 13』, 472쪽).

14) 『안중근의사 자서전』, 안중근의사숭모회, 1979, 357쪽 참조.

인의 心을 합하여 一人의 心으로 한다면 何業何功이 아니되겠는가. 관리의 兵壯이라고 하나 機器 糧食에 乏하고 獨掌 鳴할 수 없다. 孤脚은 顚하기 쉽다. (중략) 원컨대, 동포는 相合心하여 관리와 力을 합하여 倭를 伐하고 生하여서는 인간의 가치를 保持하고 死하여서는 愧없는 鬼가 되라.[15]

위 「통장」에서는 이범윤을 정점으로 한 항일의병의 비중을 천명하고, 연해주 한인들이 이범윤을 적극적으로 후원해 줄 것을 촉구하고 있다. 또한 연해주의병이 '성공'하지 못한 이유가 지도자들의 분열에 있다고 주장하는 이면에는 '天下의 重望이 係한' 이범윤과 대립 반목하고 있던 최재형에 대한 은근한 비난이 함축되어 있기도 하다. 결국 위의 통장은 한인들의 이범윤에 대한 군자금 지원을 촉구하기 위한 목적에서 등장하였으나 그 이면에는 최재형에 대한 비판을 동시에 제기하고 있는 것이다.

이와 같은 통장이 발표된 뒤, ≪대동공보≫에는 앞의 「광고」와 같은 취지에서 「통장」의 '假義'를 경계하고 있어 주목된다. 1909년 7월 1일 ≪대동공보≫에는

근래에 무뢰지배들이 관리를 빙자하며 혹 옳은 단체의 명의를 가칭하여 민간에 의연금을 청구하여 중간 간몰하는 일이 종종함으로 의연하는 제씨와 발기하는 제씨의 속는 바 됨을 가석히 여기는 중 이제 좌게한 전문이 본사에 내도한 고로 게재하오니 참작하여 보고 속지 말기를 바라노라.[16]

고 하여 '假義'를 경계한 뒤, 앞 「통장」의 전문을 비롯해 박기만 외 24명의 연명자 명단까지 전재하였다.[17] 이와 같은 기사는 이범윤 의병을 견제하기 위한 대동공보측의 의도가 내재된 것으로 보인다. 곧 이는 대동공보 사장 최재형의 이범윤에 대한 간접적인 비난으로도 볼 수가 있다.

이범윤과 최재형 간의 이상과 같은 불화 원인이 어디에 있었는지 확단

15) 『編冊』, 「高秘發 제21호」(1910. 1. 8); 『資料 17』, 102쪽.

16) ≪대동공보≫ 제49호(1909. 7. 1), 「속지 말지어다」.

17) 그 속에서 격문 발표시기를 '기유 이 칠일', 곧 1909년 2월 7일로 밝히고 있다. 여기서는 서두에 아무런 제목 없이 '우문위통유사라'로 시작하고 전문이 순한글로 게재되어 있다. 일제가 수집한 「추풍사무통장」과는 文意의 대강은 유사하나, 문체가 다소 수정되어 있다. 일제측이 입수한 「통장」이 발표 원문이며 여기에 다소 첨삭된 위의 글이 항간에 유포된 듯하다.

하기는 어렵다. 두 인물의 분위기로 미루어 의병노선의 방향설정 문제를 둘러싸고 갈등이 노정된 것으로 추측할 따름이다. 1908년 7월에 개시된 국내진공작전이 일단 종료되는 형세하에서 의병노선에 일시 불리한 여건이 조성되는 무렵에 최재형은 형세를 관망하는 보수온건적 노선을 추구하였던 것으로 추측된다. 이에 반해 이범윤은 여전히 대일항전 준비에 전력을 기울이는 강경노선을 견지하였으며 이로 인해 물의가 야기되는 상황에 처하게 되었다. 더욱이 최재형은 의병의 중심인물이기도 하였지만 나아가 러시아 속에 형성된 한인사회의 여론과 이익을 대변하는 한인 지도자의 역할에도 충실해야만 하는 입장이었으므로, 항일전의 수행에만 집착하던 이범윤에 비해 분명 보수적 성향을 노정하지 않을 수 없었다고 판단되는 것이다.

최재형이 한때 일제로부터 '의병노선을 포기'한 인물로 간주되는 것도 그의 온건노선 추구에 원인이 있었다고 하겠다. 일제는 최재형이 앞의 「광고」를 발표한 사실에 대해 예의주시하면서 몇 가지 구체적 사례를 들며[18] 의병노선에 대해 최재형이 회의적인 태도를 취하게 된 증거로 파악하였다. 그러나 이와 같은 분석은 일제가 일정한 선입견을 견지한 채 최재형의 입장을 주시한 결과라 믿어진다. 그 뒤 1909년 7월 들어 일제도 최재형의 태도에 대해 "동인은 전연 폭도의 수령임을 방척한 것이 아니다. 외관은 전연 폭도에 관련 않는 상태를 呈하나 내면은 不然하여 현재 연추에 있어서의 彼의 油製造所에 있는 동의회원 白圭三 등 7명은 항상 주모자가 되어 각 지방에 연락하고 있다"[19]라고 하면서 그가 의병노선을 여전히 견지하고 있음을 인정하게 된다. 비록 겉으로는 牛納業 외에는 전혀 조용한 듯하나 사실은 재기항전을 위해 러시아 당국과 부단히 총기 탄약 등 무기구매를 교섭하고 있었다. 그는 만약 러시아의 지원이 여의치 못할 경우에는 사재를 쏟아 넣을 결심도 하고, 또 미주 한인들과 기맥을 통하기 위하여 분투하였다.[20]

---

18) 『編冊』, 「警親 제12호」(1909. 2. 13); 『資料 13』, 466-467쪽 참조.
19) 『編冊』, 「極秘發送 제38호」(1909. 7. 10); 『資料 15』, 165-166쪽.
20) 『編冊』, 「極秘發送 제38호」(1909. 7. 10); 『資料 15』, 162-163쪽.

한편 이범윤과 최재형은 해삼위를 중심으로 하는 교육·언론사업을 추구하던 계통의 한인 지도자들과 일정한 거리가 있었다. 특히 이범윤은 이들과의 불화가 심각하였던 것으로 보인다. 이범윤은 을사오조약 이후 이미 국망을 예견하고 있었다. 이러한 상황에서 국권회복의 유일한 길은 의병을 일으켜 항일전을 수행함으로써 가능한 것으로 믿고 있었다.

> 해삼위에서 학교 기타의 일에 관하여 대단히 진력한 사람이 있다. 나의 생각으로는 아무리 학교와 기타를 盛히 한다 하여도 모국의 현상이 금일과 같아서는 하등의 이익이 없는 것이 아니냐. 마땅히 우선 의병을 일으켜 한국의 운명이 정하여진 후에 해도 아직 늦지 않다 할 것이다.[21]

결국 이범윤은 연해주를 근거지로 의병을 일으켜 대규모 국내진공작전을 단행, 원산 이북의 관북지역을 점령함으로써 그 실마리를 풀 수 있다고 믿었던 것이다. 이와 같은 국권회복 방략은 교육·언론에 종사하던 최봉준·김학만·차석보 등 해삼위를 중심으로 한 한인지도자들의 국권회복 방략과 정면에서 상치되는 것이었다.[22]

---

21) 『編冊』, 「機密韓 제18호」(1910. 4. 21); 『資料 18』, 123-125쪽.

22) 두 계열간의 알력을 보여 주는 내용은 일제 기록 도처에서 산견된다(『資料 13』, 201, 469, 471, 799쪽 및 『資料 15』, 164, 167쪽 등). 그 가운데서도 이범윤·최재형 등과 가장 적대관계에 있었던 해삼위 한인사회의 지도자는 崔鳳俊이었다. ≪해조신문≫의 社主이며 해삼위-원산 간의 정기여객선 俊昌號의 소유자로 해삼위 한인사회 최고의 거부였던 그는 의병노선에 대해서는 매우 냉담하였던 것으로 보인다. 최봉준이 1909년 6월 12일 연추 남쪽에 위치한 두만강변의 국경도시 햣산[香山, 恒常]으로 와 한인들을 모아 놓고 행한 다음과 같은 연설은 그와 같은 분위기를 여실히 입증하고 있다.

"나는 일본에 대하여 반항은커녕 그 恩義에 감사하는 자이다. (중략) (일본은) 원래 우리 나라의 개혁발달을 위하여 극력 진력하고 있는 것은 나의 확신하는 바이다. (중략) 時勢를 오해한 자 수청·해삼위·연추 지방에 있다. 저들이 자칭하여 의병이라고 한다 하나 사실인즉 폭도이다. 그 폭도인 이유를 例證한다면 작년 이래 각 촌락에 幾多의 원조금을 모집하였고 인민의 膏血을 짰어도 그 사실은 하나도 國利民福을 증진하였다고 인정할 것이 없다. 또 그 거금과 같은 것도 어떻게 소비하였느냐 전연 불명하다. 저 西水羅事件(서수라 일인어부처단-주)과 같은 것도 그 살육된 것은 실로 蠢愚한 천민뿐이다. (중략) 우리는 여러분과 같이 저들 소위 의병이라는 것을 토벌하고 혹은 한국 당국자와 협의하여 此의 진압방법을 정하지 않으면 안된다(하략)"(『編冊』, 「極秘發送 제35호」(1909. 7.

그러나 이와 같이 불리한 여건 속에서도 연해주의병의 대일전 준비는 계속 추진되었다. 이범윤은 1909년 1월 무기구입을 위해 스스로 해삼위로 갔으며, 부하 韓起洙[韓璣洙]를 하바로프스크로 보내어 100여 정의 총기를 구입해 오도록 하였다.[23] 이 무렵에는 '폭도는 5일 이내에 두만강을 건넌다',[24] 또는 '폭도의 습래는 근일이며 그 수 1,000명 내외이다'[25]는 등 연해주의병의 국내진공을 예보하는 밀정들의 보고가 연일 이어지고 있었다.

이범윤 휘하의 金秉洛은 1910년 4월 부하 6명을 이끌고 두만강 대안의 古乾原으로 들어가 군자금 모금활동을 벌였으며,[26] 訓戎 방면에도 의병 약 20명이 5월 2일 출현하여 일경을 긴장하게 만들었다. 또한 이범윤은 간도로 들어가 대안의 종성을 공략하기 위해 趙昌浩와 함께 수백 명의 의병을 인솔하고 종성 대안으로부터 국내진공을 계획하기도 하였다.[27] 이범윤의 이와 같은 국내진공작전 계획에 대해 국내의 ≪대한매일신보≫에서는 다음과 같이 보도하고 있다.

> 연추 등지에 체류하던 전 관리사 이범윤씨는 의병을 거느리고 강을 건너 한국지방으로 향하겠다고 종종 성언하더니 근일에는 국자가 청국 관헌에게 교섭하되 장차 동병하여 간도 중양으로 지나갈 터이니 길을 좀 빌리려 하였는데 청국 관헌은 (중략) 거절하였다 하며, 이씨의 부하 조창갑(조상갑－필자)씨는 의병 250명을 영솔하고 종성군에서 15리 접경되는 걸만동 호천포 등지로 근거지를 삼고 성언하기를 본년 6월에는 이범윤씨가 의병 수천 명을 영솔하고 호천포에 도착하면 즉시 크게 동병하여 강을 건너 한국지방으로 향한다 하며 지금 그 사람들의 가진 무기는 모두 양총과 6연발총이오 (중략) 그곳 인민들은 어느 때든지 큰 일이 있겠다 하여 대단히 소요중이요, 이씨 부하에서 주선하는 자들은 이승호·방병기·전제익 제씨인데 (하략)[28]

---

10); 『資料 15』, 160-161쪽).

23) 『編冊』, 「警秘收 제28호의 1」(1909. 1. 18); 『資料 13』, 199쪽.

24) 『編冊』, 「警發 제31호의 1」(1909. 1. 21); 『資料 13』, 203쪽.

25) 『編冊』, 「警秘收 제44호의 1」(1909. 1. 25); 『資料 13』, 208쪽.

26) 『編冊』, 「淸親發 제227호」(1910. 5. 5); 『資料 18』, 241쪽.

27) 『編冊』, 「電文」(1910. 5. 6); 『資料 18』, 243쪽.

28) ≪大韓每日申報≫ 1910년 5월 19일자, 「이씨의 소식」.

아무튼 위 인용문을 통하여 보더라도 1910년 8월 국망을 눈앞에 두고 연해주의병은 간도의병과 긴밀한 연계하에 대대적인 국내진공작전을 단행하려 하였던 것으로 보인다. 홍범도 역시 1910년에 들어와 국내진공을 부단히 모색하고 있었던 사실도 이러한 점에서 동일하다. 한편 국내 함흥 일대에서도 1910년 5월 무렵에 이범윤이 인솔하는 대규모의 연해주의병이 국내진공을 곧 단행할 것이라는 풍문이 돌아 민심이 크게 고취되고 술렁이는 상태에 있었다.[29] 한편 위 인용문에서 간도를 경유해 국내로 진공하기 위해 이범윤이 청국 관헌에게 길을 빌리기로 요청한 사실은 일제 정보에서도 '李는 금년 2월 북한을 습격하기 위해 琿春 지방에 공격로를 얻고자 邊務督辦 吳祿禎에게 조회'하였으나 실패한 것으로 기술하고 있다.[30]

그리고 연해주지역의 의병 수는 1910년 5월 무렵 일제 조사에 의하면 연추·해삼위·소왕령 등 각지에 산재한 인원을 통합하면 약 400여 명 정도에 이를 것으로 추산하고 있다.[31] 뒤이어 같은 해 7월에는 "이범윤·엄인섭 등이 극력 폭도의 모집에 힘쓴 결과 1,500~1,600명에 달하였다고도 하고 혹은 2,000명에 달하였다고도 하고 있으나 믿을 만한 최근 정보에 의하면 약 600명" 정도로 추산하고 있는 것으로 보아,[32] 국치 전후에 연해주지역 전체에 산재한 의병 총수는 확실치는 않지만 1,000여 명 전후로 추산된다.

2. 貫一約(立義案)과 義兵規則

연해주의병은 단일부대 편제로서가 아니라 이주 한인이 산재한 연해주 곳곳에 다양한 형태로 편성되어 있었다. 그러므로 구조적인 취약성과 전력의 분산이라는 한계가 내재할 수밖에 없었던 것으로 생각된다. 李範允

29) 『編冊』, 「咸高秘發 제587호」(1910. 6. 2); 『資料 18』, 407쪽.
30) 『編冊』, 「機密統發 제307호」(1910. 3. 1); 『資料 17』, 562쪽.
31) 『編冊』, 「咸北警秘發 제51호」(1910. 5. 17); 『資料 18』, 253쪽.
32) 『編冊』, 「咸北警高秘發 제91호」(1910. 7. 15); 『資料 18』, 515쪽.

과 崔在亨 양인을 최고 구심점으로 하고 있기는 하였지만, 연해주의병은 곧 지역에 따라 주요 인물을 중심으로 각기 독립 분산된 형태의 편제를 가지고 있었기 때문에 통합적 성격은 그만큼 희박할 수밖에 없었던 것이다. 그러므로 대일항전도 분산적 형태로 반복되었기 때문에 큰 타격을 주기는 어려웠다. 이러한 분산 조직의 특성은 연해주의병이 결성된 이후부터 십삼도의군이 탄생할 때까지 일관되던 현상이기도 하다.

1909년을 전후해서 연해주의병 지도자들은 그 동안 각기 독자적 의병 활동을 전개함으로써 전력의 분산을 가져와 효과적인 항전을 벌일 수 없었던 점에 공감하고, 연해주와 북간도 일대의 의병을 단일군단으로 통합, 작전과 지휘를 한 계통으로 통일하기 위해 노력하였다. 이와 같은 구상과 노력은 1895년 이래 십수 년 동안 항일의병에 투신해 온 老儒 柳麟錫이 중심이 되어 추진되었다. 그는 이미 국내 의병항전에서 지역분산적 형태의 항일전이 가지는 취약성을 깊이 인식하고 있었던 까닭에 단일군단 통합을 더욱 적극적으로 추진하게 되었으리라 추측된다.

유인석은 처음 의병 단일군단을 통합하기 위한 사전 준비로 연해주와 북간도 한인사회를 규합하기 위해 향약 조직의 성격을 가지는 '貫一約'을 시행하였다. 1909년 11월 3일(음) 통고문에서 이 점에 대해 유인석은 다음과 같이 밝히고 있다.

> 인석은 (중략) 一約을 세워 貫一約이라 하였으니 '愛國, 愛道, 愛身, 愛人'을 기약하고 同心으로 貫一하려 한다. 이는 장차 여기(국외－필자)에 함께 거주하는 여러분과 더불어 먼저 마음을 같이하는 일심 단체를 조직한 다음 마침내는 한 나라의 일심 단체를 만들고, 먼저 保身守道를 한 다음 마침내는 국권회복과 인류구제를 기약하고자 하는 것이다.[33]

이로써 볼 때, 관일약은 곧 의병 규합을 위한 전위조직의 성격을 띠고 있었던 것이다. 원래 관일약은 1909년 7월(음)에 처음 시작되었으며,[34]

---

33) 『毅菴集』(景仁文化社, 영인본, 1973) 권37, 雜著, 「通告」, 168쪽.
34) 『龍淵金鼎奎日記 上』, 독립기념관 한국독립운동사연구소, 영인본, 1995, 1910년 3월 7일조; 『毅菴集』 권42, 「貫一約序」, 296쪽; 『毅菴集』 권55, 附錄, 「年譜」, 701쪽.

그 시행을 위한 통문은 11월 3일 발표되었다. 이와 같은 관일약의 시행에는 鏡城 출신의 의병장 李南基가 실무를 맡아 크게 힘썼던 듯하다. 그는 1908년 경성에서 池章會·金鼎奎·徐相郁 등과 함께 거의하였던 중심인물로 의병항전 실패 후 연추로 건너가 유인석의 막료로 활동하던 인물이다. 1910년 3월 그는 북간도지역으로 파견되어 관일약 보급과 의병 규합의 임무를 수행하였던 것이다.[35] 그러나 현재로서는 관일약이 시행된 범위와 결속의 정도는 확인할 수가 없다. 하지만 관일약이 십삼도의군이 편성되기 이전에 한인 결속을 도모한다는 차원에서 조직된 사전 조직임은 확실하다.

유인석은 관일약의 보급과 함께 간도지역 한인지사들의 결속을 도모하기 위해 북간도 일대의 한인을 대상으로 하는 「通告文」을 1910년 2월에 발표하였다. 그 통고문 가운데 다음과 같은 대목은 의병통합의 움직임과 관련해 주목을 끈다.

> 이곳(연해주－필자)에 寓居하는 천만 동포를 돌아보건대, 마음을 쏟고 힘으로 도우고 몸으로 담당하니, 진실로 국가를 위하고 충의를 숭상하는 방책이 없지 않아 이제 立義案을 세워 성명을 연서함으로써 그 실상을 드러내었도다. 그윽이 생각컨대, 저 중국 동포 군자도 어찌 이와 다르리요? 다만 聲勢와 義氣가 상통하지 않았을 따름이다. 받들어 청컨대, (북간도) 여러분은 충성을 떨치고 의리에 의지하는 마음으로 먼저 성명을 허락(서명－필자)하여 이 立義案에 함께 하게 된다면 聲氣가 상응하여 한 마음으로 단체를 이루어 대의를 펴고 대사를 이룰 수 있으리라.[36]

위 인용문을 통해 유인석이 이때 이미 항일민족운동을 표방하는 하나의 결사를 조직하기 위해 서명록인 '立義案'을 만들어 연해주 항일운동자

---

35) 尹炳奭, 「龍淵 金鼎奎의 生涯와 '野史'」, 131쪽; 『龍淵金鼎奎日記 上』, 1910년 3월 7일조, 525쪽 참조.

36) 『龍淵金鼎奎日記 上』, 1910년 3월 7일조, 526-527쪽. "顧此地寓居萬千同胞 有以心輸 有以力助 有以身擔 誠不沒其爲國家 尙忠義之善 方設立義案 列書姓名 以著其實 竊念彼中同胞君子 豈異於此 但聲氣未之有通耳 恭請僉尊 以奮忠仗義之心 先許尊姓名 同此義案 聲氣相應 一心成團 以爲伸大義濟大事之地"

들의 서명을 받아 놓았을 뿐만 아니라 더 나아가 북간도 일대 한인들의 서명까지 받았음을 알 수가 있는 것이다. 이와 같은 立義案(혹은 同義案)은 1909년 하반기의 십삼도의군 편성 계획 수립과 동시이거나 혹은 그 이전에 등장하였던 것으로 보인다.[37] 이와 같은 견지에서 볼 때, 입의안은 곧 연해주·북간도 일대의 항일세력을 하나로 규합하려는 구체적인 움직임으로 파악할 수가 있다.[38]

관일약과 입의안의 관계는, 구체적으로 명확히 규정할 수는 없으나 별도로 추진된 사업으로 보이지만 단일군단 통합을 위한 준비작업으로 상호 유기적 관계에 있었던 것으로 판단된다.[39]

한편 유인석은 해삼위에서 연추로 옮아온 뒤 1908년 10월(음)에 이범윤의 항일전을 후원하기 위해 총 35개조에 달하는 '義兵規則'을 제정하였다.[40] 의병의 擧義 명분에서부터 군무·기율·편제 등 항일전 수행에 절급히 요구되는 제반 항목을 35개조로 나누어 상세히 규정한 이 규칙은 얼마 후 편성되는 십삼도의군의 활동규약이 되었다. 그 가운데 의병규칙의 핵심이라 할, 국내외 의병의 통합을 전제로 한 단일 편제를 언급한 내용을 보면 다음과 같다.

---

37) 『毅菴集』 권36, 雜著, 「義務有統」 '立義案', 152쪽 참조.

38) 이와 같은 義案의 연명록은 그 뒤 1910년 8월 국망과 동시에 발표된 성명회선언서의 말미에 첨부된 8,600여 명에 달하는 민족운동자들의 서명록과 관계가 있다고 보인다. 곧 의안은 주지와 이념상 성명회의 원류에 해당된다고 보이므로, 의안의 연명록이 성명회 서명록의 기본 골격을 이루었을 것으로 추측되는 것이다.

39) 『毅菴集』 권32, 雜著, 「散言」, 39-40쪽 참조. 여기서 유인석은 입의안과 관일약에 대해 "義案爲事之有濟也 貫一約爲事濟而歸于正也"라고 해석하고 있는 점으로 보아도 양자는 상호보완 관계에 있었다고 생각되는 것이다.

40) 『毅菴集』 권36, 雜著, 「義兵規則」, 133-141쪽; 『龍淵金鼎奎日記 上』, 1910년 3월 7일조, 「○○規則」, 545-574쪽.

위 양자의 기록은 字句의 同異, 조목의 錯簡은 보이나 거의 동일하게 기술되어 있는 것으로 보아(『日記』에는 한 조목이 缺) 그 내용은 충분히 신빙할 만하다. 한편 김정규의 『日記』에는 제목 '義兵規則' 중 '義兵'은 '○○'으로 隱記되어 있다. 이는 아마 통문이 돌 때, 그 원본에도 역시 隱記되어 있었던 까닭에 김정규가 이를 그대로 轉寫한 것으로 추측된다(본서 말미의 附錄 해설 참조).

(26) 각 읍마다 의리가 있고 처신이 바른 인물을 뽑아 邑總裁를 삼아 그 陣將을 지휘하게 하고, 각 도마다 덕망과 신의가 높아 한 도의 영수가 될 만한 자를 道總裁로 삼아 道統領과 列邑의 總裁를 관할하게 하며, 몇 명의 糾察을 파견하여 도내의 여러 진을 돌며 살피게 한다. 도통령과 열읍 총재는 그 지휘를 받아 어겨서는 안 된다. 또 여러 도에서 충의와 성심, 역량이 있고 덕망과 지위가 족히 13도의 인심이 열복할 만하고 거기에 향응할 수 있는 인물을 추대하여 十三道都總裁를 삼아 都統領과 각도의 總裁를 관할하게 한다. (하략)[41]

곧 전국의 의병을 都總裁를 정점으로 하여 그 아래 道總裁－邑總裁 단일 편제로 통합 편성함으로써 일사분란한 지휘 명령 계통을 세워 장차 전면적인 항일전을 구상하였던 것이다. 그리고 이와 같은 편제 외에 각도의 道總裁 아래에는 실질적인 군지휘관으로 道統領을, 그리고 都總裁 휘하에는 역시 都統領을 두어 道統領을 관할토록 하였던 것이다. 그리고 의병규칙에서는 또 다음과 같은 항일 근거지 구상을 밝히고 있다.

(32) 무릇 우리 나라의 地勢는 백두산 부근의 북도 여러 고을이 뿌리가 되어 가장 높고 험저하니 이곳에 근거지를 세울 수 있다. 또한 청 및 러시아와 접해 있어 양식을 비축하고 무기를 구비할 길이 있으니 이곳에 근거지를 세워 족히 단단하게 하고 점차 세력을 뻗어 먼저 全道에 미치고 다음에 서·동·남으로 확대하여 여러 도에 다 미치게 되면 세력이 왕성해지게 될 것이니, 이와 같이 되면 기세가 크고도 치밀해져 적은 (貫一)約을 두려워하고 사기를 잃게 될 것이다. (하략)[42]

위의 인용문을 통해서 볼 때, 유인석은 장기적인 항일전의 근거지로서 백두산을 중심으로 한 함경도의 내륙 깊숙한 險地를 최적지로 구상하였

---

41) 『毅菴集』 권36, 「義兵規則」, 138쪽. "每邑 推知義有守者 爲邑總裁 指揮其陣將 每道 各推德望信義 表著爲一道領袖者 爲道總裁 以管領道統領及列邑總裁 差糾察幾員 輪行道內諸陣 以糾察之 道統領及列邑總裁 受其指揮 不得有違越 又自各道 推其有忠義誠心力量 而德望地位 足以服十三道人心 致其嚮應者 爲十三道都總裁 以節制都統領及各道總裁 (下略)"

42) 위의 책, 140쪽. "蓋我國地勢 白頭山附近北道諸邑 爲根柢所在 最高最險 有建瓴當關之勢 又接淸連俄 有儲粮備械之路 立定根基 足致壯固 漸次蔓延 先及全道 次西而東而南 盡及諸道 千枝萬葉 遍達無遺 如是則致勢之大而密 使賊畏約而失氣"

음을 알 수 있다. 유인석은 이를 근거지로 한 뒤, 전국 각지로 의병 세력을 규합함으로써 일제를 구축할 수 있으리라 확신하였던 것으로 보여진다. 십삼도의군의 편성은 유인석의 이와 같은 구상과 밀접한 연관을 가지고 추진된 것이다.

3. 十三道義軍의 편성

1909년부터 추진되어 온 연해주와 북간도 일대에 걸치는 항일의병세력의 통합 노력은 1910년 6월 21일(음 5월 15일) 十三道義軍의 편성으로 구현되었다. 통합군단으로서의 십삼도의군은 원래 1909년 하반기에 편성될 예정이었다.[43] 이는 1909년 하반기에 유인석이 瀋陽에 있던 왕실의 종친 李載允(1849~1911)을 통합군단의 都總裁로 추대하려던 점으로 보아 짐작된다. 유인석은 1909년 12월 「義務有統」을 작성, 이재윤을 추대하기 위한 준비를 완료하였던 것이다.[44] 하얼빈의거 당시 안중근 자신이 가졌다고 진술한 '대한의용군 참모중장'의 직책과 그리고 의병총대장 金斗星의 직속 '특파독립대장'으로 거의하였다는 진술 등도 이미 1909년에 의병통합 움직임이 구체화되었던 사실을 반영하는 것으로 볼 수 있다.[45]

십삼도의군은 이범윤이 이끄는 彰義會가 주축이 되어 편성되었던 것으로 보인다. 우선 金鼎奎는 그 당시의 상황을 다음과 같이 기술하고 있다.

(1910년 6월) 3일. (중략) 全鳳俊이 江東(연해주－필자)으로부터 倡義隊 서

43) 유인석의 遺子 柳海東은 십삼도의군이 편성된 시기를 '己酉年(1909) 初'로 증언하였다고 하는데(趙東杰, 「安重根義士 裁判記錄上의 人物 '金斗星'考」, ≪春川敎大論文集≫ 7, 1969, 39쪽), 이는 아마 통합군단의 편성 움직임이 왕성하던 1909년의 분위기를 실제 편성시기로 착각한 것이 아닌가 한다.

44) 『毅菴集』 권36, 雜著, 「義務有統」, 149-152쪽. 한편 이재윤 외에도 翰圭卨을 도총재에 추대하려는 논의도 일시 있었던 것으로 보인다(『毅菴集』 권55, 「年譜」, 703, 705쪽).

45) ≪대동공보≫ 제15호(1910. 2. 18), 「安義士重根氏公判」.

신을 전해 왔다. 그 대략은 지난 (5월) 15일 丁巳에 십삼도의 유지들이 크게 모여 함께 의논하였으니, 名望才士들로 여러 책임(부서–필자)을 정하였다. 管理(이범윤–필자)는 十三道總壇位에 앉았고, 毅菴(유인석–필자)은 十三道義軍都總裁가 되었으며, 李相卨은 外交通信員이 되었고, 그 나머지 將士는 각기 例에 따라 (부서에) 差定되었으니 龍巖(이남기–필자)은 壯義軍總裁가 되고 나(김정규–필자)는 壯義軍從事에 추대되어 차첩이 온 것이다.[46]

위 인용문을 통해서 의군 조직의 差帖이 이범윤의 彰義會(혹은 倡義隊)로부터 십삼도의군의 명의로 내려졌음을 짐작할 수가 있다. 또한 위 인용문은 십삼도의군이 순수한 의병 통합군단이었음을 알려 주고 있으며, 이와 더불어 이범윤의 직위를 '十三道總壇位'로 명기하고 있는 점이 특히 주목된다. 유인석의 상위에다 이범윤의 직위를 명기한 점이나 '十三道總壇位'라는 직명의 성격으로 보아 이범윤은 도총재가 담당한 軍務를 제외한–십삼도의군 조직과 아울러–연해주 한인사회와 나아가 전국를 총괄하는 결사의 총책을 담당하였던 것으로 다분히 추측된다. 이범윤이 별도로 십삼도의군 편제하에서는 彰義軍總裁의 직임을 가지고 있었던 사실이, 십삼도의군이 순수한 군사조직이었던 점과 '十三道總壇位'로서 가졌던 이범윤의 별도 직책을 반증한다고 하겠다.

원래 총단위와 도총재는 1909년 하반기 무렵 유인석을 중심으로 단일군단 편성 계획이 추진될 때는 同一職任의 異名으로 나타났었다. 즉 정식 호칭인 총단위가 자칭할 경우에 言稱할 때 '不佞'이라 하고 書稱할 때에는 '도총재'라 하였던 것이다.[47] 또한 「義務有統」 가운데 '登壇儀節' 절차 설명에서 '擬壇位'(총단위 예정자)를 십삼도의군도총재에 추대함으로써 등단 직후에는 '총단위'로 호칭되는 것으로 보아도 초기 구상은 총단위와 도총재가 동일직임이었음을 알 수 있다.[48] 그러나 총단위와 도총재의 호

46) 『龍淵金鼎奎日記 中』, 1910년 6월 3일조, 10-11쪽. "初三日乙亥 (中略) 全鳳俊 自東江 來傳倡義隊書信 其略曰 去十五日丁巳 十三道有志之士 大會共議 以名望才格 定諸責任 管理坐十三道總壇位 毅菴爲十三道義軍都總裁 李相卨爲外交通信員 其餘將士 各依例差定 而龍巖爲壯義軍總裁 余推爲壯義軍從事而差帖來耳"

47) 『毅菴集』 권36, 雜著, 「義務有統」 '呼稱例', 151쪽. "(前略) 總壇位於諸任員任名自稱 言稱不佞 書稱都總裁"

칭에서 그 구별되는 직임의 성격은 무엇인지 알 수가 없다. 아마도 이때는 한 사람이 두 직책을 겸임할 예정이었기 때문에 이와 같은 구상이 이루어지지 않았나 생각된다. 그러나 실제 단일군단으로서의 십삼도의군이 편성되는 과정에서는 이범윤의 역할과 위상이 부각됨으로써 결국 총단위와 도총재의 직책이 양분될 수밖에 없었던 것으로 보인다.

또한 처음 구상시에는 총단위(도총재) 아래에 副總裁 직임을 두고 있으나[49] 실제 편성시에는 그 직명이 나타나지 않는 것으로 보아 폐지한 것 같다. 이 점도 초기 구상 내용과 실제편성 사이에 나타나는 두드러진 차이점 가운데 하나이다

이상을 종합해 보면, 십삼도의군은 연해주 북간도를 비롯해 전국 13도의 항일의병을 아우르는 단일군단을 표방하였으며, 십삼도의군의 중앙본부인 都總所의 총책은 總壇位와 都總所로 양립되어 있었다고 보인다. 그 가운데 총단위는 도총소를 대표하는 권위를 가졌던 반면, 도총재는 군무를 총괄하는 지위에 있었다고 추측된다.[50]

---

48) 위와 같음.

49) 위와 같음.

50) 한편 박보리스 교수는 러시아측의 기록을 토대로 십삼도의군의 편성에 대해 다음과 같이 기술하고 있어 주목된다(박보리스, 앞의 논문, 1072쪽).

"1910년 7월 8일 안밤비 마을에서 창의회는 조직·운영·중앙부를 구성할 목적으로 150명의 대표위원이 참석하는 빨치산(의병—필자)대회를 소집하였는데 이 중앙부는 모든 빨치산 부대를 통솔하게 될 것이었다. 대회에서는 의장 이범윤, 군지휘관 유인석, 군대훈련 교관 이상설이 선출되었다. 또한 대회에서 창의회 참모부가 구성되었는데, 여기에는 이범윤·이상설·홍범도·한주·이규풍·이범석·권유상·이기·이지광이 선출되었다. (중략) 7월 15일 창의회 참모부의 일원인 이범석이 해삼위 주재 일본영사관에 한인 500명이 서명한 조선의 합방에 반대하는 항의서를 제출하면서 이를 일본정부에 전달할 것을 요구하였다."

위의 내용을 보면 우선 대회가 열린 러시아력 7월 8일은 음력으로 환산하면 5월 15일로 국내 기록과 정확히 일치하는 것으로 보아 위의 '창의회 결성대회'는 십삼도의군 편성 사실을 기록한 것임에 틀림이 없다. 다음으로 의병대회가 창의회를 중심으로 기술되어 있는 것은 십삼도의군 편성이 이범윤의 창의회를 근간으로 하고 있음을 암시한다고 하겠다. 셋째, 대회의 의장을 이범윤으로, 군지휘관을 유인석으로 기술한 대목은 위의 본문에서 언급한 대로 총단위를 이범윤, 도총재를 유인석이 각각 담당한 사실을 반증하는 것이다. 그러나 조직, 운영, 중앙부 등과 창의회 참모부가 성립된 사실 등은 구체적으로 어떤 편제를 지칭하

한편 십삼도의군의 편성대회가 개최되었던 장소에 대한 기록은 일치하지 않고 있다. 우선 유인석의 연보에서는 '梓溝'로 기록하고 있는데, 이곳이 어디인지 확실치는 않지만, 蘇王嶺(니꼴리스크우수리스크) 부근에 있던 秋風 '재피거우'의 음역이라 인정된다. 소왕령으로부터 불과 40여 리 相距한 재피거우는 대전자·허커우·황거우·육성촌 등 '秋風四社'와 함께 추풍지역의 대표적인 한인마을 가운데 하나로, 부근에는 한인이 밀집 거주하고 있었기 때문에 대회의 적지일 수도 있었다고 판단된다. 다음으로, 러시아 기록에는 '암밤비'로 기록되어 있는데, 역시 추풍 외곽지대인 하마탕 부근에 있었던 마을이었던 것 같다.[51] 암밤비와 재피거우 두 마을의 정확한 위치가 확인되지 않는 형편이므로 어느 설이 옳은지는 판단하기 어렵다. 또한 두 마을간의 거리상, 교류상 밀접한 관계로 한 마을이 다른 쪽을 代稱하였을 가능성도 배제할 수 없다. 한편 유해동은 대회장소를 '해삼위에서 70리 떨어진 지시내'로 증언하였다.[52] 하지만 지시내라는 지명은 현재 확인할 수가 없고, 해삼위에서 70리 떨어진 지점을 증언한 것은 암밤비보다는 재피거우가 近似하다고 판단된다.

십삼도의군은 중앙에 都總所를 두고 총단위와 도총재 외에 다음과 같은 편제와 조직을 가지고 있었다.[53] 우선 이상설은 外交通信員[54]의 책임을 맡고 있는데, 이 직책은 유인석과 이범윤의 사이를 절충하면서 전체

는지 확인할 수 없으며, 7월 15일(俄曆) 이범석이 항의서를 전달한 사실 등도 확인되지 않고 있다. 또한 대회에 참석한 명단 가운데 이범석·한주·이규풍·권유상·이기·이지광 등은 처음 알려진 인물들이다.

51) ≪대동동보≫1910년 5월 5일자 1면 「본사광고」란에 한인마을이 열거된 가운데 암밤비가 들어 있으므로 그 실재를 확인할 수 있으나. 그 구체적인 위치나 마을 규모는 알 수가 없다. 하지만 기록에 자주 등장하는 지명이 아닌 것으로 보아 대규모 촌락은 아니었던 듯하다.

52) 趙東杰, 「安重根義士 裁判記錄上의 人物 '金斗星'考」, ≪春川教大論文集≫ 7, 1969, 39쪽.

53) 尹炳奭, 「十三道義軍의 編成」, ≪史學硏究≫ 36, 한국사학회, 1983; 尹炳奭, 『韓國史와 歷史意識』, 인하대출판부, 1989, 116-117쪽; 『毅菴集』 권32, 雜著, 「散言」, 44-45쪽 참조.

54) 『龍淵金鼎奎日記 中』, 1910년 6월 3일조, 11쪽. 한편 『毅菴集』, 「散言」에는 이상설의 직책이 都通信이었던 것으로 기록되어 있지만, 여기서는 동시기 기록인 전자를 따랐다.

십삼도의군의 사무와 조직을 관리하는 실질적 책임을 담당하였던 것으로 보인다. 연해주 한인사회에서 두터운 신망을 받고 있던 이상설은 이와 같은 임무를 수행하는 데 최적임자였다고 보이기 때문이다. 다음으로 십삼도의군은 彰義軍과 壯義軍 등 실제 전투력을 지녔던 두 부대로 편제되어 있었다. 그 책임자로는 창의군총재에 이범윤, 장의군총재에 이남기가 각각 선임되어 도총재 유인석의 직접 지휘를 받도록 되어 있었다.

한편 십삼도의군에는 洪範圖·李鎭龍·李甲 등이 同義員의 직임을 띠고 참여하였다. 홍범도와 이진룡은 국내 의병장 출신으로 북상한 인물이나, 이갑 등은 항일무장노선과는 종래 그 성격을 달리하던 계몽운동 계열의 인물들로서 신민회의 핵심 인물들이었고 국망 직전인 1910년 4월 青島會議 참석 직후 연해주로 망명한 인물들이다. 이상설의 경우도 이와 동일한 입장에서 이해할 수 있다. 결국 이상설·이갑 등이 십삼도의군에 동참하고 있다는 사실은 그때까지 민족운동선상에서 의병 계열과 대립 혹은 알력의 관계에 있던 '신지식인'들의 계몽운동 노선이 의병과 합일, 공동전선을 모색하는 계기가 되었던 것이다.[55] 이 점은 또한 십삼도의군 편성 때 직접 참석하였던 유해동의 증언에서도 뒷받침된다. 위에 언급한 인물들 외에도 의병 계열의 崔于翼과 애국계몽 노선의 鄭在寬·李鍾浩·鄭淳萬(王昌東) 등이 각기 일정한 직책을 가지고 동참하였다는 그의 증언이 그것이다.[56] 이 증언의 사실 여부는 현재 확인할 수 없지만, 십삼도의군의 성격과 경향을 파악하는 데는 시사하는 바가 크다고 하겠다.

다음으로 십삼도의군의 조직 체계에 대해 살펴보자. 십삼도의군은 장차 국내조직으로 전국 방방곡곡에 전투능력을 가진 장정은 모두 의병으로 편성하려는 계획을 마련하였다. 고을마다 總裁·總領·參謀·總務·召募·糾察·通信 등의 임원을 두어 이를 道總裁가 거느리고, 道總裁는 다시 都總所의 지휘를 받도록 편성하여 거족적인 단일 항쟁 대열로 정비하고자 꾀하였던 것이다.[57]

---

55) 尹炳奭, 앞의 논문, 116쪽 참조.
56) 趙東杰, 앞의 논문, 39쪽.
57) 尹炳奭, 앞의 논문, 116-117쪽.

그러나 이와 같이 편성된 십삼도의군은 활동할 수 있는 기간이 매우 짧았다. 의군이 6월에 편성된 뒤 활동을 미처 개시하기도 전인 8월에 나라가 망하고 말았기 때문이다. 하지만 의군이 편성된 동기는 대규모 무장항일전을 통한 국권회복에 있었다. 이러한 대규모 항일전을 결행하기 위한 사전준비로 유인석과 이상설 두 사람은 7월 연명으로 퇴위한 고종에게 상소를 올렸다. 이 상소에서 의군이 전면항일전을 구상하고 있음을 다음과 같이 밝히고 있다.

> 신등은 바야흐로 의병을 규합하고 러시아 관헌과 교섭하여 일은 가망이 있고 계획 또한 점차 이루어지고 있다. (중략) (나라의) 興復大計가 오로지 이 義擧의 一當에 있을 따름이다.[58]

이어 이 상소에서는, 첫째 내탕금으로 군자금을 지원해 줄 것과, 둘째 해삼위로 망명해 독립운동을 영도해 줄 것을 요청하였다. 그러나 십삼도의군의 이러한 계획은 국내외의 정세나 고종의 유약한 성품으로 미루어 처음부터 실현가능성은 희박한 것이었다.[59]

그러나 십삼도의군의 편성은 을미의병 이후 십수 년간 집요하게 전개되어 온 항일의병의 국외 확대의 결정이며, 이는 동시에 민족 수난을 눈앞에 둔 상황에서 한민족의 의기를 규합하려는 노력의 결정이기도 하였다. 비록 십삼도의군은 국내진공작전 등의 뚜렷한 활동을 보이지 못한 채 해체되고 말았지만, 이후 연해주 등지에서 펼쳐지는 국외민족운동의 한 연원으로 그 의미를 부여할 수가 있다. 국망과 동시에 결성되는 항일결사 聲明會도 역시 십삼도의군이 모체가 되었으며, 나아가 이와 같은 무장의병단체를 기반으로 하여 1914년에는 대한광복군정부의 성립을 보게 되는 것이며, 이는 동시에 의병에서 독립군으로 항일무장운동의 형태전환을 의미하는 것이기도 하다.

---

58) 上疏文 草案; 尹炳奭, 『李相卨傳』, 一潮閣, 1984, 130쪽에서 재인용. "臣等方糾合義旅 周旋俄官 事有可望 計亦漸就 (中略) 興復大計 亶在此義擧一當而已"

59) 尹炳奭, 위의 책, 130-131쪽 참조.

결론

일제침략으로 야기된 민족수난 시기에 한민족의 주체성과 자주의식의 발로인 의병의 항일전은 1907년 이후가 되면 한반도 서북지역을 비롯해 압록, 두만강 대안의 간도와 연해주의 접경지역에까지 확대되어 활발하게 전개되었다. 서북 변경지역의 이들 의병은 국망에 직면한 절박한 시대상황에서 일제 침략세력을 축출하고 국권을 회복하기 위한 집요하고도 처절한 항일전을 수행하였다. 그러나 1908년 하반기 이후 일제의 의병 탄압이 더욱 가중되는 상황에서 전력이 고갈된 이들 의병은 장기적인 항일전을 수행하기 위하여 새로운 항일전의 방향모색과 항전 근거지를 찾아 간도와 연해주 등지로 北上渡江을 단행하지 않을 수 없었다. 결국 이러한 의병의 북상 세력은 국망 이후 1919년 3·1운동을 계기로 항일무장투쟁사의 새로운 장을 열게 되는 독립군의 모태가 되면서 민족운동의 새로운 방향을 제시하게 되었던 것이다. 이와 같은 서북 변경지역의 의병의 실체와 그 동향에 대하여 지금까지 살펴본 내용의 대강을 정리하면 다음과 같다.

먼저 제1부에서는 서북지역과 國外 의병의 선도가 된 堤川義兵과 江陵義兵의 이념과 항전 내용을 살펴보았다.

제천의병을 이끈 의병장 柳麟錫은 한말 의병을 상징할 만큼 1895년 乙未擧義 이후 1915년 작고 때까지 일관되게 의병의 항일전을 선도한 인물이다. 춘추대의적 의리와 명분을 신조로 하는 華西學派의 학문을 철저히 體認하였던 유인석의 의병 이념은 尊華攘夷 사상을 바탕으로 하고 있다. 천하에서 유일하고도 당당한 '小中華'의 조선이 '夷狄禽獸'인 일제에 의해 침략당하는 시대상황은 곧 '萬古所無之大變'으로 인식하게 되었던 것이다. 그러므로 유인석은 소중화의 견지에서 華脈의 보존을 모든 행위의 궁극적인 목표로 삼았다. 을미거의 이후 서간도와 연해주로 전전하는 그의 일체의 항일여정은 바로 화맥 보존의 과정이었다. 여기서 간과할 수 없는 사실은 국가와 민족을 수호하려는 강렬한 의지가 '華'의 수호 의지로 표출되었다는 점이다. 그는 절대가치를 지닌 華를 保持한 상태에서만이 국가와 민족이 진정한 의미를 지닐 수 있으며, 만약 여기서 華가 제거되는 경우에는 그 내용이 변질되고 말아 아무런 의미가 없어진다고 보았기 때문이다. 존화양이론에 입각한 이와 같은 유인석의 항일 이념은 의병을 비롯한 항일투쟁의 이론적 근거 혹은 연원이 되었다는 점에서 그 의의가 크다고 할 것이다.

이와 같은 항일투쟁의 강렬한 이념적 기반하에서 유인석은 1895년 제천의병을 이끌고 제천·충주 일대의 중부지역을 석권하며 한때 그 성세를 떨쳤으나, 관·일군의 집요한 공격을 받아 그 근거지를 상실하고 1896년 6월 새로운 항전 근거지를 찾아 서북지역으로 북상을 단행하게 되었다. 제천의병의 이와 같은 북상 배경에는 이미 이 지역에 형성된 화서학파의 인맥이 작용하고 있었다고 판단된다. 즉 황해도 평산과 평북 태천을 중심으로 한 양서지역에는 이미 화서학파의 인맥이 형성되어 있었기 때문에 제천의병이 이곳을 새로운 항전 근거지로 삼아 활동을 지속하려 하였던 것이다. 그러나 북상길에 오른 제천의병은 안변·양덕·맹산·덕천·영변 등지를 경유하면서 양서지역에서도 항전 근거지를 확보하지 못한 채 도강을 단행하여 1896년 8월 28일 초산에서 압록강을 건너 서간도로 들어갔다. 그러나 이와 같은 제천의병의 북상은 후기의병 시기 이 지역의 擧義에 심대한 영향을 미치게 됨으로써 서북지역의 항일의병을 선도하였다는 점에서 그 의의가 크다고 할 것이다.

유인석은 서간도에서 의진을 해산한 이후에도 항일 의병에 대한 철저한 신념을 견지하였으며, 이후 그는 양서지역과 압록강·두만강 대안의 간도 및 연해주지역을 주요 활동무대로 삼아 부단한 항일투쟁을 지속하였다. 1900년 서간도에서 귀국한 유인석은 1908년 연해주로 망명할 때까지 평산의 山斗齋, 은율의 興道書社, 개천의 崇華齋, 그리고 용천의 玉山齋를 활동 근거지로 삼아 양서지역 도처를 부단히 전전하며 趙孟善·禹炳烈·李鎭龍·白三圭·朴治翼 등 수많은 항일지사들을 배출하였다. 또한, 1908년 연해주 망명 이후에는 북간도·연해주 일대의 의병 세력과 긴밀히 연계되어 의병 항일전을 주도하였으며, 국망 직전에는 이 지역에서 활동하던 다양한 의병세력을 단일군단으로 통합하기 위한 十三道義軍의 편성을 주도함으로써 무장항일전의 새로운 방향을 설정하기도 하였다.

다음으로, 江陵義兵은 1895~1896년간의 을미의병 가운데 늦게까지 활동을 지속하였던 의진이다. 강릉의병을 이끈 閔龍鎬는 학통상으로, 깊히 밀착된 것으로 보이지는 않지만, 한말 위정척사운동을 주도했던 蘆沙學派와 華西學派에 모두 접맥되어 있다는 사실이 주목된다. 이 점은 강릉의병이 항전과정에서 화서학파 거의인물들로 주축이 된 제천의병과 시종일관 활동의 궤를 같이 하면서도 상호 연합전선을 구축하지 못한 채 대립관계를 지속하게 되는 한 원인으로 작용하였던 것으로 보여진다. 민용호가, 화서학파의 연원은 함께 하면서도 제천의병의 중심인물들과 반목·대립의 관계에 있던 洪在龜와 밀착되었다는 사실을 통해서 이러한 경향을 짐작할 수 있다.

강릉의병이 원주에서 거의한 뒤 강릉으로 진출하게 되는 원인은 유인석을 정점으로 하는 화서학파 거의인물들의 압박에서 찾을 수 있다. 민용호는 원래 원주를 항전 근거지로 삼을 예정이었으나, 이곳은 이미 호좌의병의 원류인 李春永·安承禹 등의 砥平義兵이 선점한 상태였으며, 이후 원주는 줄곧 제천의병의 활동영역에 속하게 되었던 것이다. 또한 이때에는 원주 북방의 춘천 역시 제천의병과 학통을 같이 하는 李昭應이 이끄는 춘천의병이 이미 활동의 거점을 확보한 상태에 있었다. 곧 춘천-원주-제천으로 이어지는 선은 화서학파 거의인물들의 활동무대의 주축이었던 까닭에, 민용호는 부득이 새로운 활동 거점을 찾아 강릉으로 동진하게 되었던 것이다.

이후 강릉의병은 제천의병과 시종일관 대립, 갈등을 노정하게 된다. 민용호는 영동으로 진출하는 과정에서 제천의병의 召募軍士를 가로채 동진하였다. 이로부터 강릉의병은 제천의병과 태백산맥을 사이에 두고 실제 항전을 전개해 가는 과정에서 상호 반목 대립관계를 노정하게 되었으며, 그 결과 두 의진은 전력의 합일을 보지 못하고 분산, 고립된 항전을 지속할 수밖에 없었다.

하지만 의병항전의 전체적인 형세로 볼 때, 영동·영서 양지역을 장악한 이 두 의진은 태백산맥을 사이에 두고 '脣齒'의 관계에 놓여 있었다. 이 점은 제천의병이 북상길에 오른 직후 '외로운 형세'에 놓인 강릉의병도 뒤이어 1896년 8월 초순 역시 북상을 단행하게 되는 사실을 통해서도 쉽게 이해할 수 있다.

강릉의병은 제천의병이 북상길에 오른 직후인 8월 초순에 북상을 단행하였다. 제천의병이 양서지역으로 북상한 뒤 압록강을 건너 서간도로 들어간 데 비하여, 강릉의병은 동해안을 따라 관북지역을 향하여 그대로 북상한 뒤 삼수에서 압록강을 건너 서간도 백두산 밑으로 가 의진을 해산하였다. 강릉의병의 구체적인 행로를 보면, 황해도의 곡산으로 북상한 다음 함경도의 고원·영흥·정평을 지나 함흥으로 들어갔으며, 다시 赴戰嶺을 넘어 장진으로 나아간 뒤 북상을 계속하여 青山嶺을 지나 삼수로 들어갔다. 그리고 삼수에서 압록강을 건너 백두산 아래 서간도로 들어가 1895년 10월 5일 의진을 해산함으로써 강릉의병은 을미의병 시기 최후까지 활동을 지속한 의진 가운데 하나가 되었다. 강릉의병의 북상지역은 결국 후기의병 시기 거의하였던 산포수의병의 활동무대와 일치하며, 홍범도의 북상도강 경로 역시 일찍이 선발하였던 이 의진의 북상도강 경로를 답습하고 있다. 이러한 사실을 통해서 볼 때 강릉의병이 결과적으로 관북지역 의병의 선도가 되었음을 짐작할 수 있는 것이다.

제2부에서는 함경도지역의 의병 가운데 그 실체가 분명하고 가장 두드러진 활약을 보인, 압록강 상류 대안의 변경지역에서 항일전을 수행한 관

북 산포수의병과 두만강 대안의 변경지역에서 활동한 鏡城義兵을 고찰해 보았다.

먼저, 관북 산포수의병은 1907년 11월부터 1908년 10월 초순까지 거의 1년간에 걸쳐 북청·갑산·삼수를 비롯해 장진·홍원·신흥·함흥·단천 등 함남 거의 전역을 무대로 활동한 의병으로, 전국 의병 가운데 가장 전투력이 탁월하였던 의병이다. 이들 의병의 성원은 산악지대인 함남 도처에서 수렵으로 생업을 삼던 산포수가 절대 다수를 차지하고 있었다. 이 의병이 활동무대로 삼은 함남 일대는 전국에서 가장 험준한 산악지대로 한반도의 지붕 개마고원을 삼면에서 둘러싸고 있고 도처에 험산과 준령이 펼쳐져 있는 곳이다. 또한 북쪽으로는 압록강이 흐르고 그 대안 서간도 지역에는 이주 한인이 집단적으로 거주하고 있어 이 지역과도 긴밀히 연계될 수 있는 지리적 조건을 구비하고 있다.

관북의 산포수는 일종의 무사였다. 한말의 의병 가운데 실질적으로 전투력을 보유하고 있었던 성원이 산포수였던 점으로 미루어 보더라도, 산포수의병의 두드러진 전력을 짐작할 수 있다. 특히 험준한 산악지대를 생활무대로 삼아 활동하던 산포수들은 현지 지세에 어두운 일제 군경에게 상당한 타격을 가할 수가 있었다. 또한 실제 무비면에서도 산포수의병은 이미 각자 총기를 소지한 상태에서 거의하였기 때문에 다른 지역의 의병에 비해 화력이 상대적으로 월등히 우세하였다.

산포수의병은 車道善과 洪範圖 등을 정점으로 대체로 500~800여 명 규모로 분산 편제되어 있었던 것으로 추정된다. 산포수의병을 인솔한 총대장은 1908년 3월 대규모 '귀순'이 있기까지는 차도선이었으나, 그 이후에는 홍범도였던 것으로 파악된다. 그러나 이 의병은 언제나 단일 부대로 편제되어 활동을 전개한 것이 아니라, 총대장을 정점으로 하여 그 휘하의 여러 의병장을 중심으로 몇 개의 단위 부대로 편제되어 독자적인 항일전을 수행하기도 하고 경우에 따라서는 서로 합진, 연합항전을 펼치기도 하였다. 그러므로 이 의병의 전반기 항일전은 북청·삼수·갑산 등 중부 내륙 지역에서 전개되었는 데 비해, 후반기에는 주로 장진·홍원·함홍 등 함남 동남부 일대를 전전하며 항일전을 펼치게 되는 것이다. 이러한 현상은 거의 초기의 주요 활동무대인 북청·삼수·갑산 일대에 대하여 일제 '토벌대'가 점차 압박의 강도를 더해 감에 따라, 후기로 갈수록 더욱 활동무대를 확대시키면서 부단히 근거지를 이동하였다는 점에서 기인한다고 볼 수 있다.

산포수의병의 활동 가운데 특히 주목을 끄는 것은 一進會員 처단이다. 전기의병 봉기 이후 항일의병은 일부 친일 관료들을 土倭로 지목하고 일제 침략세력과 동일선상에서 파악함으로써 그들에 대한 단죄를 항일전 수행의 일환으로 인식하고 그 처단에 주력해 왔다. 산포수의병이 일제 군경과 항일전을 수행하는 과정에 각지에서 일진회원들을 처단한 경우도 역시 일진회원 단죄를 항일전의 연장으로 인식하고 있었기 때문이다. 그러나 이때 이루어진 일진회원 처단은 다른 지역에서는 유례를 찾을 수 없을 정도로 대규모로 진행되었다. 일진회원이던 安坪社 面長 朱道翼을 처단하면서 활동을 개시한 산포수의병은 이후 적게는 수명에서부터 많은 경우에는 수십 명에 이르는 일진회원을 집단적으로 처단하였다. 그러므로 함남 도처에서 일진회원들은 의병이 활동을 지속하는 동안 공포에 떨며 안전한 곳을 찾아 '피난'하는 행렬이 줄을 잇고 있었다. 산포수의병이 일진회원 처단을 이처럼 일제 군경과의 항일전 수행 못지 않게 비중을 두고 시행한 것은 이 시기 일진회원이 의병에 대해 적대행위를 하는 등 일제 침략의 앞잡이로 여러 가지 폐단을 야기함으로써 지역 주민들로부터 많은 원성을 사고 있기 때문이기도 하였다. 곧 의병의 일진회원 처단은 지역 주민들의 일반적인 정서를 대변하는 거사였다.

한편 산포수의병은 인근 지역 의병과의 연계를 통해 연합항전을 도모함으로써 관북지역의 일제 침략세력을 더욱 효과적으로 구축하려 하였다. 자료의 부족으로 그 실상을 명확히 파악할 수는 없지만, 1908년 7월 연해주의병이 두만강을 건너 국내진공작전을 펼치던 시기에 산포수의병은 삼수·갑산에서 북상을 시도함으로써 이 의병과 연합하려 하였다. 그리하여 무산 부근에서 두 의병이 합세함으로써 일제 군경을 남북에서 협공하려는 전략을 세웠던 것이다. 또한 압록강·두만강 대안의 간도와 노령 연해주지역으로부터 무기 구입을 수차 시도하는 등 이 지역에 이주한 한인사회의 항일 세력과 연계하려는 경향을 통해서도 산포수의병의 활동방향의 일단을 파악할 수 있다. 일제의 압박이 가중되는 시대상황에서 산포수의병이 이곳 대안 지역으로 북상도강하게 되는 경향도 이러한 배경하에서 이해해야만 할 것이다.

홍범도를 정점으로 한 산포수의병은 일제 군경의 가중되는 압박과 전력소모로 인하여 북상도강을 단행하여 1908년 9월 무렵 삼수 新坡에서 압록강을 건너 서간도로 건너갔다. 이후 홍범도는 휘하의 직계 산포수의병과 함께 북간도를 거쳐 러시아 연해주로 들어가 새로운 항일전의 방향을 모색하게 되었으며, 무장항일전에 대한 확실한 신념을 가지고 중소 국경지대인 密山의 蜂密山 일대에 정착하여 뒷날 독립군의 항일전에 대비하였던 것이다. 차도선도 또한 그 시기는 명확하지 않지만 백두산 산록의 서간도 撫松縣으로 들어가 尹世復·李鎭龍·金東平 등과 함께 白山學校 군인 양성에 진력하였다.

다음으로, 관북 6진 지역에서 활동한 함북 鏡城義兵은 국내에서 항일전을 수행한 단위 의병 가운데 최북단에 위치해 있었다. 경성은 간도 및 연해주지역과 지리적으로 근접해 있었기 때문에 이들 지역과 상호 내왕이 편리한 육해 교통의 요지였을 뿐만 아니라, 함북 11개 군을 관장하던 함북관찰부가 위치해 있던 행정상 중심지이기도 하였다. 또한 1907년 이후에는 이곳에 일제의 침략군인 소위 주차조선군의 제19사단 사령부가 들어서게 됨으로써 일제의 군사적 압박을 극심하게 받은 지역이기도 하다. 그러므로 이와 같은 지리적 특수성을 가진 경성에서 일어난 의병은 다른 지역의 경우와는 구별될 수 있는 몇 가지 특징들이 노정되고 있다.

경성의병의 중요 인물들 상당수가 대체로 사회적 지위와 덕망을 갖춘 儒生 신분이었다. 의병장 李南基를 비롯해 金鼎奎·徐相郁·李肯稙·崔昇斗·池章會 등 이들과 활동을 같이 한 주요 성원들은 유생이었던 것이다. 또한 이들 가운데 지장회·김정규 등 일부는 뒤에 유인석의 학통으로 연결되는 명천의 金秉振 문인이었으며, 이 학맥이 경성의병의 주요 세력으로 작용하였던 것으로 보인다. 뒷날 경성의병의 성원 다수가 북상도강한 뒤 유인석의 항일노선에 적극적으로 동참하게 되는 것도 이러한 학맥을 바탕으로 이해할 수 있다. 결국 다수의 유생을 중심으로 한 경성의병은 순수하게 산포수들만을 규합하였던 함남 의병과는 이질적인 의병으로 비춰지게 된다. 적어도 전투력의 측면에서만 볼 때, 경성의병의 전력은 산포수의병에 비해 상대적으로 열세에 있었으며, 또 이와 같은 전력 미비가 경성의병으로 하여금 부단히 연해주 및 간도 의병과 연합을 모색하게 하는 한 요인이 되었다고도 하겠다.

경성의병은 기본적으로 단일 부대로 활동한 것이 아니라 여러 개의 편제로 이루어진 수개의 단위 부대가 동시에 활동하고 있었다고 추측된다. 자료 부족으로 그 구체적인 내용을 밝히기는 어려우나, 현재로서는 李南基와 崔瓊凞를 정점으로 하는 현지 의병과 연해주에서 남하한 張錫會 의병이 경성지역에서 동시에 활동하고 있었다고 생각된다. 하지만 1908년 후기로 갈수록 이들 세력은 각기 통합되어 활동의 궤를 같이하게 되었던 것으로 보인다.

경성의병은 大韓協會 鏡城支會와 긴밀하게 연계되어 활동하고 있었다. 경성 대한협회 회원의 절대 다수가 유생 등 중류 이상의 신분이었다는 점에서도 상당수의 유생이 포함된 경성의병과 자연히 연계될 수 있었다고 생각되며, 실제 경성의병의 중심인물들인 李肯稙·張鴻斗·李容郁·崔昇斗·鄭泰海 등이 협회 회원으로 활동하고 있었던 사실에서도 양자간의 인적인 연계성을 확인할 수가 있다. 대한협회는 각지 조직을 통해 의병의 군량미와 군자금을 수집, 조달하였다. 또한 대한협회 안에는 별도로 一心契가 조직되어 의병을 적극적으로 지원하는 역할을 수행함으로써 결국 대한협회 경성지부는 의병과 표리의 관계를 가지고 활동하고 있었던 것이다.

경성의병은 연해주의병과 긴밀한 연계하에 활동하고 있었다. 許瑀·李鴻稙 등은 연해주의병의 일원으로 경성에 들어와 경성의병의 중심인물로 활동하였다. 또한 연해주의병의 中隊將 張錫會는 1908년 7월 연해주의병의 국내진공작전에 참가, 남하한 뒤 경성으로 휘하 의병을 이끌고 들어와 현지 의병과 긴밀한 연계하에 항일전을 수행하고 있었다. 나아가 경성의병은 연해주 및 간도지역의 의병 세력과 부단히 연합전선을 모색하는 방향으로 전략을 수립함으로써 이들 지역 의병의 국내 진공에 맞추어 남북에서 협공을 가하고 일제 군경의 전력을 분산시켜 침략세력을 구축하려 하였던 것이다. 경성의병의 무기 또한 수차에 걸쳐 연해주로부터 조달되었다.

경성의병은 1908년 11월 이후 일제 군경의 압박을 받아 그 활동이 위축되었다. 이에 따라 경성의병의 중심 세력이 집단적으로 두만강을 건너 북간도와 연해주로 북상도강하는 경향을 보이고 있다. 중심 인물들인 이남기와 최경희를 비롯해 이긍직·서상욱·김정규·지장회·정태해 등이 그 대표적인 사례이다. 이와 같은 집단도강은 일반적으로 후기의병 항전시기에 나타나는 의병세력의 북상도강 경향을 그대로 상징적으로 보여 주는 사례가 되고 있다. 북상도강 이후 경성의병은 또한 十三道義軍과 聲明會 등 연해주·북간도 일대의 항일독립운동에 적극적으로 가담함으로써 의병항전의 이념과 정신을 계승 발전시켜 갔던 것이다.

제3부에서는 두만강 대안의 러시아 연해주에서 펼쳐진 의병의 실체와 그 활동 내용을 살펴보았다. 연해주의병은 러일전쟁 이후 일제의 대한침략이 가속화되는 시기에 국내의 정치적 상황 및 의병항전의 확대 발전 등의 영향하에 李範允의 煙秋(현 크리스키노) 이주를 계기로 1906년 무렵 편성되었다. 1904~1905년의 러일전쟁과 을사오조약 늑결 이후 연해주 한인사회에서도 한층 격화되는 국내 항일운동과 비슷한 양상으로 항일기운이 고조되어 갔다. 러일전쟁 때 러시아군과 연합, 대일전을 벌였던 間島管理使 李範允은 휘하 忠義隊를 이끌고 전쟁 종료 직후 두만강을 건너 琿春을 경유한 뒤 1906년 초에 연해주 연추로 건너가게 되었다. 한편 연추에 근거지를 가지고 있던 崔在亨은 연해주 한인사회 최고의 지도자로 거부였을 뿐만 아니라 민족의식이 투철한 인물이었다. 결국 을사오조약 늑결 이후 항일을 표방하였던 연해주 현지의 최재형과 항일의병을 주창하며 연해주로 건너간 이범윤이 1906년 무렵 연추에서 조우함으로써 연해주의병이 편성되는 계기가 되었던 것이다.

연해주의병의 구성원은 크게 보아 현지 한인사회의 先移住民 출신과

해산군인이나 의병 등을 비롯한 後發 渡江人 부류 등 두 계통으로 이루어져 있었다. 이와 같은 의병 구성은 동시에 연해주 한인사회의 성립과정과도 밀접한 연관을 가지는 것으로, 연해주 한인사회의 전체적인 분위기에 자연스럽게 접근되는 내용이기도 하다. 즉 연해주 한인사회는 1863년부터 성립되기 시작한 이래 러일전쟁 이전까지는 대체로 서북지역의 窮民이 새로운 삶의 터전을 찾아 도강 이주하는 양상이었으나, 그 이후로는 항일민족운동자의 북상도강 추세도 증가하게 되었다. 그러므로 연해주의병은 선이주민 계열의 인력과 후발 도강인 계열의 지도력이 합일되는 모습을 보이게 되는 것이다.

연해주의병의 편성 및 활동 과정에서 同義會와 彰義會의 역할이 두드러지고 있다. 연해주의병은 국내 의병과는 편제에서부터 그 성격을 달리하여, 단일 부대로 편성되어 있었던 것이 아니라 여러 의병장들을 중심으로 대소 단위 부대들이 유기적으로 결합 혹은 연합하는 형태를 취하고 있었다. 즉 연해주의병은 그때그때의 상황에 따라 조직과 편제를 달리하였으며, 한인이 밀집된 연해주 도처에 분산 편제되어 있었다. 그러므로 이와 같이 분산 편제된 각지의 의병세력을 규합할 수 있는 결사의 필요성이 대두하게 되었다. 1907년 전반기에 조직된 동의회와 창의회가 바로 이와 같은 기능을 수행하였다. 하지만 최재형이 중심이 된 동의회와 이범윤을 중심으로 하는 창의회는 중심인물의 성향에 따라 상호 성격을 다소간에 달리하였다. 동의회는 의병결사 그 자체는 아니었지만 그 중심인물들이나 추구하던 노선이 항일의병을 지향하였던 데 비해, 창의회는 그 성격이 더욱 한정되어 그 자체가 곧 의병결사였던 것이다.

연해주의병을 주도한 인물로는 이범윤과 최재형이 단연 두드러진다. 양인은 의병 편성에서부터 운영과 활동 등 의병 전반에 걸쳐 양대 축의 역할을 담당하였다. 이 양인을 정점으로 하여 국내에서 북상한 유인석·홍범도·이상설·안중근·엄인섭 등의 역할과 위상이 두드러진다. 그 가운데 유인석과 이상설은 각지에 분산 독립되어 있던 의병세력의 통합에 특히 진력하였으며, 안중근과 엄인섭은 국내진공 등 항일전 수행에서 발군의 활동을 벌였다. 또한 홍범도는 1909년 말 이후 국내진공 계획을 구상, 추진하는 등 활발한 활동을 벌이면서 세력을 키워 갔다.

연해주의병의 활동 근거지는 한인 밀집구역과 대체로 일치해 연추를 비롯하여 蘇王嶺(우수리스크)·秋風(수이푼)·水淸(수찬, 현 파르티잔스크) 등지가 그 주요한 무대가 되었다. 그 가운데서도 특히 연추는 연해주의병의 '총본산'이라 할 만큼 두드러지는 역할을 담당하였다. 동의회와 창의회 두 본부가 이곳에 자리잡고 있었을 뿐만 아니라 이범윤과 최재형이 모두 이곳을 활동 근거지로 삼았던 사실에만 비추어 보더라도 이 점은 충분히 짐작된다고 하겠다. 또한 이들 지역 외에 琿春을 중심으로 하는 북간도 일대도 역시 연해주의병의 활동권역이 되었던 점도 특기할 만하다. 이 지역 역시 도처에 한인사회가 성립되어 있었으므로 이를 기반으로 항일의병이 활동할 수 있었던 것이다.

연해주의병의 무기 및 군자금은 주로 그곳 한인사회에서 조달하고 있었다. 의병의 무기는 러시아군으로부터 매입한 5연발총이 주류를 이루었다. 이와 같은 무기 공급원은 러일전쟁에 참전한 퇴역 군인이었으며, 그 밖에도 총포상이나 블라디보스토크, 멀리는 하바로프스크(花發浦)까지 출장 가서 구입하는 경우도 있었다. 대체로 연해주지역은 국내의 경우보다 무기수집이 용이하였을 뿐만 아니라 총기의 성능 또한 우수하였다. 한편 군자금 조달은 한인촌락마다 징수하는 義捐이 대부분이었지만, 드물게는 함경도지역과 북간도에서도 군자금을 수집해 오는 경우도 있었다. 하지만 군자금 징수는 아직 경제적 기반이 열악하던 이주한인들로부터 상당한 반발을 초래하는 등 물의를 일으키는 경우도 있었다.

연해주의병의 대일항전은 주로 1908년에 집중되었다. 그러나 의병자료의 부재와 일제자료의 난맥으로 국내에서 벌인 대일항전의 구체적인 내용과 행로를 명확히 밝히기는 어려운 실정이다. 하지만 국내진공작전에 동원된 의병은 연인원 1,000여 명에 달하는 것으로 추측되며, 그들의 주요한 작전계획은 갑산·무산까지 남하한 뒤 국내 의병과 연합해 한반도 북부지역을 석권하려는 방향으로 구상되었다. 그러나 洪儀洞·新阿山 등지에서 승첩을 올린 연해주의병은 회령까지 남진하였으나 靈山戰鬪에서 일본군에게 참패를 당함으로써 그 계획은 좌절되고 말았다. 하지만 연해주의병은 경흥·경원·온성·회령·경성 등 관북 일대를 활동무대로 삼아 이 지역의 항일의기를 고취하게 되었던 것이다.

한편 1910년 6월에 편성된 十三道義軍은 국망을 목전에 둔 상황에서 국내외 의병세력을 통합시켜 단일군단으로 편성한 뒤 대규모 항일전을 펼친다는 구상을 하고 있었다. 1908년 후반기에 들어 연해주의병은 그 활동이 다소 위축되는 시련기를 맞게 된다. 일제로부터 외교적인 압력을 받은 러시아 정부가 항일의병의 활동을 억제하는 조치를 취하였고, 한인들 사이에도 국내진공작전 실패에 따른 자성론이 대두되는 분위기였기 때문이다. 더욱이 이 시기가 되면 노골적으로 드러나는 최재형·이범윤 양인간의 불화도 연해주의병의 활동을 위축시키는 중대 요인으로 작용하였다. 이범윤과 최재형 간의 불화 원인이 어디에 있었는지 확단하기는 어렵지만, 두 인물의 분위기로 미루어 의병노선의 방향설정 문제를 둘러싸고 갈등이 노정된 것으로 추측된다. 즉 1908년 7월에 개시된 국내진공작전이 일단 종료되는 형세하에서 의병 노선에 일시 불리한 여건이 조성되는 무렵에 최재형은 형세를 관망하는 보수온건적 노선을 추구하였던 것으로 추측되는 데 비해, 이범윤은 여전히 대일항전 준비에 전력을 기울이는 강경노선을 견지하였던 것이다. 최재형은 의병의 중심인물이기도 하였지만 나아가 러시아 속에 형성된 한인사회의 여론과 이익을 대변하는 한인지도자의 역할에도 충실해야만 하는 입장이었으므로, 항일전의 수행에만 집착하던 이범윤에 비해 분명 보수적 성향을 노정하지 않을 수 없었다고 판단된다.

이와 같은 상황에서 국망 직전인 1910년 6월 십삼도의군이 편성됨으로써 그 동안 각지에 분산되어 있던 의병세력을 통합, 단일군단을 이룩하게 되었다. 십삼도의군은 유인석과 이상설 등이 군단통합에 진력한 결과 탄생하였으나, 실제 편성 과정에서는 이범윤의 역할이 상대적으로 증가하였던 것으로 생각된다. 이 점은 십삼도의군의 편제에서 '總壇位' 이범윤이 '都總裁' 유인석보다 우위에 있었던 사실로도 반증된다고 하겠다.

십삼도의군에는 실제 전투력을 지닌 군단으로 彰義軍과 壯義軍 두 군단이 있었다. 그 가운데 창의군은 이범윤의 의병세력이 주축이 되었으며,

장의군은 북상한 鏡城義兵을 비롯한 유인석 휘하의 의병세력이 주축이 된 것으로 보인다.

십삼도의군은 연해주뿐만 아니라 국내에까지 그 조직을 확대, 항일의병을 하나의 조직체계로 단일화하여 일시에 대규모의 항일전을 전개하려는 구상을 하였다. 뿐만 아니라 유인석과 이상설 등의 핵심 인물들은 거족적인 항일전을 전개하는 데 구심점 역할을 수행하기 위하여 고종의 연해주 파천과 망명정부 수립을 구상하기까지 하였다. 물론 이와 같은 파천 계획은 실패로 귀착되었지만, 이러한 사실들로 미루어 십삼도의군의 편성과 항일전 계획이 즉흥적으로 수립된 것이 아니라 사전에 주도면밀한 구상하에서 이루어졌음을 짐작할 수 있는 것이다. 그러나 곧이어 국망이 현실로 다가와 십삼도의군은 미처 활동을 개시하기도 전에 해체되고 말았다.

국망을 눈앞에 두고 러시아 연해주에서 편성되어 항일전을 수행하였던 연해주의병과 그를 이은 십삼도의군은, 요컨대 그 동안 국내에서 전개하였던 항일투쟁이 1910년 이후 해방 때까지 집요하게 전개된 국외독립운동으로 확대·발전되어 가는 과도기적 단계에 해당되는, 곧 국외 독립운동의 연원으로서 그 의의를 규정할 수 있을 것이다.

한말 서북지역과 압록강·두만강 대안의 간도·연해주지역에서 펼쳐진 의병의 항일전은 대체로 보아 1907~1908년 무렵에 집중되고 있다. 이 지역의 의병은 1894~1895년부터 국망 이후까지 전후 20여 년간 집요하고도 처절하게 전개된 항일의병이 국망에 직면하여 구국항일전을 전개한 최후의 단계에 해당된다. 나아가 북한지역의 의병은 일제의 탄압이 가중되는 시대상황에서 장기지속적인 항일전의 방향을 모색하면서 새로운 항전 근거지를 구축하기 위해 압록강·두만강 대안의 간도·연해주 등지로 북상도강하는 일반적 경향을 노정하였다. 이와 같이 북상도강한 의병들은 결국 이 지역의 한인사회를 기반으로 국외 독립운동의 한 연원을 형성하게 되고, 3·1운동을 계기로 펼쳐지는 1920년대 독립군 항일전의 모태가 되었다는 점에서 그 의의를 찾을 수가 있다. 이렇게 볼 때, 서북 변경지역에서 펼쳐진 의병의 항일전은 한국 민족운동사의 한 근간을 이루는 항일 무장투쟁사에서 의병이 독립군으로 발전적 전환을 보이게 되는 생생한 역사의 장으로 기록될 수 있을 것이다.

<부록 1>

서북 변경지역 의병(장) 略傳

註記

이 의병(장) 略傳은 국내에서 의병항전을 수행한 뒤 북상도강을 단행하였거나 간도·연해주 등지에서 독립군으로 轉身한 인물들, 그리고 1910년 전후 관북 및 연해주 일대에서 활동한 의병(장)의 사례를 조사·정리한 것으로, 의병과 독립군의 인적인 연계성을 구체적으로 확인하는데 그 의의를 두었다. 여기에 수록된 명단은 현재까지 저자가 여러 자료를 통해 확인 가능한 인물에만 국한하였기 때문에 앞으로 자료발굴과 정밀조사가 진행되면 그 명단이 크게 늘어날 것으로 생각된다. 약전의 내용구성은 개인이력과 활동내용을 간명하게 수록하였으나 자료의 산발성으로 인하여 일정한 체제를 갖추지는 못하였다. 이 약전의 작성에 활용된 자료는 倡義文集類를 비롯한 의병측 자료와 의병을 탄압하기 위한 일제측 정보자료 및 독립유공자들이 남긴 저술 등이다. 그러나 저자가 조사·정리를 진행하는 과정에서 미처 메모하지 못하였거나 주지의 인물인 경우에는 그 전거를 밝히지 않았지만, 대개의 경우에는 일제측 정보기록에 의거하였음을 미리 밝혀둔다.

가. 북상도강 의병(의병→ 독립군)

姜在天 : 경북 안동 출신. 前 陸軍護衛領官. 전남 장성에서 거의. 3·1운동 후 도만, 항일투쟁을 전개하다가 일경에 피체되어 옥사(愛同, 『獨運』, 29, 492쪽).

公昌俊 : 함남 문천 출신. 을사의병에 참가한 뒤 도만, 백두산 부근에서 홍범도와 연합. 대종교 입교. 한국독립당 창립당원. 1937년 南京에서 병사(愛同, 『獨運』, 424, 494쪽).

弓寅聖 : 평남 순천군 慈山 출신. 호 晩翠. 유인석 문인. 대한독립단 평안도 支團長(愛同, 『獨運』, 424쪽).

金奎植 : 호 芦隱. 시위대 副校, 육군연성학교 助教 역임. 육군 參尉. 군대해산 이후 철원·양주에서 의병항전 후 북상도강. 북로군정서 사단장. 대한독립군단 총사령. 자유시참변 후 延吉로 귀환. 고려혁명군 총사령(경기도선유위원 崔晶在 「報告書」, 1908. 4. 14; 愛同, 『獨運』, 31, 310, 321-322쪽).

金起漢 : 평남 덕천 출신. 호 直齋. 유인석 문인. 이진룡·조맹선 등과 평산에서 거의할 때 從事員으로 참가. 십삼도의군 참여. 대한독립단 司輸長. 京城 지방법원에서 8년형을 선고받고 함흥감옥에서 복역하던 중 옥사 순국(愛同, 『獨運』, 31, 288, 496쪽).

金東平 : 連山人. 본명 李錫鉉. 전라, 충청도 일대에서 의병활동. 국치 후 서간도 망명. 1914년경 尹世復의 白山學校에서 활동. 국내 삼남지방으로 밀파되어 활동 중 일경에게 피체, 光州에서 단식 순국(愛同, 『獨運』, 428쪽; 李克魯 『苦鬪40年』, 8, 13쪽).

金鳴鳳 : 영남 출신. 의병에 참가한 뒤 서간도 망명. 통의부 제5중대장으로 참의부 설립을 지지하다 副隊長 趙泰賓과 함께 1923년 8월 통의부원의 습격을 받아 피살됨(愛同, 『獨運』, 268, 429쪽; 독편위, 『독운 5』, 458쪽).

金松谷 : 평남 안주 출신. 유인석과 함께 의병에 동참한 뒤 서간도 寬甸縣으로 망명. 대한독립단 국내 지단장으로 활동. 1921년 병사(愛同, 『獨運』, 431, 502쪽).

金汝錫 : 평남 순천 출신. 유인석 문인. 庶民會 조직. 덕천·맹산 일대에서 의병 활동. (독편위, 『독운 1』, 635쪽; 愛同, 『獨運』, 34쪽).

金理道 : 관북 출신. 회령에서 거의한 뒤 망명, 1920년 雙城縣에서 피살 순

국(愛同, 『獨運』, 428쪽).

金利彦 : 이명 金利賢. 평북 벽동 출신. 1895년 서간도 三道溝에서 의병을 편성한 뒤 음 11월 강계 습격, 진위대장 金東兢을 처단하고 피체되어 옥중 자결 순국(『白凡逸誌』; 愛同, 『獨運』, 32, 499쪽).

金 鎰 : 국내에서 의병항전에 참가한 뒤 국망 후 서간도 寬甸縣으로 망명. 이진룡·조맹선과 함께 항일투쟁. 1916년 운산군 北鎭 금광의 송금차 습격 거사. 3·1운동 후 대한독립단 조직에 참여. 1923년 일경에 피체되어 순국하였다는 설과 1925년 동지 韓致賢과 함께 통의부원에게 피살되었다는 설이 있음(愛同, 『獨運』, 424, 505쪽).

金 九 : 본명 金昌洙. 호 白凡. 서간도 三道溝에서 金利彦 의병에 참가, 1895년 음 11월 강계 습격. 임정 주석(『白凡逸誌』; 愛同, 『獨運』, 425쪽).

金昌煥 : 경기도 출신. 호 秋堂. 한말 군인. 국치 후 서간도 망명. 신흥무관학교 교관. 통의부군 사령장. 1930년 南京에서 병사(愛同, 『獨運』, 437쪽).

金虎翼 : 일명 金虎, 함남 갑산에서 거의한 뒤 차도선·홍범도와 함께 의병항전 전개. 3·1운동 후 서간도 撫松에서 조직한 興業團의 단장. 尹世復의 白山學校에서 활동(愛同, 『獨運』, 36쪽; 李克魯, 『苦鬪40年』, 13쪽).

金孝善 : 강원도 출신. 호 虎風. 별칭 滿洲虎將軍. 의병에 참가한 뒤 서간도 망명. 桓仁縣에서 항일투쟁. 대한독립단 활동에 참여(愛同, 『獨運』, 438쪽).

朴性默 : 경기도 고양 출신. 호 陽巖. 일명 朴永默. 1895년 閔希伯과 함께 강원도에서 거의. 1896년 가을 횡성 守城將. 1914년 서간도 망명. 桓仁縣 六道河子 거주. 1916년 68세로 병사(愛同, 『獨運』, 48, 532쪽).

朴陽燮 : 황해도 평산 출신. 호 陶山. 유인석 문인. 1907년 평산의진 참모로 활동. 禹炳烈과 함께 서간도 망명. 병사(『彰義錄丁未義邀』; 愛同, 『獨運』, 48쪽).

朴長浩 : 강원도 홍천 출신. 호 華南. 을사의병 때 홍천에서 擧義. 국치 후 서간도 망명. 대한독립단 都總裁. 1922년 피살 순국(愛同, 『獨運』, 534쪽).

白南奎 : 홍범도 휘하 산포수의병의 中隊長. 연해주 망명 후 1908년 10월 안중근 등과 함께 단지동맹 결성(國編, 『獨資 12』, 273쪽).

白三圭 : 평북 태천 출신. 호 溫堂. 유인석 문인. 서간도 망명 후 寬甸縣에서

활동. 3·1운동 後 박장호와 함께 대한독립단 결성, 부총재. 1920년 5월 문인 金德新과 함께 일본군에 피체되어 桓仁縣 沙尖子 부근에서 피살 순국(愛同, 『獨運』, 44, 538쪽).

白仁海 : 평북 태천 출신. 백삼규의 장남. 호 審齋. 국치 후 부친을 따라 서간도로 망명, 의병 활동. 3·1운동 뒤 대한독립단 결성에 참여, 국내전권위원에 피임되어 활동하던 중 1921년 평북 의주 古館에서 일경에게 피살 순국(愛同, 『獨運』, 289, 462, 539쪽).

申禹鉉 : 평북 의주 출신. 호 紫雲. 1905년 趙秉準·張元燮 등과 함께 창성에서 거의한 뒤 서간도 망명. 조맹선·박장호 등과 함께 활동함. 3·1운동 후 대한독립단에서 활동. 趙秉準 등과 義民府 조직, 부총재. 1935년 작고(愛同, 『獨運』, 467쪽).

申泰植 : 경북 문경 출신. 호는 島山. 구한말 內部 주사와 醫官 역임. 1895년 거의. 1907년 이강년과 함께 의병활동. 1920년 영남지역에서 서로군정서 후원회 조직(독편위, 『독운 5』, 303, 677쪽; ≪동아일보≫ 1922. 2. 23, 30).

申八均 : 충청북도 진천 출신. 호 東川. 육군무관학교 출신. 1907년 군대해산 때 평북 강계진위대 正尉. 1910년 국치 후 도만. 신흥무관학교 교관. 1922년 통의부 사령장. 1924년 7월 興京縣 旺淸門 二道溝에서 土匪의 습격으로 순국(愛同, 『獨運』, 262, 467쪽).

安秉瓚 : 평북 의주 출신. 호 誠菴. 1905년 을사오조약 늑결 때 상소항쟁으로 제주도 유배. 1909년 하얼빈의거 후 안중근 자원 변호. 3·1운동 후 大韓獨立靑年團과 大韓靑年團聯合會 총재 역임. 임정 법무차장(愛同, 『獨運』, 468쪽).

安重根 : 황해도 해주 출신. 본명 安應七. 1907년 연해주 망명. 同義會員. 대동공보 探訪員. 1908년 7월 연해주의병의 일단을 인솔하여 회령까지 진출. 1908년 10월 白南奎 등 12인의 동지들과 함께 연추 카리에서 단지동맹 결성. 1909년 10월 26일 하얼빈에서 대한의군 참모중장의 신분으로 伊藤博文 처단.

梁東煥 : 전남 나주 출신. 1895년 이강년과 함께 거의하였으나 피체되어 智島 유배. 1909년 재기하여 나주 魚登山 일대에서 항일전 수행. 국치 후 도만(愛同, 『獨運』, 38, 514쪽).

呂淳根 : 평남 중화 출신. 육군 참위. 군대해산 후 강원도에서 거의. 3·1운동 무렵 간도로 망명. 光復軍司令部 부관, 훈련국장 역임. 撫松縣에서 지

내다가 광복후 귀국, 강원도에서 병사.

禹炳烈 : 황해도 평산 출신. 호 史山. 유인석 문인. 평산의병 중군장. 의병항전 후 간도·연해주 망명. 1910년 십삼도의군 편성 때 同義員으로 참가(愛同, 『獨運』, 56, 547쪽).

禹承昌 : 평남 성천 출신. 호 鐵棒. 1907년 16세 때 이진룡을 따라 평산의병에 참가. 국치 후 서간도 망명. 寬甸縣에 거주하며 대한독립단 활동에 참여. 광복군 사령부 제2중대원으로 활동, 국내침투 때 피체되어 종신형을 선고받고 京城 옥중에서 해방을 맞음(愛同, 『獨運』, 473쪽).

柳麟錫 : 강원도 춘천 출신. 1895년 제천의병장. 1910년 십삼도의군 도총재. 1915년 서간도 寬甸縣 芳翠溝에서 병사.

柳時淵 : 1911년 도만 후 안창호와 함께 활동. 1912년 입국 활동중 일경에 피체. 1914년 1월 교수형 순국(독편위, 『독운 1』, 588쪽).

柳寅植 : 경북 안동 출신. 호 東山. 金道和의 문인. 1895년 청량산 일대에서 의병 활동. 1907년 안동 協同學校 설립, 교장. 1908년 대한협회 안동지회 가입. 신민회 활동. 국치 직후 서간도 망명. 耕學社 教務. 1913년 귀국 후 1927년 신간회 안동지회 회장.

柳弘錫 : 강원도 춘천 출신. 호 畏堂. 일명 柳鴻錫. 유인석의 재종형. 1895년 거의 이후 1907년에 재기 항전. 국치 후 서간도 망명. 1913년 桓因縣에서 병사 순국(『畏堂先生三世錄』; 愛同, 『獨運』, 39쪽).

李康秊 : 경북 문경 출신. 호 雲崗. 유인석 문인. 1895년 제천의병 유격장. 1896년 유인석을 따라 서간도 이거, 3년간 활동. 귀국 후 1907년 재기 항전을 벌이던 중 1908년 6월 피체되어 교수형 순국.

李奎豊 : 충남 아산 출신. 일명 穆. 연해주의병의 일원으로 1908년 경원·회령 진공작전 참가. 聲明會 중심인물. 고려혁명당 조직(愛同, 『獨運』, 40, 518쪽).

李圭弘 : 정미의병 때 전북 익산·진안에서 활동한 의병장. 1918년 상해 망명, 1920년 북로군정서 사관연성소 방문(精文研, 『獨資集－義兵篇』, 6쪽).

李南基 : 함북 경성 漁郎社 安郊 출신. 호 龍巖. 간도관리사 시절의 이범윤 휘하에서 서기관 역임. 1908년 鏡城義兵將(총무). 1909년 초 연해주 망명. 이후 유인석 휘하에서 활동. 십삼도의군 壯義軍總裁.

李東輝 : 함남 단천 출신. 호 誠齋. 1907년 군대해산 때 강화분견대장(참령). 延基羽·金東洙 등과 함께 의병 활동. 연해주 망명 후 한인사회당 결

성. 1919년 임정 국무총리. 1921년 고려공산당 결성(愛同,『獨運』, 41, 447쪽).

李明夏 : 경기도 廣州 출신. 호 夢鶴. 유인석 문인. 서간도 寬甸縣 망명. 1920년 일경에 피살 순국(愛同,『獨運』, 448쪽).

李範允 : 1902년 간도시찰원, 1903년 7월 간도관리사. 私砲隊 조직, 간도 한인 보호 활동. 러일전쟁 때 러시아군과 연합 항일전 수행. 1906년 초 연해주 연추(크라스키노) 망명. 창의회 결성. 1910년 십삼도의군·성명회 결성 주도. 3·1운동 후 북간도 대한의군부 총재. 1925년 신민부 고문.

李秉埰 : 1895년 許蔿와 함께 의병활동. 1920년 북간도 대한북로독군부의 참모로 홍범도와 함께 활동(≪獨立新聞≫1920. 1. 13; ≪동아일보≫ 1923. 5. 11; 독편위,『독운 5』, 353, 422쪽; 愛同,『獨運』, 42쪽).

李相龍 : 경북 안동 출신. 호 石洲. 金興洛 문인. 1895년 유인식 등과 청량산 일대에서 의병활동. 1908년 대한협회 안동지회 회장. 1911년 서간도 망명, 경학사 社長. 서로군정서 督辦. 1925년 임정 국무령.

李世永 : 충청남도 아산 출신. 호 古狂. 이명 李世榮·李天民·李世民. 충남 홍주의병 참여. 국치 후 서간도 망명. 3·1운동 후 신흥무관학교 교장. 통의부 군사부장 역임. 成都에서 병사(愛同,『獨運』, 45, 527쪽).

李章寧 : 충청남도 천안군 木川 출신. 구한말 군인으로 의병에 투신. 국치 후 서간도 망명. 柳河縣 거주. 신흥무관학교 교관. 尹世復의 白山學校에서 활동(李克魯,『苦鬪40年』, 13쪽; 愛同,『獨運』, 452쪽).

李鍾協 : 1907년 서상렬과 함께 金川郡 兎山에서 거의. 鎭東倡義大將. 서간도 망명 후 조맹선·이진룡과 함께 항일투쟁(愛同,『獨運』, 44쪽;『獨資 8』, 441쪽;『獨資 11』, 197쪽).

李鎭龍 ; 황해도 평산 출신. 호 己千. 일명 李錫大. 유인석 문인. 평산의병에 참가한 뒤 연해주 망명. 1910년 십삼도의군 편성 때 同義員으로 참여. 서간도 이거 후 조맹선·李鍾協과 함께 항일투쟁. 1914년 윤세복의 白山學校에서 활동. 寬甸縣에서 일경에 피체되어 部長 黃鳳信·黃鳳雲 형제와 함께 평양에서 수형 순국(愛同,『獨運』, 44쪽).

印載錫 : 충청도 출신. 의병활동 중 일제에게 피체되어 악형으로 불구가 됨. 북간도 망명 후 延吉縣에서 병사(愛同,『獨運』, 549쪽).

全德明 : 평북 용천 출신. 전덕원의 종제. 호 竹坡·湖隱·挺松. 관서지방에서 거의한 뒤 서간도 망명. 대한독립단에서 활동하던 중 일제에게 피체

되어 15년 복역. 출옥 후 다시 항일투쟁을 벌이다 피체되어 옥중 순국(愛同, 『獨運』, 476, 551쪽).

全德元 : 평북 용천 출신. 유인석 문인. 1905년 을사오조약 직후 거의하였으나 피체되어 황주 유배. 1910년 석방 후 서간도 망명. 寬甸·桓因·通化 등지에서 활동. 대한독립단 재무부장. 일제에게 피체되어 옥중 순국(독편위, 『독운 5』, 186쪽).

趙孟善 ; 황해도 평산 출신. 호 圓石. 이명 趙翊善. 평산의병 참모장. 연해주 망명 후 水淸(파르티잔스크) 거주. 1910년 십삼도의군에 同義員으로 참여. 1911년 10월 간도로 이동. 3·1운동 후 대한독립단 총단장. 1913년 蒙江縣 初頭花園에서 1백여 명의 동지를 규합, 군영 건설. 1921년 자유시참변 후 소왕령 부근(혹은 추풍)에서 병사(精文然, 『獨資集－洪範圖篇』, 38쪽; 『張志淵全書 8』, 1116쪽; 『日記 上(中)』, 474(518)쪽; 愛同, 『獨運』, 61, 554쪽).

趙秉準 : 평북 의주 출신. 朴文一 문인. 호 菊東. 1905년 張元燮과 함께 창성에서 거의한 뒤 피체, 2년간 옥고. 국망 무렵 崔元吉과 함께 재기, 창성 일제헌병대를 습격하고 서간도 寬甸·桓因縣으로 이동. 鄕約社·保約社 조직. 대한독립단의 법무부장·평북독판 역임. 만주사변 후 綏遠省 包頭縣에서 義民府 설립. 1931년 10월 병사(愛同, 『獨運』, 61, 479, 554쪽).

趙泰賓 : 조맹선 당질. 의병항전 후 서간도 망명. 참의부 제5중대 副隊長으로 1923년 8월 통의부원의 습격을 받아 중대장 金鳴鳳과 함께 피살(愛同, 『獨運』, 556쪽).

池章會 : 함북 鏡城 출신. 1908년 경성에서 이남기·김정규 등과 함께 거의. 1908년 12월 북간도 망명. 義軍團(일명 山砲隊) 조직. 대한의군부 중심인물(독편위, 『독운 5』, 340, 406쪽; 愛同, 『獨運』, 306, 331쪽).

車道善 : 일명 車道淳. 1907년 함남 산포수의병장. 서간도 망명 후 砲手團 조직, 撫松縣 일대에서 활동. 1914년 윤세복의 白山學校에서 이진룡 등과 함께 활동(독편위, 『독운 5』, 357쪽; 愛同, 『獨運』, 557쪽).

車千里 : 평남 숙천 출신. 江界 의병장. 국치 후 서간도 柳河縣으로 망명. 蔡燦과 함께 白西農庄 건설. 서로군정서의 의용대 소대장으로 1922년 참의부에 편입. 1927년 참의부 중앙호위대장(『조선반일의병운동사』, 264쪽; 愛同, 『獨運』, 482쪽).

蔡相悳 : 황해도 출신. 유생. 호 深湖. 황해도에서 거의한 뒤 망명. 이진룡 등

과 함께 활동. 통의부와 의군부의 총장(愛同, 『獨運』, 63, 482쪽).

蔡 燦 : 충북 제천 출신. 이명 白狂雲. 1907년 이강년과 함께 의병활동. 국치 후 서간도 망명. 신흥무관학교 졸업. 백서농장 農監. 서로군정서에 참가. 참의부 참의장. 1924년 통의부원의 습격으로 피살(愛同, 『獨運』, 461쪽).

崔文煥 : 1895년 함흥 의병장. 1896년 서간도 망명. 삼수에서 李容泰에게 피살(愛同, 『獨運』, 63쪽).

崔錫典 : 평남 맹산 출신. 의병활동 후 서간도 망명. 대한독립단 단원. 일제에게 피체된 뒤 평양감옥에서 10년 복역 후 순국(愛同, 『獨運』, 482, 559쪽).

崔永祐 : 황해도에서 의병활동. 서간도 망명 후 대한독립단 副團長. 러시아에서 공산당원에 의해 피살(愛同, 『獨運』, 560쪽).

崔于翼 : 함북 경성 출신. 호 雲谷. 일명 崔又翼. 북간도 망명 후 동향의 池章會·金鼎奎 등과 함께 항일투쟁. 대한의군부 군무국장·총무부장 역임(『日記 中』, 595, 642쪽; 『日記 下』, 54-55, 63, 90, 643-675쪽; 愛同, 『獨運』, 483쪽).

片康烈 : 황해도 延白 출신. 호 愛史. 1907년 이강년 의병에 참여하여 召集將과 先鋒으로 활동. 1911년 寺內正毅 처단계획 때 3년간 옥고. 3·1운동 무렵 해서에서 활동. 구월산대에 연루되어 해주에서 1년 반 옥고. 1920년 義成團 단장. 1925년 하얼빈에서 피체되어 복역중 병보석. 1928년 12월 安東縣 적십자병원에서 서거(독편위, 『독운 5』, 308쪽; 愛同, 『獨運』, 484쪽).

許 謹 : 이명 許在旭, 별호 許營將. 1907년 차도선·홍범도·송상봉 등과 함께 항일전 수행. 연해주 망명 후 의병항전 지속. 3·1운동 후 대한의군부 활동에 참여. 1921년 자유시참변 때 휘하 부대원들이 참변을 당함. 항카호 부근에서 凍死(精文然, 『獨資集－洪範圖篇』, 37, 91쪽; 愛同, 『獨運』, 65쪽).

玄天默 : 함북 경성 출신. 호 白醉. 1908년 대한협회 경성지회장. 북간도 망명 후 북로군정서 부총재. 청산리대첩 후 寧安縣에서 병사(『日記 中』, 377쪽; 愛同, 『獨運』, 487쪽).

洪範圖 : 평남 평양 출신. 1907년 관북 산포수의병장. 1908년 9월경 연해주 망명. 1910년대 중반 항카호 부근 蜂密山에서 둔전생활. 1920년 봉오동승첩, 청산리대첩 수행. 1943년 중앙아시아 크즐-오르다에서 작고.

洪 植 : 평북 구성 출신. 호 文山. 趙秉準 문인. 1905년 거의. 3·1운동 후 서간도 망명. 대한독립단 소집부장. 1920년 광복군사령부 제3영장. 1920년 12월 평북 용천에서 일제에게 피살 순국(愛同, 『獨運』, 489쪽).

黃炳吉 ; 북간도 琿春지역 의병장. 을사오조약 이후 망명. 이범윤의 산포대원. 琿春縣 春化鄕 四道溝 거점, 북로군정서 모연대장. 혼춘에서 建國會 조직

黃鳳信 : 황해도 평산 출신. 黃鳳雲의 아우. 이진룡과 함께 거의. 국망 무렵 서간도 寬甸縣으로 망명. 1916년 이진룡과 함께 운산금광 송금차 습격, 일제에게 피체되어 형 황봉운 및 이진룡과 함께 평양에서 수형 순국(독편위, 『독운 5』, 184쪽; 愛同, 『獨運』, 489쪽).

黃鳳雲 : 황해도 평산 출신. 黃鳳信의 형. 이진룡과 함께 거의. 국망 무렵 아우 황봉신과 함께 서간도 寬甸縣으로 이거. 1916년 이진룡과 함께 운산금광 송금차 습격, 일제에게 피체되어 평양에서 수형 순국(독편위, 『독운 5』, 184쪽; 愛同, 『獨運』, 489쪽).

나. 두만강 양안(관북·연해주·북간도) 의병

姜晩國 : 일명 姜晩菊. 연해주의병. 1908년 국내진공작전 참가, 경원·회령 등지에서 항일전 수행(愛同, 『獨運』, 28쪽).

姜文京 : 함북 경성군 주을온사 水坪 거주. 鏡城義兵의 일원. 忠義案의 '參領'.

姜允赫 : 연해주의병. 1909년 3월 안중근 등과 함께 수청(파르티잔스크)에서 의병 300명을 인솔하고 연추 창의소로 이동(國編, 『獨資 13』, 808쪽).

姜在鉉 : 연해주의병. 1909년 3월 안중근 등과 함께 수청에서 의병 300명을 인솔하고 연추 창의소로 이동(國編, 『獨資 13』, 808쪽).

姜宅熙 : 일명 姜澤基, 姜宅喜. 鏡城 및 북청 진위대 副尉. 홍범도 휘하의 의병장. 북청 서북방 禁牌嶺 일대에서 항일전 수행. 연해주 망명 후 의병 소모 주력(國編, 『獨資 11』, 600쪽).

高梁鶴 : 함남 산포수의병. 차도선 휘하 의병의 중대장.

權丙俊 : 일명 咸南進軍大將. 함남 고원 일대에서 활동한 의병(國編, 『獨資

8』, 371쪽).

金起龍 : 평남 안주 출신. 일명 金起龍. 평양경찰서 摠巡, 평북 경무관 역임. 1907년 블라디보스토크 망명. 동의회 회원. 최재형 부하. 안중근·엄인섭과 결의형제. 1908년 10월 안중근 등과 함께 단지동맹 결성(國編, 『獨資 12』, 636쪽).

金德順 : 차도선 휘하의 의병 간부. 1908년 3월 산포수의병 대규모 귀순시 차도선 등과 함께 갑산수비대에 감금당한 뒤 같은해 6월 탈출 성공.

金明鶴 : 함북 경성군 주북사 花上[山] 거주. 鏡城義兵의 일원. 忠義案의 '參領'. 산포수 출신이라고도 함(國編, 『獨資 9』, 555쪽; 『暴徒資料』, 652쪽).

金秉洛 : 북간도지역에서 활동한 의병. 1910년 4월 古乾原 습격(國編, 『獨資 12』, 640쪽; 『獨資 13』, 184쪽).

金鳳益 : 함북 경성군 梧村社 거주. 鏡城義兵의 일원. 忠義案의 '佰領'.

金尙憲 : 구한국군 正尉. 연해주 망명 후 의병에 동참.

金奭永 : 진사. 外部 주사 역임. 블라디보스토크 망명. 망명지사들 규합, 유인석의 휘하 인물. 이범윤 휘하 의병의 財務官으로 무기 구입 및 군량 조달 책임을 맡아 총기 1천여 정을 구입(國編, 『獨資 11』, 596쪽).

金成三 : 함북 경성군 주북사 寶化堡 출신, 仝社 浦坪 거주. 경성의병의 일원. 忠義案의 '佰領'. 휘하 20~40여 명 인솔. 1909년 초 연해주 망명.

金世允 : 연해주의병의 일원. 이범윤 휘하에 있다가 최재형에게로 옮겨감.

金昇濟 : 구한국군 출신. 연해주 망명 후 의병에 투신.

金永先 : 연해주의병의 일원. 1908년 일단의 의병을 이끌고 회령군 靈山까지 진격, 영산전투 수행.

金完辰 : 이범윤 휘하 연해주의병의 일원.

金用權 : 홍범도 휘하 산포수의병의 일원.

金龍鉉 : 함북 경성군 朱北社 書院洞 間村 출신. 일명 金用鉉. 최경희 의병의 참모. 1909년 초 연해주 망명.

金雲瑞 : 북간도에서 활동한 의병. 혼춘 冒險隊의 隊長.

金允瑞 : 연해주의병의 일원. 홍범도 휘하 인물로 추풍 거주. 군자금 5백 원 出捐.

金義杰 : 북간도에서 활동한 의병. 1909년 3월 현재 혼춘 蛤什碼溝에서 휘하 의병 70명을 거느리고 활동중(國編, 『獨資 13』, 808쪽).

金益先 : 북간도에서 활동한 의병. 혼춘 蛤什碼溝 사무소장.
金仁洙 : 함남 북청 출신. 황실과 러시아공사관 사이의 조정역 담당. 1896년 아관파천 뒤 參領, 시위대 대대장 역임. 러일전쟁 때 러시아군측으로 참전, 전후 연해주 망명. 추풍 거주. 최재형·이범윤 등과 함께 연해주 의병의 중심인물 가운데 한 사람.
金忠烈 : 1908년 홍범도 휘하의 산포수의병. 1908년 하반기에 홍범도의 명을 받아 조화여와 함께 탄약 구입 목적으로 연해주로 파견됨. 연해주 망명 후 이범윤 휘하에 들어가 연추에서 잡화상 경영(國編, 『獨資 13』, 470, 798쪽; 「홍범도의 일지」).
盧熙泰 : 해산군인. 1907년 함남 영흥에서 거의, 함흥·정평·고원 일대에서 항일전 수행. 關北倡義大隊長(國編, 『獨資 8』, 408, 586쪽; 愛同, 『獨運』, 39쪽).
董基必 : 1908년 함남 삼수지역의 산포수의병장. 휘하 150~160명의 의병 인솔. 1908년 4월 휘하 의병을 이끌고 삼수 주재소 습격(國編, 『獨資 10』, 425쪽).
馬水元 : 함북 경성군 주북사 得基洞 출신. 휘하 의병 20여 명 인솔.
馬元極 : 경성의병의 간부. 선달 혹은 유생. 휘하 38명 인솔. 최경희와 상통. 1908년 11월 경성군 주남사 大浦洞에서 의병 해산.
朴啓安 : 연해주의병의 일원. 최재형의 부하. 연추 사무소장 역임.
朴公瑞 : 연해주의병의 일원. 연추 서방 20리 '호도세' 거주. 휘하 100여 명의 의병 인솔(國編, 『獨資 13』, 184쪽).
朴老四 : 연해주의병의 일원. 귀화명 '알렉산드로'. 이범윤의 참모(國編, 『獨資 13』, 206쪽).
朴丙律 : 함북 경성군 주북사 下右洞 출신. 경성의병의 일원. 최경희의 참모. 1909년 초 북간도 망명.
朴善生 : 연해주의병의 일원. 이범윤 휘하 인물. 연추 거주(國編, 『獨資 13』, 469쪽).
朴信康 : 홍범도 휘하 산포수의병의 일원.
朴信甫 : 함북 경성군 주북사 姜可洞 출신. 최경희의 참모. 1909년 초 북간도 망명.
朴允汝 : 최재형 휘하 연해주의병의 일원.
朴俊甫 : 이범윤 휘하 연해주의병의 일원(國編, 『獨資 12』, 636쪽).
朴昌洙 : 이범윤 휘하 연해주의병의 일원.

朴昌順 : 연해주의병의 일원. 1908년 12월 현재 해삼위 거주. 이범윤 휘하 인물.

朴昌俊 : 연해주의병의 일원. 연추 거주. 이범윤 휘하 인물(國編, 『獨資 12』, 642쪽).

朴春根 : 관서지방 출신. 면장 역임. 연추 사무소장.

朴春成 : 연해주의병의 일원. 水淸派. 수청 동의회 조직.

朴忠保 : 1908년 3월 현재 함남 산포수의병의 謀事將(독편위, 『독운자-별집 1』, 1083쪽).

朴治翼 : 평북 선천 출신. 호 泰菴. 유인석 문인. 연해주의병에 참여, 이범윤과 긴밀히 협조.

朴太汝 : 수청 동의회 조직.

方德亨 : 1909년 1월 삼수·무산 변경지역에서 거의. 휘하 의병 50여 명을 인솔하고 무산 진공(독편위, 『독운 1』, 635쪽).

白圭三 : 연해주의병의 참모. 이범윤과 함께 의병 활동(愛同, 『獨運』, 50쪽).

白南奎 : '가. 북상도강 의병' 참조.

宋相鳳 : 함남 장진군 本上社 咀岩里 출신. 이명 宋尙奉. 장진의병장. 원래 포수 梁鳳翊의 부하였으나, 1908년 장진 북방의 袂物里를 근거지로 항일전 수행. 1908년 8월 휘하 40여 명의 의병을 이끌고 홍범도 휘하에 투신, 장진·갑산·삼수·홍원·함흥 일대에서 활동(國編, 『獨資 11』, 482쪽; 『獨資 12』, 279쪽; 『獨資 16』, 565쪽).

安重根 : '가. 북상도강 의병' 참조.

安太允 : 함북 경성군 주북사 南石洞 출신. 최경희의 참모. 1909년 초 북간도 망명.

梁鳳翊 : 이명 梁鳳翼. 1908년 관북 산포수의병의 右大將 혹은 '甲山留長津倡義大將'. 휘하 150여 명 인솔. 1908년 2월 장진 水采洞에서 일본군과 격전. 주로 장진 북방 袂物里 일대에서 활동(독편위, 『독운자-별집 1』, 1083쪽; 國編, 『獨資 9』, 331쪽; 『獨資 11』, 482쪽).

梁爀眞 : 차도선 휘하 산포수의병 대대장. 총대장 차도선과 같이 1908년 3월 산포수의병 대규모 귀순 때 일본군과 협상.

嚴仁燮 : 함북 경흥 출신. 동의회 회원. 西水羅 의병장. 귀화 한인으로부터 의병·군자금 모집. 1909년 수청 거주(國編, 『獨資 12』, 636쪽)

元基豊 : 함남 삼수 館東社, 혹은 북청 泥谷社 細城 거주. 홍범도 휘하의 의병장. 1908년 4월경 북청 이곡사 일대에서 崔東律과 함께 활동. 1908

년 말 무렵 30여 명 인솔(國編, 『獨資 9』, 573쪽; 『獨資 12』, 278쪽; 『獨資 16』, 566쪽).

元仕執 : 연해주 수청 동의회 조직

元錫澤 : 홍범도 휘하 의병의 중대장(國編, 『獨資 12』, 278쪽).

劉基雲 : 함남 북청군 安山社 출신. 일명 劉基云. 홍범도 휘하 참모 의병장. 후일 이원 일대에서 활동을 지속함(國編, 『獨資 8』, 169쪽; 『獨資 11』, 499쪽; 『獨資12』 276쪽).

柳麟錫 : '가. 북상도강 의병' 참조.

柳允龍 : 연해주의병의 일원. 이범윤 휘하의 인물. 연추 거주(國編, 『獨資 13』, 469쪽).

兪致弘 : 일명 劉致弘. 연해주의병의 일원. 이범윤 휘하 인물. 1908년 10월 안중근 등과 함께 단지동맹 결성.

尹就克 : 함북 경성군 梧村社 거주. 鏡城義兵의 일원. 忠義案의 '肆領'.

李京化 : 북간도에서 활동한 이범윤 휘하 의병장. 휘하 200여 명 인솔. 1908년 11월 黑頂子 청국 관헌에 의해 구금, 1909년 1월 석방(國編, 『 獨資 12』, 496, 499쪽; 『獨資 13』, 191쪽).

李觀亨 : 鏡城義兵의 일원. 風憲. 1908년 말 李肯植과 함께 일경에 피체, 1909년 12월(음) 석방. 1910년 2월(음) 북간도 망명(『日記 上』, 593쪽).

李奎豐 : '가. 북상도강 의병' 참조.

李根厚 : 함남 단천 출신. 휘하 의병 70여 명 인솔.

李肯植 : 함북 경성군 명간사 山城 거주. 경성의병의 참모. 1908년 말 李觀亨 등과 함께 피체된 뒤 1909년 4월(음) 석방.

李南基 : '가. 북상도강 의병' 참조.

李明甫 : 평안도 출신. 監察. 홍범도 휘하의 의병장. 1908년 홍원 일대에서 40~200여 명을 인솔하고 항일전 수행(國編, 『獨資 11』, 458쪽; 『獨資 12』, 280쪽; 『獨資 16』, 565쪽)

李明進 : 함북 경성군 주북사 朴萬洞 출신. 경성의병의 일원. 최경희의 참모. 1909년 초 북간도 망명.

李明虎 : 함남 북청 출신. 연해주의병의 일원. 嚴仁燮 휘하 인물. 1908년 8월 西水羅를 습격한 의병 인솔.

李文化 : 함북 경성군 주북사 保坪 출신. 경성의병의 일원. 최경희 휘하 인물. 1909년 초 북간도 망명.

李範允 : '가. 북상도강 의병' 참조.

李相卨 : 충북 진천 출신. 호 溥齋. 1907년 헤이그밀사의거 때 正使. 1909년 4월 연해주 이거. 1910년 유인석·이범윤 등과 十三道義軍 편성, 都通信(外交通信員) 담당.

李錫山 : 황해도 의병장. 李鎭龍(?). 안중근에게 군자금 제공.

李成極 : 함북 경성군 주남사 花隅洞 출신. 崔瓊熙 휘하 인물. 1909년 초 연해주 망명.

李成澤 : 평남 성천 거주. 함흥 일대에 檄文 발송. 義兵所 陣中 陣長. 車道善 휘하 의병의 書記(國編, 『獨資 8』, 408, 597쪽).

李昇彦 : 경성의병의 간부. 대한협회 경성지회원. 유생. 휘하 의병 23명 인솔. 1908년 12월 일경에 피체.

李昇鎬 : 함북 경성 출신. 연해주의병의 일원. 이범윤 휘하에서 활동. 연추 사무소 總務長.

李汝郁 : 함북 경성 출신. 휘하 의병 30여 명 인솔. 1909년 초 연해주 망명.

李永好 : 최경희 휘하의 경성의병 간부.

李容俊 : 함북 경성군 주남사 川連 거주. 鏡城義兵의 일원.

李鍾郁 : 함북 경성군 명간사 河東 거주. 경성의병의 일원.

李振哲 : 서울 출신. 이범윤 휘하의 참모로 李昇鎬와 친밀함. 이범윤 부재시 煙秋 의병 통솔. 해삼위에서 교원으로 활동. 연추 中別里에 거주하며 의병 모집(國編, 『獨資 13』, 205쪽).

李泰英 : 함북 경성군 주북사 書院 거주. 鏡城義兵의 일원. 忠義案의 '肆領'.

李鴻稙 : 함북 경성 출신. 연해주의병의 일원으로 1908년 7월의 국내진공작전 참가. 1908년 10월 무산을 거쳐 경성으로 들어와 활동. 1910년 전후 북간도(혹은 연해주?) 망명(『日記 上』, 208쪽; 『日記 下』, 417쪽).

李興基 : 함북 경성군 어랑사 荷塢 거주. 경성의병 事務員. 1910년 전후 북간도 망명.

林九汝 : 함북 경성 출신. 유생. 최경희의 참모. 1909년 2월 일제 군경에 피체.

林鳳松 : 함북 경성군 주을온사 水坪 거주. 1908년 3월 현재 최경희와 함께 忠義隊의 總領. 1908년 4월 무산전투에서 전사 순국(國編, 『獨資 9』, 585쪽; 『日記 上』, 95쪽).

林鶴遊 : 함북 경성군 주을온사 水坪 거주. 경성의병의 일원. 忠義案의 '貳領'.

張基俊 : 연해주의병의 일원. 최재형 휘하에서 활동. 여인숙 경영. 북간도 혼춘 蛤什碼溝의 (창의회) 사무소장 역임.

張鳳翰 : 연해주의병의 일원. 이범윤과 최재형 휘하에서 활동(愛同,『獨運』, 58쪽).

張錫會 : 함북 경성 출신. 진위대 正尉 출신. 1908년 7월 연해주의병의 국내진공작전에 참가한 뒤 경성으로 남하, 활동. '管理軍'(연해주의병) 中隊將(의병장). 대한협회 경성지회원, 一心契 가입. 1908년 9월 연해주 귀환(國編,『獨資 17』, 103쪽;『日記 上』, 177, 188쪽).

張成實 : 경성의병의 간부. 일명 趙成實. 상인 출신. 휘하 의병 40여 명을 인솔하고 활동. 1908년 11월 피체됨.

張正寂 : 경성의병의 간부. 일명 張成寂·張京寂. 상인 출신. 장석회의 참모.

全濟益 : 함북 회령 출신. 일명 鄭在岳. 함북관찰부 경무관 역임. 1904년경 연해주 망명. 1908년 7월 국내진공작전을 수행한 연해주의병의 총대장(國編,『獨資 7』, 244쪽; ≪한인신보≫ 12호;『會寧郡誌』, 83쪽).

鄭道益 : 함남 삼수군 任洞社 거주. 홍범도 휘하 의병장. 1908년 후치령 동쪽 金昌 일대에서 휘하 의병 80여 명을 거느리고 활동(國編,『獨資 9』, 575쪽;『獨資 11』, 600쪽;『獨資 12』, 278쪽).

鄭友汝 : 함북 경성 출신. 휘하 26명 인솔. 장석회·최경희 등과 상통.

鄭雲汝 : 함북 경성 출신. 휘하 23명 인솔. 장석회·최경희 등과 상통.

鄭泰海 : 함북 경성 출신. 경성의병의 일원. 1908년 말 연해주 망명. 해삼위에서 病死(『日記 上』, 205쪽).

趙尙甲 : 북간도 일대에서 활동하던 의병장. 근거지 琿春. 휘하 의병을 인솔하고 수차에 걸쳐 국내진공작전 수행. 局子街 楸楡溝 주둔(國編,『獨資 13』, 191쪽).

周龍三 : 연해주의병의 일원. 이범윤 휘하 (창의소) 사무원(國編,『獨資 13』, 206쪽).

池章會 : '가. 북상도강 의병' 참조.

車道善 : '가. 북상도강 의병' 참조.

車鎬均 : 함북 경성 출신. 경성의병의 간부. 1909년 북간도 망명(『日記 上』, 374쪽).

崔瓊熈 : 함북 경성군 주북사 花土(龍洞) 거주. 경성의병장. 일명 崔璟熈·崔德俊. 1908년 3월 현재 忠義隊 總領. 휘하 450여 명을 인솔하고 활동. 1908년 11월 하순 연해주 망명.

崔君七 : 趙尙甲 부하.

崔德化 : 함북 경성 출신. 최경희의 참모. 1909년 초 북간도 망명.

崔東律 : 함남 갑산군 二里社 거주. 일명 崔同律. 홍범도 휘하 의병장. 1908년 4월경 북청군 泥谷社 일대에서 元基豊과 함께 활동(國編, 『獨資 9』, 581쪽).

崔炳俊 : 북간도와 연해주 일대에서 활동한 의병. 1908년 7월 신아산전투 참가후 琿春으로 넘어가 활동. 국내진공을 위해 중국 당국과 교섭 시도(國編, 『獨資 11』, 461쪽; 愛同, 『獨運』, 63쪽).

崔昇斗 : 함북 경성군 어랑사 門郊 거주. 경성의병의 일원(『日記 上』, 205쪽).

崔時亨 : 홍범도 부하. 1908년 함남 홍원 일대에서 150여 명을 인솔하고 활동(國編, 『獨資 11』, 458쪽).

崔在亨 : 함북 경원 출신. 연해주의병장. 일명 崔都憲. 동의회 회장. 연해주 한인사회의 최고 지도자. 1919년 임정 재무총장(愛同, 『獨運』, 561쪽).

崔周若 : 홍범도 휘하에서 활동. 추풍 거주. 군자금 5백 원 기부

崔俊逢 : 최재형 휘하에서 활동. 포시에트 거주.

崔學善 : 홍범도 휘하 산포수의병장(國編, 『獨資 12』, 278쪽).

崔漢熙 : 함남 삼수 일대에서 활동한 의병장(國編, 『獨資 11』, 471쪽).

太陽郁 : 차도선 휘하 산포수의병장. 1908년 3월 산포수의병의 대규모 귀순에 반발하다 일본군에 의해 피살 순국.

韓起洙 : 일명 韓璣洙. 이범윤 휘하에서 활동. 총기구입 담당. 水淸派(國編, 『獨資 12』, 636쪽).

許 瑀 : 해삼위 거주. 경성의병과의 연합을 위해 함북 경성으로 파견됨.

許 瑾 : '가. 북상도강 의병' 참조.

洪範圖 : '가. 북상도강 의병' 참조.

黃炳吉 ; '가. 북상도강 의병' 참조.

<부록 2>

「義兵規則」과 「貫一約約束」

解說

여기에 소개하는 「義兵規則」과 「貫一約約束」은 연해주로 망명한 柳麟錫이 국망 직전인 1908~1909년간에 작성한 여러 의병 관련 문건들 가운데 핵심되는 내용이다. 유인석은 1895년 乙未擧義 이후 의병항전에 대한 강렬한 집착을 지녔던 인물로 연해주 망명 이후 국망을 목전에 둔 시점에서는 국내외에 산재한 다양한 계보의 의병 세력을 단일의 명령 지휘 계통으로 통합한 뒤 전민족의 대일 전면전을 구상하였다. 이와 같은 구상을 실행에 옮기기 위한 구체적인 방안으로서 그는 먼저 전민족이 공감할 수 있는 전통적인 鄕約의 조직 원리에 착안하여 '貫一約'을 시행하고, 다음으로 이러한 바탕 위에서 '十三道義軍'의 편성을 시도하였던 것이다. 그러므로 관일약과 십삼도의군은 의병 항일전에서 표리의 관계에 놓이게 된다. 유인석의 이와 같은 구상과 계획은 결국 15년간에 걸친 의병 항일전의 대미를 장식하는 의미를 가지게 되는 것이다.

관일약에 관한 문건들로는 「貫一約約束」과 「貫一約節目」 등이 작성되었고, 십삼도의군과 관련해서는 「義兵規則」과 「義務有統」이 작성되었다. 이 문건들은 『毅菴集』 제36권에 모두 수록되어 있다. 그리고 최근에 소개된 『龍淵金鼎奎日記 上』(1910년 3월조, 535-574쪽) 속에도 「義務有統」을 제외한 세 문건이 거의 원형대로 轉寫되어 있어 사료적 가치를 더해 주고 있다. 여기서는 그 가운데 가장 핵심되는 「義兵規則」과 「貫一約約束」을 소개하는 것이다.

1. 「義兵規則」은 1908년 10월(음)에 작성되었으며 총 35조로 구성되어 있다. 그 내용은 일제 구축의 당위성과 그 가능성을 천명한 뒤 군중사무의 원칙에서부터 大將과 參謀의 역할, 군수물자의 관리, 의병 내부의 규율, 13도 都總裁를 정점으로 한 전국 의병의 통합 규정 등에 이르기까지, 곧 의병에 관련된 제반 '규칙'을 담았다. 이 규칙은 그보다 조금 뒤에 작성된 「義務有統」과 함께 1910년 6월 十三道義軍의 편성으로 구체화되기에 이르렀던 것이다. 한편, 이 규칙이 李範允에 의해 작성된 것으로 알려진 경우도 있으나, 그 작성 동기에 대하여 언급한 유인석 年譜의 '管理使李範允 方有事 爲作此' 구절의 주체를 오인한 결과로 생각된다.
2. 「貫一約約束」은 1909년 11월(음) 전후에 작성되었으며 총 10개조로 구성되어 있다. 유인석은 1909년 7월(음)부터 국내외 의병 규합을 위한 전위조직으로 貫一約 시행을 구상하였다. 그는 조선 전래의 향약 조직의 원리를 원용하여 愛國·愛道·愛身·愛人의 '四愛'를 주창하며 전민족을 하나의 조직체계로 규합('貫一')하려 하였던 것이다. 이 '約束'은 그 조직 원리를 규정한 것이며, 세부 시행규칙은 '貫一約節目' 속에 구체적으로 상세하게 규정하고 있다.

다음에 소개하는 원문 가운데 밑줄 친 부분은 『毅菴集』에만, 그리고 [ ] 속의 문구는 『龍淵金鼎奎日記』에만 수록되어 있음을 표시한 것이다. 대체로 두 가지 기록이 거의 일치하지만, 간혹 字句나 文句에서 차이가 있다. 단 「義兵規則」 가운데 제25·29조 2개조와 「貫一約約束」의 제7·8조의 2개조가 『日記』에서는 보이지 않고 있는 점은 특기할 만하다. 이는 김정규가 원래의 문건을 轉寫하는 과정에서 錯記하였거나, 혹은 뒤에 『毅菴集』을 편찬하는 과정에서 다소간의 윤문과 첨삭이 가해진 결과로 생각된다. 원문에는 조목 표시에서 일련 번호 없이 '一'字로만 표기하였으나, 여기서는 편의상 아라비아 숫자로 일련 번호를 달아 두었다. 그리고 원문의 細註 부분은 작은 활자로 표기하였다.

義兵規則 管理使李範允 方有事 爲作此 ◯ 戊申十月

1. 讐夷禍極 三千里文明疆域見失 五百年聖神宗社見覆 數千萬禮義人種 見將盡滅 家家累世尊重邱墓 見將盡掘 卽當如此大變 豈宜束手無事 在本國而無事焉 則釜中之魚 机上之肉 幾日延生 居他國而無事焉 則根斷之木 源絶之水 豈終保生 旣無生望 盍辦死心 生死以之 爲此義擧 今此義擧 萬古大義 天下大事 死而著節耶 人皆一死 此死孰榮 生而成功耶 人惟一生 此生孰壯 人人宜各置死生於度外 準完大義大事事
2. 彼賊勢强 抵敵曷以 在吾一心力而已 二人同心 其利斷金 況乎千人同心 萬人同心 以至一國之人同心 何患不抵敵 公則一 私則萬殊 今擧大事 而有懷些少私意 以害一而敗事 果何如 胡越人 同舟遇風 則相救如左右手 今一邦同胞 同遭急禍 有不相救致一心力 而甘速其禍 則果何如 報讐復國 共同義理 斯同義理 何有不一有 有不一者 義理未確也 感神透石 以到精誠 若到精誠 何有不一 有不一者 精誠未盡也 天容海涵 本人度量 何有不一 有不一者 度量不恢也 今日之事 惟有一 大事可成 要有一以成大事 須是執確大義理 用盡大精誠 恢張大度量 如此然後 方有事在 凡擧義同胞 宜各勉施事
3. 軍中事 一則紀律 二則紀律 紀律正 則萬緖理萬法張 而事無不可濟者 紀律不正 則自亂而已 自亂而可以濟事乎 故易曰 師出以律 失律否臧 故天子之尊 有不得干律 況其下乎 今人各遭禍 人各由義 宜若無相制 然不以紀律則事不立 如彼微物之蟻蜂將卒 森有紀律 絶不胡亂 可以人之用師 而不如微物乎 今以各國觀之 可多者 紀律之劃一也 乃見紀律 有師之天然定則也 夫國命出師 紀律不得不嚴 今一般同胞 自下有事 紀律當萬倍致嚴 凡同義之人 愛紀律 猶恐傷 畏紀律 猶恐犯 一切以紀律 爲生活命脈事
4. 大將爲用兵之主 宜自務淑均之德 持嚴重之體 仁威御其下 以致一軍和肅 [持貞丈人之體 以致吉無咎之效] 將佐以下諸執事 宜擇得其人 分任其職 職各責成 夫人義信智勇 各有其能 亦有高下職稱其當 各效其能 大小相適 無所濫枉 以整綱紀事
5. 軍中參謀之任 極關重發謀於內 與大將相確 爲有定筭 運策於外 使諸將動盪 爲有決勝 加之機密事務 獨持裁之 無宣泄而有通變 必擇謹愼明通貞固幹能者 有以勝重任事 有首參謀 有衆參謀 又有多少差員
6. 軍中 務重事劇 置總務一員以領之 必擇公正剛毅勤敏 解事爲衆信服者 以

致小大凡百 無有虧闕窘跆 完就大事事 {總務所 置多少從事}

7. 財用爲一軍命脈 內外百事千務 非財用無復可言論 故掌財非極擇人不可 須求公平廉眞聰敏誠信 能撙節兼能濶狹者 爲有以活動命脈 周洽事務事 {掌財所 擇置多少差員 掌財與總務 有常就議}

8. 運糧其重任 有同掌財 人格及凡百 視掌財 而施爲每與掌財 有相商議事

9. 陣軍以百數爲一隊 或有餘不足 則以百內外爲隊 隊稱第一第二 餘皆倣此 每隊有隊長 又有分隊長 各領五十軍 擇勇敢膽略 善倡率者 每十軍有什長 擇能倡力戰者 統衆隊 有總領長 擇信明勇敢 兼有御衆之量 服重之威者以任之 總領長 體承大將 以制衆隊長 隊長制什長 隊長之於分隊長 略有差等 未必有制 什長制其下 相承有體 無敢紊亂 大將 非萬不得已 則不爲臨戰 大將地重 爲衆命所係 有傷則全局狼狽 總領長 臨戰而常持重 大將所有從事 取足於承當指揮 總領長隊長 各置[有]從事有差 以備周旋偵探事 此口以大將一所言 餘當照此

10. 一軍和睦 團結成體 允濟若一毫有間隔於其間 罔切譬之 大將頭領也 總務體幹也 參謀心肺也 財部咽腸胃脾也 從事耳目喉舌也 諸將臂脚肘脛也 士卒拳蹋爪牙也 全身百體 不容廢一 筋脈調和 血氣流通乃可 若如胃脾不化 肢體成痺 爪牙耳目 相殘以害 財部將佐之間 每以求應升降 易成葛藤 從事士卒之間 每以執銃有無 易生猜隙 餘或相然 其果如何 須是消融間隔 致極和睦 以濟事事

11. 軍中相承之體以嚴 不嚴則亂 士卒視什長如視大將 畏不敢違越 什長視隊長如之 隊長視領長如之 領長視大將與神明 畏不敢違越 違越則有罪 大將自視兢兢 自畏下不違越之地 如恐不勝 若士卒 有失當斬 什長告隊長以斬之 什長有失 隊長告領長行斬 急不可告 則參同他隊長三人以上行之 隊長有失 領長稟大將而行斬 急不得稟 則參合衆隊長行之 領長有失 當黜當斬不得已處 大將收議全軍而行之 其他諸員 隨高下幷照此例 古訓不云乎 威克厥愛允濟 愛克厥威 允罔切 須是立法施律 森然斬然 克正克峻 無至如家嬉取吝 兒戲失貌事 此以大將所言 餘當照此

12. 軍禮極重且煩 姑擧上下接見稱號一端 從簡定例 大將以差帖派任 受任者投刺於楹外 參佐以拜 將任以揖 兩手執劍 大將幷座揖答之 士卒見身 階下立一列 多則重行 兩手執兵器 俯身高擧 大將座擧手旗 朝仕與時[朝事若時]見如例 大將以口傳施令 授從事手旗持往 受令者 起立俯首以聽 將佐以下稱大將以壇下 其自稱 參佐稱下幕 將任[將佐]稱下將 士卒稱下卒 以存體統事

13. 主信義 信義爲凡接人處事之大道 軍中尤不可以不爲主 信義爲主 則人無疑貳 事無繆妄 不主則反是 有云兵不厭詐 對敵兵之謂也 若於吾軍及同義他陣 相與之際 有不厭詐 如何其可 須是以信義著題目 貫始終徹內外 爲作軍中大道事

14. 明號令 號令明肅 則一軍慴伏 令行禁止 軍法有言 將不還令 還令而法撓其勢不得不然也 然令失當而不還 則害事 故大將明識此理 每有事出令 知其爲自用則小 獨運則蔽 廣議衆參謀及他 謀僉同而得當然後 斷然行之 無所撓改 必令令行 有嚴無失事

15. 愼機密 軍中最多機事 不密則害成 凡百皆然 軍中尤甚 有機事 大將獨與參謀密議 鬼神莫窺 含藏無跡 待時而發 無或泄露 致極狼狽事

16. 信賞必罰 有功而不賞 則善不勸 有賞而不信 則勸不實 有罪而不罰 則惡不懲 有罰而不必 則懲不切 人不服而事不集 故這事爲自古有軍之要道 須是功有大小 賞無不施 施當其實 罪有深淺 罰無不行 行適其可 勸一善而興百善 勸一人而悅百人 懲一惡而戢百惡 懲一人而厲百人 以致咸服衆心 有集大事事

17. 有善謀事而得利 勇赴戰而獲勝 則有賞 或以貨幣 致意優奬 或大將會衆設盛饌行酒 隆顯以待 或記籍 布示一軍及四方 聳動聽聞 若奪賊輜重 或取商財 日賊行爲 無所不至 商民農戶之來留者 宜皆戮殺 幷取財物 但所殺所獲少 彼將肆毒 當地我人受害反多 則當審愼 其器械等物 納陣中 財錢分賞將卒 所獲若巨 則賞賜適宜 餘納掌財所 以爲軍用事

18. 凌犯紀律者斬 造言生釁者斬 撕捱害事者斬 窺機密以宣泄者斬 不由正理以私意私讐 陷人殺人者斬 盜貨竊色者斬 憑公而營私肥已者斬 有勤勞而情私切迫者 掌財察其地 以助給則有之 興訛亂軍心者斬 臨陣期會不赴者斬 當戰進退違約逃散居先者斬 若戰習懈弛 難禁逃散 逃一人 幷斬什長以下十人以施威致嚴軍律 無至懈弛 然不當斬而斬 則爲濫法 當斬而不斬 則爲枉法 當斬而行斬非其人 則爲亂法 人命至重 軍規至嚴 有犯三失 失莫爲大 大將有犯自責備至 餘人有犯 當論律 亂法者加重 極宜戒飭事

19. 軍需一款 最難而宜先措辦 夫兵事主財糧 而義兵不能自種穀自鑄錢而爲之 則只得爲國取於國 爲民取於民而已 況今國財 賊已盡據 非復國財 民財賊將盡奪 非復民財 取之便取賊財 更復何疑 又況同遭亡國滅種之禍 此有肝腦塗地 不惜至重身命 誰可飽食優用 更惜餘穀餘錢 是則君父必已洞燭欲其發帑劃稅 助扶危急 有患無路 民人宜自猛省 爲之傾囷倒帒 乞救死命 猶恐不及 與之取之 皆的是義 然才曰國財 自有所重 其曰民財 亦自有主

不可以快取 如不得已 不可以抑取 善辭曉諭 無或生寃 如有挾雜輩 乘間用計 明覈痛治 有甚者斬 杜絶其弊 旣取之 不可一毫有濫用虛用 爲害於義 又當昭詳契券 使內外衆人 昭然知用之有當有實 致皆信服 無所疑議事

20. 今日觀察郡守 皆是讐夷鷹犬 亂賊黨與 非所謂命吏 須一切拒斥 不受其命[令]自免黨賊之爲歸 不惟拒斥不受命 宜聲明其罪 可逐者逐 可誅者誅 持義正名 不爲苟且事

21. 所謂一進會 始終主賣國 頭頭迎賊謀甘賊使 毒禍此極 以國所産 豈意有斯罪不容誅 斯之謂也 然彼鄕曲愚民 始以非理見欺亂魁 終知見欺 猶仍迷返都出沒覺 誅之則不可勝誅 誅亦可哀 用孚用術 期於歸化 [終不歸化 然後誅之] 此不歸化 害將無窮 此一歸化 大事斯過半 歸化之道 今雖不明言 苟爲善謀 不患無其術 所謂巡檢兵丁輩 凡食倭月給 爲倭指使者 亦皆爲然事

22. 用軍之或常或變 或奇或正 或分或合 或現或伏 或擊或襲 或擾或衝 許多變化 在當場隨機隨勢 應變如何 非可豫筭 惟料賊貴惻 臨陣[戰]貴勇 乃古今通行正法 務常主持事

23. 十三道義兵皆起 使倭尙不得如意組織 若無義兵 今已至何境 義兵之力誠極大矣 然起處略起 不能成勢張旺 所以不濟事 須是國人盡起 道道邑邑村村 無一人不起乃可 如村中 有一人不起 一村齊起 刑其人毁其家 一村有不起 一邑督使皆起 邑各皆然 道各皆然 以致一國席捲而起 期必濟事事

24. 國人盡起 其成陣不必限地方 不必拘數爻多寡間 邑各成陣 小邑或相幷 如是則其爲與賊對 力不得不自盡 必辦死心 其較應他募 心不得不自緊 易成團體 于以勢不敎張而自張 致得莫强 其邑各成陣也 備任擇人如例 而特總務兼守城將 旣管一邑事務 又掌調發兵[軍]丁 其解砲善手 先使赴戰 其未解者 習放連續繼赴 其選丁 必取遊手 姑徐農民 使不失農 其善砲與自願者與選 必取有兄弟人而姑置獨身 善砲與自願者 與選 選丁與人 使皆輪應許多役務 其兵器 銃不充數 須辦弓弩槍劍等物 令無不執 以備伏兵及短兵接戰 大抵必置盡死之地 方得盡生之道 旣往只起於起處 惟成陣者敵彼 其外雖大都大村 一二倭來到 慮患不敢殺他 雖[至]遭殺戮焚燒奸色盜貨種種慘禍 莫可如何 今若無邑無人不起 與彼對適 盡置死地 則勢須合心盡力 求殺他而我生 彼之群至 以成陣擊之 彼之散行 雖制梃張拳 見輒殺之 不殺不已於是彼無措足 我獲全生[勝] 必見容[必容]易濟事事

25. 每邑成陣 分勇進守防二隊 勇進先有膽極善確 使之居先力戰 守防用其次各守其城 每道得根據地立大陣 取各邑勇進守防隊 以戰以守 隊長因其邑任 而統領自道內擇定以主戰守 所取多寡添損 臨時量宜國中 擇根據最好

地立中央大陣 取各道勇進守防隊 就一國極善將材以主之 名曰都統領 卽上所謂大將 所取多寡添損亦臨時量宜事

26. 每邑推知義有守者 爲邑總裁 指揮其陣將 每道 [道道] 各推德望信義 表著爲一道領袖者 爲道總裁 以管領道統領及列邑總裁[以管領道內列邑諸陣] 差糾察幾員 輪行道內諸陣 以糾察之 道統領及列邑總裁[列邑諸陣] 受其指揮 不得有違越 又自各道 推其有忠義誠心力量 而德望地位 足以服十三道人心 致其嚮應者 爲十三道都總裁 以節制都統領及各道總裁[各總裁] 差糾察十三員 送置各道總裁所 以糾察之 都統領各道總裁[各總裁] 承其節制 不敢有違越 都統領旣承節制於都領裁 而又以制道統領 道統領制各邑陣將 不敢違越 蓋今義兵 自主起事 不免各有意見 各有規模 參差不一 有不一 則愈衆愈亂動愈不和 亂動不和 必不能成勢以制敵 須是相承有統如身臂 指令出於一 齊衆不一方[焉] 可望成事 不然而望成事則誤也 事無統紀 令出多門 在家百事 百事不成 在國百事 百事不成理也 今此義兵 獨外理而望成誰謂其解事乎 此乃義兵第一大關係 無或歇后 必要有爲事

27. 凡義兵 一視普和 遠近大小 無親疎優劣 同義同的 初不當分別 又況遠不能振力 近必有甚憂 小不分賊勢 大無以獨支 是宜如一家兄弟 親愛克篤 一身肥膚痛癢與切 有急相赴 有好相推 有聲相應 有情相孚 期於致一 一乃成功 欲其致一 宜求不一弊端以革之 其或觀望 不急助援 或撕捱多生釁隙 或恃强淩弱 奪財取兵 或相加暴厲 甚至殺害 或不立紀律 下殺其將 或貪財濫用 好爲侈大 或假托名義 專事盜竊 如此種種弊端 不可任置 宜大加規正期必盡革 此不規正盡革 初不足說有無事 令出於一 此可規正 得以致一成功事

28. 今義兵 求爲有統致一 自有所以 以所遭所爲 求之前古 未有與比 其爲師體裁 亦當有別故耳 蓋自古爭雄圖霸之兵 自相鬪智鬪力 以强奪弱 以優取劣而已 敵愾禦侮之師 王錫命而帥司命 官軍義旅 承其統制而已 今日之事君民上下 同遭罔極 無路有錫命司命 而只奉體君心 而自下有事 求活民命而各起有爲 自下體君 孰是網維 致同敵禦 宜其爲倣司命 統制之法 別求有統 各起求活 惟共殺賊 用盡智力 宜其不效 相鬪奪取之習 好爲致一 如或有私意計較 喜上人而恥屈已 厭其爲有統 爲血氣所使 忌懲忿而憚窒慾 妨其爲致一 是有義兵之名 而無義兵之實 不惟無功 有害而已 斯其極以爲念事

29. 有統致一 可望成事 不有統致一 必不成事 理勢昭灼 使座局外者觀之 雖至昏至愚 明若燭照 但恐當局者之或有迷耳 迷因何有 由則必因攬權利計功勞之心也 苟有是心 厭有統妨致一 亦其勢也 噫 權利 智者之所避也 自

古及今 由權利而亡國喪家敗身壞名者何限 功勞 仁者之所讓也 故曰 勞謙君子萬民服也 亦有云 大樹將軍也 若公吾心 正吾見 盡吾誠 竭吾力 使事有成 權利功勞 亦何歸焉 不攬而來 不計而至矣 若爲不成事之道 而攬權利計功勞 其自來至乎 其亦不知攬計之甚者也 且況所擧 非以義乎 擧是義 可不以道乎 曰以道義而可以其功利乎 自審其有無 自迷之心 有則務去之 無則加勉之 期終有以成事事

30. 義兵之有爲 曰人曰財曰兵器而已 人心合一而後 事有成功 則財與兵器獨不均一而後 事有成功乎 財有我饒彼乏 彼皆以乏而敗績 我獨以饒而成功乎 兵器有我利彼鈍 彼皆以鈍而敗績 我獨以利而成功乎 不爲事則已 爲則必要成功 [必]要成功 宜其財用之相助爲均一 道邑有豐約[農一約] 或無以優取成勢 宜相[稱]貸或助給 兵器之相藉爲均一 或有財而無路辦買 或無財而不能辦備 宜宣力貿致 厚意借與 有或因財與兵器之分別彼此 及致人心乖激不一 有能推人心之合一彼此 爲致財與兵器助藉均一 事之成敗 已無可說 人格高下 又果如何 此宜大故加意事

31. 今當以一國之財 了勘一國之事 國中財本小而有限 義兵事浩大而無期 此須取之極有方 用之極有度 萬萬適宜 不然 只此一事 立見狼狽 [豈不大可寒心乎] 若[如或]思量不及此 只知我前事 而不知我後事 只知當頭事 而不知徹尾事 謂我取則我財 我財則我用 隨見而拿 取之無方 隨手而耗 用之無度 卽財竭國弊而事敗 不待彼之[爲]滅種 而自臻其禍[矣] 豈不大可寒心乎 [且夫]一國卽一家 衆義兵卽一身 一家一身事 又安可以歇后 無賴人子 不節財用 而遂至敗厥家亡其身 夫義兵[今擧義]儘是大事 做此自是大人 [以]大人豈可效無賴子[人]之爲 此宜極[大]加惕念 然此非一陣有能 而爲可及 必使道道陣陣 爲有[互相]戒飭 一出的規 都總裁嚴飭道總裁道糾察 道總裁飭邑總裁邑糾察 大故照檢査覈以致一 事

32. 今要一國盡起 成勢張旺 其致此勢 在乎固根達枝 次第之妙 其持此勢 在乎布經行[施]緯 縱橫之法 蓋我國地勢 白頭山附近北道諸邑 爲根 所在最高最險 有建瓴當關之勢 又接淸連俄 有儲粮備械[備器儲粮]之路 立定根基 足致壯固 漸次蔓延 先及全道 次西而東而南 盡及諸道 千枝萬葉 遍達無遺 如是則致勢之大而密 使賊畏約而失氣 從白頭大幹山去 連亘三千里抵極頭流 又傍出幾幹 各盡于海 傍幹左右爲邑 擧皆險絶 連絡定根據 縱布植軍 經之以壯固 極選信勇智雄之將 精强輕銳之卒 分作幾十隊 各率幾百軍 帶得利器 東馳西轉 南衝北突 出入錯綜 於道道邑邑 立根列陣之間 有扶孤危 有振微弱 助成其勢 橫行無前 緯之以活動 如是則持勢之威以神 使

賊懾慴而喪膽 此係大關 期必如此事 [此係大利 期於有事事] 與上勇進守防條 當參商

33. 我勢有張 其擾賊致[攻]滅之術 在耗散而奪聚 殘支而拔本 今賊兵 以京城爲根本窩窟 以各地方爲支分守備 其在各地方 屯聚大都 散出列邑 若急攻聚所 恐或失利 爲奪財錢兵器 或出此謀 非有別計策十分無疑 不可遽行 直擣本窟恐非得計 爲急君父之危 宜或爲謀 非有大機括萬全不敗 [反]不如姑俟 [不如]先取散出 隨出隨耗 見其屯聚處 而乃奪之 先摧分支[支分] 隨分隨殘 待其根本弱 而乃拔之 如此然後 庶爲萬全計策事

34. 我力實强 彼勢虛弱 十三道揀雄猛之將 抽精銳之卒 刻期疾馳 進拔據城根窟 滅淨賊醜 殲盡亂逆扶存幾亡之宗社 迴甦阽死之生靈 於是君臣父子 親戚同胞 共享中興泰平之樂 而其始終死節之人 各其道邑 立祠設壇 爲之崇奉 會通載籍 建忠烈堂於都城中央 而爲之尊閣 聳動一國耳目 以勸忠義之心 又厚恤其子孫 永世保之 其居他國者 亦各從鄕邑 入於祠壇 又同載籍而各恤子孫於其地 或還移本鄕 期使安保事

35. 今日持義義諦 可不慮始而要終 念終于有始 擧事而胥勖友壇 忍痛含冤 以仗其忠 鞠躬盡悴 以誓其志 有死無生 以厲其氣 成事而戮力王室 益崇禮義以固其本 克明政刑 以整其局 大講武備 以壯其歲 善終[始]善終 義動天下功光萬世事

貫一約約束

1. 今當萬古天下所無之大禍 至於國亡道蔑 身不保而人盡滅 立此貫一約 約有目曰 愛國心 愛道心 愛身心 愛人心 約有要曰 心乎四愛 貫以一之 衆萬同心 貫以一之 約有實曰 會精團誠 斷金透石 既立約[約既立] 有以盡其目致其要 極其實 期免大禍事
2. 約有以盡其目者 國也道也身也人也 闕一不得 蓋無無國而有道 有身有人無無道而有國 有身有人 有身 有可以扶國存道活人 有人 國亦可以得扶 道亦可以得存 身亦可以得保 于是其可不盡乎 其有以致其要者 四者均所須愛不可有緊緩 一國均所愛 心不可以各殊 愛有緊緩 不貫乎一 一不遂愛 心各萬殊 不貫乎一 萬不成勢 故一爲要 于是之要 其可不致乎 其有以極其實者貫以一之 以要遂愛而成勢也 不以純心 不以實心 實無事在 不純則雜 不實則虛 雜亂[糅]虛僞 其可濟事乎 須是聚會其精 毋或有雜 一團其誠 毋或有僞 衆精所會 利可斷金之剛 萬誠成團 勢可透石之堅 如此然後 事可得濟所以于是必用其極也[極其實也] 蓋當今日 不可無是約 既約矣 必如是乃宜事 [既有是約 必有是事事]
3. 約事要不出公正二字 蓋曰愛國 愛國必以正 曰愛道 愛道必以正 曰愛身 愛身 必以正 曰愛人 愛人必以正 如不以正 國棄崇華尙禮之所以爲國 而止存土疆 道棄綱常仁義之所以爲道 而反趨邪淫 身棄善信法度之所以爲身 而僅保軀殼 人棄正大貴顯之所以爲人 而使陷禽獸 如是而曰愛之 豈愛之云乎 今日之禍 無他 先失其正而已 今求免禍而不以正 則如以火救火 禍益添禍 其得免乎 曰貫一四愛一四 愛有以公 曰貫一衆心一 衆心惟以公 如不以公 偏黨愛惡[惡愛] 或循其私權利忌克 有失其平 如是而終年求一 豈能一之乎 禍至此極 豈亦有他 有曾追偏逐黨 紛紛破裂 要權貪利 役役傾軋而已欲去其禍 而不以公 如以泥洗泥 其能去禍乎 公正二字 爲作是約 眞箇骨子事
4. 國至這境後 傑人義士 有多出疆 至於我國 桓祖 所嘗寓居 高句麗名將乙支文德 所嘗鍊兵 勝國功臣尹瓘 所嘗建勳 云云等地 彷徨留連 欲圖有爲 特於此 因勢立約 蓋將于是 造端本定頭緒 稍稍凝聚 展布遍達 國中無所不至是其所[以]爲必擇取公正人 緊結成體 有純無雜 致一不二 直致所謂會精團誠 直將可以斷金透石 以是推去自然 以知及知 以親及親 脈絡連羅 聲氣流

通 至於勢成氣張 使一國和不正 咸歸于正 和不公盡入于公 致得大正大公以去大禍 使大禍 雖欲不去 有不得傳不云乎 知遠之近 知風之自 知微之顯知此意 則可以爲此約矣 今日事正 始以要終而已 極加意於正始事

5. 今日大禍 不之有免 其將奈何免禍 全國人心 不之貫一 其有可得 貫一非空自致 不之立約 其有可望 約之不可以已也 〔於是〕決矣 然此之立約 以若顚沛漂泊之蹤 艱難危險之勢 其如何可以易爲 事不可已 勢難可爲 是將如之何如之何哉 無他 執〔仗〕吾正義〔大義〕 竭吾至誠 搖吾不動 亂吾不奪而已未爲活泉耳 有爲活泉 則經透重險 必見盈科而放海也 未爲固根耳 有爲固根 則閱歷衆刦 乃至合抱而干雲也 內而彌篤 痛迫憂惕之心 外而益張 刻勵奮發之氣 如曰未信質吾寸丹 如曰無理視彼上蒼 勿疑勿貳 胥勗克終事 〔嗟哉 同約之人 勉旃勉旃 千萬勉旃事〕

6. 禍之免不免 在乎人心之一不一 約之成不成 則昭然矣 心之有一 約之有成惡乎在 在乎仁知讓信和而已矣 惻怛全包之謂仁 人之於人 本宜相篤 況當亡國亡道 彼此同亡身之地 有些相歇 豈所謂人心哉 心本以天地萬物爲一體今在同國同禍之中 有分大小 優劣親疎遠近 爲設藩籬畦揨 心之全德 烏有哉 明知確見之謂知 知明 則心惡得慢 見確 則事惡可已 若人知是禍 而畏惕弛緩 不能有爲 死生在卽 豈終免畏 豈終得緩 是不過知見未透也 如或賢知自居 恥與衆同 不肯有爲 一身且置 一國之人盡滅 昔有洪水 禹不遺力今奚啻洪水加之 〔今不啻若洪水如之〕 吾國亡吾道亡 如何不隨分盡力 非有欠惻怛 則乃有蔽知見也 虛己推人之謂讓 有挾己以加人 非讓也 恥屈己喜上人 非讓也 計較得失 非讓也 取舍勞逸 非讓也 有我而爭 則頭頭生事 無我而讓 則都無事也 無欺有實〔無已無實〕之謂信 欺心欺人 一二人 且不可與合 況衆萬人乎 宅心不眞 循物有違 小事決不可有爲 而況大事乎 相宜相平之謂和 無或乖戾乎 事纔乖戾 如何其宜 無或偏陂乎 心纔偏陂 如何其平事無不宜 心無不悅而和生 心無不平 人無不合而和成 〔適然後宜〕 適宜而調之 如五味之得〔相〕調 〔均然後平〕 均平而諧之 如八音之有〔克〕諧和 至於斯至矣 〔蔽一言〕 能行五者 則心無不一 約無不成 而事無不可濟者 正宜務玆以濟事事 〔於今日 事無不可濟者 無約則已 旣有約 則必要有斯 以濟事事〕

7. 知仁勇三德 通之萬古 達之萬事 知以明之 仁以體之 勇以成之 毋論大事小事 舍此不可 闕一不得也 今以立約擧義之事言之 宜明之以明事理 宜體之以體其實 宜成之以成準的 不可有舍而闕一 如不知而不明事理 其如事何知及之而未仁而體之無實 無勇而成之不準 徒知奚以 仁或可及 而無知之先

明 無勇之後成 徒仁何爲 勇或可能 而亦無知之爲明 仁之爲體 其勇也 焉用之 況知云而小察多刻薄 仁云而姑息小不忍 勇云而麤猛有橫逸 如何其可不惟不濟事 敗事而已 今此有事 如何大事 可不以三德 而有爲乎 然人人豈易兼三 各或有一能 毋自能其能 而求以相濟可也 知者 明以先之 以資仁勇 仁者 體以居中 以諧知勇 勇者 成之有後 以完知仁 必有事在事

8. 一國同約 其間有相讐怨者 切不可以此爲有妨 夫豈以私讐怨 有妨於爲公事 其或爲爲師友怨 有曰公事 却只是小公底事 小公底事 豈得有妨於大公底是事務 宜舍却只爲成此事而已 或有實難解怨者 姑置心中 爛熳同義務 準成此事然後 徐究未晩 其或有關父祖血讐 不得相接言語者 亦可不接言語 而同務此事 夫如立朝爲國事 何嘗以私讐怨 不同立朝 不共國事 有相妨害今日事 亡國而將共興復 滅人而將共濟生 千百代父祖墳墓骸骨不保 而將共求保 萬古師生 相授受人 道理盡滅 而將共扶持 豈可以私小讐怨 干於其間哉 古之藺相如 豈眞識道理者 其處之於廉頗量局 果何如 今亦可以師法也 凡約中有這般繫關者 宜深解此事理 無或有些迷惑 以準成大事事

9. 約有約長 以統約事 有別有司 以同約長上下論事 [有或聽裁諸有司] 有掌議 以主[發]議論 有掌務 以辦事務 有司規 以掌規禮 [以正規法] 有贊議贊務 以和成議務 有幹務 以幹執事務 有直月 以掌記事 有司籍司貨 以分掌書籍財用 此因時因勢 姑定如此者也 至有全國 大同成約之時 須更道各有約長 統諸道 推一國重望[第一人望]爲都約長 證古酌今 別有定規事

10. 取約之所以爲目爲要爲實者[撮立約之意] 作一片標章 爲相信相守之資 凡於入約人 各致一片置在懷中 時時顧諟 心心在玆 念念在玆 以準完約[期必有]事事

= 참고문헌 =

1. 資料

가. 文集·日記·資料集類

國史編纂委員會 編,『韓國獨立運動史 資料 6-18』, 1968～1990.
奇宇萬,『松沙集』
奇正鎭,『蘆沙集』
金九,『白凡逸誌』; 윤병석 직해,『백범일지』, 집문당, 1995.
金允植,『續陰晴史』, 국사편찬위원회, 1960.
金鼎奎,『龍淵金鼎奎日記』, 독립기념관 한국독립운동사연구소, 1994.
金平默,『重菴集』
독립운동사편찬위원회 편,『독립운동사자료집 1-3』, 1971.
閔龍鎬,『關東倡義錄』, 국사편찬위원회, 1985.
______,『復齋集』, 1947; 李泰吉·閔驥植 譯,『國譯 復齋集』, 昭文出版印刷社, 1988.
朴成壽·孫承喆 編,『韓國獨立運動史資料集－義兵篇』, 韓國精神文化研究院, 1994.
朴殷植,『朴殷植全書』, 단국대 동양학연구소, 1985.
______,『韓國獨立運動之血史』
______,『韓國痛史』
朴漢卨 編,『增補 畏堂先生三世錄』, 강원일보사, 1995.
『昭義新編』, 국사편찬위원회, 1975.

宋相燾,『騎驢隨筆』, 국사편찬위원회, 1971.
柳麟錫,『毅菴集』
柳重教,『省齋集』
李九榮 編譯,『湖西義兵事蹟』, 修書院, 1993.
李昭應,『習齋集』
李正奎,『恒齋集』
李恒老,『華西集』
張志淵,『張志淵全書』, 단국대 동양학연구소.
鄭喬,『大韓季年史』, 국사편찬위원회, 1957.
趙昌容,『白農實記』, 독립기념관 한국독립운동사연구소, 1993.
崔益鉉,『勉菴集』
韓國精神文化研究院,『江北日記·江左輿地記·俄國輿地圖』, 1994.
『韓國獨立運動史資料集-洪範圖篇』, 韓國精神文化研究院, 1995.
『彰義錄丁未義邀』
黃玹,『梅泉野錄』, 국사편찬위원회, 1955.

나. 官邊·日帝側 資料

金正明 編,『朝鮮獨立運動 1』, 1967.
『新舊對照 朝鮮全道府郡面里洞名稱一覽』, 中央市場, 1917.
駐箚朝鮮軍司令部 編,『朝鮮暴徒討伐誌』, 1914.
『駐韓日本公使館記錄』
『統監部來去案』
『舊韓國官報』
『暴徒史編輯資料』
統監部警務局 編,『暴徒に關する編冊』

다. 新聞類

≪皇城新聞≫, ≪大韓每日申報≫, ≪독립신문≫(국내), ≪獨立新聞≫(上海)
≪海朝新聞≫, ≪大東共報≫, ≪勸業新聞≫, ≪韓人新報≫

2. 研究著書

姜德相,『朝鮮獨立運動の群像』, 靑木書店, 1984.
강원의병운동사연구회 편,『江原義兵運動史』, 강원대 출판부, 1987.
姜在彦,『朝鮮近代史硏究』, 日本評論社, 1970;『韓國近代史硏究』, 한울, 1982.
______,『韓國의 近代思想』, 한길사, 1985.
강용권,『죽은 자의 숨결 산 자의 발길』, 장산, 1996.
高承濟,『韓國移民史硏究』, 章文閣, 1973.
國史編纂委員會 編,『韓國獨立運動史 1』, 1965.
________________,『한민족독립운동사 1』, 1987.
琴章泰·高光植,『儒學近百年』, 博英社, 1984.
____________,『續 儒學近百年』, 驪江出版社, 1989.
金祥起,『韓末義兵硏究』, 一潮閣, 1997.
김세일,『역사기록소설 홍범도』, 제3문학사, 1990.
김승화 지음, 정태수 옮김,『소련 韓族史』, 대한교과서주식회사, 1989.
金義煥,『義兵運動史』, 博英社, 1974.
______,『抗日義兵將列傳』, 正音社, 1975.
金正明 編,『朝鮮駐箚軍歷史』, 巖南堂書店, 東京, 1967.
羅明淳·曺圭石 外,『大韓國人 安重根』, 世界日報, 1993.
독립운동사편찬위원회,『독립운동사 1』(의병항쟁사), 1970.
__________________,『독립운동사 5·6』(독립군전투사 상·하), 1973·1975.
마뜨베이 찌모피예비치 김 지음, 이준형 옮김,『일제하 극동시베리아의 한인 사회주의자들』, 역사비평사, 1990.
민족문화협회 편,『의병들의 항쟁』, 1980.
朴成壽,『獨立運動史硏究』, 창작과비평사, 1980.
______,『韓國近代史』, 東亞學硏社, 1982.
______,『民族史의 脈을 찾아서』, 집현전, 1985.
______,『韓國獨立運動史論』, 韓國精神文化硏究院, 1996.
朴殷植 著, 李東源 譯,『불멸의 민족혼 安重根』, 한국일보사, 1994.
박환,『滿洲韓人民族運動史硏究』, 一潮閣, 1991.
____,『러시아한인민족운동사』, 탐구당, 1995.
서대숙 엮음·이서구 옮김,『소비에트 한인 백년사』, 도서출판 태암, 1989.

宋容緈, 『洪州義兵實錄』, 洪州義兵遺族會, 1986.
市川正明, 『安重根と日韓關係史』, 原書房, 1979.
愼鏞廈, 『韓國民族獨立運動史硏究』, 乙酉文化社, 1985.
안중근의사숭모회 편, 『안중근의사 자서전』, 1979.
愛國同志援護會 編, 『韓國獨立運動史』, 1956.
유인석 저, 서준섭 외 3인 역, 『毅菴 柳麟錫의 思想－宇宙問答』, 종로서적출판주식회사, 1984.
유한철, 『유인석의 사상과 의병활동』, 독립기념관 한국독립운동사연구소, 1992.
尹炳奭, 『의병과 독립군』, 세종대왕기념사업회, 1977.
______, 『韓國近代史料論』, 一潮閣, 1979.
______, 『李相卨傳』, 一潮閣, 1984.
______, 『韓國史와 歷史意識』, 仁荷大出版部, 1989.
______, 『國外韓人社會와 民族運動』, 一潮閣, 1991.
______, 『한말 의병장 열전』, 독립기념관 한국독립운동사연구소, 1991.
______, 『한국독립운동의 해외사적 탐방기』, 지식산업사, 1994.
______, 『근대한국 民族運動의 思潮』, 集文堂, 1996.
尹炳奭 外, 『再發掘 韓國獨立運動史 1』, 한국일보사, 1987.
李光麟·愼鏞廈 編著, 『史料로 본 韓國文化史－近代篇』, 一志社, 1984.
楊昭全·孫玉梅, 『中朝邊界史』, 吉林文史出版社, 1993.
梁泰鎭, 『韓國邊境史硏究』, 法經出版社, 1989.
李兌龍, 『의병찾아 가는 길』, 도서출판 다물, 1992.
장석홍, 『안중근의 생애와 구국운동』, 독립기념관 한국독립운동사연구소, 1992.
장세윤, 『홍범도의 생애와 항일의병투쟁』, 독립기념관 한국독립운동사연구소, 1992.
戰史編纂委員會 編, 『義兵抗爭史』, 1984.
제천의병100주년기념사업회, 『堤川乙未義兵100돌紀念學術論文集』, 1996.
趙東杰, 『韓國 近代史의 試鍊과 反省』, 지식산업사, 1989.
______, 『한말 의병전쟁』, 독립기념관 한국독립운동사연구소, 1989.
______, 『韓國民族主義의 成立과 獨立運動史硏究』, 지식산업사. 1989.
______, 『韓國民族主義의 발전과 獨立運動史硏究』, 지식산업사. 1993.
______, 『독립군의 길따라 대륙을 가다』, 지식산업사, 1995.

『조선근대반일의병운동사연구』, 과학백과사전종합출판사, 1988.
蔡根植, 『武裝獨立運動秘史』, 대한민국 공보처, 1947.
한국독립유공자협회 엮음, 『러시아지역의 韓人社會와 民族運動史』, 教文社, 1994.
__________________, 『中國東北지역 韓國獨立運動史』, 集文堂, 1997.
한국민족운동사연구회 편, 『義兵戰爭 研究 上』, 지식산업사, 1990.
洪淳權, 『韓末 湖南地域 義兵運動史 研究』, 서울대 출판부, 1994.
洪淳權 외, 『韓末義兵關係 文獻解題』, 민음사, 1993.
玄圭煥, 『韓國流移民史 上』, 語文閣, 1967.

3. 研究論文

姜德相, 「義兵大將洪範圖の生涯」, 『朝鮮獨立運動の群像』, 青木書店, 1984.
姜在彦, 「反日義兵運動의 歷史的 展開」, 『朝鮮近代史研究』, 日本評論社, 1970; 『한국근대사』, 한울, 1982; 『義兵戰爭研究 上』, 지식산업사, 1990.
金康壽, 「韓末義兵將 碧山 金道鉉의 義兵活動」, ≪北岳史論≫ 2, 국민대 국사학과, 1990.
金度亨, 「毅菴 柳麟錫의 政治思想 研究」, ≪韓國史研究≫ 25, 한국사연구회, 1979.
金祥起, 「조선말 甲午義兵戰爭의 展開와 性格」, ≪한국민족운동사연구≫ 3, 한국민족운동사연구회, 1989.
______, 「堤川義兵의 思想的 特性」, 『尹炳奭教授華甲紀念 韓國近代史論叢』, 知識產業社, 1990.
______, 「1895~1896년 堤川義兵의 思想的 淵源과 展開」, 『白山朴成壽教授華甲紀念 韓國獨立運動史의 認識』, 1991.
金世圭, 「毅菴 柳麟錫의 反開論」, ≪慶州史學≫ 1, 동국대 경주캠퍼스, 1972.
金義煥, 「義兵運動의 思想的 側面」, ≪韓國思想≫ 8, 한국사상사학회, 1966.
______, 「義兵運動의 思想的 限界性」, ≪韓國思想≫ 10, 1972.
______, 「丁未年 朝鮮軍隊解散과 反日義兵鬪爭」, ≪鄉土 서울≫ 26, 1966.

______, 「韓末 義兵運動의 分析」, ≪韓日文化≫ 2-1, 부산대 한일문화연구소, 1962.

金項勼, 「大韓協會(1907~1910) 硏究」, 단국대 박사학위논문, 1992.

金厚卿, 「毅菴 柳麟錫의 學問과 思想」, ≪史學硏究≫ 34, 한국사학회, 1982.

뒤바보, 「義兵傳」, ≪獨立新聞≫ 上海版, 1920.

朴敏泳, 「毅菴 柳麟錫의 衛正斥邪運動 硏究」, ≪淸溪史學≫ 3, 한국정신문화연구원 청계사학회, 1987.

______, 「江陵義兵將 閔龍鎬의 生涯와 擧義 論理」, 『尹炳奭敎授華甲紀念 韓國近代史論叢』, 知識産業社, 1990.

______, 「閔龍鎬의 江陵義兵 抗戰에 대한 硏究」, ≪한국민족운동사연구≫ 5, 1991.

______, 「愼菴 盧應奎의 晉州義兵 硏究」, 『白山朴成壽敎授華甲紀念 韓國獨立運動史의 認識』, 1991.

______, 「韓末 沿海州義兵에 대한 考察」, ≪仁荷史學≫ 1, 인하대 사학과, 1994.

______, 「1908~1909년 鏡城義兵의 抗戰과 北上渡江」, ≪仁荷史學≫ 3, 1995.

______, 「1908년 鏡城義兵의 編成과 鏡城 大韓協會」, ≪한국근현대사연구≫ 4, 1996.

______, 「舊韓末 關北地方 山砲手義兵의 抗戰과 北上渡江」, ≪한국학연구≫ 6·7, 인하대 한국학연구소, 1996.

______, 「舊韓末 關北地方 山砲手義兵의 擧義와 編制」, ≪淸溪史學≫ 13, 1997.

박보리스, 「國權被奪 前後時期 在蘇韓人의 抗日鬪爭」, 『韓民族獨立運動史論叢』, 朴永錫敎授華甲紀念論叢, 1992.

朴成壽, 「1907~1910년간의 義兵戰爭에 대하여」, ≪韓國史硏究≫ 1, 1968.

______, 「1907년의 義兵戰爭」,≪軍史≫ 2, 전사편찬위원회, 1981.

______, 「舊韓末 義兵戰爭과 儒敎的 愛國思想」, ≪大東文化硏究≫ 6·7, 성균관대 대동문화연구원, 1970.

______, 「義兵戰爭의 身分·意識 構造」, ≪韓國史學≫ 2, 한국정신문화연구원 역사연구실, 1980.

朴漢卨, 「丁未義兵 勃發의 原因에 대하여」, ≪編史≫ 5, 국사편찬위원회, 1974.

박환, 「권업신문에 대한 일고찰」, ≪史學硏究≫ 46, 1993.
____, 「블라디보스톡에서 간행된 민족지; '대동공보'」, ≪韓國學報≫ 73, 一志社, 1993.
潘炳律, 「露領 沿海州 한인사회와 한인민족운동(1905～1911)」, ≪한국근현대사연구≫ 7, 한국근현대사연구회, 1997.
복정섭·황현걸·김파, 「실록 홍범도 장군」, ≪사회와 사상≫ 1988년 11월호, 한길사.
成大慶, 「韓末의 軍隊解散과 그 蜂起」, ≪成大史林≫ 1, 성균관대 사학과, 1965.
成百曉, 「艮齋의 性理說에 대한 小考」, ≪民族文化≫ 8, 민족문화추진회, 1982.
宋炳基, 「辛巳斥邪運動 硏究」, ≪史學硏究≫ 37, 단국대 사학과, 1983.
申奭鎬, 「韓末 義兵의 槪況」, ≪史叢≫ 1, 고려대 사학과, 1955.
愼鏞廈, 「安重根의 思想과 國權恢復運動」, ≪韓國史學≫ 2, 한국정신문화연구원 역사연구실, 1980.
______, 「洪範圖 義兵部隊의 抗日武裝鬪爭」, ≪한국민족운동사연구≫ 1, 1986.
오길보, 「1907～1914년간의 평산의병투쟁」, ≪력사과학≫, 1961.
______, 「홍범도 의병대에 대한 연구」, ≪력사과학≫ 6, 1962.
______, 「1896년 제천반일의병의 활동에 대하여」, ≪력사과학≫, 1985.
吳世昌, 「在滿韓人의 抗日獨立運動史硏究」, 성균관대 박사학위논문, 1981.
吳瑛燮, 「毅菴 柳麟錫의 對西洋認識」, 『李基白先生古稀紀念 韓國史學論叢 下』, 一潮閣, 1994.
______, 「華西學派의 保守的 民族主義 硏究」, 한림대 박사학위논문, 1997.
劉明鍾, 「義軍都總宰 柳麟錫의 思想」, ≪東洋文化≫ 17, 영남대 동양문화연구소, 1976.
柳漢喆, 「1896～1900년간 柳麟錫의 西行, 渡滿과 그 性格」, 『許善道先生停年紀念 韓國史學論叢』, 一潮閣, 1992.
______, 「中期義兵時期(1904～1907) 柳麟錫의 時局對策論」, ≪한국독립운동사연구≫ 7, 1993.
______, 「柳麟錫의 義兵 根據地論－1907년 이후를 중심으로」, ≪한국독립운동사연구≫ 8, 1994.
______, 「柳麟錫 義兵 硏究」, 국민대 박사학위논문, 1997.

尹炳奭, 「舊韓末 駐韓日本軍에 대하여」, ≪鄕土 서울≫ 27, 1966.
_____, 「聲明會의 成立과 活動」, ≪人文科學論文集≫ 8, 인하대 인문과학연구소, 1982.
_____, 「十三道義軍의 編成」, ≪史學硏究≫ 36, 1983.
_____, 「1910년대 沿海州地方에서의 韓國獨立運動」, ≪韓國史學≫ 8, 한국정신문화연구원 사학연구실, 1986.
_____, 「沿海州에서의 民族運動과 新韓村」, ≪한국민족운동사연구≫ 3, 1989.
李求鎔, 「韓末 義兵 硏究」, ≪史叢≫ 19, 1976.
李東宇, 「義兵將 柳麟錫의 義兵運動考」, ≪成大史林≫ 2, 1977.
李尙根, 「韓人 露領移住史 硏究」, 단국대 박사학위논문, 1994.
李相燦, 「1896年 義兵運動의 政治的 性格」, 서울대 박사학위논문, 1996.
權寧培, 「檄文類를 통해 본 舊韓末 義兵抗爭의 性格」, 경북대 박사학위논문.
張世胤, 「'洪範圖 日誌'를 통해본 홍범도의 생애와 항일무장투쟁」, ≪한국독립운동사연구≫ 5, 1991.
李鍾春, 「韓末 初期義兵運動에 關한 硏究」, ≪論文集≫ 18, 청주교대, 1982.
鄭濟愚, 「舊韓末 義兵將 李康秊 硏究」, 인하대 박사학위논문, 1992.
_____, 「韓末 黃海道地域 義兵의 抗戰」, ≪한국독립운동사연구≫ 7, 1993.
_____, 「李鎭龍 義兵將의 抗日武裝鬪爭」, ≪한국독립운동사연구≫ 8, 1994.
趙東杰, 「安重根義士 裁判記錄上의 人物 '金斗星'攷」, ≪春川敎育大學論文集≫ 7, 1969.
_____, 「安東儒林의 渡滿經緯와 獨立運動上의 性格」, ≪大丘史學≫ 15·16, 대구사학회, 1978.
_____, 「義兵運動의 韓國民族主義上의 位置 上·下」, ≪한국민족운동사연구≫ 1·3, 1986·1988.
車相贊, 「내가 亂離 치러본 이야기-關東義兵亂」, ≪彗星≫ 1권 8호, 1931. 11.
洪淳昶, 「勉菴 崔益鉉의 衛正斥邪論에 對하여」, ≪大丘史學≫ 1, 1969.
洪英基, 「大韓帝國時代 湖南義兵 硏究」, 서강대 박사학위논문, 1992.
_____, 「1907~1908년 日帝의 自衛團 조직과 한국인의 대응」, ≪한국근현대사연구≫ 3, 1995.

= 찾아보기 =

(ㄷ)

(ㅁ)

(ㅂ)

(ㅇ)

(ㅈ)

■ 朴敏泳
1960년 경남 咸陽郡 沙雁 출생
인하대학교 역사교육과 졸업
한국정신문화연구원 한국학대학원 석사, 박사과정 졸업. 문학박사
현재 인하대, 단국대, 한국산업기술대 강사
저서: 『러시아지역의 韓人社會와 獨立運動史』(공저, 교문사, 1995)
『中國 東北지역 韓國獨立運動』(공저, 집문당, 1997)
주요논문: 「毅菴 柳麟錫의 衛正斥邪運動 硏究」, 「愼菴 盧應奎의 晉州義兵 抗戰 硏究」, 「韓末 沿海州義兵에 대한 고찰」 외 다수

한울아카데미 264
大韓帝國期 義兵硏究

지은이/박민영
펴낸이/김종수
펴낸곳/도서출판 한울

편집부장/온현정
편집/천현주 · 박정미

초판 1쇄 인쇄/1998년 7월 15일
초판 1쇄 발행/1998년 7월 25일

주소/120-180 서울시 서대문구 창천동 503-24 휴암빌딩 201호
전화/326-0095(대표)
팩스/333-7543
등록/1980년 3월 13일, 제14-19호

Printed in Korea.
ISBN 89-460-2538-7 94910

* 가격은 겉표지에 있습니다.